Jon Turk, Jahrgang 1945, studierte Chemie und hat zahlreiche Lehrbücher zu Umweltthemen verfasst. Doch seine Leidenschaft gehört Abenteuerfahrten in den rauen, unwirtlichen Gegenden am nördlichen Polarkreis und am südlichsten Punkt des amerikanischen Kontinents: Kap Hoorn. Mit dem Kajak, dem Ruderboot und dem Hundeschlitten hat er sie erkundet, alleine oder mit einem Expeditionspartner, und Hunger, eisige Kälte, Schneestürme und Nässe durchlitten, aber auch die Faszination der herben Natur und die Bewohner dieser einsamen Regionen kennen gelernt.

Zwei der vier in diesem Buch beschriebenen Expeditionen hat er zusammen mit seiner Frau Chris Seashore unternommen. Die beiden leben in Montana, USA, und in British Columbia, Kanada.

www.coldoceans.com

JON TURK

ABENTEUER IM EISMEER

*Mit Kajak und Hundeschlitten
unterwegs*

*Aus dem Amerikanischen
von Wolfgang J. Fuchs*

**NATIONAL
GEOGRAPHIC**

*Ein Buch der Partner
Goldmann und National Geographic Deutschland*

Die amerikanische Originalausgabe erschien 1989 unter dem Titel
»Cold Oceans. Adventures in Kayak, Rowboat, and Dogsled«
bei HarperCollins, New York

Coverfoto unten: Getty Images, Kim Heacox
Alle weiteren Fotos stammen vom Autor.

SO SPANNEND WIE DIE WELT.

Dieses Werk erscheint in der Taschenbuchreihe
NATIONAL GEOGRAPHIC ADVENTURE PRESS
im Goldmann Verlag, München.

1. Auflage September 2002, deutsche Erstausgabe
Copyright © 2002 der deutschsprachigen Ausgabe
NATIONAL GEOGRAPHIC ADVENTURE PRESS
im Goldmann Verlag, München,
in der Verlagsgruppe Random House GmbH
Copyright © 1989 by Jon Turk
Published by arrangement with HarperCollins Publishers, inc.
Alle Rechte vorbehalten
Lektorat: Daniela Weise, München
Umschlaggestaltung: Petra Dorkenwald, München
Herstellung: Sebastian Strohmaier, München
Satz: Uhl + Massopust, Aalen
Druck und Bindung: Clausen & Bosse, Leck
ISBN 3-442-71172-X
Printed in Germany

Das Papier wurde aus chlorfrei gebleichtem Zellstoff hergestellt.

Für Chris Seashore,
meinen Skikumpel

KANADISCHE ARKTIS UND GRÖNLAND

Arctic Red
River

Tuktoyaktuk

Paulatuk

Fort
Good Hope

Norman Wells

POLARKREIS

FortSimpson

KANADA

Inhalt

Prolog

1

Inmitten der Arktis kann es derart kalt werden, dass die Tränenflüssigkeit gefriert und sich Eiszäpfchen zwischen den Wimpern der Ober- und Unterlider bilden. An einem klaren Tag im Februar bricht sich das Sonnenlicht an den Eiskristallen und schickt tanzende Regenbögen über die Netzhaut. Man lebt tief drinnen im Tunnel, den die Anorakkapuze bildet. Nur der Atem strömt hinaus in die polare Landschaft. Dabei gefriert die Feuchtigkeit am Pelzrand der Kapuze und formt kleine Eiszapfen, die beim Gehen leise klingelnd aneinander stoßen wie ein gläsernes Windspiel. Ein Teil des Wesens möchte gern den Vorhang beiseite ziehen und in die Außenwelt treten, der Körper aber zieht sich egoistisch in sich zurück und hält die Wärme in seiner Mitte fest. Am Ende gewinnt der Körper, und die Gedanken begeben sich in die tiefsten, geschütztesten Regionen. Dann existiert sogar die Kälte in einer anderen Zeit und einem anderen Raum, und es bleibt nur die friedliche Ewigkeit des Eises.

Im arktischen Sommer, wenn die Sonne müde am Himmel kreist und durch ständige Anwesenheit ausgleicht, was ihr an Wärme fehlt, brechen die Eisschollen auseinander und driften fort. Das Leben kehrt ans Land zurück, und die Polarmeere verlieren ihre weiße Fassade und werden grau und abweisend. In diesem Punkt haben mir manche Menschen widersprochen. Sie behaupten, dass der Ozean in den nördlichen Breiten an einem warmen Tag nichts Bedrohliches ausstrahlt. Ich bin anderer Ansicht. Selbst an einem perfekten, strahlend sonnigen Tag, wenn das Meer glatt ist, am Horizont doppelte Regenbogen leuchten, im Vordergrund weiße Eisberge sanft dahingleiten und eine Familie von Weißwalen vor dem Bug Fangen spielt – und wenn man an einem solchen Tag dieses unglaubliche Panorama aus den Gedanken verdrängt und nur das Meer betrachtet, wirkt es grau und ungemütlich.

2

Ich kann die Ereignisse zurückverfolgen, die mich ans Kap Hoorn, zur Nordwestpassage, an die Ostküste von Baffin Island und nach Nordwestgrönland führten. Aber ich kann Ihnen nicht erklären, weshalb ein in einer Bar beim dritten Glas Bier spontan erzählter Witz mich in eine der kältesten, nassesten und entlegensten Gegenden der Erde getrieben hat. Natürlich hat das angesäuselte Geschwätz jenes Nachmittags nicht die Zündschnur angesteckt. Sie hatte seit meiner frühesten Kindheit gebrannt.

Als ich vor fast zwanzig Jahren beschloss, mit dem Kajak Kap Hoorn zu umfahren, hielten meine Freunde diesen Traum für selbstmörderisch. Da ich es satt hatte, ausgelacht zu werden, brach ich alleine auf den Spuren elisabethanischer Entdecker auf. Doch ich verkalkulierte mich im Regen und Nebel vor dem südlichen Chile und erlitt Schiffbruch.

Auch meine zweite Expedition, der Versuch, durch die Nordwestpassage zu rudern, schlug fehl. Als ich am Ende des Sommers auf das einmal pro Woche Richtung Süden fliegende Flugzeug wartete, teilte ich Tee und Haferbrot mit einer alten Frau namens Nora. Wir kampierten in der Tundra, und sie hockte neben ihrem Feuer mit der Anmut eines Menschen, der in einem Iglu zur Welt gekommen ist und seit seiner Kindheit keinen Stuhl gesehen hat. Sie fragte mich, ob ich unterwegs in Letty Harbor, einem verlassenen Handelsposten, Station gemacht hätte. Ja, sagte ich.

Dann fragte sie: »Haben dich die Geister besucht, als du dort warst?«

Ich sah den Ort in Gedanken vor mir: ein verlassenes Lagerhaus an der Hudsonbai, graue Kalksteinkliffe und die Tundra mit ihren Sommerblumen, die rosa- und lilafarbene Flecken in eine von Braun- und Gelbtönen geprägte Welt zaubern. »Nein, haben sie nicht … Warum?«

Sie blickte über das Land und sagte: »Dort haben wir in Zeiten des Hungers die Babys von den Klippen geworfen.«

Unterhalb von uns spielten Kinder am Hang. Männer und Frauen luden Netze in ein kleines Schnellboot. Meine Freundin, Chris Seashore, lüftete in der Nachmittagssonne unsere Schlafsäcke.

Nora holte einen brennenden Stock aus dem Feuer und zündete damit das Tundramoos rings um sich an. Ich sah ihr schweigend zu, wie sie die Flammen wieder ausschlug und ein dünner Rauchfaden aufstieg.

»Das hält die Mücken fern. Schrecklich, diese Mücken«, sagte sie und grinste.

Ihr verrunzeltes Grinsen verscheuchte die Geister, und wir befanden uns wieder an einem warmen Tag in einer friedlichen Landschaft in der Gegenwart.

Bei dem Versuch, die Nordwestpassage zu durchqueren, teilten Chris und ich Hunger, Müdigkeit und Gefahren. Aber Chris sah unser Ziel stets als zweitrangig, während ich mich oft auf einen willkürlichen Punkt auf der Landkarte konzentrierte, den ich das Ziel nannte. Wegen unserer Differenzen frustriert, gab ich Chris zur Hälfte die Schuld am Misslingen der Fahrt und plante eine dritte Expedition ohne sie.

Zwei Jahre später fuhr ich in die östliche Arktis und versuchte, mit einem Hundeschlitten die Ostküste von Baffin Island hinaufzufahren. Wieder ein Fehlschlag. Mein Partner und ich hatten unser letztes Lager unterhalb eines Eisbergs aufgeschlagen, der im Eismeer festgefroren war. Als ich mich daranmachte, mit dem

Hundeschlitten umzukehren und mich geschlagen zu geben, färbte die Morgensonne die Spitze des Eisbergs orange, während der vom Wind getriebene Schnee zu meinen Füßen im Schatten lag. Es wäre ein Leichtes, mein Versagen den Temperaturen von minus 50 Grad Celsius, den Winterschneestürmen oder meiner Unerfahrenheit anzulasten, aber das wäre gelogen. Ich hatte versagt, weil mir Noras Sinn für Humor und ihre Akzeptanz des Landes fehlten. Ich hatte noch nicht gelernt, dass nicht die Widrigkeit der Feind ist.

1988 paddelte ich mit dem Kajak in Begleitung von Chris auf den Spuren einer historischen Inuit-Wanderung von der Ellesmere-Insel nach Grönland. Die Reise Mitte des 19. Jahrhunderts war von einem Mann geleitet worden, der ein Schamane, ein Mörder und vielleicht auch ein Irrer gewesen war. Wir folgten den Spuren der Altvorderen und hörten endlich auf das Land, seine Menschen und Geister und schafften es bis Grönland. Dabei entdeckten wir, dass die Reise unser Ziel war.

3

Ich habe ein Jahrzehnt lang an diesem Manuskript gearbeitet und über Abenteuer geschrieben, während ich sie erlebte und noch nicht wusste, wie sich die Geschichte entwickeln würde. Dann, am 26. Januar 1997, fegte mich eine Lawine von einem Berghang in British Columbia. Am nächsten Tag, nachdem die Chirurgen mein Becken wieder zusammengenagelt hatten, lag ich auf meinem Krankenbett und starrte durch einen Morphiumnebel auf all die Röhrchen, die meinem Körper Flüssigkeiten zu- und abführten. Mein Zimmernachbar sah fern. Ich betätigte die Glocke und bat die Schwester, den Vorhang zu meinem Nebenmann zuzuziehen. Ich wusste: Oprah Winfrey brauchte ich nicht für mein Seelenheil. Als ich nach Hause kam, mietete Chris einen kleinen hydraulischen Lift von einem Sanitätshaus. Die nächsten sechs Wochen hob sie mich damit jeden Morgen aus dem Bett, transportierte mich auf einen Liegestuhl und verteilte alles, was ich benötigte, rings um mich: Mittagessen, einige Plätzchen, eine Wasserflasche, ein Telefon, ein Buch und einen Laptop. Dann zog sie ihren Parka an und ging, um im Pulverschnee Ski zu fahren. Ich aß meine Plätzchen immer, sowie die Tür hinter ihr ins Schloss fiel. Ich kaute langsam und ging im Geist zurück zu fernen Landschaften, um zu verstehen, wohin mich meine Reisen geführt hatten und wohin sie mich führen würden, sobald ich wieder gehen konnte.

1. Kapitel

Kap Hoorn

Nein, es ist unmöglich; es ist unmöglich, das Lebensgefühl einer bestimmten Epoche unseres eigenen Daseins anderen zu vermitteln – das, was deren Wahrheit, deren Sinn ausmacht –, deren zartes und durchdringendes Wesen. Es ist unmöglich. Wir leben, wie wir träumen – allein.

Joseph Conrad, Herz der Finsternis
(in der Übersetzung von Fritz Lorch)

ARGENTINIEN
CHILE

Pueblo
Natales

*Begegnung
mit Delfinen*

*Großer
Sturm*

PAZIFIK

Paso Brecknock

Magellanstraße

74°   73°   72°   71°   70°

KAP HOORN EXPEDITION

•••••••••••••••••• zurückgelegte Strecke
••••••••••••••••••••••••• unvollendete Strecke
von 1979

51°

a Arenas

ARGENTINIEN
CHILE

ATLANTIK

52°

53°

Puerto Williams

54°

Puerto Toro

Puerto Guanaco
(Schiffbruch der Expedition von 1979)

Beagle-
kanal

55°

68°   Kap Hoorn   66°   65°   64°

1

Die Terrasse einer Bar aus der Zeit um 1890 thront über einer schmalen Bucht, in der die Gezeiten Algen, Fabrikabfälle und Seetiere anschwemmen und wieder forttragen. An einem Samstagnachmittag des Jahres 1975 trank ich dort mit einer Gruppe von Fischern und Bootsbauern Bier. Als sich die Zahl der leeren Gläser mehrte, kamen wir auf das Segeln zu sprechen, und mein Freund Craig verkündete, dass nur jemand, der um Kap Hoorn gesegelt sei, einen Toast auf die Königin ausbringen und dabei die Füße auf dem Tisch lassen dürfe. Craig wischte sich den Schaum aus dem Bart und grinste. Ein anderer Freund meinte, man dürfe nur einen Fuß auf dem Tisch lassen, aber keiner war sich seiner Sache sicher.

Ein zweiter Gezeitenwechsel erinnerte mich daran, dass ich über sechs Stunden lang getrunken hatte und dass es an der Zeit wäre, mich auf den Heimweg zu machen. Ich ging zu meinem Apartment, einer Wohneinheit in einer Anlage von vier Doppelhäusern, die langsam im Sumpfland einsanken. Eine Woche zuvor hatte ein Beamter des Gesundheitsamts lila Farbe in unseren Toiletten hinuntergespült, um die Abwasserleitungen zu überprüfen. Es überraschte niemanden, dass sich der Sumpf hinter den Häusern lila färbte. Craig zog eines Mitternachts los und klaute einen rosa Plastikflamingo aus irgendeinem Vorgarten eines Vororts. Er stellte ihn zwischen den Rohrkolben im lila Schlamm auf und sprühte danach »THE GETTO« auf die Westwand des Doppelhauses.

Ich schaute mir die Wand an, wankte in die Stadt zurück zur Haushaltswarenhandlung und kaufte eine Sprühdose mit pinkfarbener Neonfarbe. Dann kehrte ich wieder heim und sprühte ein großes H zwischen das G und das E.

Ich hatte mich für meinen Lebensstil entschieden. Wie ich dem Eheberater erklärte, als meine zweite Ehe in die Brüche ging, wollte ich keinen guten Job, keine respektable Karriere mit Haus, neuem Auto, Hypothek und Mitgliedschaft im Country Club. Ich war auf einer anderen Reise und hatte nichts dagegen, unterwegs in ein paar Ghettos zu wohnen. Aber wenigstens richtig schreiben wollte ich das Wort.

Als ich zu meiner schiefen Veranda wankte, sann ich darüber nach, dass mich meine große Reise nur bis La Conner, Washington, ins Ghetto und zu einer Bar von 1890 geführt hatte. Eine frühe Abendbrise wehte von der Bucht herüber und kleine lila Wellen umspielten die dünnen Flamingobeine. Ich versuchte, mir die riesigen Wellen des Südmeers vorzustellen.

Einige Tage später sagte ich meinen Freunden in der Bar, dass ich daran dächte, um Kap Hoorn zu segeln.

Einige Augenblicke lang sagte niemand etwas, dann schüttelte einer den Kopf. »War doch nur ein Witz, Mann. Das ist echte Scheiße. Ich meine, du bist kein Seemann. Kauf dir 'ne kleine Schaluppe und schippere ein paar Jahre um die San-Juan-Inseln herum, mach eine Testüberfahrt nach Hawaii, lern was über Schiffe, kauf eine bessere Jacht und denk dann über Kap Hoorn nach.«

Er hatte Recht, und ich wusste es. Aber das war mir egal. Vier Jahre zuvor hatte ich meinen Doktor in Chemie gemacht. Dann war ich weggelaufen – vor meiner Karriere, meiner ersten Frau Elizabeth und unserer Tochter Reeva, und vor Debby, meiner zweiten Frau, und unseren beiden Kindern Nathan und Noey. Ich hatte absichtlich eine riesige Leere geschaffen, die mit etwas anderem gefüllt werden wollte. Aber mit was? Ich verdiente mir meinen Lebensunterhalt damit, dass ich Fachbücher schrieb, doch das füllte das emotionale Vakuum nicht aus. Aber wie wäre das mit einem Schiffsdeck, Wind in den Segeln und Gischt in der Luft? Ich war zu aufgeregt, um diese Expedition mehrere Jahre lang zu planen, also fuhr ich nach Seattle und kaufte die *Hussy*, eine 14-Meter-Sloop. Auf dem Heimweg besuchte ich Debby, Nathan und Noey. Trotz unserer Differenzen und unserer Scheidung waren Debby und ich gute Freunde geblieben, und sie fragte, ob ich nicht zum Essen bleiben wolle. Wir redeten über Belanglosigkeiten, und ich spielte mit den Kindern. Die Jacht erwähnte ich mit keinem Wort.

Nach der Nachspeise fragte mich Debby: »Hast du dich gerade verliebt?«

»Nein, wieso?«

»Nun ja, du benimmst dich so anders. Irgendwas ist in deinem Leben passiert.«

Sie kannte mich ja so gut.

Ich erzählte ihr von der *Hussy* und von meinem Traum. Debby pflichtete mir bei, dass sich die technischen Details schon ergeben würden, wenn die Fahrt nur wichtig genug wäre.

Ich wollte sie umarmen und ihr ganz nahe sein, aber ihre erschrockenen Blicke waren mir eine Warnung.

»Es ist spät, ich gehe besser.«

Sie brachte mich zur Tür, aber ich konnte meine Schuhe nicht finden. Wir suchten das ganze Haus ab – keine Schuhe. Schließlich kam Noey, die drei Jahre alt war. »Ach, Daddy, wenn du deine Schuhe nicht findest, musst du vielleicht bleiben. Du könntest bei mir schlafen, aber mein Bett ist zu klein. Vielleicht musst du dann bei Mami schlafen.«

Ich ging in die Hocke und setzte mir Noey aufs Knie. Sie lächelte und schmiegte sich an mich. Ich fragte: »Wo sind meine Schuhe?«

Sie hob ihre kleinen Händchen. »Ich weiß nicht.«

Ich lachte und fragte wieder, dann wurde ich ernst. Schließlich führte sie mich in ihr Zimmer und zog die Bettdecke beiseite. Die Schuhe waren darunter versteckt.

2

Den ganzen Herbst und Winter hindurch schmirgelte ich Farbe ab, malte, polierte, überholte Maschinen und Winden. Nach Frühlingsanfang segelten drei Freunde und ich aus dem Hafen von Seattle Richtung »Kap Hoorn und um die Welt«. Wir fuhren nach Westen in einen aufkommenden Sturm hinein und bogen nach Süden ab. Ein Sturm mit Windstärke 60 und schwerer Seegang behinderten unsere Weiterfahrt und trieben uns nach Norden zurück. Dann schwenkte der Sturm nach Westen und wuchs auf Windstärke 90 an, wobei er neue Wellen aufpeitschte, die im rechten Winkel mit den alten kollidierten. Wasser spritzte senkrecht nach oben, als wäre es in die Luft gesaugt worden. Gegen Mitternacht des dritten Tages glitten wir bei blanken Masten auf riesigen Sturzwellen in die Tiefe. Jedes Mal, wenn wir in ein Wellental fielen, krachte das Boot in die querende See, ächzte und verschwand hüfthoch in einer grünen Wasserwand, die übers Deck spülte. Einer meiner Schiffskameraden, von Beruf Möbeltischler, verkündete, dass nichts aus Holz Gemachtes eine derartige Belastung aushalten könne. Gemeinsam vertäuten wir alles, dann ging er unter Deck. Ich blieb allein in der Nacht zurück, horchte auf jedes Knarzen und versuchte, das Spiel des Schiffsrumpfs zu erahnen. Unser Navigationssystem war kaputt gegangen, also war unsere Position unklar. Als uns die Wellen ostwärts Richtung Land peitschten, hoffte ich, dass es noch sehr weit bis zu den Felsen wäre.

Am nächsten Morgen ließ der Wind nach, unser Schiff war noch flott, das Land war 24 Kilometer entfernt, und niemand war über Bord gegangen. Der Mast stand noch, und wir hatten keine Segel verloren. Wir hatten ausreichend Grund zum Feiern, auch wenn Taue ausgefranst und Metallteile verbogen waren, Farbe abgeblättert und die Maschine innen und außen gründlich mit Salzwasser gespült worden war. Wir schafften es mit Mühe und Not in den

Heimathafen zurückzukehren, und die nächsten Wochen verbrachte ich damit, abzuschmirgeln, zu malen, zu polieren, Maschinen und Winden zu überholen. Ein großer Teil meiner Ersparnisse ging für Ersatzteile drauf. Bis ich mit den Reparaturen fertig war und wieder in See stechen konnte, hatten sich meine Freunde verlaufen und unternahmen andere Dinge.

Ich fuhr allein aus dem Jachthafen hinaus, um die neue Maschine zu testen. Während ich in der geschützten Bucht auf den Wellen schaukelte, ging ich unter Deck, stellte die Zündung ein, justierte die Zündkerzen und straffte die Transmissionsriemen. Ich war Maschinen und Farben und die steigenden Rechnungen beim Jachtausrüster leid. Ich drehte den Kassettenrekorder auf und setzte die Segel. Der Schiffskörper krängte und stabilisierte sich. Ich lief über das abgeschrägte Deck und zog die Fock hoch. Aber die Luft war raus.

Am Nachmittag kehrte ich in den Hafen zurück und hängte ein Schild an den Mast, auf dem »zu verkaufen« stand.

3

Als ich auf der Fernstraße nach Süden fuhr, wusste ich nicht, ob ich zu einem neuen Abenteuer unterwegs war oder vor einem Versagen weglief. Ich erinnerte mich an mein Gespräch mit Debby: Wenn eine Reise wichtig genug ist, ergeben sich die Details wie von selbst. Offensichtlich war Kap Hoorn nicht wichtig genug gewesen. Ich hatte nur eine Zeit lang gedacht, dass es das wäre. Ich übertrug ihre Worte auf eine andere Sache. Wenn unsere Ehe wichtig genug gewesen wäre, hätten sich dann die Details von selbst ergeben? Hatte sie diese logische Schlussfolgerung gesehen, als sie mich ermutigte, die Segel zu setzen? Oder hatte sie das schon früher bemerkt, als unsere Ehe zu zerbrechen begann?

Ich nahm das Geld vom Schiffsverkauf und erwarb ein Haus in

Telluride, einem Skiort in Colorado. Ich traf Marion, wir verliebten uns und sie zog mit ihrem Sohn Adam bei mir ein. Nathan und Noey wohnten ein Schuljahr lang bei uns. Wieder einmal war ich in eine glückliche Familie eingebunden, und ich verbrachte fünf Winter in dieser merkwürdigen, für Colorado typischen Mischung von fast wüstenartiger Sonne und reichlich Schnee.

Während der Sommer lernte ich in den rauen San Juan Mountains Bergsteigen. Allmählich wurde ich ein geübter Kletterer und fand, ich wäre für größere Berge bereit. Als ich Marion einlud, mit mir eine Expedition in den Himalaja zu machen, sagte sie mir, sie hätte einen Sohn großzuziehen. Wir stritten und argumentierten. Ich packte meine Bergsteigerausrüstung, und sie zog wieder in ihr altes Haus in Boulder.

Meine Kletterpartie war schon in Indien zu Ende, und ich kehrte in mein leeres Haus zurück, wo ich das Gewicht wiederholten Versagens spürte. Ich ging im Yosemite-Nationalpark Bergsteigen, ich wanderte durch entlegene Canyons im Norden Mexikos und fuhr dann, in Ermangelung eines besseren Plans, wieder nach Hause.

Obwohl ich die See hinter mir gelassen hatte, war mein Interesse an Kap Hoorn geblieben. Eines Nachmittags las ich zur Entspannung Joshua Slocums Klassiker *Erdumseglung ganz allein*. Slocum hatte sein Leben als Händler und als Kapitän eines großen Schoners verbracht, bis er seine Arbeit verlor, weil Dampfschiffe eine ernsthafte Konkurrenz wurden. Er fand das Leben an Land unerträglich und die Aussicht, auf einem Dampfer zu arbeiten, noch grauenhafter. Also kaufte er sich eine halbverrottete 9-Meter-Sloop, renovierte sie und brach allein zu einer Weltumseglung auf. Er verließ Boston 1895, segelte nach Süden und dann nach Westen durch die Magellanstraße. Während der Durchfahrt griffen ihn dort ansässige Indianer von primitiven Kanus aus an. Da Joshua allein war, konnte er nicht Tag und Nacht Wache stehen, also verstreute er auf dem Deck Reißnägel. Als die barfüßigen Angreifer an Deck schleichen wollten, traten sie in die Nägel, schrien, weckten ihn auf und gaben ihm so die nötige Zeit, sich mit einer geladenen Schrotflinte zur Wehr zu setzen.

Ich las das Kapitel, legte das Buch beiseite und dachte: »Da drin steckt eine Botschaft, aber ich sehe sie nicht.« Ich machte mir eine Tasse Tee, ging hinaus auf die Veranda und sah zu, wie die Sonne hinter den hohen Gipfeln verschwand.

Richtig, dachte ich mir. Die Geschichte handelt nicht von Slocum, sondern von den eingeborenen Feuerländern, die das Land lange vor der Ankunft der Europäer bewohnten. Wenn sie in Rindenkanus durch die Magellanstraße paddeln konnten, konnte ich ein Kajak durch diese Gegend dirigieren! Kajaks sind billig und pflegeleicht. Ein Kajak kann zwar keinen heftigen Sturm überstehen, aber wenn der Wind heulen und die Wellen tosen sollten, könnte ich das Boot den Strand hinauftragen und in meinem Zelt entspannen.

Ich war zwar noch nie mit einem seetüchtigen Kajak gefahren, aber ich hatte schon ein Kanu durch arktische Flüsse und entlang der Küste von British Columbia gerudert. Jetzt wollte ich um Kap Hoorn herumrudern, und mein Selbstvertrauen – oder meine Überheblichkeit – sagten mir, dass ich das schaffen könne.

Ich fragte meine Bergsteigerkameraden, ob sie mitkommen wollten, aber sie zeigten kein Interesse. Die Sache sei zu gefährlich, wir hätten keine Erfahrung mit Kajaks, seien untrainiert und hätten keine Chance, das Projekt erfolgreich oder überhaupt lebend abzuschließen. Ich kam mir dämlich vor, aber die Idee ließ mich nicht mehr los.

Mein Leben war erfüllt mit Skifahren, Bergsteigen und Schreiben. Ich hatte Freunde, Freizeit, Geld, ein Haus in einem vielbesuchten Skigebiet. Es gab keine Notwendigkeit, Träumen zu folgen, die in die dunklen Regenwälder und zu den aufgewühlten Wellen vor Tierra del Fuego, Feuerland, führten.

Ich ging mit einer ehemaligen Ballerina Bergsteigen, die es gelernt hatte, die Berge lieber zu haben als die Tanzbühne. Eines

Abends bereitete ich das Essen zu, während sie in der Badewanne entspannte. Sie rief durch die Tür, ob ich ihr nicht ein Glas Wein bringen wollte. Als ich es ihr brachte, sagte sie, ich solle mich zu ihr setzen. Ich machte den Klodeckel zu und setzte mich.

»Weißt du, Jon, ich habe über die Sache mit Kap Hoorn nachgedacht. Du bist ein Überlebenskünstler. Du kommst von dort zurück, darüber mach dir mal keine Gedanken. Aber bedenke, wenn du deinen Einflüsterungen folgst, die von Gefühlen und nicht von Vernunft reden, dass du nicht mehr derselbe Mensch sein wirst, wenn alles vorbei ist. Überleg dir gut, ob du dein neues Ich mögen wirst, bevor du aufbrichst.«

Das war eine ganz andere Art von Warnung. Ich blickte in ihr Gesicht, das aus dem Badeschaum herausragte.

»Vielleicht mag ich es jetzt schon. Vielleicht will ich zum Kap Hoorn paddeln, um mein Ich besser kennen zu lernen.«

Sie zuckte mit den Achseln und lächelte. »Dann geh besser, Jon.«

4

An einem verschneiten Tag im Dezember 1979 fuhr mich ein Freund über den Pass zur Bushaltestelle in Ridgeway, wünschte mir Glück und fuhr wieder heim. Vier Jahre waren vergangen, seit ich beschlossen hatte, Kap Hoorn zu umschiffen. Nun stand ich am Straßenrand inmitten meiner Ausrüstung: zwei große Seesäcke, in denen das zerlegbare Kajak war, ein weiterer für das Segel und sonstige Zubehör, einer für Kleidung, einer mit dem Nötigsten für das Zelten, eine Kameratasche und zwei lange Paddel. Die hohen Gipfel der San Juan Mountains tauchten gelegentlich aus dem Schneegestöber auf. Ich fragte mich: »Wo geht es zum Kap Hoorn?« Ich knöpfte meinen Parka zu und stellte mir dann die Frage: »Und wo zum Mars?« Beide Ziele schienen mir von diesem Ort aus gleich weit entfernt.

Der Bus sollte um zwei Uhr nachmittags kommen. Zwei Uhr kam und verging, doch kein Bus weit und breit. Ich ging in die Tankstelle mit dem Trailways-Schild, um mich aufzuwärmen. Ein junger Mann stellte den vierzylindrigen Vergaser seines babyblauen Mustang ein. »Der Bus muss jede Minute kommen«, versicherte er mir. Aus dem Nachmittag wurde Abend, dann läutete das Telefon und wir erfuhren, dass eine Lawine die Passstraße verschüttet hatte, weshalb heute kein Bus mehr käme. Der Mechaniker machte den Luftfilter fest, stellte den Leerlauf auf ein gemäßigtes Röhren ein und sagte mir, dass er jetzt den Laden schließen wolle, ein paar Sixpacks mitnehmen und auf eine Party gehen werde. Ich könne gern mitkommen. Ich wollte ihm erklären, dass ich unterwegs zum Kap Hoorn war, aber irgendwie kam mir das lächerlich vor. Also schleifte ich meine sieben Sachen wieder zum Straßenrand hinaus, um eine lange Nacht per Anhalter zu fahren.

Am 24. Dezember kam ich im Morgengrauen in Boulder an, verbrachte dort Weihnachten und flog dann nach Chile. Expeditionen beginnen, wo die Zivilisation endet. Wenn es Wölfe und Räuber vor den Burgmauern gibt, beginnt die Expedition, kaum dass man den Burggraben überquert hat und das Tor hinter einem ins Schloss gefallen ist. Mein Ausgangspunkt war Puerto Natales, weil es am Ende der Straße im Südwesten von Chile liegt. Mein Plan war, südwärts an der Küste entlangzupaddeln und die vorgelagerten Inseln als Schutz vor den legendären Wellen im Süden des Pazifik zu benützen. Danach wollte ich weiter nach Osten durch die Magellanstraße und nach Süden durch den Tierra-del-Fuego-Archipel. Kap Hoorn stellt die südlichste Spitze der südlichsten Insel dar, die letzte Landspitze vor der Antarktis. Die gesamte Strecke von Puerto Natales zum Kap Hoorn ist etwa 800 Kilometer lang.

Ich stieg in dieser seltsamen Stadt, die fast 16 000 Kilometer von zu Hause entfernt war, aus dem Bus und lud meine Ausrüstung in strömendem Regen aus. Es war der 9. Januar, Hochsommer in Südamerika. Ich würde mich an den Regen gewöhnen müssen. Der Bus fuhr weiter. Taxifahrer priesen die Vorzüge verschiedener Hotels an, wobei jeder lauter als der andere zu schreien versuchte, um meine Aufmerksamkeit zu erregen. Ich achtete nicht auf den Krach.

Ein frischer Wind wehte. Als ich die Straße zwischen den Häusern hinunterblickte, sah ich weiße Schaumkronen in der Meerenge und schneebedeckte Gipfel in der Ferne. Ich war allein unterwegs zu einer unbewohnten Küste am Rande eines der stürmischsten Meere der Welt. Rettung konnte man hier nicht erwarten.

Ich kaufte mir etwas zu essen und ordnete meine Ausrüstung. Der Wind ließ am Nachmittag des nächsten Tages nach, und obwohl weiterhin kalter Regen fiel, schleppte ich meine Ausrüstung zum Strand. Eine kleine Menschenmenge versammelte sich, während ich das zerlegbare Boot zusammenbaute und belud. Reisende bringen einen Funken Abwechslung in das Leben der Menschen. So wie früher Sänger und Taschenspieler, die von Ort zu Ort zogen.

Das Kajak war etwas über fünf Meter lang und hatte in der Mitte eine Sitzmulde. Ich stellte vorne einen kurzen Mast auf, der mit einem selbst gemachten, rechteckigen Segel versehen war. Zuletzt band ich mir Gurte um die Brust. In diesem Miniatursegelboot war ich Teil der Takelage. Die Segel würde ich mit Slipsteks an den Gurten festmachen, damit ich im Notfall schnell den Wind aus den Segeln nehmen konnte. Ein Kentern konnte ich mir nicht leisten.

Die weißen Schaumkronen verwandelten sich in kräuselnde Wellen, und die Nachmittagssonne trocknete die Oberfläche meines Regenumhangs aus Vinyl, war aber zu schwach, um sich die darunter befindliche Feuchtigkeit vorzunehmen. Ich hob mein Paddel auf und wog seine Balance und sein Gewicht in der Hand ab. Der Fjord war nach Westen gebogen und schien zwischen grünen Hügeln abzureißen. Aber ich wusste, dass ich nach Umrundung der ersten Ecke eine Fortsetzung des Kanals sehen würde und danach eine weitere Biegung, und noch einige Stunden später würde sich der Kanal wieder öffnen und wieder und wieder, die nächsten paar Monate lang.

Ich zurrte den letzten meiner Proviantsäcke fest, dann schaute ich aufs Meer hinaus. Es war leicht gewesen, mutig zu sein, als ich in einem dampfenden Badezimmer saß, Wein trank und mit einer in der Badewanne sitzenden nackten Frau philosophierte. Aber jetzt kamen mir all die nüchternen Warnungen meiner Bergsteigerkameraden schmerzlich zu Bewusstsein. Ich war noch nie zuvor in einem seetüchtigen Kajak gefahren.

Die Leute schauten mich erwartungsvoll an. Sie hatten mir geduldig beim Packen zugesehen und warteten jetzt darauf, dass ich in den Fjord hinauspaddelte. Ich nickte, und ein halbes Dutzend Leute halfen mir das Boot zu tragen und zu Wasser zu lassen. So hatte ich nur eine leichte Last, doch ich wusste, dass ich von jetzt an das Boot immer allein die Strände hinauf- und hinunterschleppen musste. Ich hievte mich auf meinen Sitz und winkte unbeschwert. Eifrige Hände schubsten mich in den Kanal hinaus. Die Ladung verschob sich und das Boot bekam Schlagseite, bis ich den richtigen Schwerpunkt fand.

Der Sturm hatte nachgelassen, das Wasser war ruhig. Ich suchte den Horizont nach Gefahren ab, entdeckte keine und hatte trotzdem Angst. Ich paddelte langsam und überlegte: »Ich bin hierfür kräftemäßig gar nicht vorbereitet. Meine Arme werden jetzt schon müde. Das ist echt blöd.«

Die Sonne lugte immer wieder einmal durch die Wolken. Es hatte ungefähr sieben Grad Celsius, und die 90 Prozent Luftfeuchtigkeit ließen mich trotz meiner warmen Kleidung frieren. Ich erreichte die Biegung des Kanals nach zwei Stunden und blickte ein letztes Mal zur Stadt zurück. Es war 18 Uhr 30, und obwohl die hoch stehende Sommersonne noch viele Stunden Tageslicht versprach, schlug ich mein Lager auf. Ich machte mit feuchtem Holz ein rauchendes, zögerliches Feuer und kochte einen Eintopf aus Fleisch, Kartoffeln und Gemüse – ein Luxus anlässlich meiner ersten Mahlzeit.

Nebel kroch die Bergschluchten herab und breitete sich in den Fjorden aus. Ich stand auf den Zehenballen und wippte sanft auf und ab wie ein Tennisspieler, der auf den Aufschlag des Gegners wartet. Ich lagerte im Norden der Magellanstraße, von Tierra del Fuego und Kap Hoorn. Ich würde nicht umkehren. Selbstzweifel waren keine nützlichen Gedanken. Wachsamkeit und Ausgeglichenheit waren jetzt die einzig wichtigen Tugenden.

5

Die Erde beginnt zu leben, wenn Naturgewalten aufeinander prallen. Hurrikane und Tornados entstehen, wenn warme und kalte Luftmassen ineinander fahren. Die steilsten, gefährlichsten Wellen entstehen in den Grenzbereichen gegensätzlicher Strömungen. Wenn zwei tektonische Platten zusammenstoßen, wirft sich die Erde auf und es bilden sich hohe Gebirgszüge. Es gibt einige Orte, so genannte Tripelpunkte, wo drei entgegengesetzte Kräfte aufeinander prallen, etwa drei unterschiedliche Strömungen, Windsysteme oder tektonische Platten. Es gibt nur einen Ort auf der Erde – Kap Hoorn – wo drei solche Tripelpunkte an einer Stelle zusammenfallen.

Drei Ozeane – der Pazifik, der Atlantik und das Südpolarmeer – kommen bei Kap Hoorn zusammen, und jeder hat seine eigenen Strömungen. Der Humboldtstrom kommt von Westen, trifft auf die Westküste von Chile und weicht nach Norden aus. Der Brasilstrom bewegt sich an der Ostküste Argentiniens südlich und dreht dann scharf nach Westen ab. Und schließlich der Kap-Hoorn-Strom, ein Teil der Südpolarströmung, die sich endlos um die Antarktis herumbewegt. Südlich von Kap Hoorn gibt es kein Land, das dem Wind Einhalt gebietet. Daher bauen sich die Wellen im antarktischen Ozean von Westen her auf und umkreisen fortwährend den Erdball.

Jede dieser Strömungen wird von ihren vorherrschenden Winden angetrieben. Somit prallt nicht nur das Wasser aufeinander, sondern auch die darüber befindliche Luft. Ich konnte daher in aller Regel mit unruhiger See, starken und oft unvorhersehbaren Winden und fast ständigem Regen rechnen.

Zwei der unruhigsten geologischen Formationen sind Grabenbrüche – hier entfernen sich tektonische Platten voneinander – und Subduktionszonen, bei denen die Platten aneinander stoßen und eine von beiden nach unten in den Erdmantel gedrückt wird. Beide Formationen sind charakterisiert durch aufsteigendes Magma, sich auftürmende Berge, häufige Erdbeben und Vulkantätigkeit. Am Tripelpunkt in Chile treffen ein aktiver Grabenbruch und eine aktive Subduktionszone aufeinander. Das heißt, zwei Platten entfernen sich voneinander, während sie gleichzeitig mit einer dritten zusammenstoßen und diese in die Tiefe drücken. Die letzten 300 000 Jahre senkt sich der Bruch in den Atacamagraben, den die Subduktion formt, und bewegt sich in die heiße, verformbare Asthenosphäre, 100 Kilometer unter der Oberfläche. Die absinkende Platte reibt sich am unterirdischen Felsgestein, sodass Magma entsteht, aufsteigt und an der Oberfläche neue Berge entstehen lässt. Die Berge entlang dieses Tripelpunkts sind knapp halb so hoch wie die weiter nördlich liegenden Anden, aber sie ragen direkt aus dem Meer auf und bieten den Stürmen, die aus dem Wirbel kollidierender Meere aufsteigen, mit steilen Felswänden die Stirn.

Tektonische Platten bewegen sich nur einige Zentimeter pro Jahr. Hochgehobener Granit, verformte und verdrehte Felsen und gewundene Lavaflüsse erzählen von diesen Kollisionen, aber die Bewegung selbst ist unsichtbar. Von einem Kajak aus betrachtet, wo das eigene Hinterteil unter Wasser ist und die Augen nur knapp über der Oberfläche sind, sieht man immer nur einen Ozean, nicht aber alle drei zusammen. Die Tripelpunkte sind keine sichtbaren Markierungen an Land. Aber die Naturgewalt drückt sich auf andere Weise aus. Hinter der hohen Gezeitenlinie wächst im überreichlichen Regen eine dichte Wand von Bäumen mit untereinander verschränktem Geäst. Doch die Barriere ist verkümmert und vom Wind fast in die Horizontale gebeugt. So kündet die Vegetation von heftiger Bewegung, damit auch an windstillen Tagen das Wissen um den Wind immer gegenwärtig ist. Gelegentlich ragen Granittürme durch die Wolken, und die Tatsache, dass man ihr oberes Ende nicht sehen kann, lässt sie noch mächtiger erscheinen.

6

Innerhalb weniger Tage lernte ich, das Kajak durch leichte Verlagerung meiner Hüften und nicht durch wildes Herumrudern auszubalancieren. Meine Arme wurden kräftiger. Ich entwickelte einen effizienten Ruderschlag, der die Belastung der Sehnen an den Handgelenken verringerte. Ich kam stetig voran, aber meine Gefühle kollidierten im Wirbel der drei Schnittpunkte. Zwar hatte ich mich entschlossen, in einer rauen Gegend zu rudern, aber ich verfluchte die Rauheit, weil sie meine Annäherung an das Kap Hoorn behinderte. Ich hatte mein Leben auf eine romantische Vorstellung von Einsamkeit eingestellt, aber an den langen Nachmittagen im Boot drückten mich häufig die Gedanken an zerbrochene Ehen und erfolglose Beziehungen nieder. Ich sagte mir, ich würde die reinigende Wirkung der bevorstehenden Gefahr begrüßen, doch es gelang mir nicht, die Last der anhaltenden Angst zu vertreiben.

Als ich eines Morgens aus dem Zelt trat, versuchte ich, den Tag mit einem einprägsamen und inspirierenden Bild zu beginnen: ein Baum, der vom Wind so verkrüppelt worden war, dass er sich von einem Wald verkrüppelter Bäume deutlich abhob, ein Sonnenstrahl, der einen nebelverhangenen Gipfel anstrahlte. Aber oft spürte ich nur den Regen, zog mir die Kapuze über den Kopf und ließ mich vom Vinyl einschließen, das drei Viertel des Horizonts abdeckte und den Teil meiner Seele einsperrte, der sich ansonsten über alles erhoben hätte.

Nach dem Frühstück trug ich mein Gepäck vom Regenwald durch die Gezeitenzone zum Kajak – drei von Feuchtigkeit beherrschte Welten. Dann legte ich meinen Kurs bis zum nächsten Haltepunkt fest und ruderte los. Ein Kajak bewegt sich so langsam, dass man sich fast vorkommt, als wäre man gar nicht in Bewegung. Anfangs verschwimmen die Bäume am Ende eines Fjords zu einem grünen Farbfleck, aber allmählich werden sie zu Einzelbäumen, und dann wird jeder Baum eine einzigartige Wesenheit aus Zweigen und Blättern oder Nadeln. Ich sagte mir, dass jede Minute voller sich wandelnder Schönheit sei, aber ich fühlte mich leer und allein, und ich füllte die Leere mit hohlen Selbstgesprächen, die geistig nicht anspruchsvoller waren als die bunten Plakate und Fastfood-Restaurants an einem x-beliebigen Straßenrand. Der innere Frieden fehlte. Ich wollte zum nächsten Punkt gelangen, damit ich zum übernächsten kommen konnte und zum überübernächsten, um schließlich heimkehren zu können und mit den Füßen auf dem Tisch arrogant einen Toast auf die Königin auszubringen.

Ich ruderte jeden Tag acht Stunden, und wenn ich an den Strand kam, arbeitete ich noch ein oder zwei Stunden daran, mein Lager aufzubauen, ehe ich mich bei einer Tasse heißer Milch mit Zucker entspannte. Zuerst lud ich mein Boot aus und schleppte es über die Flutlinie hoch. Da ich Proviant für zwei Monate mitführte, war das allein schon eine mühsame, zeitaufwändige Beschäftigung. Dann stellte ich das Zelt auf, breitete meinen Schlafsack aus und machte Feuer, wenn es nicht allzu heftig regnete. Gewöhnlich war der Strand steinig und glitschig, geeignete Stellflächen für das Zelt waren im windgebeugten Unterholz schwer zu finden, und ich war nach dem langen Tag vom Rudern müde. Ich stellte mir vor, ich hätte einen Begleiter, der Feuer machte, während ich das Zelt aufstellte, oder dass mir jemand half, das schwere Boot über die rutschigen, mit Seetang bedeckten Felsen zu schleppen. Ich wünschte mir jemanden, mit dem ich reden konnte, damit ich mir nicht selbst zuhören musste.

Die Depressionsspirale gerät leicht außer Kontrolle. Ich hatte mir vorgestellt, dass die Wildnis wunderbarerweise alle Probleme wegwischen würde, die mir das Leben in der zivilisierten Welt gebracht hatte. Als mir jedoch klar wurde, dass ich deprimiert war, wurde ich noch deprimierter.

Einige Tage, nachdem ich Puerto Natales verlassen hatte, paddelte ich eine Wasserstraße entlang, die Paso Kirke heißt. Wenn die Gezeiten des Küstenarchipels steigen und fallen, bündeln die Inseln das bewegte Wasser zu Strömungen. Diese Strömungen nehmen an Stärke zu, werden dann langsamer und kehren nach dem Gezeitenwechsel schließlich wieder um. Sind die Kanäle eng, werden Gezeitenströme zu Sturzbächen komprimiert. Als ich Paso Kirke erreichte, kam die Strömung mit voller Wucht auf mich zu. Nach allen Standards der Seefahrt und der Vernunft hätte ich drei Stunden warten sollen, bis die Strömung nachließ, oder noch etwas länger, bis sie bei Ebbe ganz umkehrte und mir zu Hilfe kam. Jeder kompetente Partner hätte auf einer so vernünftigen und konservativen Vorgehensweise bestanden. Mir war aber nicht danach, allein im kalten Regen drei Stunden lang unter einem Busch zu kauern und zu warten. Ich hatte auch keinen weisen oder logisch denkenden Berater, mit dem ich darüber hätte diskutieren können. Obwohl der Gezeitenstrom in der Mitte des Kanals gegen mich gerichtet war, erzeugte er am Ufer gegenüber von der Hauptströmung einen Gegenwirbel. Wenn ich mich ganz nahe bei den Felsen hielt, konnte ich mit seiner Strömung im Rücken rudern. Ich war so nahe am Ufer, dass ich meinen Kopf gelegentlich unter herabhängenden Büschen durchducken musste. Deren satter, öliger Duft mischte sich mit dem salzigen Geruch von Leben, Tod und Verfall in der Gezeitenzone. Unglücklicherweise endete die Gegenströmung an einem Hindernis, das eine Stromschnelle erzeugte. Ich blieb in der Gegenströmung, bis sie kehrtmachte, und als ich in die unruhige Hauptströmung hinaussteuerte, setzte ich mein Segel und paddelte stromaufwärts durch die Stromschnellen zu einer

Gegenströmung, die sich oberhalb befand. Die Strömung trieb mich nach hinten, der Wind nach vorne. Ich legte mich schwer ins Zeug. Ein Strudel drehte mich halb herum, nahm mir den Wind aus dem Segel und verhedderte es. Das Boot blockierte und reagierte nicht mehr auf das Steuerruder. Dann fing sich ein Windstoß in einer Ecke des Segels, und ich drehte das Boot mit dem Paddel, um mehr Wind einzufangen. Das Kajak kam wieder gegen die Strömung voran und erreichte schließlich die Gegenströmung am anderen Ufer. Juhu!, das war technisches Kajakfahren zur See! Ich wusste, dass es ein Fehler war, die Expedition unter einem sportlichen Aspekt zu sehen. Ich musste mich nicht in Gefahr begeben. Aber ich war zum ersten Mal auf der Fahrt glücklich. Mein Ziel war es nicht nur, am Leben zu bleiben und Kap Hoorn zu erreichen. Mit einer positiven Einstellung und ein wenig Geschick konnte diese Fahrt sogar Spaß machen.

Wir leben nicht in einer Welt, in der ein einziges Aha-Erlebnis unser ganzes Leben ändert, und ich kämpfte die ganze erste Woche lang mit meinen Empfindungen. Es war schwer, überhaupt ein seelisches Gleichgewicht zu finden. Tags darauf hielt mich ein Sturm am Strand fest. Als ich in meinem Zelt saß, schrieb ich in mein Tagebuch:

Der Wind heult und kreischt. Wie soll ich es anders ausdrücken? Dies ist ein Land der Klischees, und hier heult und kreischt der Wind nun einmal. Es sieht nicht so aus, als würde ich zum Kap Hoorn gelangen. Es ist schlicht und einfach eine Frage der Fakten und der Wahrscheinlichkeit. Tatsache: Der Wind ist unberechenbar. Tatsache: Wenn ein unvorhersehbarer kräftiger Wind aufkommt, werde ich aufs hohe Meer hinausgetrieben oder an den Felsen zerschmettert. Wie stehen die Chancen? Nicht gut genug, finde ich.
Als ich heute hier so allein im Zelt saß, weinte ich. Worüber? Über den Verlust der Erde, feuchter fruchtbarer Erde, weißt

du, nicht dieses windgepeitschte, undurchdringliche Land,
halb Regenwald, halb Sumpf, das die gesamte Menschheit
meidet – diese Küste und dieses Meer, die momentan mein
Zuhause sind.

Die Depression hallte von der Innenwand des Zeltes wider, also zog ich mein Regenzeug an und setzte mich hinaus in den Sturm. Auf den Bergen jagt der Wind die Tiere in ihren Bau, und der fallende Schnee verwischt ihre Spuren und lässt eine leblose Landschaft zurück. Aber hier in Patagonien wurde der Sturm, der mich hatte Schutz suchen lassen, von den Lebewesen ringsum missachtet. Ein Schwarm Sturmvögel flog dicht über der Oberfläche, und ein Wasserläufer lief den Strand entlang und pickte nach Nahrung, die die zurückweichende Flut aufgedeckt hatte. Ein Albatros kam um die Kanalbiegung ins Blickfeld geflogen und landete, wobei er die Flügel vorsichtig faltete, als wollte er ein Origami bilden. Es war der erste Albatros, den ich je gesehen hatte. Ich dachte an Coleridges *Die Ballade vom alten Seemann* und den Albatros als Symbol einer fürsorglichen, wohlwollenden Natur. Aber Coleridge träumte an einem bequemen Schreibtisch in England in romantischen Bildern und war nie zum Südpolarmeer gereist.

Ich habe einmal die Geschichte eines Matrosen gelesen, der bei der Umschiffung von Kap Hoorn mit einem Klipper über Bord gespült worden war. Seine Kameraden ließen sogleich ein Boot zu Wasser und einige ruderten ihm zu Hilfe, während der Rest der Mannschaft die Segel niederholte und das Schiff in den Wind drehte. Die Bootsmannschaft fischte den unglücklichen Matrosen aus dem Meer, aber das kleine Boot geriet in eine steile Sturzwelle und kenterte. Als sich die Männer an das kieloben treibende Boot klammerten, kreiste über ihnen ein Schwarm Albatrosse. Der Beobachtungsposten auf dem Klipper sah entsetzt mit an, wie einer der Vögel sich auf einen der Männer stürzte und ihm die Augen auspickte. Dann kam ein zweiter Vogel und ein dritter. Ein zweites

Rettungsboot wurde losgeschickt, aber die Leinen verhedderten sich in den Davits, während das Mutterschiff mit dem Wind dahintrieb. Der Zeitverlust war fatal. Geblendet und blutig, streiften die Männer im Wasser ihre Schwimmwesten ab und tauchten nacheinander lieber in den Tod als weitere Angriffe zu ertragen.

Ich wandte mein Gesicht in den Sturm, und ließ mir den Regen ins Gesicht klatschen. Bis jetzt war das Land freundlich zu mir gewesen. Der Albatros schaukelte sanft auf den Wellen und kam nicht angeflogen, um mir die Augen auszupicken. Der Sturm wütete, aber ich lagerte am sicheren Strand. Die verkrümmten Bäume, die von so vielen Stürmen berichten konnten, gaben meinem Lager einen guten Schutz. Ich erinnerte mich daran, dass ich selbst hier sein wollte. Ich sprach laut, aber sanft in den Wind: »Es ist schon okay.« Dann machte ich am Strand einen Spaziergang. Als sich der Sturm am nächsten Tag verzogen hatte, saß ich in meinem Boot und war in Richtung Kap Hoorn unterwegs, und nicht auf dem Rückweg nach Puerto Natales.

7

Am folgenden Tag versperrte mir eine lange, schmale Halbinsel die Weiterfahrt nach Südosten, und ich musste direkt in den gerade vorherrschenden Wind hinauspaddeln, um die Landspitze zu umrunden. Ich peilte einen Felsen vor mir an, stemmte meinen Kopf gegen den Wind und konzentrierte mich auf einen gleichmäßigen, kräftigen Ruderschlag, wobei ich gleichzeitig mit einer Hand den Paddelschaft nach vorne bewegte, während ich mit der anderen das Ruderblatt durchs Wasser zog. Auf diese Weise ging das zwei Tage lang, bis ich die Landspitze umrundet hatte und mich nach Südosten wandte. Weiße Schaumkronen, die gestern noch schlimme Barrieren gewesen waren, die mich von meinem Ziel abhielten, wurden nun zu freundlichen Helfern, die das Hinterende meines Boots anhoben und mich vorantrieben. Obwohl der Wind auffrischte und die Wellen sich übel zu kräuseln begannen, blieb ich gierig draußen im Kanal, um die Gratisfahrt auszunutzen.

An der Küste von Chile kann man einen Sturm sehen, bevor man ihn spürt oder hört. Der Wind kommt unsichtbar die Berghänge herunter, aber sowie er das Wasser erreicht, wühlt er die Oberfläche auf. Im Meer bildet sich eine scharfe Linie ab. Auf einer Seite der Linie plätschern freundliche Wellen auf grüner See, während sich auf der anderen Seite wütender Schaum breit macht. Die Wellen, die der erste Schwall eines heftigen Sturms vor sich hertreibt, haben nichts von der Majestät der Wellen, die über Tausende von Kilometern hin auf dem Ozean entstanden sind. Statt dessen sind sie eng gedrängt und unruhig und springen umher wie eine randalierende Menschenmenge.

Der Kanal war von Klippen eingefasst, sodass ich mit dem Wind fahren musste, bis ich einen Hafen fand. Ich holte das Segel ein, schnürte die Kapuze fester zu und spürte den ersten Ansturm von Lärm, Nässe und Wind. Innerhalb von fünfzehn Minuten waren die jugendlichen Wellen erwachsen geworden. Eine steile Welle hob das Heck meines Kajaks an. Ich trieb seitwärts und drehte heftig am Ruder, um nicht durch die Woge zu stoßen und zu kentern. Dann surfte ich auf der Welle, bis sie über meinem Rücken zusammenbrach und der weiße Schaum übers Deck sauste.

Ich blickte hinter mich, um die nächste Welle zu beobachten, aber meine Körperdrehung brachte mich aus dem Gleichgewicht. Also schaute ich nach vorn und reagierte auf das Geräusch und das Gefühl, das mir das Wasser vermittelte.

Als eine weitere weiße Linie ungesehen näher kam, hörte ich ein lautes »Wusch«. Es war ein neues Geräusch, das wie ein Luftstoß klang, nicht wie Wasser. Ich packte das Paddel fester, hatte aber keine Ahnung, was hinter mir war oder wie ich darauf reagieren sollte. Das Geräusch wurde lauter. Ich wandte meinen Kopf um und starrte einem Delfin ins Auge, der mit dem Schwanz im Wasser war und den Kopf über Wasser hielt. Ein »Wusch« auf der anderen Seite des Kajaks verkündete, dass ein zweiter Delfin zusammen mit mir hoch oben im Wellenkamm auf der Welle surfte. Dann glättete sich die Welle und die beiden Delfine verschwanden. Als der nächste Brecher nahte, surften vier Delfine lächelnd mit mir. Ich machte einen Ruderschlag, um mich zu stabilisieren. Als das eine Ruderblatt des Paddels ins Wasser tauchte und sich das andere hob, flitzte der Delfin, der mir am nächsten war, unter das angehobene Ruderblatt und tauchte unter meinem Boot durch. Als ich den nächsten Ruderschlag machte und das andere Ruderblatt hob, beschleunigte ein zweiter Delfin auf der anderen Seite meines Boots und tauchte. Ich war sicher, dass die beiden unter Wasser zusammenstoßen würden, aber der zweite Delfin schwamm unter dem ersten durch, wobei seine Rückenflosse den Schwanz des anderen berührte. Als die nächste Welle kam, tauchten sechs oder acht Delfine zum Rhythmus meines Ruderschlags unter meinem Boot durch und kreuzten vor mir im Reißverschlusssystem ihre Bahn. Es war ein magischer Reißverschluss, denn sowie er sich schloss, öffnete er mir eine freie Bahn und trug mich sicher voran. Das Spiel zwang mich zu einem gleichmäßigen Ruderrhythmus. Wenn ich einen Ruderschlag ausgelassen oder zu spät gemacht hätte, hätte ich einem Delfin auf den Rücken geschlagen, und das wäre einem Spielgefährten gegenüber sehr unhöflich gewesen. Außerdem wurde mir klar, dass die Delfine, wenn sie aus dem Rhythmus kamen, mit ihrer scharfen Flosse mein zerbrechliches Kajak durchtrennen könnten. Aber sie waren im Wasser geboren, hatten ihre präzise Schwimmtechnik über Jahrmillionen entwickelt, und sie kannten die Spielregeln.

Nach etwa fünfzehn Minuten erstarb der Wind, und die Delfine verschwanden. Es war eine seltsame, zugleich willkommene und enttäuschende Ruhe. Einige Kilometer weiter ruderte ich in eine kleine Bucht auf der Leeseite einer Insel. Die See war absolut glatt, und Regentropfen hinterließen auf dem ansonsten reglosen Wasser kreisförmige Muster. Jemand war schon vor mir hier gewesen und hatte mit einer Motorsäge Platz für ein Zelt gemacht. An einem anderen Ort und zu einer anderen Zeit hätte ich mich darüber aufgeregt, in der Wildnis einen so hässlichen Einschnitt zu entdecken, aber an diesem Tag war ich für den Eingriff in die Natur dankbar, weil er bedeutete, dass ich eine angenehme Nacht auf ebenem, trockenem Boden verbringen würde.

Ich schlug mein Lager auf und kletterte auf einen nahe gelegenen Hügel. Der verrostete Rumpf eines halb versunkenen Frachters lag im Südosten auf einer Sandbank. Eine Bergungsmannschaft hatte alles von Wert entfernt, und über dem Schiffswrack schwebten Einsamkeit und Tod. Geister sind keine willkommenen Gefährten, wenn man gerade eben einer tödlichen Gefahr entronnen ist. Aber der Nachmittag war mehr gewesen als nur eine Begegnung mit einem Sturm. Die Delfine hatten eine spielerische Bestätigung für das Leben gebracht. Die Verlassenheit dieses Landes, die für mich so eine große Last gewesen war, wurde mir zu einem Freund. Sie war in mich eingedrungen, hatte sich in mir umgesehen und die Spinnweben aus den Ecken gefegt. Die Delfine hatten nur mit mir gespielt, weil ich zu einem Wesen des Meeres und seiner einsamen Nebel geworden war. Sie waren nicht zur Stelle gewesen, um den Leuten auf dem stählernen Frachter mit seinem elektrischen Licht und seinen wummernden Maschinen zu helfen. Ich saß da, blickte auf den Tod hinab und fühlte mich sehr lebendig. Dann ging ich hinunter und kochte mir etwas zu essen.

8

Am nächsten Tag paddelte ich südwärts aus den engen windgeschützten Kanälen in die Magellanstraße. An ihrem westlichen Rand fächert sich die Straße auf, und im nördlichen Teil des Fächers gibt es Tausende von kleinen Inseln. Etliche sind einige Morgen groß, andere so groß wie ein Haus und wieder andere sind kaum mehr als eine Felsspitze, die bei Ebbe aus dem Meer ragt. Eine Karte ist in dieser Gegend nutzlos, weil man die Inseln nicht mit all den kleinen Pünktchen auf dem Plan abgleichen kann. Also machte ich einen Kompasskurs und paddelte los, als wäre kein Land in Sicht. Es war noch neblig und goss in Strömen. Mein Universum war auf einen Kreis von hundert Metern Durchmesser eingeengt, in dessen Mitte ich mich befand. Inseln kamen von jenseits herein und entschwanden hinter mir im Nichts. Eine große, langsame pazifische Dünung hob und senkte sanft mein Boot und klatschte gegen die Felsen.

Es war unheimlich und zugleich geistig erhebend; außerdem war ich durchnässt, hungrig und einsam. In unserem normalen Leben werden wir ständig mit Lärm und Farbe bombardiert. Obwohl die meisten dieser Stimulanzien so bedeutungslos sind, dass wir sie fast sofort wieder vergessen, suchen wir aus lieber Gewohnheit stets neue. In dieser Umgebung ohne Pepsi-Werbung, die einem zeigt, wie lebhaft es doch überall zugeht, dehnt sich die Monotonie des Paddelns oft in Langeweile. Vor dem Blassgrün der Wälder, der graugrünen See und den weißen Nebelschleiern tauchte vielleicht ein Bild pro Tag auf oder ein neues alle zwei oder drei Tage.

Einige Bilder waren offensichtlich eindrucksvoll, wie etwa der Sturm und die Delfine, andere waren hingegen nur wegen der Umgebung stark. So kamen zum Beispiel Magellanpinguine unter Wasser auf mein Kajak zu, ohne dass sie oder ich es bemerkten. Wenn sie in der Nähe meines Bootes auftauchten, starrten sie mich einen Augenblick lang an, holten Luft, stießen einen merkwürdigen Schrei aus, tauchten schnell wieder unter und ließen nur kleine Wellen auf dem Wasser und ein phosphoreszierendes Bild auf meiner Netzhaut zurück. Nachdem ich den ersten gesehen hatte, fragte ich mich: »Habe ich wirklich einen schwarzweißen Vogel mit einer an ein Lächeln erinnernden Linie unter dem Schnabel und über dem Auge gesehen?« Ich suchte stundenlang das Wasser auf der

Suche nach dem nächsten ab, und als ich ihn sah, klammerte ich mich an das rasch verblassende Bild, um meinen früheren Eindruck zu bestätigen. Diese schwarzweißen Blitze wurden wichtig für mich. Ich versuchte vorherzusagen, wann sie kommen würden, und ich verbrachte lange Stunden damit, auf sie zu warten. Der Pinguinschrei klang wie eine Mischung aus dem Quaken einer Ente und dem Muhen einer Kuh. Daher nannte ich sie die Überraschungs-Muh-Enten und amüsierte mich wochenlang über meinen eigenen Humor.

9

Einige Tage später nahm ich eine Abkürzung durch eine enge, kajakgeeignete Passage, die bei Ebbe nur sechs Meter breit war. Eine steife Brise trieb Wolken über die Hügelspitzen, aber in dem Korkenzieher-Kanal wehte nur ein sanftes Lüftchen. Als ich mich jedoch in einen breiteren Durchlass begab, traf mich der Wind voll von vorne. Ich wollte ans Ufer, aber der Kanal war von Steilklippen gesäumt. Laut meiner Karte lag 400 Meter vor mir ein sicherer Hafen, also machte ich ein Wettrennen gegen den Sturm. Der Wind nahm an Stärke zu und bescherte mir einen Stillstand. Dann drückte er mich langsam zurück. Schutz war so nahe, und wenn der Wind nur fünfzehn Minuten nachließe, wäre ich in Sicherheit. Aber er ließ nicht nach. Also machte ich kehrt und fuhr vor dem auffrischenden Sturm her.

Ein großer, geschützter Fjord lag einige Kilometer vor dem Wind, aber ich wollte keine so große Strecke verlieren. Ich setzte darauf, dass ich die Bö im Kajak aussitzen konnte, wenn ich mich hinter einer Felsspitze verbarg. Ich paddelte in eine kleine Einbuchtung hinter dem Felsen und wendete, um in Richtung Kanal zu schauen. Der Wind heulte einen Meter zu meiner Rechten, traf auf den Strand hinter mir, wurde von der Böschung abgelenkt und wirbelte zurück. So drückte der Windwirbel sanft gegen meinen Rücken, um mich aus meinem Schutz zu locken. Eine Stunde lang paddelte ich rückwärts, um meine Position hinter dem Felsen zu halten. Allmählich drehte der Wind auf West und die Windmauer kam näher. Zuerst erwischte sie das Paddelblatt beim Rückwärtsschlag, dann traf mich der Wind voll ins Gesicht und zwang mich, vorwärts zu paddeln, dann wieder rückwärts, als der Gegenwirbel zunahm. Die Wellen wurden höher und ich schlug gegen die Felsen.

Ich packte mein Paddel ganz fest, holte tief Luft, paddelte in den Sturm hinein und wandte mich dem schützenden Fjord zu. Der Wind erfasste die Wellenkämme und fetzte den Schaum horizontal übers Wasser, was den Unterschied zwischen Meer und Luft verwischte. Im Kajak schwamm ich nicht so sehr auf dem Wasser, sondern ich glitt eher durch eine Welt, in der sich Wasser und Salzwasser begegneten. Ich fühlte und hörte eine Welle hinter mir anschwellen, dann nahmen der Wind und das Heulen ab, als sich die Welle kräuselte und mich wie eine Wand in der reglosen Luft der Wasserröhre umarmte und vor dem Sturm schützte. Im Wellental gab es keinen Horizont, kein Universum, keine Zukunft, nur Wasser, das sich in einem unwahrscheinlich anmutigen Bogen über meinem Kopf aufbäumte. Innerhalb weniger Augenblicke kam das nasse Grün, schwappte über mein Boot und ließ mich allein, wobei nur noch mein Kopf und meine Schultern aus dem weißen Schaum schauten. Mein Spritzschutz ließ kein Wasser ins Kajak, also lief es wieder ab und das Boot tauchte wieder auf. Ich befürchtete, der Wind würde mir das Paddel aus der Hand reißen. Schlimmer noch, wenn ich das Paddel hob, konnte mich ein besonders starker Windstoß gegen das Ruderblatt kopfüber unter Wasser drehen. Also hielt ich das Paddel flach gegen das Deck, packte meine Ruderseile fester und duckte mich tief ins Boot.

Wenn eine Welle über mich schwappte, dachte ich an nichts anderes als an die Welle selbst, aber wenn ich hoch auf einen Wellenkamm hinaufkam und die weitere Umgebung einsehen konnte, erkannte ich eine neue Gefahr. Der Wind trieb mich direkt aufs Ufer zu, wo mich die Wellen rasch an den Felsenklippen zu Tode schmettern würden. Als mich eine aufsteigende Welle vor dem Wind schützte, paddelte ich wie wild quer zum Wind in Richtung Fjord. Dann, bevor die Welle niederstürzte, drehte ich schnell vor den Wind, um nicht seitwärts zu kentern. Diese Zickzackbewegung brachte mich dem Schutz näher, aber nicht schnell genug. Mein Kurs hielt immer noch auf die tödlichen Felsen zu.

Ich stieg auf den nächsten Wellenkamm, peilte rasch die Lage, überdachte sie noch einmal und kam zum selben Ergebnis. Ich paddelte noch fester, begann eher mit dem Queren, noch bevor mir die Welle Schutz vor dem Wind gab, und hielt den Kurs länger, bis ich an der steiler werdenden Welle seitlich krängte. Ich dachte: »Ich könnte es schaffen, aber es wird knapp werden.« Mein Kopf trat über die Situation hinaus und sagte mir: »Schau dich um, Jon. Hier wirst du nie wieder sein.« Es war eine merkwürdige Stimme: ruhig, ohne Eile.

Meine innere Stimme wirkte beruhigend, war aber für die Fahrt zum Fjord keine Hilfe. Dann kam das Glück ins Spiel. Man kann nicht überleben, wenn man sich zu oft aufs Glück verlässt, aber gelegentlich gibt es einfach keinen anderen Ausweg. Der Wind ließ in seiner Wucht etwa zehn Minuten lang nach. Ich paddelte fest, und als der Sturm wieder stärker wurde, war ich bereits im Fjord und unterwegs zu einem Schutz. Nach einer wilden Fahrt vor dem Wind entdeckte ich eine kleine Bucht, ruderte hinein, schleppte mein Kajak den Strand hinauf und kroch ins Gebüsch.

Einige Meter hügelaufwärts fand ich eine geschützte Plattform unter einem dichten Wall aus Bäumen. Der Waldbaldachin hielt den Wind ab, filterte das Sonnenlicht und zerteilte den Regen in einen feinen Sprühnebel. Das grüne Moos und die gelbgrünen Flechten am Waldboden waren schwammig und weich. Ein Heulen im Geäst erinnerte mich daran, dass der Sturm noch wütete, aber das war in einer anderen Welt, weit weg von meinem Unterschlupf im Regenwald. Ich saß im Nebel, den Rücken an einen Felsen gelehnt, sah zu, wie das Wasser von meinem Parka tropfte, und entspannte. Dann stellte ich mein Zelt auf und kroch hinein, um mir einen heißen Tee zu brühen.

Am nächsten Morgen ging ich zu einer felsigen Landspitze, von der aus man den Fjord überblicken konnte. Der Sturm raste noch immer übers Wasser und fegte die Wellenkämme gegen den fallenden Regen. Ich versuchte, mir ein Kajak inmitten dieses Infernos vorzustellen, kehrte dann in meinen Bau zurück, las, kochte wieder ein heißes Getränk und machte ein langes Nickerchen.

Als ich aufwachte, lag ich im Schlafsack, schaute durch das blassgelbe Nylon zu den Bäumen und lauschte dem Wind, der durchs Geäst heulte. Meine Gedanken wanderten zu einer anderen Zeit: Es war nach Mitternacht im Instrumentenraum des chemischen Labors und ich schoss Moleküle zu tödlichen Kollisionen mit beschleunigten Elektronen, was den entstehenden Ionen eine wilde Fahrt durch ein Magnetfeld bescherte, ehe sie, klatsch, auf meinen Detektoren landeten. Jedes Molekül war allein in einem Vakuum unterwegs, und meine Aufgabe war es, herauszufinden, wie die Moleküle vibrierten und was sie zusammenhielt.

Meine Ergebnisse waren umstritten gewesen, und ich trug sie auf einer internationalen Konferenz in Brüssel vor. Nach meinem Vortrag luden mich mehrere Wissenschaftler zum Essen ein. Ich erblickte am Tisch Professoren von renommierten Universitäten mehrerer Länder. Das Essen zog sich schon bis zur dritten Tasse Kaffee hin. Die Gesichter der Männer waren gelb und lasch, gegerbt von fluoreszierendem Licht und verweichlicht durch die kontrollierte Temperatur und Luftfeuchtigkeit chemischer Labors. Wir sprachen darüber, wie ein neues Experiment aussehen müsste, um meine Schlussfolgerungen zu widerlegen oder zu bestätigen.

Ich ging langsam noch weiter in die Vergangenheit zurück, bis zu den frühesten Bildern meines Lebens: ein Hund, der mich erschreckt hatte, ein kaputtes Dreirad, ein Freund, der weinte, weil ich ihn geschubst hatte und er sich an einem Eisenzaun eine Schnittwunde am Kopf zuzog. Meine Eltern erzählten mir, bevor ich gehen konnte, wäre ich ins Bad gekrabbelt und auf den Klodeckel geklettert. Dann hätte ich nach dem Waschbecken gegriffen und mich mit einem kühnen Schwung ins Becken befördert. Sie fanden mich zufrieden brabbelnd im Waschbecken sitzend. Später, als ich gehen gelernt hatte, erforschte ich immer – besser gesagt, verlief ich mich immer zwischen den Sanddünen bei unserem Sommerbungalow bei Rockaway Beach.

Vor vier Jahren, an Weihnachten 1974, fuhren Debby und ich zur Ranch ihrer Eltern bei Santa Barbara. Wir gingen mit Nathan und Noey nach Disneyland, aßen zu viel dänisches Plundergebäck, tauschten Geschenke aus und fuhren zurück nach Norden. Wir verbrachten eine Nacht im ranchähnlichen, mit Teppichen ausgelegten Haus eines Freundes am Ende einer Sackgasse in einem Vorort von Portland. Als wir am nächsten Morgen auf der Fernstraße weiter nach Norden fuhren, sagte mir Debby, sie hoffe, dass wir eines Tages erfolgreich genug wären, auch so ein Haus zu haben: Spülmaschine, Waschmaschine und Wäschetrockner, Gästezimmer für Besucher und all die anderen Annehmlichkeiten eines sorgenfreien Lebens. Ich sagte ihr, sie solle sich darauf nicht verlassen, denn das wäre nicht mein Ziel. Am folgenden Morgen sagte sie mir, dass es vielleicht besser wäre, wenn wir uns trennen, damit jeder seine eigenen Träume verwirklichen könne.

Ich schob die Gedanken beiseite. Mein Brennstoff war knapp, aber ich zündete den Brenner zur Unterhaltung an, nicht weil ich mir noch einmal etwas Trinkbares zubereiten wollte.

Feuchte, ungewaschene Unterwäsche hing zum Trocknen auf Leinen über meinem Kopf. »Hing zum Trocknen!« In diesem Land triefender Moose und ständigen Regens würde nie etwas trocknen. Die Wäsche hing vielleicht, »um weniger feucht zu werden« oder »um nicht nasser als auf dem Zeltboden zu werden«. Wenn der

Sturm vorbei war, würde ich das klamme, riechende Zeug anziehen, meine schwere Vinylregenausrüstung darüberziehen und meinen Körper zittern lassen, bis er sich aufwärmte.

Meine Gedanken fingen wieder zu wandern an. Ich dachte an Noey, die ihre Hände in gespielter Resignation hob, um mir zu sagen, dass ich mit Mami schlafen müsse, wenn ich meine Schuhe nicht fände. Nathan stand stumm hinter ihr und sah zu. Nathan war immer der Ruhige. Er beobachtete, hörte zu und nahm alles auf. Und wo war meine Tochter Reeva, die ich kaum kannte? Reeva wuchs irgendwo bei Elizabeth auf, die auf Grund eines Gerichtsurteils von mir geschieden worden war, das ein feindseliger Richter gesprochen hatte, dem meine langen Haare und meine trotzige Haltung missfielen.

All das war weit weg. Ich lagerte auf einer unbewohnten, vom Wind zerzausten Insel, und um zu überleben, musste ich den Sturm aussitzen und Richtung Zivilisation paddeln und noch schnell den Umweg über Kap Hoorn nehmen.

10

Der Wind ließ nach vier Tagen nach. An einem windstillen, grauen, herrlichen Tag unter südlicher Breite verließ ich meinen Fjord, folgte meinen Spuren und paddelte wieder hinaus in die Magellanstraße. Obwohl die Straße verglichen mit dem Ozean eng ist, ist sie beträchtlich breiter als die Kanäle, durch die ich gepaddelt war. Das offene Wasser war gefährlicher, aber ich war weniger isoliert, weil ich eine Schifffahrtsstraße erreicht hatte. Wenn ich Hilfe brauchte, würde gewiss innerhalb einiger Tage ein Schiff vorbeikommen. Obwohl ich keine Häuser, Schiffe oder Menschen sah, war ich zeitweilig wieder in der Nähe der Zivilisation.

Im Jahr 1520 segelte Ferdinand Magellan an der Ostküste Südamerikas hinunter und erkundete jede größere Bucht und Flussmündung, bis er einen Weg zum Pazifik fand. Später segelten spanische und portugiesische Abenteurer in ihren plumpen Schiffen durch die enge, gefährliche Magellanstraße und wandten sich nach Norden, um die Westküste von Nord- und Südamerika zu kolonisieren und den amerikanischen Ureinwohnern Gold zu rauben. 1577 brach Francis Drake mit fünf Schiffen in England auf, um den Spaniern und Portugiesen Gold zu stehlen. Als Drake die Segel setzte, wusste niemand von Kap Hoorn und der Meeresstraße zwischen Südamerika und der Antarktis. Die Forscher vermuteten, dass die Magellanstraße der einzige Durchlass in einer ansonsten durchgehenden Landbarriere zum Südpol war. Drake gab nach der Atlantiküberquerung zwei seiner Schiffe auf und durchfuhr die Magellanstraße mit den verbliebenen drei. Danach geriet er fast sofort in einen schrecklichen Sturm, »wie ihn seinesgleichen noch kein Reisender verspürt hat, auch hat es einen so heftigen Sturm von solcher Dauer seit Noahs Flut nicht mehr gegeben, denn er dauerte ganze 52 Tage«.* Ein Schiff wurde zerstört, ein zweites floh durch die Magellanstraße und kehrte nach England zurück.

Auf dem einzigen verbleibenden Schiff, der *Golden Hind*, machte sich Drake ein kurzes Nachlassen des Sturms zunutze, ankerte in der Nähe einer Insel und schickte acht Matrosen an Land, um die Wasserfässer aufzufüllen. Er muss im Auge eines Hurrikans gewesen sein, denn der Sturm schlug mit urplötzlicher Gewalt wieder zu. Aus Angst um sein Schiff befahl Drake, die Ankerleine zu kappen, und ließ die Wassermannschaft im Stich. Das Schiff segelte vor dem Wind nach Südwesten, denn etwas anderes blieb Drake gar nicht übrig. Aufgrund seiner begrenzten geografischen Kenntnisse war er sicher, dass er jeden Augenblick auf einer langen Halbinsel zerschmettert würde, die bis zur Antarktis reichte. Stattdessen segelte er durch die bis dato unbekannte Passage weiter im

---

* Nuó da Silva (Drakes Kapitän), zitiert in Shipton, Eric, *Tierra del Fuego: The Fatal Lodestone*, Charles Knight & Co., Ltd., London 1973, S. 43.

Süden. Einige Historiker sind der Meinung, Drake sei tatsächlich auf der Kap-Hoorn-Insel gelandet und habe erkannt, dass er auf dem südlichsten Fleckchen Erde der westlichen Hemisphäre stand. Er kletterte auf die Klippe und befahl einem Matrosen, ihn an den Knöcheln festzuhalten, damit er sich, »kriechend auf die äußerste Landspitze hinunterwerfen konnte, und so seinen Körper übers Meer streckte«.*

Inzwischen war die Wassermannschaft mit einem knapp fünf Meter langen Ruderboot auf einer nirgendwo verzeichneten Insel, Tausende von Kilometern von der Zivilisation entfernt, zurückgeblieben. Die Männer hatten Messer und Baumwollkleidung – keine Gewehre, keine Schlafsäcke, keine Zelte. Sie aßen Schalentiere, Krabben und Wurzeln und ruderten nach Norden. Nachdem sie die Magellanstraße erreichten, fingen sie Fische und Vögel, gelegentlich auch einen kleinen Seehund, der sich am Strand gesonnt hatte. Einige tausend Kilometer später, an der Südküste von Brasilien, fingen kriegerische Ureinwohner vier Matrosen und töteten zwei. Von den vier Gefangenen hat man nie wieder etwas gehört. Zwei weitere konnten verletzt fliehen. Sie ruderten zu einer kleinen Insel. Als sie landeten, wurde ihr Boot in der Brandung zerschmettert, und auf der Insel fanden sie kein Quellwasser. Nach zwei Monaten schrecklichen Durstes und äußerster Entbehrungen bauten sie sich ein Floß und segelten zum Festland zurück. Als sie aber Wasser fanden, trank sich der eine der beiden zu Tode. Der letzte Überlebende ging alleine über Land weiter. Er befreundete sich mit einem Kannibalenstamm, dem er beibrachte, wie man Schilde für kriegerische Auseinandersetzungen anfertigt. Sie waren solch ein Erfolg, dass seine neuen Freunde einen entscheidenden Sieg über ihre Gegner errangen und dann »gewisse Portugiesen und Neger« töteten (und aufaßen?), die ihnen begegneten. Das Blatt wendete sich, als Portugiesen den Matrosen festnahmen und

---

* Hough, Richard, *The Blind Horn's Hate,* Norton, New York 1971, S. 214.

verurteilten, für den Rest seines Lebens als Galeerensklave zu arbeiten. Aber er konnte entfliehen und kam schließlich wieder nach England zurück.

Obwohl ich mich an diese Geschichte erinnerte, um mir einzureden, dass ich es vergleichsweise gut hatte und gut ausgerüstet war, fühlte ich mich dennoch von dem vielen graugrünen Wasser überwältigt und hielt mich vorsichtshalber nahe dem Norduferauf. Am nächsten Tag war es relativ windstill, also durchquerte ich die Straße und fuhr weiter östlich zum Paso Tortuoso, der wegen seiner gewundenen, schlängelnden Umrisse so heißt. Der schmale Durchlass gewährte Schutz vor Stürmen und Wellen und gab mir jene Verbindung von See und Land, die ich so liebte und die Kapitäne großer Schiffe fürchten.

Die See war ruhig und zur Abwechslung schien einmal die Sonne. Ich streifte meinen Regenparka aus Vinyl ab und ließ die sanfte Brise durch mein Hemd und über meinen Körper wehen. Meine Brust und die Achselhöhlen kribbelten, als meine Poren den Wind begrüßten und sich meine Kapillaren weiteten und zusammenzogen, bis sie ein Gleichgewicht erzielten. Als ich um eine Biegung kam, tauchte unvermittelt der massive Rumpf eines Supertankers aus der Wildnis auf. Ich hatte seit Wochen niemanden gesehen, und obwohl ich wusste, dass das Schiff nie stoppen würde, war die Nähe von Menschen aufregend für mich. Ich dachte, die Mannschaft müsste an Deck kommen und mir zuwinken; ich würde fröhlich mit dem Paddel zurückwinken, und der Kapitän ließe die große Schiffspfeife tuten. Der Tanker kam langsam auf mich zu. Mein Kajak hatte nur einen Bruchteil der Länge seiner Rettungsboote. Ich konnte um die Rohre herumpaddeln, mit denen Öl an Bord genommen und entladen wurde. Wahrscheinlich tauchte ich auf dem Radar nur als Treibholz auf. Ich war zu klein, um überhaupt zu existieren. Diese Gedanken wichen der Erkenntnis, dass ich mich im einzigen Kanal befand, und wenn ich nicht schnell etwas unternahm, würde mich der Tanker überfahren und

in seinen riesigen Schiffsschrauben zermalmen. Ich wendete und
ruderte zum Strand. Während meiner Flucht blickte ich immer
wieder einmal hinauf, ob ich Menschen sehen würde. Kilometer
über mir, auf halbem Weg zur Sonne, sah ich die Brücke, auf der
sich Seeleute befanden: Söhne von Drake und Blutsbrüder von Slocum. Die Fenster waren aus kupfergetöntem, verspiegeltem Glas,
sodass ich nicht hinter die reflektierenden, metallenen Augäpfel
des Monstrums schauen konnte, das auf mich zukam. Hinter den
Augen, hinter der Leber, in den Feuer atmenden Eingeweiden,
tranken Männer Kaffee und schauten sich ein Video an. Es war uns
nicht bestimmt, dass wir uns begegnen sollten. Es war eine Begegnung mit einem Schiff, nicht mit Menschen. Das Schiff war nicht
bösartig, aber es hatte ganz gewiss auch nicht die Absicht, den Kurs
zu ändern, um mir auszuweichen.

11

Ein Kajak hat nur begrenzten Stauraum, daher führte ich nur
knappen Proviant mit im Glauben, ich könnte meine Nahrung um
Fisch ergänzen. Ich hatte angenommen, dass es Fisch in Hülle und
Fülle gab, weil der Südwesten Chiles geografisch dem Südosten
Alaskas ähnelt, wo es jede Menge Fische gibt. Ich hatte eine Hand-
spule mit Blinker, um Fische vom Meeresgrund zu fangen, und
eine stabile, reißfeste Angelschnur, um größere Exemplare einzuholen. Während der ersten Tage der Fahrt fischte ich gewissenhaft
an geeignet erscheinenden Stellen, ging aber immer leer aus. Später versuchte ich es nur noch sporadisch. Am Tag nach meiner Begegnung mit dem Tanker warf ich die Angelschnur mitsamt allen
Ködern über Bord. Ich würde keine Fische fangen, daher wollte ich
mich nicht damit belasten, es noch einmal zu versuchen.

Später, als meine Fahrt zu Ende war, fragte ich einen Fischer, warum ich nichts gefangen hatte. Er versicherte mir, dass es da nichts

zu fangen gäbe. »Aber es gibt doch Seehunde«, protestierte ich. »Und Seehunde fressen Fisch. Also muss es auch Fische geben.« Ich musste mich in gebrochenem Spanisch mehrmals wiederholen, bis er mich verstand. Schließlich antwortete mein Freund, dass sich die Fische dort in sehr tiefem Wasser aufhielten, hundert Meter und mehr.

Am Abend nach meinem Rappel mit der Angelschnur beschloss ich, mich auf Schalentiere zu konzentrieren. Muscheln gab es reichlich, aber an diesem Abend konnte ich keine finden. Statt dessen ging ich bei Ebbe am Strand entlang und sammelte Napfschnecken – das sind kleine Mollusken, die 10-Cent-Stück großen Ohrschnecken ähneln. Napfschneckenesser stehen am unteren Ende der Wohlstandsskala, soweit sie Jäger und Sammler betrifft. Als ich so in einem leichten Nieselregen am Strand saß und meine Schüssel Reis und Napfschnecken kaute, dachte ich an einen Kabeljau mit zwanzig Pfund und wurde wütend, dass die Evolution nichts gut Essbares für eine so offensichtliche ökologische Nische entwickelt hatte.

Ich aß normalerweise drei Viertel meines Abendessens und hob den Rest fürs Mittagessen auf, weil ich im Kajak keinen Platz für einen Zweimonats-Vorrat an Brot und Crackern hatte. An diesem Abend aß ich die ganze Ration und fischte dann aus meinem Spezialvorrat von Leckereien einen abgepackten Tapiokapudding, den ich für den nächsten Tag kochte. Aber in der Nacht riss mich der Geruch des frischen Puddings aus meinen Träumen. Ich wachte auf und schlang ihn komplett herunter. Voller Bedauern darüber, dass ich mich selbst bestohlen hatte, brach ich am nächsten Morgen auf und leistete mir nur einige harte Bonbons, auf denen ich bis zum Abendessen herumkauen konnte.

12

Anfang der dritten Woche war ich noch immer in der Magellanstraße ostwärts unterwegs. Ich hatte seit vierzehn Tagen mit niemandem geredet, nicht geduscht, die Unterwäsche nicht gewechselt, keine trockenen Socken angezogen, mich nicht in einen Sessel gefläzt oder eine gute Mahlzeit eingenommen. Meine Kleidung und mein Schlafsack befanden sich in einem Zustand der Dauerfeuchte.

Als ich am fünfzehnten Tag an der felsigen Küste durch dichten Nebel paddelte, trieb ich über ein Walskelett. Der massive Kopf war einen halben Meter unter Wasser in den Felsen verhakt, Rumpf und Schwanz verschwanden in dunkleren Tiefen. Die Knochen wurden noch von Sehnen zusammengehalten, und Fleisch und Hautfetzen drifteten mit der Strömung. Kleine Wellen brachen das Licht, sodass der unter Wasser befindliche Schwanz aussah, als wolle er den Riesen ins Meer zurückwinken. Der Tod wirkte natürlich, wie eine einfache Umarmung des Meeres, das mein Gefährte geworden war. Mit einem einzigen Fehler – oder einer absichtlichen Bewegung der Hüften – konnte ich das Kajak kentern lassen und mich zu dem Wal gesellen, bei dem sich das eiskalte Wasser bald warm anfühlen würde.

»Halt! Aufwachen! Schlechte Idee!«

Das flüchtige Bild meines eigenen Todes erschreckte mich, und ich ruderte zu einer Mittagspause an Land. Ich kletterte auf eine felsige Anhöhe, die weit genug landeinwärts war, um mich über den allgegenwärtigen Geruch des Zerfalls in der Gezeitenzone zu erheben. Ich war nicht niedergeschlagen, aber etwas hatte meine morbide Fantasie geweckt. Vielleicht hatte ich die normale Welt so weit hinter mir gelassen, dass alle Barrieren gefallen waren.

Ich habe nicht oft laut Selbstgespräche geführt, aber ich brauchte den Klang einer menschlichen Stimme, um den Bann zu lösen, also redete ich in den Wind.

»Hab keine Angst, Jon! Du hast nicht den Verstand verloren. Du hast einen Augenblick lang das Wesen der Dinge verstanden. Tiere werden geboren, leben, sterben und vergehen – so wie du auch. Du hast das alles in einem Augenblick der Gefühlsaufwallung klar gesehen. Keine große Sache. Du weißt immer noch, wo die Grenzen sind.«

Meine Worte hallten über die Felsen wie Morgennebel, der in der Luft hängt und sich allmählich auflöst. Höchste Zeit für eine andere Stimmung. Ich versuchte es mit Rufen: »Huuu! Huuu! Yeah! Yeah!« Es klappte nicht. Nein, meine Stimmung beruhte auf einer Einsamkeit, die ich nicht zerschlagen konnte.

Ich kehrte zum Boot zurück und trug mein Essen zu dem Felsen. Das heutige Mittagessen war der übliche kalte, feuchte Reis, der vom Abendessen übrig war. Dieses spezielle Essen hatte ich zusammen mit einer Packung Spargelcremesuppe aus der Tüte und mit Muscheln gekocht. Ich aß einen Löffel und schaute das geschmacklose Gemisch an. Ich wickelte einen harten Kandiszucker aus, den ich in der Tasche hatte, zerrieb ihn sorgfältig zwischen zwei Steinen und streute die orangefarbenen Splitter auf den Reis, vermischte alles und kaute diese Mischung langsam. Viel besser.

Ich konnte ein anderes Mal über Einsamkeit und Sterblichkeit als Alternative zum Lesen oder zum Spanischlernen nachdenken. Im Augenblick waren klare Gedanken meine Rettung und meine Freude.

Um die düstere Stimmung zu vertreiben, erinnerte ich mich: »Beobachte den Himmel, beobachte die See. Pass genau auf, wo du hintrittst. Rutsch nicht auf feuchten, tangbedeckten Felsen aus, denn die kleinste Verletzung, selbst ein verstauchter Knöchel, wäre hier eine ernste Sache. Stell dir im Geist genau vor, wohin du deinen Fuß setzt, setze ihn und mach dann den nächsten Schritt.«

Wenn ich mit solcher Präzision leben konnte, würde das nicht nur meine Überlebens- und Erfolgsaussichten erhöhen, sondern ich könnte auch alles Gejammere aus meinen Gedanken vertreiben, etwa: »Oh, mich friert. Oh, ich bin nass. Der Tod ist schon okay. Ich tue mir selbst Leid, weil ich hungrig, gelangweilt und einsam bin.«

Worte waren eine schöne Sache, aber nur die Paddel konnten mich zum Kap Hoorn bringen. Ich nahm meinen Henkelmann und den Löffel und ging wieder zum Boot hinunter.

13

An diesem Nachmittag blies der Wind kräftig, aber ich setzte trotzdem mein Segel. Das Kajak pfiff durchs Wasser, sein inneres Skelett bog sich mit den Wellen, fast wie die Wirbelsäule eines Wals, der seinen Rumpf durchs Wasser bewegt. Ich zurrte das Segel und die Pardune fester, um den Mast zu versteifen. Dann lockerte ich die Slipsteks der Planen, damit ich den Wind herausnehmen konnte, wenn die Böen zu kräftig wurden. Am Rande der Gefahr balancierend, flitzte ich mit dreifacher Paddelgeschwindigkeit voran. Ein Schleppdampfer erschien hinter einer Biegung. Er war nach Norden unterwegs und hatte ein schimmerndes, weißes Passagierschiff im Schlepp. Das Schiff war weit weg, aber ich vermutete richtig, dass es die *Lindblad Explorer* war, ein elegantes Kreuzfahrtschiff für teure Antarktisausflüge. Ich dachte an Tanzveranstaltungen auf dem Achterdeck, das plötzliche Knirschen, wenn das Schiff ein Riff oder einen Eisberg rammte, und die dumpfe Stille, wenn die Motoren versagten. Ich war stolz, dass ich flott vorankam und aggressiv durch Gewässer segelte, die ein so großes Schiff manövrierunfähig machen konnten.

Einige Stunden später fuhr ich südwärts aus der Magellanstraße heraus, und den Canal Barbara hinunter Richtung Kap Hoorn. Die Berge zu meiner Rechten gaben mir Schutz vor dem Westwind, daher zog ich das Segel ein und paddelte durch das ruhige Wasser. Mehrere kalbende Gletscher ächzten und spuckten Eisberge ins

Meer hinaus. Eine graue, flugunfähige Dampfschiffente quakte und flitzte davon. Diese Entenart ist in der Evolution auf halbem Weg zwischen anmutigem Fliegen und Schwimmen stehen geblieben. Wenn Dampfschiffenten erschreckt werden, quaken sie heftig und schlagen mit Flügeln und Füßen um sich, als wollten sie schnell genug werden, um abzuheben. Stattdessen schwimmen und laufen sie halb über das Wasser. Das Platschen und der Lärm dauerten an, bis die Ente ein kleiner Punkt am Horizont war. Es erinnerte an den Roadrunner, der im Zeichentrickfilm am Wüstenhorizont verschwindet.

Ich nahm meinen Regenumhang ab, und obwohl Wasser vom Paddel tropfte und meine Jacke bis zum Ärmel durchnässte, begrüßte mein Körper das Entkommen aus seiner Plastikhülle. Zwei Wale gingen in der Bucht ihrem Liebesspiel nach, berührten sich mit ihren Flossen, atmeten schwer, bliesen Luft aus und drehten sich wieder und wieder. Ich hielt an, um ihnen zuzusehen, und empfand eine seltsame Mischung aus Erregung und peinlichem Berührtsein. Ein männlicher Seelöwe bellte am Ufer. Vielleicht hatte er auch zugesehen und gab Laut, um seine vergängliche Herrschaft über seinen Harem zu bestätigen. Regen fiel, und wo die Tropfen landeten, entstanden sich kreuzende Ringe im ruhigen Wasser. Zögernd zog ich meinen Regenumhang wieder an. Eine Brise kam vom Gletscher herunter und kräuselte das Wasser. Die Wale gaben Laut und verschwanden, der Seelöwe glitt von den Felsen ins Wasser.

Ein Gefühl der Zufriedenheit durchströmte mich. Nur wenige Menschen haben mit Delfinen gespielt und sind unauffällig durchs Brautgemach eines Wals geglitten. Das waren Bilder, an die ich mich auch noch erinnern würde, lange nachdem ich Entbehrungen und Einsamkeit vergessen hätte. Ich paddelte zum Ufer, um einen Lagerplatz zu suchen, aber steile, bewaldete Berghänge stiegen abrupt aus dem Wasser auf. Eine Stunde später schmerzten meine Rückenmuskeln, und eine unerwartete kalte Querwelle klatschte gegen mich, ein angenehmer Lagerplatz aber war nicht in Sicht. Ich dachte an die Wale, an die Liebe, und da fiel mir ein, wie ich mit Marion Ski gefahren war und wie wir dann am Abend neben dem Holzofen Champagner getrunken hatten.

Ich wollte nicht an Marion denken, an die guten Zeiten. Nun war sie fort, und ich war hier allein, ein Geschöpf der See. Nein! Ich dachte nicht klar. Ich erinnerte mich daran, dass ich einen Reichtum durch einen anderen ersetzt hatte. Doch meine Gedanken waren nicht fähig, meine Gefühle zu beherrschen. Daher konnte ich mich nicht an die Freude klammern, die ich noch vor einer Stunde empfunden hatte. Während ich müde die letzten 800 Meter bis zum Strand paddelte, versprach ich mir, nach dem Essen einen positiven Tagebucheintrag zu machen. Ich schlug mein Lager auf, kroch ins Zelt, um dem Regen zu entkommen, warf einige Muscheln ohne Schale in einen Topf mit weißem Reis, fügte eine Packung Tomatencremesuppe hinzu, die hauptsächlich nach Salz und Mehl schmeckte, und suchte in meinem Proviantbeutel nach ein paar Rosinen, um dem Essen ein wenig Geschmack zu geben. Als ich mein Tagebuch zur Hand nahm, schrieb ich über einen unangenehmen Morgen und erwähnte kaum die Anblicke, Geräusche und Gefühle des Nachmittags:

Die letzte Nacht war die nasseste und unangenehmste, die ich auf dieser Fahrt verbracht habe. Es goss in Strömen und das ganze Moor wurde ein endloser Sumpf. Ich hatte die Wahl zwischen einem Lager im Sumpf oder auf dem Meer. Ich wählte den Sumpf. Er war triefnass. Ich glaube, das Einzige, was mich heute aus dem Bett getrieben hat, war das Wissen, dass es im Bett unangenehmer war als im Boot.

Der Regen hörte am nächsten Tag im Laufe des Vormittags auf, und einige Stunden später kam die Sonne heraus. Es war der erste warme, sonnige Nachmittag seit Beginn der Reise vor achtzehn Tagen. Ich ging früh an Land, badete in einem kalten Bach und packte die einzige saubere Unterwäsche aus, die ich noch hatte. Dann machte ich ein Feuer, um meine Kleidung zu trocknen.

Ich wandte meinen Rücken zum Feuer und ließ die Hitze meine Kniesehnen rösten. Ich musste meine Gefühlsschwankungen eindeutig besser in den Griff bekommen. Ich war müde, und das Feuer fühlte sich gut an. Es war mir zu diesem Zeitpunkt dann aber doch zu mühsam, die widersprüchlichen Gefühle zu entwirren.

14

Eines Tages kam aus dem Nebel einer meiner guten Freunde vorbei, um mich zu besuchen. Der Besuch war intensiver als irgendein gewöhnlicher Tagtraum. Bei einem Tagtraum denkt man an Dinge, die zu erleben Spaß machen würde. Bei dieser Begegnung schien ich aber das Ereignis selbst zu erleben. Ich hatte bei unruhiger See zu viel Segel gesetzt, als einer meiner Kletterpartner erschien und direkt vor dem Mast auf dem Deck hockte. In der Vergangenheit, im richtigen Leben, hatte ich einmal eine schlechte Entscheidung getroffen, die uns beide in unnötige Gefahr brachte. Er hatte mir das nie verziehen, und kaum dass er jetzt da war, fing er an, mich an alte Fehleinschätzungen zu erinnern und vorzuschlagen, das Segel einzuholen und Schutz aufzusuchen. Ich konnte den Klang seiner Stimme hören, die Falten in seinem Gesicht sehen, seine Anwesenheit spüren. Ich fand das Gespräch jedoch lästig und bat ihn zu gehen, was er auch tat. Bald kam ein anderer Freund zu Besuch. Im letzten Herbst hatten er und ich eine schwierige Kletterpartie geplant, aber Freunde warnten uns, dass sie zu schwierig sei und wir sie nicht schaffen würden. Wir brachen trotzdem auf, und sie gelang uns. Er fand mein tollkühnes Segelmanöver aufregend, stellte sich mit hoch erhobenen Fäusten auf den Bug und schrie in den Wind. Er kam oft zu Besuch, und ich hatte immer meinen Spaß dabei.

In vielen Gesellschaften lösen Menschen Visionen aus, indem sie Enthaltsamkeit üben: Iss nicht genug, um den Hunger zu bezwingen, schotte dich nur unvollständig von den Elementen ab, bleib schweigsam und allein. Enthaltsamkeit war nicht mein Ziel, sie war nur ein notwendiger Schritt auf meinem Weg zum Ziel. Doch Hunger, Kälte und Einsamkeit entführten mich auf ihre eigene Reise, eine kuriose Nebenwirkung des langsamen Vorankommens auf meiner abgesteckten Route.

In meinen guten Momenten akzeptierte ich die Askese und begrüßte ihren Lohn. Ich übte geduldig mein Paddelmantra und wartete dabei auf ein rares, aber besonderes Bild, und ich hatte kein Problem damit, das Offensichtliche zu akzeptieren: Man kann jeden Tag nur so und so weit fahren, und wenn sich Wind und Gezeiten gegen einen stellen, muss man Halt machen. Aber an meinen schlechten Tagen haderte ich mit dem quälend langsamen Fortschritt, den eine Person in einem kleinen Boot in einer feindlichen Landschaft machte. Ich wollte dann nur noch möglichst schnell Kap Hoorn erreichen und danach heimfahren.

15

Am südlichen Ende des Canal Barbara führte meine Route aus dem Schutz der Inseln hinaus quer über einen exponierten Teil des Pazifiks. Die Gefahr, die eine Meereswelle darstellt, hat mehr mit ihrer Form als mit ihrer Größe zu tun. Ein Boot kann von der Seite einer steilen Zweimeterwelle herunterfallen und vom abreißenden Wellenkamm zerschmettert werden. Im Gegensatz dazu ist eine Zehnmeterwelle keine Bedrohung für ein kleines Boot, wenn die windabgewandte Seite sanft und vollbusig ist. Als ich in die hohe Dünung im Paso Brecknock hineinfuhr, schlugen die Wellen gegen die Felsen, dass schäumende Türme in die Höhe spritzten. Aber das tiefe Wasser war nicht aufgewühlt. Am Grund eines Wellentals war ich umgeben von drei Stockwerk hohen Wasserwänden, die den Wind abblockten und mich in einer schützenden Windstille hielten. Es sah aus, als müsste sich ein zehn Meter hoher Flüssigkeitsberg über mich ergießen wie Wasser, das aus einem Glas läuft. Aber eine Welle befolgt gehorsam physikalische Gesetze und gleitet unter einem Boot durch. Wenn ich zum Wellenkamm hinaufgelangte, wehte mir der Wind in den Rücken und eine einen halben Meter hohe Schaumkrone tanzte über die Oberfläche. Dann glitt die Welle unter mir weg und ich rutschte wieder sanft ins Wellental.

Ein Fischerboot dampfte aus dem Kanal in den Paso Brecknock und fuhr nordwärts. Es saß auf einem Wellenkamm und verschwand dann. Das Schiff sah jedes Mal, wenn es verschluckt wurde, so verletzlich aus, dass ich besorgt darauf wartete, dass seine Funkantenne wieder auftauchte. Drei Männer liefen an Deck und riefen mir zu. Ihre Stimmen wurden vom Wind und dem Geräusch des Dieselmotors verzerrt, sodass eine Verständigung unmöglich war. Nichtsdestotrotz rief ich bei Erreichen des nächsten Wellenbergs zurück, ob sie mir nicht eine Tasse heißen Kaffee und ein Dutzend Hafermehlkekse abgeben könnten. Es war eine abstrakte Bitte an den Kosmos, und die Männer an Deck grinsten und winkten mit den Hüten, obwohl ich mir sicher bin, dass sie nicht verstehen konnten, was ich ihnen zurief. Sie tuckerten nach Norden davon, während ich mich langsamer nach Südosten bewegte. Es war nur ein kleiner menschlicher Kontakt, aber mein erster seit neunzehn Tagen, und er gab mir ein warmes, wohliges Gefühl.

Am Tag, nachdem ich Paso Brecknock umrundet hatte, kämpfte ich mit einer üblen Mischung aus intermittierendem Gegenwind, Seitenwind, gegenläufigen Wellen und Seetang, als hinter der Biegung wieder ein Motorengeräusch ertönte. Es war nicht das gleichmäßige Tuckern eines kleinen Dieselmotors, sondern ein hochfrequentes Dröhnen. Es klang fast wie ein Flugzeug, das tief über dem Wasser fliegt. Ich brauchte nicht lange auf die Quelle des Geräusches zu warten, denn einige Minuten später kamen drei schnittige Militärpatrouillenboote durch die Wasserstraße angeschossen. Ich hatte mich im Seetang verfangen und kam den Felsen nahe, also legte ich das Paddel in meinen Schoß und sah zu, wie sie durch den Kanal nähersausten. Sie wären fast an mir vorübergefahren. Aber bevor sie verschwanden, ertönten Alarmsirenen, die Boote wendeten abrupt in meine Richtung, Männer rannten an Deck, rissen Abdeckungen von festmontierten Maschinengewehren und lösten die Sicherungsklammern an Torpedos. Es wirkte alles ziemlich abstrakt auf mich. Mein Boot war kleiner als die auf mich gerichteten Torpedos. Ich versuchte, den drei schwer bewaffneten Marinebooten entgegenzulächeln, obwohl ich mir nicht sicher war, ob freundliche Gedanken deren Schutzpanzer durchdringen konnten. Die Steuermänner dirigierten die grauen, tarnfarbenen Boote schnell, aber sacht und elegant auf mich zu. Als die Motoren verlangsamten, formten die Schiffe – blubb, blubb, blubb – um mich herum einen engen Kreis. Ich starrte zu 50-Millimeter-Maschinengewehren, einer Ansammlung Handfeuerwaffen und diesen lächerlichen Torpedos hinauf. Ein Mann mit Megafon rief mir auf Spanisch zu: »In welcher Sprache möchten Sie sich verständigen?«

Es war die erste Stimme, die ich seit einundzwanzig Tagen gehört hatte, und sie wirkte einigermaßen freundlich, also rief ich zurück, dass ich etwas Spanisch könnte, dass Englisch aber am besten wäre. Er forderte mich in geschliffenem Englisch auf, an Bord zu kommen. Ein Matrose warf mir ein fünf Zentimeter dickes Tau zu, das breiter war als mein Mast. Als es auf einer Seite meines Decks landete, bekam das ganze Boot Schlagseite. Das Tau passte durch keine meiner Befestigungsschleifen, also band ich es an einem Seesack fest, der sicher vertäut war, schaute nach oben in den Lauf von einem halben Dutzend M-16ern und überlegte mir, wie genau ich eigentlich an Bord klettern sollte. Ich kroch auf allen Vieren auf den Rand meiner Sitzmulde und stand vorsichtig auf dem dünnen Holzverdeck auf. Mir fiel ein, dass es wohl kein besonders guter

Stil wäre, das Gleichgewicht zu verlieren und ins Wasser zu klatschen. Indem ich mich fast auf die Zehenspitzen stellte, griff ich zu dem glatten, überhängenden Schiffsrumpf hoch. Es gelang mir, mit den Fingerspitzen eine Bugstütze zu fassen zu bekommen. Ich ließ meine Füße frei schwingen und zog mich mit den Armen hoch. Als ich zur Hälfte oben war und meine Füße in der Luft baumelten, während sich mein Kajak in der Strömung etwas entfernte, erinnerte ich mich daran, dass ich mir in den letzten Wochen nicht die Mühe gemacht hatte, die Hosenträger meiner Regenhose zu befestigen, damit ich leicht pinkeln konnte, wenn ich musste. Ein Blick nach unten sagte mir, dass meine Beinkleider rutschten und gleich ins Meer fallen würden. Indem ich mit den Füßen ausschlug und meine Beine weit auseinanderhielt, schlängelte ich mich auf dem Bauch liegend an Bord, mit der Regenausrüstung an den Knöcheln und mit geöffnetem Reißverschluss. Mein Strampeln wirkte auf die Umstehenden erleichternd, denn als ich um mich blickte, sah ich, dass sich die Matrosen das Lachen verkneifen mussten und niemand mehr so wachsam und schießwütig war wie noch vor einigen Minuten. Ich lächelte, und ein Matrose eskortierte mich zur Brücke.

Der Offizier war freundlich. Ich zeigte ihm meine Papiere, wir tranken eine Tasse Kaffee, und er befragte mich interessiert wegen meiner Fahrt nach Kap Hoorn. Er versicherte mir, dass die Marine ein Auge auf meine Sicherheit haben werde, und bat mich, einen Zwischenstopp bei der Basis in Puerto Williams einzulegen und mich dort beim *comandante* zu melden. Ich erklärte ihm, dass Puerto Williams einige Tage abseits meiner Fahrtroute läge und dass ich bei der Rückfahrt zu meiner Route Gegenwind haben würde. Er erwiderte: »Vier oder fünf Tage sind so wenig, Kap Hoorn ist so gefährlich, und wir sind um Ihre Sicherheit besorgt. Wir haben gemeinsam Kaffee getrunken, wir sind Freunde und Gentlemen, wir erbitten uns das von Ihnen.« Er lächelte mich breit an. »Sie werden es doch tun, nicht wahr?«

Kap Hoorn

Ich paddle durch ruhiges Wasser im Beaglekanal nördlich von Kap Hoorn.
(© Mike Latendresse)

Als Mike Latendresse (hier im Bild) und ich uns dem offenen Meer vor Kap Hoorn nähern, treffen wir auf die berüchtigte Brandung.

Bei der Soloexpedition zum Kap Hoorn 1979 führt die Fahrt vorbei an Gletschern im Beaglekanal.

Sonnenaufgang über Terra del Fuego (Feuerland). Auf der Expedition von 1979 fuhr ich meist am frühen Morgen, wenn die Winde relativ schwach wehten.

Ich hatte natürlich keine andere Wahl.

»Benötigen Sie etwas, irgendetwas? Proviant, Kleidung, geht es Ihnen gut?«

Mein Proviant war knapp, aber das hätte ich nie zugegeben. Nach einem Händeschütteln ging ich. Am Abend schrieb ich in mein Tagebuch:

Schaffte den Abstieg vom Decküberhang in mein Boot. Wrumm! Wrumm! Dann Stille, ein paar Seemöwen, ein Seehund im Seetang. Und ich bin froh und traurig. Jetzt ist alles viel sicherer. Wenn ich am Kap Hoorn strande, kann ich auf Rettung warten, die garantiert kommt. Aber irgendwie ist es auch traurig, denn die Forschernatur der Reise hat sich verändert, ein Teil des Ausgeliefertseins an die Natur ist dahin. Nun ja, ich lebe in der Zeit, in der ich lebe, und es ist schon gut so, denn andernfalls könnte ich tot sein. Immerhin habe ich noch ein gutes Stück ernst zu nehmenden Ozean vor mir.

Später erfuhr ich, dass man mich angehalten hatte, weil es starke Spannungen zwischen Chile und Argentinien gab. Offensichtlich hatten die Chilenen gedacht, die Argentinier könnten einen Überraschungsangriff vorbereiten, indem sie als Vorausabteilung Soldaten per Kajak schickten.

Am späten Nachmittag kam ich um eine Biegung und sah ein Krabbenfischerboot in der Bucht vor Anker liegen. Ich hatte das Gefühl, an diesem Tag schon zu viele Menschen gesehen zu haben, und wollte ihm deshalb schon fast nicht begegnen. Einen Augenblick lang paddelte ich von ihm weg, aber es kam mir töricht vor, also wendete ich. Sie waren freundlich und redselig, und sie bereiteten mir in der Friteuse eine Süßspeise namens *sopaipillas* zu. Ich aß zu viel davon, sodass ich mich übergeben musste, nachdem sie abgefahren waren. Als ich in meinem Zelt lag und meinen revoltierenden Magen kurierte, schrieb ich:

Nach drei Wochen in der Einsamkeit waren die Menschen
Menschen und ich war nur ich. Ich hatte das Reden nicht ver-
lernt und stand nicht ungeschickt daneben. Die Vorstellung
vom Alleinsein ist keine große Sache. Abgesehen von der Ar-
beit und der Gefahr, komme ich mir nicht einsamer vor, als
wenn ich die Fahrt mit einem Freund unternehmen würde.
Ich bin froh, diese Erfahrung gemacht zu haben. Sie gibt mir
ein Gefühl der Stärke.

Ich machte mir eine Tasse gezuckerte Milch warm, aber davon
wurde mir wieder übel. Ich war so tief in Feuchtigkeit, Napfschnecken und Reis versunken, dass mein Körper gegen normales Essen
rebellierte. Ich kroch in meinen Schlafsack, konnte aber nicht einschlafen, bis ich mir selbst eingestand, dass ich mich belogen hatte.
Ich griff noch einmal zu meinem Tagebuch und schrieb:

Die nächste Kajakfahrt mache ich in die Fjorde Norwegens,
bei Rentiermilch, Bier und Frauen zur Abwechslung nach den
kalten, gischterfüllten Tagen auf dem Meer.

16

Obwohl ich zur Wildnis von Kap Hoorn unterwegs war, führte
mich der Weg zu den Ortschaften, die sich im Beaglekanal befanden. Dort waren Menschen – und ein Krieg.

Das Konglomerat von Dingen und Ideen, die wir die westliche
Zivilisation nennen, hatte früher schon einmal bessere Manieren.
Vor langer Zeit war sie in einigen isolierten Städten zu Hause und
schwärmte nur gelegentlich ins Land aus. Aber in jüngster Zeit ist
sie in Gegenden vorgedrungen, in denen sie vielleicht nichts verloren hat. Es geht nicht nur darum, dass, wenn man auf Abenteuer
und Einsamkeit aus ist, plötzlich ein torpedogespicktes Marine-

schiff auf einen zurast und die meditative Stille stört. Dieses Eindringen beeinträchtigt nicht nur einige exzentrische Kajakfahrer und Bergsteiger, es beeinträchtigt uns alle, ganze Zivilisationen, ganz zu schweigen von all den Pflanzen und Tieren, die nie Bücher über sich schreiben. Wo waren die Yamana-Indianer, die einst in ihren aus Rinde zusammengenähten Kanus durch diese Gewässer paddelten?* Warum traf ich nicht auf einen von ihnen, statt auf die computerisierten, stählernen, turbinengetriebenen Schnellboote? Nun ja, mit wenigen Ausnahmen sind alle Yamana tot.

Um 1880 gab es im Westen von Tierra del Fuego rund 2500 bis 3000 Yamana. Um 1975 gab es nur noch neun. Als Erklärung bieten Lexika Angaben wie die, dass »Krankheiten der Weißen und von Mischehen« letztlich zu »Zerfallserscheinungen« geführt hätten. Das klingt nicht übermäßig schlimm. Die Formulierung ist zu platt, um schreckliche Bilder wie Pockenepidemien und Genozid heraufzubeschwören. Man blickt nicht aufs Papier und sieht ein Volk, das von Invasoren auseinander gerissen, von Krankheit und Hunger gefoltert und von Kopfgeldjägern gejagt wird. Man sieht nicht, wie die wenigen Überlebenden sich durch die Kanäle zurückziehen, in die Städte fliehen und von ihnen verschluckt werden. Aber ich lebte nicht in einer Bibliothek. Ich lebte in dem Land.

Ich hatte während des ersten Teils meiner Fahrt nicht an die Yamana gedacht. Das Land war so karg und wenig vielversprechend, dass es einem nur natürlich vorgekommen wäre, dass es unbewohnt sein sollte. Ich hatte mit Drakes Wassermannschaft Mitgefühl gehabt. Das hier war kein Inselparadies, wo man davon träumt, eine Frau zu finden und Brotfrüchte zu essen, bis einen der

* Die Stämme, die im Beagle-Kanal und in der Gegend von Kap Hoorn lebten, werden in englischen Texten üblicherweise als Yaghan bezeichnet, in spanischen Quellen aber als Yamana. Museumsdirektoren in Punta Arenas und Puerto Williams ziehen ebenfalls die Bezeichnung Yamana vor, weshalb ich mich der dort üblichen Benennung anschließe.

Tod im hohen Alter ereilt. Das hier war eine Gegend, aus der man fliehen will, selbst wenn es heißt, bis nach England zu rudern. Aber als ich so in meinem Kajak saß, umgeben von Seetang, der die Wellenkämme glättete, fing ich an, mich hier wohl zu fühlen. Die noch eine Weile in der Luft hängenden Dieselabgase kontrastierten scharf mit den weichen Gerüchen der See. Die Yamana hatten ein Verb, *iya*, das »dein Kanu an einem Strang Seetang verankern« bedeutet. Ein anderes Verb, *okon*, heißt »im treibenden Kanu schlafen«, ein Vorgang, der sich sehr vom Schlafen in einer Hütte oder vom Schlafen mit der Ehefrau unterscheidet.

Die Yamana reisten in kleinen Gruppen, bauten aus Zweigen und Stöcken provisorische Hütten und zogen immer weiter, um zu vermeiden, dass sie die Muschelbänke, die ihre Hauptnahrungsquelle waren, komplett ausplünderten. Charles Darwin, der die Gegend auf der *Beagle* 1832 besuchte, zählte sie zu den ärmsten Menschen auf Erden. Er schrieb:

Während wir eines Tages in der Nähe der Woolaston-Insel an's Land giengen, ruderten wir neben einem Canoe mit sechs Feuerländern. Es waren dies die verächtlichsten und elendesten Geschöpfe, die ich irgend wo gesehen habe. ... Diese Feuerländer aber in dem Canoe waren völlig nackt, und selbst eine ganz erwachsene Frau war absolut nackt. Es regnete stark und das Süszwasser zusammen mit dem Spritzen von den Rudern rieselte an ihrem Körper hinab. An einem andern, nicht weit entfernten Hafenplatze kam eines Tags eine Frau, welche ein vor Kurzem geborenes Kind stillte, an die Seite des Schiffes und blieb dort aus bloszer Neugier, während die Schloszen herabfielen und auf ihrer nackten Brust, ebenso wie auf der Haut ihres nackten Säuglings thauten. Diese armen elenden Geschöpfe waren in ihrem Wachsthum verkümmert, ihre häszlichen Gesichter waren mit weiszer Farbe beschmiert, ihre Haut schmutzig und fettig, ihr Haar verwirrt, ihre Stimmen mistönend und ihre Geberden heftig. Erblickt man solche Menschen, so kann man sich kaum zu dem Glauben bestimmen, dasz sie unsere Mitgeschöpfe und Bewohner einer und derselben Welt sind. …

Des Nachts schliefen fünf oder sechs nackte und kaum vor dem Winde und Regen dieses stürmischen Climas geschützte Wesen auf der Erde, wie Thiere zusammengekrümmt. So oft Ebbe ist müssen sie Winter oder Sommer, Tag oder Nacht aufstehen, um Muscheln von den Felsen zu sammeln; und die Weiber tauchen entweder, um See-Igel zu sammeln, oder sitzen geduldig in ihren Canoes und schnellen mit einer mit einem Köder versehenen Schnur ohne irgend welche Haken kleine Fische heraus. Wird eine Robbe getödtet oder das treibende Aas eines Walfisches entdeckt, so gibt es ein Fest; und solche elende Nahrung wird nur durch einige wenige geschmacklose Beeren und Pilze gewürzt.*

Darwin, einer der großen Wissenschaftler der Welt, der ein so sorgfältiger und unvoreingenommener Beobachter der natürlichen Umwelt war, verlor seine Objektivität, wenn er die Lebensweise anderer Menschen betrachtete. Die Yamana hielten sich selbst nicht für »verächtlich und elend«. Das Wort *Yamana* bedeutet »leben, atmen, glücklich sein, von Krankheit genesen und bei Verstand sein«. Für sie war ihr Lebensbereich ein Paradies im Vergleich zur Außenwelt, die für sie die Hölle war.

Die Yamana hinterließen keinen bleibenden Eindruck auf dem Land, kein niedergedrücktes Gras an ihren Lagerstätten, keine aus Zweigen und Blättern gebauten Hütten, keine Malereien, die zei-

---

* Darwin, Charles, *The Voyage of the Beagle: Charles Darwin's Journal for Researches,* hrsg. von Janet Browne und Michael Neve, Penguin, New York 1989, S. 177–178. In der deutschen Übersetzung von J. Victor Carius zitiert nach: Darwin, Charles, *Reise eines Naturforschers um die Welt,* E. Schweizerbart'sche Verlagshandlung (E. Koch), Stuttgart 1875, S. 244–245.

gen, wie sich ihre nackten Leiber zum Schutz vor der Kälte aneinander schmiegen. Sie schrieben keine Bücher und gründeten keine Nationen. Sie lebten vom Land und nun sind sie verschwunden. Zurück bleibt nur eine Leere. Eine Leere ist auf den ersten Blick nur schwer zu erkennen. Wir sind nicht darin geübt, nach ihr Ausschau zu halten, aber wenn wir sie sehen, wirkt sie grell wie Neonlicht.

17

Am Ufer des Nordwestteils des Beaglekanals befinden sich kalbende Gletscher, die von den Klippen herabstürzen und wie Wasserfälle ins Meer klatschen. Aber die Müdigkeit, die Nässe und der Hunger überwältigten jeden friedlichen Gleichmut, den ich in den weichen Nebeln finden konnte. Meine Tagebucheinträge konzentrierten sich hauptsächlich auf Winde, Böen, verkommende Ausrüstung und schlechte Lagerplätze:

> *Segelte und paddelte zugleich einen kalten, regnerischen Morgen und einen warmen Nachmittag lang 50 Kilometer durch die Gletscherlandschaft. Lagerte, wo das Eis sich mit dem Meer trifft. Wenn ich mich morgen anstrenge, sollte ich es nach Puerto Navarino schaffen. Häuser, etwas zu essen??!!*

Am Tag darauf war es windstill und ich spürte die Ewigkeit des Paddelns und die Endlosigkeit der Fahrt. Als ich um eine Landspitze kam, entdeckte ich ein Haus, ein kleines weißes Haus, wie man es am Ende einer blumengeschmückten Auffahrt erwartet und in dem man blondgelockte Kinder vermutet. Es gab keine Anlegestelle, also zog ich mein Boot die Felsen hinauf. Auf dem Dach war ein Leuchtturm, und das Haus selbst war ein Betonbunker mit rückstoßfreien

Geschützen, die beiderseits im Gebüsch versteckt waren. Noch hatte mich niemand bemerkt, und ich überlegte, dass Angreifer in Kajaks sich leicht an diesen isoliert gelegenen militärischen Vorposten anschleichen könnten. Ich stieg den Hügel hinauf, um an die Tür zu klopfen und die Wächter des Lichts und Hüter der Geschütze zu treffen, Menschen, deren Aufgabe es war, vorbeifahrenden Schiffen Sicherheit zu geben und die Gegend vor potenziellen Angriffen aus Argentinien zu schützen. Und was würde der Feind wohl angreifen? Die Pinguine? Die Kanäle? Die Gletscher? Die paar armen Fischer mit ihren Dieselkuttern und leckenden Beibooten?

Ein Mann im T-Shirt öffnete die Tür. Nach seiner ersten Überraschung lud er mich auf einen Kaffee, Käse und Cracker ein. Vier Menschen lebten auf dieser Basis: ein Offizier mit Frau und kleinem Kind sowie ein junger Soldat. Als der Imbiss beendet war, ging der Offizier hinaus, um für das Abendessen ein Schaf zu schlachten, und der jüngere Mann schlug vor, dass wir beide Jagd auf Guanakos machten. Er erklärte mir, dass meine Ankunft eine seltene Gelegenheit sei, weil die Guanakos in einem Tal auf der anderen Seite der Bucht lebten, die man leicht per Kajak, aber nur sehr schwer zu Fuß erreichen könnte. Ich sagte, dass ich ihm den Gefallen gern tun würde; dann wollte ich in Erfahrung bringen, wie ein Guanako aussieht. Er redete wie ein Wasserfall auf Spanisch und ich legte mir eine Übersetzung zurecht, nach der ein Guanako eine Art australischer Strauß sein musste. (Später erfuhr ich, dass ein Guanako ein enger Verwandter des Lamas ist.) Mein neuer Freund, Phillip, ging auf sein Zimmer. Als er zurückkam, trug er Gummistiefel, einen Marinetarnanzug und ein schwarzes Barett mit den Insignien eines Regiments *especial.* Er hatte einen Feldstecher dabei, ein in einem Futteral steckendes Messer, das etwas kleiner war als eine Machete, und ein Automatik-Sturmgewehr.

Als wir durch die Bucht paddelten, erklärte mir Phillip, dass Guanakos sehr intelligent seien, und dass wir deshalb sehr leise und listig vorgehen müssten. Ich sollte den Feldstecher tragen und

Phillip und seiner Maschinenpistole folgen und ihm das Fernglas reichen, wenn er es brauchte. Dann gab er mir das Messer. Es war auch meine Aufgabe, dem Tier, wenn es erlegt war, den Hals durchzuschneiden.

Wir landeten, banden das Boot fest und begaben uns auf höher gelegenes Terrain. Hier, nahe der Südspitze von Tierra del Fuego, Feuerland, 240 Kilometer von Kap Hoorn entfernt, wo die letzten eisbedeckten Bruchstücke des Kontinents in den Ozean entschwinden, der die Antarktis umgibt, folgte ich einem Mann, der beabsichtigte, ein oder zwei Guanakos mit der Maschinenpistole abzuknallen.

Meine Füße taten weh. Die letzten sechsundzwanzig Tage waren sie ständig von kaltem Meerwasser umspült gewesen. Ich trug ein paar lose sitzende Tennisschuhe über Tauchanzug-Füßlingen, ein Outfit, das nicht zum Gehen und für die Guanakojagd gedacht war. Ich stellte mir vor, ich wäre Charlie Chaplin mit seinen Clownschuhen, weiten Hosen und einem riesigen Messer, wie er einem Regiment durch den vietnamesischen Dschungel folgt. Dann wischte das Blut, das aus meinen offenen Salzwasserschrunden quoll, jede romantische und komische Vorstellung beiseite.

Wir überquerten einen von einem Gletscher genährten Fluss, indem wir uns kopfunter wie Faultiere an einem umgestürzten Baumstamm entlanghangelten und uns ins hüfttiefe Wasser fallen ließen, als der Baum zu dünn wurde, um unser Gewicht zu tragen. Phillips Maschinenpistole wurde nass. Ich hielt den Feldstecher über dem Kopf, opferte aber das Messer. Wir überquerten einen Berg und einen Sumpf, sahen aber keine Guanakos. Schließlich kehrten wir am Spätnachmittag heim. Es gab Königskrabben, Tomaten-Gemüse-Suppe, Lammeintopf und zimtüberzogene, gebratene Bananen. Mit Ausnahme der Sturmtage war das innerhalb von vier Wochen meine erste Erholung vom Kajakfahren.

18

Ich ruhte mich beim Leuchtturm eineinhalb Tage aus und fuhr dann Richtung Osten weiter. Ich hatte ursprünglich vorgehabt, nach Süden durch die geschützte Wasserstraße an der Westseite der Isla Navarino zu fahren, aber ich hatte dem *comandante* versprochen, mich in Puerto Williams zu melden, also fuhr ich etwas widerstrebend weiter durch den Beaglekanal.

Puerto Williams ist eine Militärbasis. Ich las unlängst einen Reisebericht, dessen Verfasserin Puerto Williams als entlegenen, trostlosen Vorposten beschrieb, aber sie war auch direkt von einem vornehmen Hotel in Santiago aus hingeflogen. Als ich die Reihe sich wiederholender blassgrüner Baracken ansah, dachte ich an warme, trockene Betten, nicht an architektonische Äußerlichkeiten. Kaffee und Doughnuts, das hörte sich verlockend an! Mit einem Cappuccino und einem Croissant rechnete ich ohnehin nicht.

Die Marineoffiziere luden mich zum Essen ein und boten mir eine Dusche, ein Bett und einen trockenen Schuppen an, in dem ich mein Boot reparieren konnte. In fünf von Luxus erfüllten Tagen nahm ich zu, bekam neue Verpflegung für die Weiterreise und konnte abgenützte Ausrüstungsgegenstände flicken. Aber gleichzeitig verlor ich auch meine Beziehung zum Land. In gewisser Weise musste ich die Fahrt noch einmal ganz von vorne beginnen. Es fällt schwer, am Morgen durchs kalte Wasser zu stapfen, um sein Boot abzustoßen, aber die Füße haben ein Erinnerungsvermögen, und es fällt schwerer, sie nass zu machen, wenn sie sich an Trockenheit erinnern.

Als es Zeit war, mich zu verabschieden, wusste ich, dass ich besser gegen den Wind zur sichereren Passage zurückpaddeln sollte, aber ich wollte nicht. Wenn ich Puerto Williams mit dem Wind im Rücken verließ, konnte ich an der Ostküste der Isla Navarino nach Süden zum Punta Guanaco paddeln. Vom Punta Guanaco aus müsste ich noch 25 Kilometer bis zur Isla Wollaston paddeln, die dem Archipel von Kap Hoorn am nächsten liegt. 25 Kilometer freies Meer sind im Kajak eine lange Strecke, und diese Überfahrt wurde kompliziert durch die Tatsache, dass die Winde bevorzugt aus Südwesten wehten und mich Richtung Südatlantik drückten. Die Fahrt war gefährlich, aber möglich. Isla Herschal war 32 Kilometer weiter südlich, und bis zur Isla Hornos, der Kap-Hoorn-Insel, waren es noch weitere sechs Kilometer auf hoher See.

Ich dachte: »Mit günstigen Winden und etwas Glück kann ich die gefährliche Fahrt sicher in sieben Tagen schaffen – in ganzen 168 Stunden. Dann kann ich nach Puerto Williams zurückpaddeln und nach Telluride zurückkehren, noch ehe die Skisaison zu Ende ist.«

Der größte Teil der Feuchtigkeit, die die Westwinde mit sich führen, regnet auf den Inseln im Norden und Westen ab, daher scheint in den Durchfahrten östlich von Puerto Williams die Sonne und das Klima ist relativ trocken. Ich paddelte von dem Ort bei blauem Himmel weg, hatte einen vollen Bauch und fand echte Erde als Lager, kein Sumpfland.

Schon nach drei Tagen erreichte ich Puerto Toro, einen geschäftigen Ort, an dem fünfzig bis hundert Militärs und einige Zivilisten lebten. Ein buntes Schild begrüßte mich. Es zeigte einen Pinguin mit Wollmütze und darunter stand:

Bienvenido a Puerto Toro
La Ciudad mas Astral del Mundo
(Willkommen in Puerto Toro
der südlichst gelegenen Stadt der Welt)

Eine Hafenwache sagte mir, ich solle mich bei Heraldo, dem Hafenmeister, melden. Heraldos erste Frage war: »Wie gefällt Ihnen das Schild?«

»Das Schild?«, fragte ich. Ich war auf normale Fragen wie »Wo kommen Sie her?« oder »Wie weit sind Sie heute gepaddelt?« gefasst, und mein weniges Spanisch geriet durch die unerwartete Frage völlig durcheinander.

»Ja, das Schild«, wiederholte Heraldo. »Was halten Sie davon?«

»Naja, ich glaube, ich habe nicht groß darüber nachgedacht.«

Wir setzten uns zusammen, um Tee zu trinken, und Heraldo stellte etwas zu essen auf den Tisch. »Eigentlich stimmt es ja nicht, Puerto Toro ist keine Stadt, sondern eine Militärbasis, und es ist auch nicht die südlichste Militärbasis, es gibt ja noch viele in der Antarktis. Und der Pinguin ist auch nur erfunden«, fuhr er fort. »In dieser Gegend gibt es keine Pinguine.«

In diesem Punkt konnte ich ihm nicht beipflichten. Ich hatte im Norden Magellanpinguine gesehen und kurz zuvor am Nachmittag einen echten Antarktis-Pinguin. Er tat den von mir gesichteten Pinguin verächtlich ab und sagte, er habe sich bloß hierher verirrt. Er sei nur ein Wandervogel, ein Abenteurer, ein Gringo wie ich.

19

Da es nur noch einige Tage bis zum Kap Hoorn waren, wollte ich allein an Land sein und nicht in einem Haus über Schilder und Pinguine reden. Ich ging nach dem Essen und paddelte um eine felsige Landspitze herum, bis ich die nördlichste Spitze der Isla Wollaston verschwommen am Horizont erblickte. Kap Hoorn lag weiter südlich, genau unter dem Horizont. Ich paddelte nun seit zweiunddreißig Tagen, und der Erfolg schien zum Greifen nahe.

Am nächsten Morgen wehte von Nordost eine steife Brise. Ich steckte meinen Kopf aus dem Zelt, schaute mir die weißen Schaumkronen auf den Wellen an und legte mich wieder schlafen. Einige Stunden später hatte der Wind nachgelassen, also stand ich auf und frühstückte. Hohe Zirruswolken rasten über den Himmel und verkündeten, dass sich das Wetter noch nicht wirklich beruhigt hatte. Ich sagte mir, es wäre besser abzuwarten, weigerte mich dann aber, auf mich zu hören. Der Punta Guanaco lag nur einige Stunden südlich. Von dort aus würde ich einen Tag brauchen, um die 25 Kilometer offene See zu überqueren. Ich überlegte, dass ich einen ganzen Tag einsparen konnte, wenn ich mit dem Sturm zum Punta Guanaco um die Wette fuhr. Ich hatte ausreichend Proviant, und ein Tag mehr oder weniger hätte in diesem Stadium nichts ausgemacht, aber ich wollte einfach nicht auf meine konservativere Stimme hören.

Als der Wind auffrischte, änderte ich erneut meine Meinung und beschloss, frühzeitig einen Lagerplatz zu suchen. Unglückseligerweise ging die steigende See vor der Felsenküste in eine hässliche Brandung über. Nach meiner Karte gab es einige Kilometer südlich ein breites Tal mit einem Fluss, und ich dachte, ich könnte die Brandung vermeiden, wenn ich den Fluss hinauffuhr. Als ich die Flussmündung erreichte, herrschte Ebbe, und der Fluss stürzte im Wasserfall die letzten drei Meter von einer kleinen Klippe ins Meer. Hier gab es keinen Schutz.

Der Sturm wurde stärker, und ich fing an, mir Sorgen zu machen. Nach Norden konnte ich bei Gegenwind nicht paddeln, also musste ich an der Küstenlinie weiter nach Süden. Wenn ich den Punta Guanaco umrundet hätte und westlich paddeln würde, gäbe es dort vielleicht einen Windschatten als Schutz vor dem Nordostwind. Es war kein guter Plan, aber der Einzige, der mir einfiel.

Der Punta Guanaco liegt an der Rasiermesserspitze des meteorologischen Tripelpunkts. Genau an dieser unbedeutenden Felsspitze konvergieren die atlantischen, pazifischen und antarktischen Stürme. Ich kam um die Landspitze in der Hoffnung, einen geschützten Hafen zu finden; stattdessen schlug der Wind um. Der Nordoststurm auf der atlantischen Seite wich einem Südweststurm auf der pazifischen. Das Ufer, das mir Schutz hätte geben sollen, lag genau vor dem Wind, und ich konnte nirgendwohin. Ich drehte mein Boot vom Strand weg und paddelte so fest ich konnte gegen den Wind. Meine besten Anstrengungen verschafften mir einen Stillstand, bei dem ich nichts gewann, aber auch nichts verlor. Meine einzige Hoffnung war, dass der Sturm vor mir an Kraft verlöre.

Ich hielt zwei Stunden durch, während mir der Regen in Strömen übers Gesicht lief. Die tretmühlenartige Anstrengung bewirkte eine Art Trance, die mich aus der Gefahr herauszuheben schien. Dann nahm der Wind langsam an Stärke zu und drückte mich Richtung Strand. Während ich um meinen Platz auf dem Wasser kämpfte, trieb ein Seetangfeld von einem Morgen Fläche auf mein Boot zu. Der Seetang verhedderte sich an meinem Paddel und nagelte die Ruderblätter auf der steigenden See fest. Ich machte einen Ruderschlag, schüttelte den Seetang ab und versuchte dann, mich halb paddelnd, halb schiebend durch das Hindernis zu bewegen. Eine Welle schwoll unter mir an, und ich schwankte auf der abbrechenden Krone. Die nächste Welle überschlug sich kaum einen Meter vor mir. Ein paar Sekunden lang starrte ich die weiße Wand an, bis sie mich überrollte und wieder und wieder herumwirbelte wie ein hochgeschnalztes Rollo. Ich versuchte, mich unter dem Spritzschutz mit den Schenkeln festzuhalten, aber ich flog in den Schaum hinaus und wirbelte durch das schäumende Wasser, bis ich auf der grünen Rückseite der Welle wieder auftauchte. Ich dachte daran, das Boot aufzugeben und an Land zu schwimmen, aber ich musste mindestens warme Kleidung und den Schlafsack retten, also schwamm ich zum kieloben liegenden Boot. Wunderbarerweise war das Paddel ganz in der Nähe. Ich packte es, drehte das Boot um und warf mich quer über die Sitzmulde. Obwohl das Kajak voller Wasser und daher instabil war, konnte ich mich doch wieder in eine normale Paddelposition manövrieren. Aber bevor ich weiter aufs Meer hinauskommen konnte, erfasste mich eine andere Welle, stellte das Kajak senkrecht auf und katapultierte mich in weitem Bogen durch die Luft. Als ich zum zweiten Mal auftauchte, erblickte ich auf See eine lange Reihe von Brechern und beschloss, ans Ufer zu schwimmen und das Boot mitzuschleppen. Halb schwamm ich, halb surfte ich mit dem ganzen Körper auf einer Abfolge kleinerer Wellen.

Meine Füße berührten den Sand, die Unterströmung zerrte an meinem Körper und ich verlor wieder meinen Halt. Eine große Welle rauschte heran, und ich hielt mich am Kajak fest. Die Welle hob das Boot hoch über meinen Kopf und renkte mir mit Leichtigkeit die rechte Schulter aus.

Ich ließ los und taumelte durch die Wellen. Als ich Sandboden unter mir fühlte, versuchte ich aufzustehen. In diesem Augenblick sah ich das Boot mit Breitseite in Brusthöhe auf mich zukommen. Die Welle knallte mich gegen den Felsen und das Kajak schlug auf meiner Brust auf.

Ich hatte mir zuvor schon öfter die Schulter ausgerenkt, und ein Arzt hatte mir beigebracht, wie ich sie im Notfall selbst wieder einrenken könnte. Ich schloss die Augen und konzentrierte mich. Ich war nicht mehr in Chile, weit weg von Menschen, Rettung oder medizinischer Versorgung. Ich war nicht mehr unter Wasser in der Brandung mit ausgerenkter Schulter und einem Boot über der Brust. Das kalte Südmeer spielte in diesem Bild keine Rolle. In diesem Augenblick lief nicht mein Leben vor mir ab oder geschah sonst etwas Romantisches. Ich versenkte mich geistig in meinen Körper und versuchte mir die Position der Knochen und Sehnen vorzustellen. Die Worte des Arztes fielen mir wieder ein, und ich probierte, sie mit früheren Erfahrungen und der aktuellen Lage in Deckung zu bringen. Mit dem linken Arm packte ich den rechten Ellbogen, drehte die Schulter, brachte alles in eine Linie, drückte nach hinten und renkte die Schulter wieder ein. Es schmerzte höllisch. Ich rollte unter dem Boot heraus und wankte den Strand hinauf.

Der Sturm war überall, um mich und in mir, denn das Meer hatte meine Nase mit Seetang, Plankton und Salz gefüllt. Die Kälte gab mir das Gefühl, ich sei ein Skelett, durch das der Wind bläst. Die Einsamkeit war reinigend, sodass ich einen klaren Kopf hatte und mich fast zufrieden fühlte. Ich hatte nur die eine Aufgabe: am Leben zu bleiben.

Als die nächste Welle brach und der Schaum über den Strand zurückwich, lief ich in die Brandung hinaus, um mein Boot zu holen. Diesmal benützte ich die linke Hand und achtete darauf, eine weitere Katastrophe zu vermeiden. So gelang es mir, das Kajak an den Strand zu ziehen. Ich beeilte mich und holte meinen Schlafsack, das Zelt, den Kocher und einen kleinen Proviantsack heraus. Die nächste Welle stürzte bereits auf mich zu. Ich wollte schon vor ihr weglaufen, machte aber noch einmal kehrt, um den wasserdichten Beutel mit meinem Tagebuch und Film zu schnappen. Die Welle erreichte ihren Höhepunkt, glitt dann über den Strand zurück und zerrte an meinen Beinen und dem Kajak. Ich stand fest und sah das knietiefe Wasser vorbeisausen. Es konnte das Boot haben, aber nicht mich. Ich ließ los, ging ans trockene Land hinauf und sah das Kajak ins Wasser hinausgleiten. Der nächste Brecher hob das Boot hoch, warf es auf einen Felsen und zerbrach es in zwei Teile.

Der schmale Strand war allenfalls bei Ebbe eine Zuflucht. In ein oder zwei Stunden würden die Wellen direkt gegen die Klippen schlagen. Daher musste ich rasch die grasbewachsene Ebene oberhalb des Strandes erreichen. Ich fand einen steilen, felsigen Einschnitt mit losem, glitschigem Geröll, durch den man aber hinaufklettern konnte. Ich teilte meine Habe in drei tragbare Bündel auf, füllte meinen Seesack mit einer leichten Last, hängte ihn über die unverletzte Schulter und kletterte hinauf. Mein linker Arm leistete die meiste Arbeit, aber einen leichten Halt in Augenhöhe fasste ich auch mit dem rechten. Als ich oben angelangt war und abgeladen hatte, stieg ich sofort wieder hinunter, ehe mich der Mut oder meine Entschlusskraft verlassen konnten. Beim zweiten Aufstieg hatte ich mehr Selbstvertrauen, da ich mich an die erste Kletterroute erinnerte. Als ich zum letzten Mal hinaufkletterte, zitterte ich so heftig, dass ich mir einbildete, meine rechte Schulter klappere mit ihrem lockeren Schulterblatt wie ein ausgeschlagenes Lager bei einem alten Automotor.

Als ich endlich oben war, rollte ich mich mitsamt meiner Habe in Fötushaltung zusammen und zitterte im Regen. Aber ich hatte nicht so hart gekämpft, um jetzt aufzugeben. Ich stand auf und versuchte, die Zeltstäbe zuammmenzustecken, doch meine Hände zitterten unkontrolliert. Frustriert klemmte ich einen Stab unter einem Knie fest und steckte den anderen vorsichtig mit beiden Händen ein. Jeder Stab bestand aus mehreren Teilen, und jedes Teil bedurfte einer großen Anstrengung. Die Folge war, dass ich noch beschäftigt war, als zur eisigen Kälte noch die abendliche Dunkelheit kam. Als ich endlich das Zelt aufgestellt und befestigt hatte und Wärme und Wohligsein nur noch Augenblicke entfernt schienen, entdeckte ich, dass einer meiner wasserdichten Behälter auf den Felsen aufgerissen und mein Schlafsack total durchnässt war. Noch immer zitternd, zündete ich den Kocher an und machte mir Milch heiß. Allmählich hörte das Zittern auf, und ich verspürte ein wenig Wärme. Ich hatte nicht viel Brennstoff gerettet und drehte den Kocher wieder ab. Ich wand den Schlafsack aus, kroch hinein und zitterte wieder, bis meine Körperwärme den Schlafsack innen getrocknet hatte. Gegen zwei Uhr morgens schlief ich ein.

20

Als ich aufwachte, ging ich zum Steilhang und schaute über die Bucht. Isla Wollaston war so nahe, und dahinter Kap Hoorn. Der Wind hatte nachgelassen, und das Meer war glatt wie ein Spiegel. Wenn der Ozean stürmisch ist, sieht er aus, als wäre er seit Ewigkeiten stürmisch, seit Anbeginn der Zeit, als es noch kein Leben auf der Erde gab und der Planet von Vulkanausbrüchen kochte und vom Einschlag zahlloser Meteoriten erschüttert wurde. Ist die See aber ruhig, ist sie die personifizierte Lebensmutter, entspannt und beruhigend, sicher und in alle Ewigkeit liebenswert. Es schien unmöglich, dass ein so ruhiges Gewässer noch vor einigen Stunden so bösartig gewesen sein konnte.

Die Sonne schien warm, und von meiner feuchten Kleidung stiegen kleine Dampfwölkchen auf. Die verzweifelten Augenblicke des Vortags wirkten bereits wie etwas, das vor langer Zeit oder jemand anderem widerfahren war, und ich war ruhiger als seit Monaten. Ich legte meine Sachen zum Trocknen in die Sonne, teilte meinen restlichen Proviant ein und kochte ein leichtes Frühstück. Im trockenen Sonnenschein schien das Überleben so einfach zu sein.

Ein traumhaftes Bild erschien in der Stille. Vor hundert Jahren hatten die Yamana Kanus aus Rindenstücken zusammengenäht und mit Stroh oder Binsen kalfatert. Die Boote waren mit Lehm ausgestrichen, damit man darin Feuer machen und Essen kochen konnte, wenn man auf See war. Ich stellte mir eine idyllische Szene mit einer Familie vor, die von der Landspitze wegpaddelte, um Verwandte zu besuchen oder eine neue Muschelbank zu finden. Die Frau säugte ein Baby und kochte Muscheln im Boot. Die Männer jagten in der Nähe Wale oder Seehunde in der Hoffnung, ein Festmahl heimzubringen. Sie wussten etwas, das ich nicht wusste. Sie hatten gelebt und waren gesegelt, wo ich fast gestorben wäre.

Ich dachte mir, dass für diese Menschen das Meer und ihre Boote gleichbedeutend mit dem Leben waren. Für mich bedeuteten sie nur Sport. Aber die beiden Lebensweisen sind miteinander verzahnt. Mich hält der Sport geistig gesund und lebendig. Nähme man mir die Wildnis und sperrte mich für immer in einem Büro in der Stadt ein, würde ich vielleicht auch »Zerfallserscheinungen« erliegen.

Ich machte ein Nickerchen. Als ich aufwachte, schlug meine Stimmung um. Ich vergaß, dass ich froh war, noch am Leben zu sein. Stattdessen ärgerte ich mich und war deprimiert, weil ich versagt hatte. Ich schrieb in mein Tagebuch:

Ich habe mir einen harten Herrn erwählt, die Winde und Berge an rauen Orten der Welt, aber ich kann es noch besser. Das liegt an meinem Ungestüm. Vielleicht wird mich das endlich lehren, die Dinge langsamer anzugehen und dann richtig zu machen. Ich habe bei meiner Lagebeurteilung einen schweren Fehler gemacht, und das ist nicht gut, aber es ist jetzt Geschichte.

Ich bin 34 Jahre alt und habe endlich erkannt, dass ich irgendwie ein Narr bin. Will heißen, dass ich das wohl bereits seit Jahren gefühlt, damit gespielt, den Gedanken aber immer wieder verworfen habe. Geblieben ist er mir jedoch trotzdem. Meine große Erkenntnis ist also eigentlich gar keine. Sie ist nur eine Niederschrift dessen, was ich schon immer gewusst habe.

Ich kletterte zum Strand hinunter, um etwas von Wert zu finden. Ein paar Fetzen des Kajaks waren im Sand eingegraben. Meine Nikonos-Kamera lag fast völlig versteckt unter einer Schicht von Sand und Seetang. Ich wusch sie im Wasser ab und stellte fest, dass sie noch funktionierte. Ich suchte noch nach einem weiteren Proviantsack, aber alles andere war aufs Meer hinausgespült worden.

Nein, ich war kein Narr. Ich war in einen Sturm geraten und hatte an einer kargen Küste in der Nähe von Kap Hoorn Schiffbruch erlitten. Es war nicht der erste Schiffbruch beim Kap Hoorn. Ich hätte froh sein sollen, dass ich noch lebte. Ich überlegte auch, dass das Versagen eine unpassende Vorstellung war, die ich aus der Außenwelt importiert und wie ein leuchtend rotes Plakat vor die gelbgrüne Tundra gestellt hatte. Ich war erfolgreich durch 700 Kilometer schwierige Kanäle gepaddelt, durch den Regenwald, entlang der historischen Magellanstraße, vorbei an den gletscherbedeckten Gipfeln der Darwin-Kordilleren. Schön und gut, aber die 80 nicht befahrenen Kilometer konnte ich einfach nicht übersehen. Ich hatte versagt.

Ich dachte wieder einmal an den Tag in Telluride, wo ich auf dem Klodeckel gesessen und mich mit meiner in der Badewanne liegenden Freundin unterhalten hatte. Sie hatte mir gesagt, der Zweck der Fahrt sei es, aufs Gefühl zu hören, nicht auf die Vernunft. Nun gut, ich hatte auf meine innere Stimme gehört und mich auf den Weg gemacht, nicht um Kap Hoorn zu finden, sondern eine Richtung in meinem Leben, die all die aufgegebenen Pfade ersetzte. Ich hatte ein großartiges Abenteuer erlebt und dabei gelernt, allein zu leben.

»Bullshit!«, sagte ich mir selber. » Ich habe mich auf den Weg gemacht, um ums Kap Hoorn zu paddeln. Wenn ich heimkomme, wird mich keiner fragen, ob ich geistige Erfüllung gefunden habe. Die Leute werden mich fragen: ›Hast du Kap Hoorn erreicht?‹ Und ich werde sagen müssen: ›Nein!‹«

21

Am nächsten Tag stopfte ich meine gesamte Habe in einen schweren Seesack und machte mich Richtung Norden auf den Fußmarsch nach Puerto Toro. Hätte es auch nur andeutungsweise einen Weg und einige Brücken gegeben, hätte ich die 40 Kilometer Wegstrecke in einem langen Tagesmarsch bewältigt. Aber es gab keinen Weg. Nach ein paar Stunden gemütlichen Marsches über die grasbewachsene Anhöhe stieg ich in das Flusstal hinunter, in dem ich am Vortag Schutz zu finden gehofft hatte. Ich zog mich aus, teilte meine Ausrüstung wieder in drei gleiche Bündel auf, schwamm mit einem hinüber, machte ein Feuer, um mich aufzuwärmen und schwamm dann noch zweimal hin und zurück, um die Überquerung zu vervollständigen.

Die Küste war felsig und gewunden, also versuchte ich Zeit zu sparen, indem ich quer über eine Halbinsel abkürzte. Aber der widerstandsfähige Fels, der die Insel bildete, wuchs sich landeinwärts zu einer steilen Anhöhe aus. Ich kletterte hoch und hielt mich dabei mit dem verletzten Arm fest, während ich den Seesack mit dem gesunden vor mir herschob. Gelegentlich balancierte ich den Seesack auch auf dem Kopf, wenn ich beide Hände zum Klettern brauchte.

Am dritten Tag nahm ich eine Abkürzung über Gelände, das wie eine Wiese aussah. Es entpuppte sich aber als abgebrannter Wald, der von Blumen und Baumheide überwuchert war. Die toten Bäume waren übereinander gestürzt und bildeten eine bucklige Matte, etwa einen Meter über dem Boden. Ich balancierte auf den Baumstämmen und ging im Zickzack, immer wieder von Stamm zu Stamm springend. Ich kam nur quälend langsam voran, also begab ich mich wieder an den Strand, nur um dort von Bächen und Klippen behindert zu werden.

Am Nachmittag des vierten Tages stieg ich einen Hügel hinauf und konnte von oben Puerto Toro sehen. Leute gingen durch die Straßen und Heraldos Haus stand abseits in einem kleinen Wäldchen. Bei Heraldo, der mich so freundlich bewirtet und so eifrig über die Details des blöden Schildes gesprochen hatte, könnte ich mich sicher aufwärmen und etwas zu essen bekommen. Ich musste mir kein Boot zimmern, keine feindseligen Kannibalen bekämpfen und viele Jahre damit verbringen, nach Hause zu kommen. Wir würden einfach Puerto Williams anfunken, und einige Tage später würde ich komfortabel und motorisiert abgeholt werden. Obwohl ich die Rettung begrüßte, gab sie mir doch das Gefühl, unvollständig zu sein. Sowie ich in den Ort kam und an Heraldos Tür klopfte, wäre das Abenteuer zu Ende. Plötzlich war ich nicht mehr bereit heimzukehren. Die Sonne schien warm und ich lehnte mich gegen meinen Seesack. Es fühlte sich so gut an, im Freien im Sonnenschein zu stehen und die vom Sturm verkrüppelten Bäume zu betrachten. Das Leben könnte so einfach sein, aber ich hatte es kompliziert gemacht. Und dann hatte ich Schiffbruch erlitten. Ich sah dem Alltag im Ort eine Stunde lang zu, und ging dann hinunter, um hallo zu sagen.

2. Kapitel

Die Nordwestpassage

Das Eis wirkt fast menschlich, gemessen an der Vielzahl der
Methoden, die es aufwendet, um Forscher abzuweisen, die gern
an die geheimen Orte vorstoßen möchten, die es bewacht.
Manchmal ist es wachsam wie ein General, der einen schmach-
vollen Rückzug inszeniert, um den Eindringling in einen Hinter-
halt zu locken. Dann ist es wieder wie eine Zauberin, eine
grausame, goldene Circe, deren Lied einen umfängt. Es wurde
zum übereifrigen Grab für eine Schar wagemutiger Männer. …
Aus diesen Tragödien und Niederlagen hat man gelernt, dass
dieser erstaunliche Gegner nicht von ortsansässigen, bösen
Gottheiten beherrscht wird, sondern den Strömungen der
Gewässer rings um die ganze Erde gehorcht.

Jeannette Mirsky, To the Arctic!

EXPEDITION NORDWESTPASSAGE

Kap Dalhousie

McKinley Bay

BEAUFORT-SEE

Tuktoyaktuk

Live
Bay

•Inuvik

Arctic
Red River

Mackenzie River

135°

130°

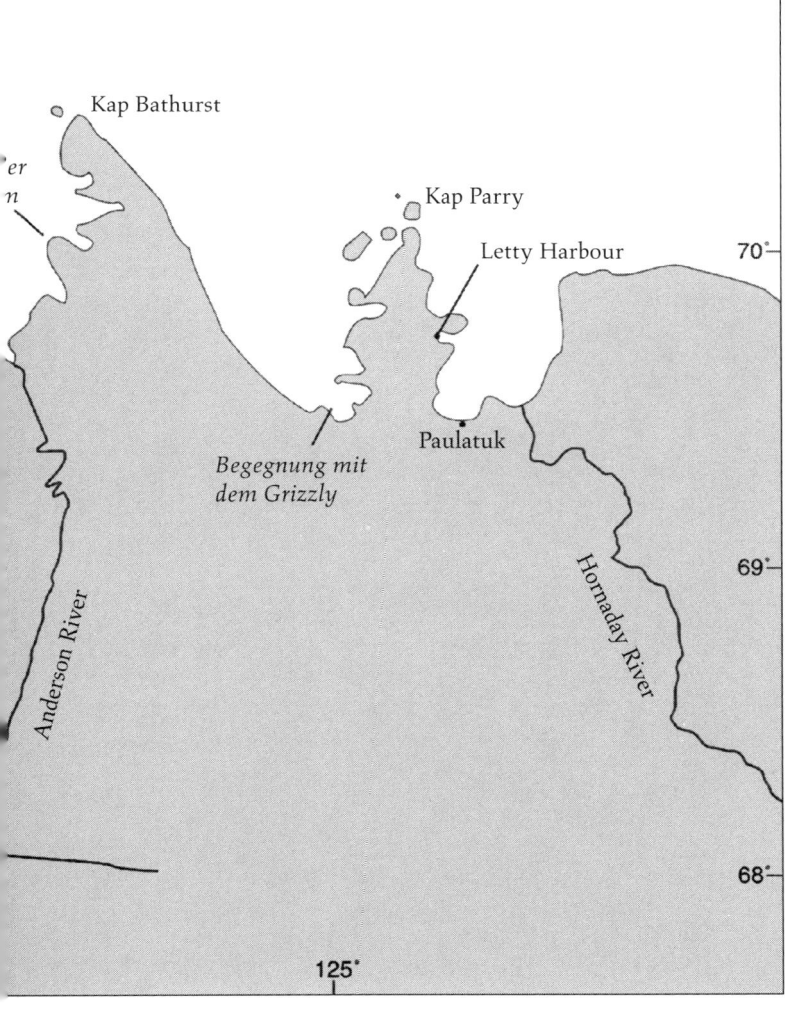

1

Ich flog heim nach Telluride und renkte mir die Schulter drei Wochen später bei einem Skiunfall erneut aus. Der Arzt sagte mir, dass nach Zurückgehen der Schwellung ein chirurgischer Eingriff erforderlich sei, und verordnete mir mehrere Monate Ruhe. Gelangweilt, voller Ungeduld und noch immer von der Reise nach Chile wie betäubt und aufgewühlt, beschloss ich, dass ich nicht mehr in einem Skigebiet wohnen wollte. Daher fuhr ich nach Norden, um mir in Montana ein Stück Land zu kaufen. Zwischen den Besuchen bei Immobilienfirmen traf ich in einem Lebensmittelgeschäft in Bozeman einen alten Freund, Tom. Er lud mich zum Essen ein, damit ich seine Frau Karen und das neue Baby kennen lernen sollte. Chris, die Schwester seiner Frau, war im Haus und half mit dem Neugeborenen. Karen begrüßte mich herzlich, Chris nahm meine Anwesenheit zur Kenntnis und ging ihrer Arbeit nach. Sie war nicht schüchtern oder abweisend, aber wenn sie mich nicht kannte, musste sie nicht so tun, als freue sie sich, mich zu sehen. Ich fing an, sie genauer zu beobachten. Sie war klein – etwa 1 Meter 60 – und breitschultrig, und sie hatte ihr sandblondes Haar zu Zöpfen geflochten. Ich erzählte von meiner jüngsten Reise. Chris hörte eine Weile zu und ging dann ins Nebenzimmer, um die Babywindeln zu wechseln.

Als Chris wieder kam, verlor ich das Interesse, von Kap Hoorn zu erzählen, und versuchte stattdessen, sie ins Gespräch einzubeziehen. Ich berichtete, dass ich vorhatte, von Telluride wegzuziehen, und erkundigte mich, wie es bei Bozeman mit dem Skifahren aussehe. Ich hatte die Frage an alle drei Anwesenden gleichermaßen gerichtet, war aber enttäuscht, dass Tom sie beantwortete. Ich wollte keine Auskünfte, ich wollte, dass Chris mit mir redete. Nachdem ich mir geduldig seine Beschreibung des Skigebiets der Umgebung und des umliegenden Hinterlands angehört hatte, sah ich Chris direkt an und fragte: »Fahren Sie Ski, Chris?«

Sie musste irgendetwas sagen, also antwortete sie: »Ja.«

Ich wollte schreien: »Was zum Teufel heißt das, ›Ja‹? Ja, du warst einmal Ski fahren in der Highschool, weil deine Mutter Skiunterricht bezahlt hat, oder ja, du kannst auf jeder Art Schnee mit Anmut und Schönheit Ski fahren, mit jeder Art von Skiern auf praktisch jeder Art von Terrain?«

Ich blickte in ihr sonnengebräuntes Gesicht. Nur Skifahrer und Urlauber, die unlängst aus Mazatlán zurückgekommen sind, sind in Montana zu Frühlingsanfang sonnengebräunt. Dann fiel mein Blick auf die Wetterfältchen, die von ihren Augenwinkeln ausgingen. Sie konnte mir so einiges erzählen, und es würde Geduld brauchen, wenn ich ihre Geschichten hören wollte.

In den folgenden Tagen erzählte mir Chris allmählich von sich. Sie war vom College abgegangen, um in Alta Ski zu fahren, hatte ein Jahr in Norwegen verbracht, um den Telemarkschwung zu lernen, war Skilehrerin im Steamboat Springs Resort und hatte danach eine Schwesternausbildung angefangen. Dort stieg sie wieder aus, um Reiseleiterin bei einem Helikopter-Ski-Unternehmen in den Pintlarbergen in Montana zu werden. Sie ging aber wieder ans College zurück, als die Firma Bankrott machte, noch ehe der erste Interessent einen Skiausflug machen konnte. Momentan studierte sie Bodenkunde. Als ich sie fragte, was sie an Bodenkunde interessiere, sagte sie mir, dass sie sich eigentlich für Forstwirtschaft interessiere, dass aber die nächstgelegene Forstwirtschaftsschule in Missoula sei, wo im Winter die Luft sehr stark verschmutzt ist.

»Der Winter ist zu schön, um ihn sich durch das Einatmen schlechter Luft verderben zu lassen.«

Nach einer Woche flüchtiger Begegnungen im Haus ihrer Schwester besuchte ich Chris in ihrem Apartment. Wir plauderten, und ich erzählte ihr die Geschichte von den Delfinen und ihrem spielerischen Auftauchen in den finsteren Wellen vor Südchile. Sie hörte mir zum ersten Mal aufmerksam zu. Später sagte sie mir einmal, sie hätte sich gedacht, wenn schon die Delfine gekommen seien, um mit mir zu spielen, wäre ich vermutlich in Ordnung.

Ich war mit Nathan und Noey nach Süden unterwegs zu einer Rafting-Tour auf dem Dolores River im Süden Utahs. Ich fragte Chris, ob sie mitkommen wolle. Sie antwortete mit Ja.

Ich hätte ihre Antwort als »Na ja, warum nicht« interpretieren können oder als »Ja«, wie in »Ja, ich fahre Ski«. Ich hoffte, dass Letzteres zutraf, und richtete es so ein, dass wir sie nach ihrem Abschlussexamen in Utah treffen würden.

Wir fuhren zum Fluss, bliesen das Schlauchboot auf, aßen zu Abend, brachten die Kinder zu Bett und gingen in den Schatten spazieren, die die rosa Sandsteintürme im Mondschein warfen. Als wir später in der Nacht in unseren beiden Schlafsäcken lagen, starrten wir zu den Wänden des Canyons hinauf, und Chris zeigte auf einen Felsvorsprung, der aussah wie ein buddhistischer Guru, der uns von oben zusah.

»Schau ihn dir an«, flüsterte Chris. »Er beobachtet uns.«

Ich tastete vorsichtig nach ihr und legte meinen Arm um ihre Schulter. Sie kuschelte sich an mich.

Nach der Fahrt auf dem Fluss und bevor Chris nach Montana zurückfuhr, schlug sie vor, dass wir den Sommer gemeinsam in ihrer Hütte verbringen sollten, die bei Butte in Montana in über 2000 Meter Höhe war.

Ich sagte: »Ja.«

2

Ich kehrte nach Hause zurück, belud mein Auto mit ausreichend Gepäck, um den Sommer über bleiben zu können, und fuhr nach Norden. Als ich zwölf Stunden lang gefahren war und aus dem Auto stieg, war mein Innenohr noch immer in Fahrt und meine Hände fühlten sich ohne Lenkrad nutzlos an. Es war der 7. Juli, es war nass, und große Schneeflocken tanzten durch die Luft. Der Schnee verfing sich in meinem Haar, streichelte meine Augenlider und gab mir so mein Gleichgewicht wieder.

Alte Bergwerksgebäude übersäten den Hang und kündeten davon, dass hier vor einem halben Jahrhundert eine florierende Ortschaft gewesen war. Die rostbedeckte Pension, die sich vom Neuschnee sacht abhob, schnitt einen dunklen, quadratischen Fleck aus den weißen Bergen, während das Skelett des Erzzertrümmerers den Himmel zerschnitt. Hopfen wuchs aus den Fenstern und Türen der meisten kleineren Häuser, und ein altes Blechdach klapperte, als der Sturm durch die Berge fuhr. In der Wiese kreuzten sich schmale Pfade, die zu einigen restaurierten Hütten und zu abseits gelegenen Klohäuschen führten.

Der Zettel mit der Wegbeschreibung war durchweicht und verschmiert, als ich ihn zum letzten Mal durchlas. »Folge dem Weg hangabwärts bis zu einer Hütte mit grünem Dach und einer Zedernholzverschalung auf der Wetterseite. Ich komme um 17 Uhr von der Arbeit heim.« Es war 16 Uhr 30. Die Stromleitung, die neben der Straße verlief, zweigte nicht zu ihrer Hütte ab. Dieses Versäumnis fiel mir zuerst gar nicht auf. Doch als ich es bemerkte, schien sich die Hütte unter mir nur noch tiefer in den Sommerschnee zu schmiegen. Ich ging den Pfad hinunter und schaute durch die Fenster, um mehr über diese Fremde zu erfahren, die beschlossen hatte, den Sommer mit mir zu verbringen.

Von oberhalb vom Hügel rief eine bärbeißige Stimme: »Was für eine Teufelsausgeburt bist du, Bursche, dass du da um Wanapekas Haus herumschleichst?«

Ich kann mich nicht mehr erinnern, was ich zuerst sah, den in der Luft fuchtelnden Stock, das Gesicht mit dem weißen Bart, den dicken Bauch oder die dünnen Beine, die beim Laufen nach außen schwangen wie Räder mit verbogenen Reifen und Achsen. Ich erkannte in ihm sofort den Troll, der unter der Zugbrücke lebt, die zur Burg der Prinzessin führt. Aber ich wusste nicht, ob sich der Troll ins Herz der Prinzessin eingeschmeichelt hatte oder ob er überlebt hatte, weil er zu schrecklich war, als dass man ihn hätte töten können. Ich hatte nur wenige Augenblicke Zeit zu spekulieren, weil er trotz seines seltsamen Laufstils rasch näher kam und den Stock drohend erhoben hielt. Sollte ich eine Schaufel packen und dieser Bedrohung ein für alle Mal den Garaus machen, oder sollte ich ihm ein Zuckerstück und einen Apfel anbieten? Ich versuchte es mit der süßen Tour, und als Chris endlich heimkam, saß ich in seiner warmen Küche, trank starken Kaffee und aß den Eintopf vom Vortag.

3

Wir liebten uns den ganzen Sommer lang. Chris arbeitete als Forstschätzerin für die amerikanische Forstbehörde, und ich machte mich an die Bearbeitung eines meiner wissenschaftlichen Texte zu Umweltfragen. Im Herbst operierte ein Orthopäde meine Schulter, und wir zogen nach Bozeman, damit Chris ihre Ausbildung weitermachen konnte. Nathan und Noey verbrachten das Jahr mit uns, und wir mieteten ein kleines Haus nahe bei der Stadt. Ich schloss mein Buch ab, begab mich zu Elternbeiratssitzungen und Pfadfindertreffen und ging mit den Kindern wandern und Ski fahren. Chris versuchte, mir Skilanglauf beizubringen, und ich hatte Mühe, mit ihr Schritt zu halten. Wir hatten die normalen Abenteuer einer Kleinfamilie in einem Vorort zu bestehen. Noey wurde von einem Hund gebissen. Chris fiel auf ihr Fahrrad und brach sich einen Knochen im Gesicht. Nathan weigerte sich, einige simple Regeln zu befolgen, die seine Fünftklasslehrerin aufgestellt hatte. Also drohte sie, ihn durchfallen zu lassen.

Nach Frühlingsanfang wurde mein Verlag von einem großen Verlagshaus geschluckt. Ich war anderer Ansicht als der neue Kontaktmann beim Verlag. Wir stritten, und ich trat ihm zu nahe. Er sagte mir, er würde nur mit meinem Agenten oder meinem Anwalt reden, aber nicht mit mir. Ich sagte ihm, dass ich keinen Agenten und Anwalt bräuchte und diesen blöden Job schon gleich gar nicht. Ich könnte mir mein Leben auch als Fischer in Alaska verdienen. Er lachte und hängte ein.

»Toll«, sagte ich mir. »Seit neun Monaten lebe ich wieder in einer entspannten Familienatmosphäre, umgeben von meinen zwei Kindern, einer liebenden Frau und mit einer gut bezahlten Arbeit, die mir genug Zeit zum Skifahren und Klettern lässt. Und was habe ich gerade gemacht? Meinen Boss beleidigt und gekündigt. Wofür? Für einen schmutzigen, gefährlichen Job – den ich noch nicht einmal habe.«

Und doch, das Abenteuer interessierte mich. Chris kam vom Unterricht heim, und ich erzählte ihr, was geschehen war. Sie sagte nicht viel.

Nathan und Noey kehrten nach Kalifornien zu Debby zurück, Chris beendete ihre Ausbildung und arbeitete wieder bei der Forstbehörde und ich flog nach Naknek, am Ufer der Bristolbai in Alaska. Die Tundra erstreckte sich nach Norden, die Sonne hing über dem Horizont und schien zwanzig Stunden lang pro Tag, und ich klapperte die Docks auf der Suche nach Arbeit ab. Schließlich bekam ich einen Job auf einem Zehnmeter-Wandnetzfischerboot mit engem Mannschaftsquartier, langsamer Hydraulik und kleinen Fischladeräumen. Verchromte Kapitänssessel, geräumige Kojen und gemütliche Kombüsen helfen keine Fische fangen. Mit einem durchgeknallten Kapitän, einem hervorragenden Mechaniker und mir als Decksmann holten wir tonnenweise Rotlachs mit der Achterwinde ein. Wenn wir ermüdeten und langsamer wurden, erinnerte uns der Kapitän an sein Mantra: »Piss im September und schlaf, wenn du tot bist.«

Jack London war in der Bering-See Kabeljaufischer gewesen. Aber Jack London fischte von einem offenen Dory aus, während ich das Abenteuer durch Dieselabgase sah. Der Motor, die Winden und die Elektronik an Bord eines modernen Fischerboots schmälerten meine Vorstellung von einem romantischen Abenteuer. An den ruhigen Morgen gegen Ende der Fischfangsaison, wenn ich allein an Deck stand, während die anderen schliefen, träumte ich von ferneren Ozeanen. Es gibt zwei Seewege um die westliche Hemisphäre, einen im Süden und einen im Norden. Im Südpazifik war ich mit dem Kajak gewesen, jetzt wollte ich die Nordwestpassage versuchen.

Der Weg ums Kap Hoorn oder durch die Magellanstraße war gefährlich und mühevoll, aber Seeleute folgten im 16. und 17. Jahrhundert routinemäßig dieser Passage. Im 19. Jahrhundert fuhren mit Tee und Gewürzen beladene Klipper von China nach England um die Wette, während andere von New York oder Boston aus um Kap Hoorn herum fuhren, um die Westküste Nordamerikas zu versorgen.

In scharfem Kontrast dazu waren Versuche in der Nordwestpassage misslungen, und es hatte dabei Tote gegeben. Das größte Hindernis ist das Eis. Von den kalbenden Gletschern Grönlands brechen gigantische Eisberge ab und treiben nach Süden zu den Schifffahrtsrouten. Die *Titanic* sank, nachdem sie im Nordatlantik einen Grönland-Eisberg gerammt hatte. Aber dieses Unglück war die Folge von Überheblichkeit und einer schlechten seemännischen Leistung. Der Kampf gegen das Eis in der Nordwestpassage ist viel heimtückischer. In der zentralen und westlichen Arktis gibt es keine kalbenden Gletscher, folglich auch keine Eisberge. Dafür friet im Winter der gesamte Ozean von der nordamerikanischen Küste über den Nordpol bis hin nach Asien zu. Wenn diese Eisdecke von der zurückkehrenden Sonne erwärmt wird, zerbricht es in tief liegende Eisschollen, das so genannte Treibeis. Eine einzelne Scholle ragt 30 Zentimeter oder weniger aus dem Wasser und ist harmlos. Aber wenn Millionen von ihnen sich zu Gruppen in der Größe von Texas verkeilen, und das gesamte Packeis vom Wind hin und her geweht wird und die Gezeiten daran zerren, bildet das Eis eine unüberwindliche Barriere oder eine tödliche Falle.

4

Marco Polo schrieb über einen Reichtum und Überfluss, wie er in den kalten, zugigen Burgen und den schmutzigen Städten des mittelalterlichen Europa unvorstellbar war. Einige hießen ihn einen Lügner oder Irren, andere begaben sich auf die Reise nach China. Portugiesische Seeleute eröffneten als Pioniere Handelsrouten nach Osten um das Kap der guten Hoffnung an der Südspitze Afrikas, während die Spanier, angeführt von Kolumbus, nach Westen gingen. Kolumbus war kaum aus der Gegend, die er für den Orient hielt, nach Spanien zurückgekehrt, als es Spannungen zwischen den beiden großen Seemächten gab. Um Frieden zu wahren und seinen religiösen und politischen Verbündeten Gunstbeweise zu erteilen, teilte der Papst die Welt in zwei Hälften. Alle Passagen zum Orient, die um das Kap der guten Hoffnung führten, gehörten den Portugiesen, und alle Routen nach Südwesten den Spaniern. Andere europäische Nationen wurden nicht berücksichtigt. Aber die Hälften, die der beschränkten Geografie des Papstes entsprachen, schlossen nur die südöstlichen und südwestlichen Routen ein. Wenn es Handelsstraßen um die Südspitze von Afrika und Südamerika gab, existierten vielleicht auch Wege im Norden. So löste der päpstliche Erlass die Suche nach Passagen im Norden aus.

John Cabot verließ England 1497, fünf Jahre nach Kolumbus' erster Fahrt. Er steuerte nach Nordwesten in Richtung China. Er erforschte die Ostküste Nordamerikas von Neuengland bis Labrador und kehrte, wie Kolumbus, heim und verkündete, er hätte Asien erreicht. König Heinrich VII. bedachte ihn mit einer Pensionszahlung und rüstete fünf Schiffe mit 300 Mann Besatzung für eine zweite Fahrt aus. Im folgenden Jahr segelte Cabot wieder nach Nordwesten, um nach Gewürzen und vergoldeten Palästen zu suchen. Er steuerte jedoch so weit nach Norden, dass er an die Ostküste Grönlands gelangte. In eisigem, kargem Land verloren, meuterte die Besatzung. Cabot konnte von Glück sagen, dass er wieder nach Hause zurückkehrte, aber er war von Krankheit geschwächt und vom Misslingen seiner Fahrt entmutigt. Er starb einige Jahre später.

Mitte des 16. Jahrhunderts bereicherten sich Spanien und Portugal durch Handel und Plünderungen, und das Edikt des Papstes wurde von den beiden größten Flotten der Welt durchgesetzt. 1576 beschloss ein britischer Abenteurer namens Martin Frobisher, dass die Nordwestpassage »die einzige noch unvollendete Sache auf der Welt wäre, mit der ein reger Geist zu Ruhm und Reichtum kommen könnte«.* Private Investoren stellten ihm ein Schiff und eine Mannschaft, und Königin Elisabeth I. winkte aus ihrem Palastfenster, als er die Themse hinunterfuhr. Von Stürmen behindert, landete Frobisher schließlich an der Südküste von Baffin Island, wo er eine Wasserstraße entdeckte, von der er annahm, sie führe bis nach China. Er benannte die Einfahrt nach sich als die Frobisherstraße, ohne sie je zu erforschen. Als die Mannschaft an Land ging, um die Wasserfässer zu füllen, hob einer der Seeleute einen schwarzen Stein auf, der »glänzte wie von einem hellen Goldgeflecht durchzogen«.

Frobisher kehrte schnellstmöglich mit dieser Nachricht nach

---

* Barrow, Sir John, *Chronological History of Voyages into the Arctic Regions*, J. Murray, London 1818, zitiert nach Mirsky, Jeannette, *To the Arctic!*, University of Chicago Press, Chicago 1948, S. 29.

England zurück. Die Investoren und sogar die Materialprüfer stimmten ihm zu, dass der glänzende schwarze Stein goldene Einsprengsel hatte. Im Jahr darauf reichte die Königin Frobisher die Hand zum Kuss, als er mit mehr Schiffen, mehr Männern und mehr Schaufeln aufbrach. Er kehrte nach Baffin Island zurück, und obwohl er keinen anderen glänzenden Stein mehr fand, der »groß wie eine Walnuss« war, entdeckte er einen Strand, wo »der ganze Sand und die Klippen so glitzerten und eine so kräftige Musterung hatten, dass alles golden zu sein schien«. Die Schiffe kehrten mit 200 Tonnen des Materials zurück, und wieder waren sich die Investoren und Materialprüfer einig, dass das Material stark goldhaltig war. Die dritte Fahrt unternahm Frobisher mit fünfzehn Schiffen, nachdem ihm die Königin eine goldene Kette umgehängt hatte. Die Überfahrt war stürmisch, Schiffe und Ausrüstung gingen verloren, und als er nach Hause zurückkam, erfuhr er, dass es sich bei den goldenen Einsprengseln nur um Eisenpyrit handelte, besser bekannt als »Katzengold«.

Wenn die Arktis schon nicht durch Draufgänger zu erobern war, konnte man sie vielleicht durch Ausdauer kleinkriegen. Aber nach dreißig Jahren vergeblicher Versuche durch Davis, Hudson, Button, Bylot und Baffin wurden sich die Menschen darüber klar, dass die Nordwestpassage, wenn es sie wirklich gab, ein beschwerlicher Weg durch von Eis blockierte Wasserstraßen sein musste. Private Investoren gaben die Suche auf und wurden reich, indem sie sich auf Walfang, Fischfang und Pelztierjagd verlegten. Die Suche selbst überlebte jedoch trotz ihrer Unwirtschaftlichkeit. Wissenschaftliche Rätsel lagen in den Nebelschleiern verborgen, und Ruhm und Ehre der Nation warteten am anderen Ende des Eises. In Friedenszeiten begaben sich Marineoffiziere nach Norden, um sich am einzigen Gegner von echtem Schrot und Korn selbst zu beweisen.

Es entwickelte sich eine hartnäckige Strategie. Kleine Trupps arbeiteten sich zentimeterweise westwärts in so genannten Rinnen durch das Packeis. Aber diese Rinnen öffnen und schließen sich.

Wir können uns gut die Angst der Männer vorstellen, wenn das Eis ein Schiff einschloss und sie horchten, wie der Schiffsrumpf unter dem Druck des Eises ächzte. Trotz dieser Angst und der Gefahr stießen sie immer wieder vor, wenn sich eine Rinne auftat. Wenn der Herbst kam und die betäubende Kälte alles mit einem neuen Eisfilm überzog, segelten die Mannschaften in eine geschützte Bucht, gingen vor Anker und sahen zu, wie der ganze Ozean zufror. Sie warteten neun Monate lang in Dunkelheit und bei minus 45 Grad Celsius, bis die Sonne den Ozean im Juli oder August wieder auftaute. Dann drangen viele erneut westwärts vor. Einige Abenteurer entdeckten neue Kanäle und Inseln und kehrten als siegreiche Helden nach Hause zurück, aber viele wurden durch Skorbut zeitlebens zum Krüppel, erfroren oder verhungerten. Einige wurden wahnsinnig und aßen ihre Gefährten auf. Jahrhunderte vergingen und niemand bewältigte die Nordwestpassage.

Bis etwa 1840 hatten Forscher die Passage von Osten, Westen und Süden kartografisch erfasst. Es bedurfte nur noch einer Mannschaft, die auf einer Forschungsexpedition alle Einzelteile des Puzzles zusammensetzte. 1845 rüsteten die Briten zwei ihrer stabilsten Schiffe, die *Erebus* und die *Terror*, mit Proviant für drei Jahre aus und unterstellten 134 Mann dem Befehl von Sir John Franklin, der in zwanzig Jahren ein Veteran der Arktis geworden war. Es war die wahrscheinlich bestausgerüstete Expedition in der Geschichte der Arktisforschung. Die Planer glaubten, die Männer hätten alles dabei, was sie bräuchten, um es auf der langen Reise an nichts mangeln zu lassen. Sie führten sogar zwölfhundert Bücher mit. Eines, das der Forscher John Ross geschrieben hatte, riet dazu, dass arktische Expeditionen klein sein und mit leichtem Gepäck reisen sollten, und er meinte, Skorbut ließe sich vermeiden, wenn man frisches Fleisch anstelle der in England abgepackten gepökelten Rationen esse. Der von Ross gegebene Rat ging in den vielen Worten und im Enthusiasmus der Unternehmung unter. Als die *Erebus* und die *Terror* England verließen, war man so vom Gelingen der Expedition überzeugt, dass man Verwandten empfahl, ihre Briefe gleich nach Petropawlowsk, einer russischen Stadt auf der Westseite der Beringstraße, zu schicken.

Im ersten Sommer drangen die Schiffe ins Packeis ein und fuhren westwärts. Wie geplant, fanden sie im Herbst einen Ankerplatz und warteten den Winter über ab. Die Besatzung las, man hatte es warm und unterhielt sich mit Spielen, aber niemand begab sich zur Jagd auf das Eis nach draußen. In diesem Winter starben drei Mann. Im folgenden Jahr sägten die Mannschaften unter großen Mühen eine Passage durch das Eis ihres Hafens und befreiten ihre Schiffe für die Fahrt auf den offenen Kanälen. Sie wendeten nach Süden und erblickten die Nordspitze von King William Island.

Obwohl der Küstenstrich im Süden unerforscht war, hatten britische Kartografen angenommen, das Land sei eine Halbinsel, keine Insel. Das Eis im Westen war dunkel und dick. Es war altes Eis aus dem Polarmeer, das viele Sommer überdauert hatte. Das Polareis wird von einer Strömung nach Süden bewegt, die es beständig gegen die Westküste von King William Island drückt. Das weißere, schneebedeckte Eis im Osten war neues Eis, das jeden Winter entsteht und im Sommer wieder schmilzt. Obwohl das neue Eis eindeutig weniger gefährlich war, glaubte Franklin, dass die Ostroute eine Sackgasse sei, und segelte tapfer mitten ins Packeis.

Die Ereignisse der nächsten Jahre sind in einer kurzen Notiz zusammengefasst, die sterbende Männer in einem Cairn, einer Steinpyramide, hinterließen. Sie wurde später von einem Suchtrupp gefunden, der zu spät kam, um noch Überlebende vorzufinden:

25. April 1848 – Die Schiffe Terror und Erebus wurden am 22. April, 5 Meilen NNW von hier verlassen, wo sie seit 12. September 1846 festsaßen. Offiziere und Mannschaft, zusammen 105 Seelen, unter Führung von Kapitän F. R. M. Crozier, landeten hier bei 69° 37′ 42″ nördl. Breite, 98° 41′ westl.… Sir John Franklin starb am 11. Juni 1847. Die Gesamtzahl der

Toten unter den Expeditionsteilnehmern beläuft sich bis heute auf 9 Offiziere und 15 Mann.*
James Fitzjames, Kapitän der HMS Erebus und F. R. M. Crozier, Kapitän und dienstältester Offizier, brechen morgen, am 26., auf zum Back's Fish River.

Die Forscher hatten mit angesehen, wie Mannschaftskameraden starben, während sie über eineinhalb Jahre auf eine glückliche Kombination von Wind und Gezeiten warteten, die ihre Schiffe befreit hätte. Aber die Strömung presste endloses Eis um die Schiffe herum zusammen. Hungernd und von Skorbut ausgezehrt, brachen die Männer auf, um sich zu Fuß zur nächsten Zivilisation durchzuschlagen, einem 650 Kilometer entfernten Handelsposten am Fish River. Sie schleppten zwölfhundert Pfund schwere Schlitten, die – man glaubt es kaum – unter anderem mit Zinngeschirr, Seidentaschentüchern, Bettpantoffeln und Kämmen beladen waren. Von Skorbut geschwächt, kamen sie mit den überladenen Schlitten nur langsam voran und starben, einer nach dem anderen.

Die Passage wurde schließlich durchquert von Roald Amundsen mit einer kleinen Mannschaft und einem 47 Tonnen schweren Heringsfangboot, der *Gjoa*. Er saß zwei aufeinander folgende Winter in einer kleinen Bucht an der Ostseite von King William Island im Eis fest. Er und seine Mannschaft ergänzten ihre Nahrung durch Robben und Karibus. Schließlich segelte Amundsen im Sommer 1906 durch die Beringstraße.

Man sollte annehmen, dass Amundsens Erfolg die Suche beendet hätte, doch weit gefehlt. In der heutigen Zeit ist der Staffelstab von zwei verschiedenen Menschengruppen aufgenommen worden. Man hat in der Arktis Öl und Mineralien gefunden, und nachdem diese entdeckt worden waren, mussten schweres Gerät nach

---

* Fünf Männer erkrankten im ersten Jahr und kehrten auf einem Walfänger nach England zurück.

Norden transportiert und die gehobenen Schätze nach Süden befördert werden. Ferner befürchteten die Regierungen der USA und Kanadas während des Kalten Krieges, die Sowjetunion könne Nordamerika quer über die Arktis angreifen. Daher drangen nach dem Zweiten Weltkrieg Firmen und Regierungen mit moderner Technologie ins Eis vor. 1954 wurde der kanadische Eisbrecher *H. M. C. S. Labrador* das erste tief gehende Schiff, das die Nordwestpassage durchfuhr. Seither schickt von Zeit zu Zeit immer wieder jemand ein größeres, stärkeres, diesel- oder atomgetriebenes Monstrum los, sich einen Weg durchs Eis zu erzwingen und das Industriezeitalter dem gefrorenen Norden näher zu bringen.

Eine zweite Gruppe von Forschern hat seit dem 20. Jahrhundert kein neues Land zu entdecken, keine Reichtümer zu finden und keine Feinde zu besiegen. Sie haben wenig Geld und wenig Unterstützung und verarmen oft ob ihrer Leidenschaft. Die meisten haben keinen auffälligen geografischen Start- und Zielort. Sie wandern umher in Segelbooten, *umiaks* aus Walrossfell, Ruderbooten, Katamaranen und Kajaks. Moderne Abenteurer schaffen sich scheinbar willkürliche Ziele und setzen dann alles daran, sie zu erreichen. 1981, als ich anfing, meine Reise zu planen, hatte noch niemand die Nordwestpassage innerhalb eines Sommers in einem nichtmotorisierten Boot durchquert.

5

Am Ende der Fischfangsaison flog ich zurück nach Anchorage und fragte einen Freund, ob er Lust hätte, im nächsten Sommer mit mir die Nordwestpassage anzugehen. Er fragte, wie ich die Fahrt bewerkstelligen wolle, wo doch so viele kompetente Leute gescheitert und gestorben wären.

Ich erzählte ihm von einer bemerkenswerten Zeichnung, die eine Begegnung zwischen britischen Marineoffizieren und einer

Gruppe von Inuit am 10. August 1818 vor der Westküste Grönlands dokumentiert. Die Offiziere trugen Ausgehuniformen mit Rockschößen und goldenen Schulterklappen. Sie gingen über den matschigen Sommerschnee in glänzenden Schuhen mit großen Schnallen. Die Inuit trugen Anoraks mit Pelzkapuzen und Robbenfell-*kamiks* (Stiefeln). Die britischen Schiffe waren am Eis vertäut und ließen stolz die Flaggen wehen, während hinter den Inuit zwei zerbrechlich wirkende Hundeschlitten zu sehen waren. Die beiden Gruppen starrten einander an; da fragten die überraschten Steinzeitjäger: »Wo kommt ihr her? Von der Sonne oder vom Mond?«

Viele frühe Forscher starben, weil sie sich auf ungeeignete europäische Kleidung und Nahrung verließen. Unweit zogen Inuit ihre Kinder in kalten, finsteren Wintern groß. Ich würde Forscher wie Peary, Amundsen und Stefansson nachahmen, die europäische Technologie mit der der Inuit verbanden. Ich würde mir ein kleines Boot nehmen, das ich bei Rückenwind segeln und bei Gegenwind rudern oder schleppen könnte. Außerdem sollte mein Boot nur knapp 30 Zentimeter tief im Wasser liegen. Zu Beginn der Sommerzeit öffnen sich im flachen Wasser vor dem Ufer Rinnen, weil das Eis durch Wärme geschmolzen wird, die vom Land abstrahlt. Ein großes Schiff kann diese Uferrinnen nicht ausnützen, ein kleines hingegen sehr wohl. Auf diese Art und Weise würde ich mich fortbewegen können, wo frühe Forscher nicht von der Stelle kamen.

Ich konnte mir den Luxus dieser Strategie erlauben, weil ich nie beabsichtigte, eine kommerziell nutzbare Nordwestpassage zu vollenden; ich hatte nicht vor, von Europa her über den Nordatlantik zu fahren, und ich beabsichtigte schon gar nicht, Gewürze aus China zu verschiffen. Meine geplante Reiseroute führte vom Mackenzie-Delta nach Pond Inlet auf Baffin Island, würde also dem schwierigsten Teil der ursprünglichen Route folgen.

Ich wollte nicht nur einen Teil der Strecke weglassen, sondern auch in die falsche Richtung fahren. Die Westarktis ist wärmer als die Ostarktis. Daher konnte ich dort früher aufbrechen und die

Sommersaison länger ausnützen, wenn ich nicht der traditionellen Route folgte, sondern von West nach Ost fuhr. Ich entschloss mich, zum Quellfluss des Mackenzie River und Richtung Norden zur Beaufort-See zu fahren und dann die Reise zu beginnen. Die gesamte Expedition würde 1300 Kilometer Flussfahrt und 3200 Kilometer entlang der Meeresküste umfassen. Sollte der Plan funktionieren, würde das Eis vor mir schmelzen, als wäre es ein roter Teppich, der vor einem König ausgerollt wird.

Mein Freund ist ein großer Mann, über 1,80 Meter, und hat zerzaustes, schulterlanges Haar. Wenn er geht, beugt er sich von der Hüfte aufwärts immer ein wenig nach vorn, so als sei er stets darauf bedacht, sich auf das nächste Ziel zuzubewegen. Obwohl er noch keine 40 war, hatte sein ständiger Aufenthalt im Freien scharfe Falten in sein Gesicht gefurcht. Er hörte sich meine Geschichte stumm an und fragte dann: »Was passiert, wenn der Wind dreht und dich das Eis in die Zange nimmt? Viele der frühen Forscher haben Schiffe aus solider Eiche im Eis verloren. Was würde da wohl deinem kleinen Plastikruderboot passieren? Bei dieser Fahrt gehst du drauf, Jon.«

Ich erklärte ihm, dass ich ans Ufer rudern und mein Boot den Strand hinaufschleppen würde, wenn mir das Eis zu nahe käme – eine Möglichkeit, die Menschen auf einem Schiff nicht haben. Selbst wenn ein Unglück passieren und ich das Boot verlieren sollte, hätte ich noch Ausweichmöglichkeiten. Franklin war ein einsamer Punkt in der Landschaft, hatte unvollständige Landkarten und keine Funkverbindung und Nachschubmöglichkeit. Als man befürchtete, er sei verschollen, wurden 35 Rettungsmannschaften losgeschickt, bevor irgendjemand einen Beweis für das fand, was ihm zugestoßen war. Heute verurteilt einen ein Misslingen nicht zum Hungertod und zu Skorbut. In der modernen Arktis gibt es Flughäfen, und wenn das Eis zu dick ist, kauft man sich ein Flugticket und fliegt heim. Ich sagte, dass ich mir ein Misslingen schon, den Tod aber nicht vorstellen könne.

Es war nicht möglich, ihn zu überzeugen.

Ich kehrte nach Montana zurück, erzählte Chris aber einige Tage lang nichts von der Nordwestpassage. Als schließlich die erste Erregung unserer Wiederbegegnung verstrichen war, konnte ich meinen Enthusiasmus nicht länger zügeln. Ich erzählte ihr von meinen Plänen. Ich erwartete Gegenargumente, einen Streit, einen Wutanfall. Das würde nicht angenehm werden, sagte ich mir, aber wir mussten das ausdiskutieren.

Chris dachte eine Weile nach und fragte dann: »Mit wem machst du die Fahrt?«

»Nur mit mir, schätze ich.«

»Kann ich mitkommen?«

Chris war noch nie in etwas Kleinerem als einem Passagierschiff auf See gefahren, sie war noch nie mit einem Ruderboot gefahren, noch nicht einmal auf einem See, und sie war noch nie auf einer Expedition gewesen. Ich dachte an die Worte meines Freundes: »Bei dieser Fahrt gehst du drauf, Jon.« Dann zeichnete ich im Geist die Karte der Route nach. Die Fahrt zum Kap Hoorn war weitgehend durch Inseln geschützt gewesen, aber lange Strecken der Nordwestpassage folgten exponierten Küstenlinien. Das Eis in der Beaufort-See stellt eine einzigartige Gefahr dar, von der ich aber nichts ahnte. Trotz all meiner Überlegungen, dass ich denken und handeln würde wie ein Inuit, hatte ich keinerlei Erfahrung im Norden.

Ich fragte Chris, weshalb sie auf die Expedition mitkommen wollte. Sie antwortete: »Ich bin in Norwegen gewesen und ich mag den Norden. Die tief stehende Sonne wird vom Meer und der Erde reflektiert und sie erzeugt ein besonders weiches Leuchten, das alles so friedlich erscheinen lässt. Ich wollte immer dorthin zurück.«

Ich fragte mich: »Wie gut kenne ich diese Frau?« Wir waren in der Wüste gewandert, Nathan und Noey verehrten sie, wir waren Ski gefahren und gemeinsam einigen Lawinen ausgewichen, wir waren seit einem Jahr ineinander verliebt. Sie wollte mitkommen, weil sie den Norden mochte.

Ich dachte: »Das ist eine schöne Philosophie für den Alltag, wenn die Gefahren gering sind. Aber wie hilfreich ist das bei Schwielen an den Händen, einigen tausend Kilometern Rudern hinter uns und weiteren tausend vor uns? Wie wird sie das ›friedliche Leuchten‹ finden, wenn uns der Sturm ins Gesicht bläst und Eis und Gischt über das Dollbord schleudert? Sollte ich ihr sagen, dass mein Freund – ein Veteran von Expeditionen auf den Mount Denali und zur Brooks Range, ein Segelboot-Rennfahrer und Berufsfischer – meine Einladung abgelehnt hatte, weil er sie für zu gefährlich hielt?«

Ich sah sie mir gründlich an. Sie wog nur 55 Kilo. War sie stark genug? Entschlossen genug? Nein, dachte ich. Aber ich liebte sie. Wollte ich immer einsam bleiben? Dann dachte ich an den letzten Winter. Chris stapfte so oft wie ich eine Spur, und ich hatte oft Probleme, mit ihr beim Langlauf Schritt zu halten.

Chris wartete geduldig. »Okay«, sagte ich leise. »Fahren wir gemeinsam nach Seattle und kaufen ein Boot.«

Chris ging in ein anderes Zimmer, um ihre Hausaufgaben zu machen, als hätten wir gerade nur besprochen, dass wir nach dem Essen ins Kino gehen wollten. Ich ging ins Freie und machte einen Spaziergang. Sie hatte mich nicht gefragt, warum ich nach Norden wollte, und sie würde mich das nie fragen. Also musste ich mich selber fragen. Hatte ich die kalte Feuchtigkeit, die Einsamkeit und Müdigkeit vergessen, die ich bei der Expedition zum Kap Hoorn ertragen musste? Hatte ich all die verzweifelten Momente vergessen, in denen ich mir gewünscht hatte, woanders zu sein? Nein. Weshalb wollte ich dann fahren? Statt mich zu bemühen, die Frage zu beantworten, wurde ich auf Chris wütend, obwohl sie im Haus saß und ihre Bücher über Bodenkunde las.

»Wie zum Teufel kann sich diese Person zu einer großen Arktisexpedition bereit erklären, weil ihr ›das Leuchten im Norden‹ gefällt? Wir fahren doch nicht dorthin, um den Sonnenuntergang zu genießen; wir fordern die gleichen Elemente heraus, die all die großen Forscher in die Knie gezwungen haben, nur dass wir Erfolg haben werden. Ich habe bei Kap Hoorn versagt, aber das wird mir nicht misslingen. Ich hoffe, sie glaubt nicht, wir sind auf einer Vergnügungsreise.«

Die schweigende Feindseligkeit verblüffte mich. Ich war zum Kap Hoorn zu einer spirituellen Suche gefahren. Und hatte versagt. Aber jetzt war ich angespannt und verärgert, wenn ich bloß in einem wohnlichen Haus in Montana über die Expedition nachdachte. Vielleicht bestand der Sinn der Reise doch darin, an den Lichtverhältnissen Gefallen zu finden. Nein, das konnte ich nicht akzeptieren. Der Zweck der Reise war es, die Nordwestpassage ganz zu durchqueren.

6

Obwohl ich ein kleines, leichtes Boot wollte, hielt ich ein zerlegbares Kajak für zu wenig stabil, und ich fürchtete, es könnte vom Eis zerstört werden. Vielleicht würde ein Ruderboot Größe, Ladekapazität und Haltbarkeit am besten kombinieren. Wir fuhren nach Seattle und fanden eine Gussform für eine Fiberglas-Jolle (ein Skullboot) von knapp fünf Meter Länge. Eine Jolle hat zwei hochgezogene Enden, sodass Bug und Heck sich auch in schwerer See anmutig anheben. Gleichzeitig ist der Kiel ganz flach, damit man das Boot den Strand hinaufziehen kann. Jollen wurden oft als Rettungsboote bei Schiffen verwendet, die Kap Hoorn umrundeten oder sich in die Nordwestpassage wagten.

Der Mann, dem die Gussform gehörte, sagte mir, dass das fertige Boot rund 45 Kilogramm wiegen würde. Er bereitete das Fiberglas vor, wir fertigten Dollborde aus Teakholz zur Verstärkung, hievten das Boot auf den Dachständer meines 1964er Plymouth Valiant und fuhren damit zurück nach Montana. Den Winter über studierte Chris weiter an der Universität und ich versöhnte mich wieder mit meinem Verleger und fing ein neues Buch an. In unserer Freizeit nähten wir Gischtabweiser und machten die Segel gebrauchsfertig.

7

Mitte Mai meldete die Royal Canadian Mounted Police (RCMP), dass das Eis auf dem Mackenzie River aufzubrechen begann. Die Strömung hatte, unterstützt durch den 24-stündigen arktischen Sonnenschein, den Eispanzer aufgebrochen. Chris und ich luden die Jolle aufs Auto, füllten den Kofferraum und die Hintersitze mit Proviant und Ausrüstung und fuhren nach Norden.

Nach Kap Hoorn war ich mitten in der winterlichen Dunkelheit aufgebrochen, noch dazu allein. Als ich in Puerto Natales in See stach, hatten mich Regen und Nebel auf See durch die dicke Kleidung hindurch frösteln lassen. In scharfem Kontrast dazu fuhren Chris und ich gemeinsam bei strahlender Sonne los und plauderten und kicherten wie jedes Paar, das zu Beginn eines langen Urlaubs die Alltagssorgen hinter sich lässt. Wir gönnten uns in Edmonton ein kulinarisches Mahl und fuhren dann auf Straßen weiter, die immer enger wurden und immer blassere weiße und gelbe Markierungen aufwiesen. Schließlich ging der Straßenbelag von Teer in Kies über, bis er am Fluss endete.

Der Schnee war schon vor Wochen vom Boden geschmolzen, aber an den Flussufern türmte sich das Eis noch hoch auf. Eisschollen trieben flussabwärts vorbei. Die Strömung brachte sie nach Norden. Das Sonnenlicht wurde von dem vielen Weiß reflektiert, und eine Brise hielt die Mücken fern. Also legten wir eine Schlafmatte auf eine am Ufer verankerte Eisscholle und setzten uns darauf, um den Fluss zu beobachten. Chris bat mich, die Augen zu schließen und zu lauschen. Wir hörten, wie schmelzendes Eis zu Boden tropfte, wie Wellen gurgelten, wenn sie festliegende Eisblöcke umspülten, wie herunterfallende Eiszapfen an den Klang eines Windspiels erinnerten, wie Eisschollen knirschten, wenn sie gegeneinander stießen, und wie das Eis krachte, wenn es vom Ufer herabstürzte.

»Ich wusste, dass ich hierher kommen wollte«, sagte Chris. »Ich wusste, dass es so schön sein würde.« Eine besonders große Scholle glitt vom Ufer in die Strömung, tauchte kurz unter und kam langsam wieder an die Oberfläche. Wir sahen zu, wie sie sich auf die Reise nach Norden machte, dann sagte Chris leise. »Schon wieder ein Alligator, der in den Fluss gleitet.«

Da der Mackenzie von Süden nach Norden fließt, beginnt das Aufbrechen des Eises im Quellgebiet und setzt sich von dort Richtung Meer fort. Nicht weit flussabwärts, bildete das Eis noch immer eine fast zwei Meter dicke Barriere von Ufer zu Ufer, die sich nach Norden hin bis zum Ozean erstreckte. Es schien uns ratsam, abzuwarten, bis das Eis ganz aufgebrochen war. Aber wenn wir der Eisbarriere flussabwärts mit genügend Abstand folgten, um zu vermeiden, dass wir gegen sie prallten, hätten wir schon viele Kilometer gewonnen und wären Pond Inlet um einige Tage näher.

Wir machten einen Tag lang Rast, bepackten das Boot, wuchteten es über die Eisbrocken und ließen es in den Fluss gleiten. Wir hatten in Montana im Winter keine Gelegenheit gehabt, das Rudern zu üben, und die lange Herfahrt hatte unseren normalen Körperrhythmus gestört, weshalb wir unbeholfen waren und unkoordiniert handelten. Ich ruderte auf dem Sitz im Heck und Chris saß direkt vor mir. Da wir beide Richtung Heck schauten, starrte Chris genau auf meinen Rücken. Immer wenn wir nicht im Gleichtakt waren, rammte sie mir ihre Rudergriffe in die Nieren. Als die wiederholten Stöße akute Schmerzen verursachten, schlug ich vor, dass wir uns einen Augenblick lang nur mit der Strömung treiben lassen sollten. Wir hätten noch 4500 Kilometer vor uns, und es brächte uns nicht ans Ziel, wenn wir uns schon am ersten Tag wie wild beeilten. Das Boot drehte sich und stieß gegen eine Eisscholle.

Dabei wurden Eiskristalle abgesprengt und ins dunkle Wasser geschleudert. Die Kristalle tanzten im Wasser, trieben dahin und schmolzen auf dem Weg zur Beaufort-See.

Der Mackenzie ist ein Fluss mit Dimensionen, die dem Mississippi ähneln. Er führt das gesamte Wasser Zentral-Nordamerikas von den Rockies über die zentralen Großen Prärien Kanadas bis hin zum arktischen Ozean ab. Fotografiert man das Ufer von der Mitte des Flusses aus, zeigt das Bild einen breiten, blauen Vordergrund, eine hauchdünne grüne Linie und darüber, das halbe Bild füllend, blauen Himmel. Fluss und Himmel weisen einen fast ununterscheidbaren Blauton auf, und die Wolken und Eisschollen sehen sich erstaunlich ähnlich. Wenn man das Bild auf den Kopf stellen würde, könnte man kaum einen Unterschied entdecken.

Als uns die Strömung näher zum Ufer trieb, glitten wir an Wällen von Eisschollen vorbei, die sich während der Schmelze übereinander geschoben hatten. An manchen Stellen hatte das Eis Bäume in der Mitte abgebrochen und die zerschmetterten Stämme über die Umgebung verstreut. Das Eis wirkte wie Schichten von Schiefergestein, die Bäume wie umgestürzte Farne in einem kreidezeitlichen Sumpf.

8

Der Mackenzie River hat keine richtigen Stromschnellen, daher würden ihn Wildwasser-Enthusiasten eher langweilig finden. Es gibt keine hohen Berge oder kalbenden Gletscher am Ufer. Er ist einfach ein breiter Wasserweg durch eine der am wenigsten besiedelten Gegenden der Erde. Hunderttausende Enten, Gänse, Schwäne und Kraniche kommen jedes Jahr zum Nisten hierher. Aber für mich war es der große Thrill, die Macht dieser gigantischen, ungezähmten Wassermassen zu spüren. Wenn der Fluss eine Biegung machen, ein paar Morgen Erde mitnehmen, einige hundert Bäume mitreißen und Eis am Ufer auftürmen will, lässt sich kein technisches Wunderwerk konstruieren, das ihn in seine Grenzen verweist.

Am vierten Tag erreichten wir die Ortschaft Wrigley, zogen das Boot an Land und gingen in den Laden, um Cheez Whiz (Sprühkäse), Weißbrot und Kekse zu kaufen. Wrigley hat hundert Einwohner, einen Laden, ein paar Regierungsgebäude, eine Landebahn und einen Kiesweg, der vom einen Waldrand zum anderen führt. Wir setzten uns auf die Ladenstufen und aßen zu Mittag. Ein Pickup fuhr vorbei, dann kam ein Dreiradlieferwagen in einer Staubwolke um die Ecke. Auf der anderen Straßenseite reparierte ein alter Mann sein Boot. Ein paar Kinder liefen aus dem Laden, aufgeputscht von Schokoriegeln und Limonade. Niemand redete mit uns oder nahm uns zur Kenntnis.

Das größte Wildnisgebiet der Vereinigten Staaten (Alaska nicht gerechnet) ist die Frank Church Wilderness in Idaho, die ein Gebiet von rund 8550 Quadratkilometern umfasst. Die Northwest Territories haben dagegen rund 3,4 Millionen Quadratkilometer Fläche, das entspricht etwa einem Drittel der gesamten Vereinigten Staaten. Gesetzgeber müssen sie nicht als wegloses Gebiet ausweisen, weil sie das einfach sind. Wenn wir unsere Sandwichs aufgegessen hätten und nach Osten gegangen wären, hätten wir auf den 1600 Kilometern bis zur Hudsonbai keine Straße überquert und wahrscheinlich auch keine Menschenseele getroffen. Das Land bestimmt also sein eigenes Schicksal.

Ich sah dem vorbeitreibenden Eis zu. Der Wald roch nach Nadelhölzern und nach dem in der wärmenden Sonne wieder einsetzenden Verfall. Ich sah den fast fluoreszierenden Cheez Whiz auf dem schneeweißen Brot an, das ich in der Hand hielt, und fragte mich, ob ihn die Mikroben im Erdboden wohl verschmähen würden, obwohl sie nach dem Winterfasten rasend hungrig waren.

Unsere geplante Expedition war eine Fahrt vom Mackenzie-Delta übers Meer nach Pond Inlet. Die 1300 Kilometer den Mackenzie hinunter waren die Anfahrt zum Start. 1908 fuhr der Ethnologe Vilhjalmur Stefansson den Mackenzie abwärts in die Zentralarktis. Die Gefühle, die er zu Papier brachte, ähnelten den meinen:

Vom Standpunkt des Stadtbewohners und des Farmers aus betrachtet, leben die Fallensteller und die Händler am Mackenzie in der Wildnis, obwohl ich gestehen muss, dass sie vom Standpunkt des Arktisforschers aus gesehen mitten im Herzen der Zivilisation zu leben scheinen.*

Ich erklärte Chris, dass ich das Gefühl habe, die Expedition hätte noch gar nicht begonnen. Sie sah mich ungläubig an. »Wovon redest du? Natürlich sind wir schon unterwegs.«

9

Als wir einige Tage später um die Biegung nach Norman Wells kamen, sahen wir eine schwarze Rauchwolke und hörten das Surren von Maschinen. Die Quellen, die dem Ort seinen Namen geben, fördern kein kristallklares Wasser zutage. Es sind vielmehr Ölbohrlöcher. Neben den Ölquellen verweist der Ort mit Stolz auf die nördlichste Ölraffinerie der Welt. Die Raffinerie erhob sich kahl über die dunklen Fichten, und der Rauch schwebte über die Taiga dahin und verkündete: »Ich bin die Zivilisation und ich bin hier.« Aber es ist eine mickrige Anlage. Wenn jedermann in Nordamerika pro Jahr einen halben Kilometer weniger fahren würde oder den Thermostat um ein Zehntelgrad herunterstellte, würden wir sie und hundert andere nicht benötigen.

Der RCMP-Polizist sagte uns, der Fluss wäre eisfrei bis zum

---

* Stefansson, Vilhjalmur, *My Life with the Eskimo*, Macmillan, New York 1913, S. 34.

nächsten Ort, Fort Good Hope, weiter flussabwärts aber noch gefroren. Ich rechnete mir aus, dass die Eisschmelze schneller vorankam als wir, sodass wir mit freier Fahrt zum Delta rechnen konnten. Dann erkundigten wir uns nach dem Eis bei Tuktoyaktuk, dem ersten Dorf an der Beaufort-See.

Er lachte. »In diesem Jahr ist es schlecht mit dem Eis – Tuk wird komplett eingefroren sein. Tauschen Sie in Inuvik Ihr Boot gegen ein Schneemobil ein. Teufel, das Eis kann sich am Ufer aufstauen und Sie einen Monat lang festhalten.«

Unterhalb von Norman Wells teilt eine lange, schmale Insel den Fluss. Der Hauptkanal führt am linken Flussufer entlang. Immer willens, Energie zu sparen, nahmen wir die kürzere Route durch den rechten Kanal. Chris bemerkte, sie hätte flussabwärts ein Geräusch gehört, das so klang, als würden Eisschollen aneinander reiben und nicht aneinander vorbeitreiben. Wir hörten zu rudern auf und lauschten, waren uns aber dann einig, dass das scharfe Geräusch nur das Echo von Metall sei, das bei der Raffinerie an Metall rieb. Eine hauchdünne weiße Linie unterbrach den Horizont zwischen dem blauen Fluss und dem blauen Himmel. Wieder hielten wir an, um zu überlegen, beschlossen aber, nicht auf unsere Sinne zu hören, weil uns der uniformierte Mann mit dem Funkgerät im sauberen Büro gesagt hatte, dass die Passage flussabwärts sicher sei.

In unsere Genen festgeschriebene Botschaften sagen uns, dass heulende Winde und schäumende Wellen Gefahr bedeuten. Die Stürme am Kap Hoorn waren manchmal unvorhersehbar gewesen, aber sowie ich den Windstoß am Körper spürte und die weißen Schaumkronen sah, die mich hämisch angrinsten, erkannte ich die Gefahr. Im Gegensatz dazu schickt der Norden nicht immer Warnungen aus, die der arktische Neuling erspürt. Wir trieben langsam mit drei Stundenkilometern dahin. Die Sonne schien, es war windstill. Wir erschlugen die letzten Mücken, die unserem Boot vom Ufer aus gefolgt waren, und aßen eine Kiwi, die von Neuseeland in den Laden im Ort verfrachtet worden war.

Das Eis auf dem Mackenzie schmilzt nicht passiv wie der Schnee im Garten, der Zentimeter um Zentimeter zurückgeht und das grünende Gras darunter freigibt. Flussaufwärts, im Süden, schmilzt das Eis auf dem Great Slave Lake und bricht in Schollen auf. Diese trägt der Mackenzie dann nach Norden. Flußabwärts hält der Winter länger gegen die Sommersonne durch, und das zwei Meter dicke Eis schwimmt unbeweglich auf dem darunter fließenden Wasser. Dann drückt die Strömung das schwimmende Eis gegen das feste Eis, bis die feste Barriere katastrophenartig zersplittert und Eisbrocken von der Größe eines Autos, manchmal auch von der Größe eines Hauses, durch die Luft fliegen.

Der Eisbericht aus Norman Wells hatte sich auf den Hauptarm des Flusses bezogen, nicht auf die Nebenarme. Als wir mit der Strömung dahinglitten, hörte ich einen lauten Knall. Ich drehte mich um und sah eine wohnmobilgroße Scholle himmelwärts fliegen. Dicht daneben stand eine große Fichte kopfüber im Fluss, die Wurzeln wedelten in der Luft. In dem überschatteten, engen Kanal war noch festes Eis verblieben, das unter dem Druck der Strömung und des Treibeises aber bald aufbrechen würde. Sollten wir dort dazwischen geraten, würden wir zermalmt, zersäbelt, himmelwärts geworfen oder unter das feste Eis gezogen.

Ich war erschrocken, zugleich aber auch wütend auf mich, weil ich die Gefahr nicht vorhergesehen hatte. Chris erkannte unser Problem etwa im gleichen Augenblick und flüsterte: »Oh, Scheiße!« Ich drehte mich nicht zu ihr um, sondern wendete rudernd das Boot und fing an, flussaufwärts zu rudern. Wir bewegten uns im Verhältnis zu den treibenden Eisschollen schnell, aber das war nicht gut genug. Wir mussten im Verhältnis zum Ufer gesehen flussaufwärts zur Inselspitze kommen.

»Kräftiger rudern, Chris«, drängte ich.

»Ich rudere, so gut ich kann!«

Reden half nicht weiter. Ich bemühte mich, mir vorzustellen, ich würde mit jedem Ruderschlag das Ruder förmlich durchbiegen, und ich sagte mir, erzeuge kräftigen Gegendruck mit den Beinen, leg dich mit dem ganzen Rücken in die Riemen und dann zieh mit den Armen nach. Das Ufer blieb hinter uns zurück. Wir kamen innerhalb einer Stunde an der Insel vorbei, wendeten in die Strömung und ließen uns im breiteren, eisfreien Hauptarm des Flusses treiben.

Ich machte eine der Kekstüten auf, die wir gekauft hatten, und gab Chris einen. Sie aß, sagte nichts und holte sich noch einen. Ich sprach als Erster. »Das war knapp.«

»Ja«, antwortete sie. »Hast du die Baumwurzel über dem Wasser wedeln gesehen? Ganz schön gewaltig!«

»Wir sollten vorsichtiger sein!«

Sie nickte und kaute den dritten Keks. »Wir haben ja eigentlich keine Ahnung, was hier so abgeht; das ist für uns beide eine neue Welt.«

Ich war erleichtert, dass wir auf unsere erste Gefahrensituation so gelassen reagiert hatten. Wir beschlossen, den Fluss und das Eis sorgfältiger zu beobachten und Gefahren eher zu erkennen. Wir erkannten, dass wir uns aufeinander verlassen konnten, und diese Erkenntnis brachte uns einander noch näher.

10

Zwei Tage später erreichten wir Fort Good Hope und machten den üblichen Ausflug zum Laden. Als wir draußen beim Essen saßen, kam ein junger Mann vorbei, der darauf erpicht war, ein Gespräch anzufangen. Bruno war hier geboren und hatte sogar schon einige Zeit »draußen« in Inuvik, Hay River, Yellowknife und weiter südlich in Calgary verbracht. Er erzählte von einem Job und einer Freundin, dann von einem Drang, wieder heimzukehren in den Wald und zu dem Fluss, die ihn nun gefangen hielten.

Was für neue Lieder Bob Seeger gerade sang, wollte er wissen. Sind Sie schon mal in New York gewesen? Werfen dort die Leute wirklich Fernseher aus den Wolkenkratzerfenstern, wie ich das im Kino gesehen habe?

Wir gingen anderthalb Kilometer aus dem Städtchen bis zum Sommercamp seiner Eltern. Seine Mutter, Elisha, schabte ein Elchfell ab, das am Boden aufgespannt war. Sein Vater, Ben, trocknete Fleisch über einem qualmenden Feuer. Der Rauch und der Fleischgeruch vermischten sich mit dem stechend süßlichen Duft der ungegerbten Haut. Wir setzten uns mit überkreuzten Beinen auf das weiche Moos vor den Eingang zu ihrem Steilwandzelt aus weißer Leinwand. Drinnen waren als Boden Karibufelle ausgebreitet, die Betten waren alte Schlafsäcke aus dem Sears-Katalog mit Entenbildern auf dem Inneren aus rotem Flanell. Elisha erhob sich von ihrer Arbeit, zündete den Coleman-Kocher an, machte Tee und servierte ihn mit frischen Brotfladen, die auf dem Coleman ausgebacken wurden. Ben reichte uns Teller mit getrocknetem Fleisch und eine Dose Fett. Wir tauchten einen Fleischstreifen in das Fett ein, bissen davon ab und kauten die fettige Mischung im Mund durch, um sie aufzuweichen, ehe wir sie mit heißem Tee hinunterspülten.

Nach dem Essen bat Elisha Chris, ihr beim Gerben des Fells zu helfen, während ich mit den Männern noch mehr Tee trank. Ben sprach von der letzten Jagd und erwähnte in seiner indianischen Sprache Flüsse und Landmarken. Bruno lehnte sich gegen eine Zeltstange und verkündete, dass dies ein gutes Leben sei und dass er deswegen die Städte verlassen habe: »Die Menschen in der Stadt sind faul und streiten zu viel.« Aber als ihn sein Vater bat, morgen mit auf die Jagd zu gehen, weigerte er sich, weil er der Abend-Discjockey für die Dorfrundfunkstation sei. Sein Vater sagte nichts, sondern starrte in den Wald.

Chris kniete am Boden und schabte Schulter an Schulter mit Elisha das Fell ab. Ich sagte ihr, wir sollten vielleicht in den Ort zurückkehren, damit wir am nächsten Tag früh aufbrechen könnten. Sie blickte auf. »Ach, Jon, wir sollten ein paar Tage hierbleiben. Wir haben den Wald immer nur vom Boot aus vorbeidriften sehen. Wir könnten lernen, wie man Fell gerbt und Fleisch räuchert, lernen, wie die Menschen hier leben, und etwas anderes sehen als die vorüberziehenden Kilometer.«

Chris hatte in Norwegen Stricken und Weben gelernt. Viele Skilehrer und Skiherumtreiber in Utah trugen ihre farbenfrohen, handgestrickten Mützen. Die Elchhaut war eine andere Form ihrer langen Faszination für wärmende Stoffe. Mein Interesse war es, die Nordwestpassage in einem offenen Boot zu bewältigen und in der Welt des Abenteuers weithin bekannt zu werden.

Elisha lud uns freundlich ein, ihre Gäste zu sein. Ich drängte Chris, mit mir zurück in den Ort zu gehen. »Wir sind nicht zum Besichtigen hier, sondern um Pond Inlet zu erreichen. Das ist eine Expedition, kein Touristenausflug.«

Chris ließ sich nicht beirren. »Jon, wir müssen nicht die ganze Strecke bis Pond Inlet bewältigen. Es ist nur ein Punkt auf der Landkarte. Vielleicht sind wir hier, um den Norden kennen zu lernen.«

Ich explodierte. »Was meinst du mit ›Wir müssen nicht die ganze Strecke bis Pond Inlet bewältigen‹? Das ist eine Expedition, keine Urlaubsreise. Bei einer Urlaubsreise tut man, was einem am meisten Spaß macht, bei einer Expedition versucht man alles, um sein Ziel zu erreichen. Wir fahren nach Pond Inlet.«

Ich hörte auf zu reden und ging in den Ort. Chris kam mir nach. Bruno konnte den Schlüssel zur Rundfunkstation nicht finden, also gingen wir zum Haus eines Freundes, der einen Zweitschlüssel hatte. Der Freund konnte seinen Schlüssel auch nicht finden, kannte aber jemanden, der einige Kästen Bier gekauft hatte. Bruno betrank sich und schlief auf dem Boden ein. Chris und ich zogen uns zum Schlafen in den Wald zurück.

Am nächsten Morgen redeten wir nur das Nötigste miteinander, während wir frühstückten und wieder in die Strömung hinausfuhren. Wenn man im Alltagsleben Streit mit seiner Liebsten hat, kann man Raum zwischen sich schaffen, indem man zur Arbeit geht oder einen Spaziergang macht. Aber auf einer Expedition gibt es keinen

Abstand zueinander. Ich saß, wie üblich, im Heck und Chris nahm die Ruder am Bug. Wir saßen einen Meter voneinander entfernt. Chris starrte meinen Rücken an, ich starrte Richtung flussaufwärts auf den Fluss hinter uns. Chris musste ihre Ruder im gleichen Takt schlagen wie ich. Wenn ich meine Nase kratzen wollte, sagte ich: »Mach mal 'nen Moment Pause, mich juckt's an der Nase.« Wir pausierten gemeinsam, während ich das lästige Jucken bekämpfte. Dann sagte ich: »Okay, weiter geht's.« Dann ruderten wir wieder im Gleichtakt weiter, einen Meter voneinander entfernt.

Wir ruderten bei einem Gegenwind, der uns fast so schnell flussaufwärts trieb, wie uns die Strömung flussabwärts bewegte. Langeweile setzte ein. Ich überlegte provokante Dinge, mit denen ich den Streit fortführen konnte: »Ich habe dich nicht gebeten, auf die Expedition mitzukommen, du hast selbst darum gebeten. Ich fahre nach Pond Inlet. Wenn du nicht nach Pond Inlet willst, setze ich dich in Inuvik ab und fahre alleine weiter. Dann kannst du hier herumhängen und Fellgerben lernen und heimfliegen, wenn du es beherrschst.«

Aber ich schwieg. Warum trug ich diesen ganzen Zorn mit mir herum? Ich dachte an den Tag nach dem Schiffbruch, als ich auf dem Hügel oberhalb von Puerto Toro gesessen hatte und glücklich in der Sonne lag, weil ich nicht mehr von dem Gedanken besessen war, Kap Hoorn zu umfahren. Warum konnte ich dieses Glücksgefühl nicht hegen und pflegen? Es lebte doch irgendwo in mir. Wo wohnten bloß Zorn, Ehrgeiz und Frustration? Vielleicht könnte ich diese lästigen Gefühlsregungen in eine verborgene Felsspalte locken und einen Stein davor rollen, damit sie langsam verhungern und verdursten würden.

Ich entspannte mich, und die schlechte Laune verflüchtigte sich tonlos. Dann ärgerte ich mich darüber, dass ich am Nachmittag zuvor rücksichtslos gewesen war. Ein Tag hätte so wenig ausgemacht, und das war ebensogut Chris' Fahrt wie meine. Ich konnte Chris nicht sehen, aber ich konnte ihren kräftigen Ruderschlag spüren.

Ich brach das Schweigen mit einem Kommentar über irgendetwas Belangloses. Sie antwortete fröhlich. Wir hakten den Zwischenfall ab.

11

Wir erreichten Arctic Red River am 2. Juni, als wir bereits zwei Wochen unterwegs waren. Der Mackenzie bringt so viel Wärme nach Norden, dass er einen Waldstreifen ermöglicht, der in eine ansonsten baumlose Tundra hineinreicht. Aber hier, 320 Kilometer nördlich des Polarkreises, setzt sich die geografische Breite durch. Der Wald verkümmert und wird spärlich. Die Menschen, die hier leben, können nicht einfach Feuerholz machen, indem sie Bäume in der Nähe ihres Hauses fällen. Daher fangen sie auf dem Fluss treibende Baumstämme mit dem Lasso ein. Flussabwärts weitet sich der Mackenzie zu seinem Delta aus, der geologischen und ökologischen Grenze zwischen Kontinent und Küste. Der Anfang des Deltas markiert zugleich eine kulturelle Grenze zwischen dem im Wald lebenden Déné-Volk und den an der Küste lebenden Inuit. Der Name des Ortes Arctic Red River ist abgeleitet von dem Blut, das häufig zwischen den sich bekriegenden Nachbarn floss.

Bis hierher hatte unser Plan funktioniert. Mit Ausnahme des Fehlers unterhalb Fort Good Hope waren wir immer dem Eis gefolgt. Im Delta hatten sich jedoch Eisdämme gebildet, was überflutete Ortschaften und Jagdcamps zur Folge hatte. Wir mussten abwarten.

Wir schrieben Briefe und gingen zum Postamt, um Marken zu kaufen. Die wöchentliche Postsendung war angekommen. Da es keine Postfächer gab, hatte jemand die Post- und Paketsäcke auf den Boden geleert. Leute kamen und gingen und wühlten den Haufen durch. Das Bild erinnerte mich an ein Konzentrationsspiel, bei dem Karten und Spieler ständig im Fluss sind. »Joey, ach, Joey, ich habe hier irgendwo einen Brief für dich aus Vancouver gesehen. Ich glaube, er ist hier drüben. ... Nein, ich glaube, Billy hat ihn für dich mitgenommen. ... Schau mal, da ist ein Brief für Mary. War die nicht eben hier? Hol sie her, Jimmy, ich glaube, sie ist zum Haus ihrer Tante unterwegs.«

Eine kleine, ältliche Kaukasierin in einem sauberen, gebügelten Kleid fand ein schweres Paket. Ich bot ihr an, es ihr heimzutragen. »Können Sie auch tischlern?«, fragte sie. Die Frage wirkte nicht merkwürdiger als die Szene vor mir, daher antwortete ich, dass ich das könnte. Sie nickte. »Gut. Ihr beiden wohnt bei mir. Einige der Türen müssen repariert werden. Ihr bekommt gutes Essen und habt ein warmes Zimmer zum Schlafen im Keller.« Schwester Mattee war 59 Jahre alt. Sie war vor 31 Jahren in die Arktis gekommen, um ihren Gott in den Norden zu bringen.

Als wir uns ihrem Haus näherten, fing Schwester Mattee an, von ihrem Garten zu erzählen. »Ich habe es mir zur Regel gemacht, täglich zehnmal mit einem Eimer in jeder Hand loszumarschieren. Ich gehe über den Hügel hinter dem Friedhof. Dort ist gute Erde. Die fülle ich in die Eimer und bringe sie in meinen Garten, damit ich einen schönen Garten beim Haus habe. Ich liebe es, Tomaten anzubauen. Es ist schwierig, in der Arktis Tomaten zu züchten. Letztes Jahr und im Jahr davor war alle Mühe umsonst, aber davor«, ihre Augen begannen zu leuchten, »1979, hatten wir ein gutes Tomatenjahr.«

Wir aßen zu Mittag, dann hängte ich die Verandatür wieder gerade. Schwester Mattee sagte mir, ich solle rechtzeitig zur Katechismusstunde mit der Arbeit aufhören. Vielleicht würden wir gern dabei sein.

Chris und ich begleiteten sie zur Kirche, aber es kam niemand zum Unterricht, also warteten wir auf die Abendmesse. Ich wollte etwas Aufmunterndes sagen, aber der Raum klang zu hohl. Ich ging zum Fenster und trat dabei leise auf, damit meine Schritte nicht durch das große, leere Gebäude hallten. Ich wurde auf das Fenster aufmerksam, nicht als Ausguck ins Freie, sondern als etwas, das selbst eine nähere Betrachtung wert war. Die im Glas eingeschlossenen Luftbläschen sagten mir, dass es altes Glas war. Das bedeutete, dass jemand, wahrscheinlich ein Gemeindepriester, das Glas mit dem Hundeschlitten über Land transportiert und dann auf dem Fluss heruntergebracht hatte.

Die Lehrerin, die aus Toronto stammte, und ihr Sohn kamen zur Messe. Während sich die Feier hinzog, starrte ich wieder zum Fenster, und diesmal sah ich nach draußen. Eine Gruppe Teenager, umringt von einer wuselnden Menge kleiner Kinder, schob mühsam eine Schubkarre mit einem Stahlrad durch den Schlamm. Ein alter Außenbordmotor schwankte gefährlich auf der Schubkarre. Die Gruppe war zum Fluss unterwegs, um Biber zu schießen. Ich fragte mich, ob die Pelze hier im Norden zu einem Kinderparka zusammengenäht werden würden oder zu einem Pelzmantel für eine Dame in Paris.

12

Das Eis im Delta ging nach drei Tagen zurück, und wir beluden unser Boot. Als alles fertig war, gingen Chris und ich den Hügel hinauf, um uns zu verabschieden. Schwester Mattee arbeitete in ihrem Garten.

»Alsdann, Schwester, ich glaube, wir fahren jetzt.«

»Hier werde ich meine Erbsen anpflanzen. Es ist ein guter Ort für Erbsen, hier oben auf dem Hügel, wo es viel Sonnenschein gibt. Spüren Sie, wie die Sonne die Erde aufwärmt! Letztes Jahr habe ich die Erbsen am neunzehnten Mai gepflanzt. Es war sehr kalt, aber die Erbsen waren schlau. Sie schliefen im Boden, bis es warm wurde, und im Juni schossen sie förmlich heraus. Ganz schön schlau für so kleine Erbsensamen.«

»Wir müssen jetzt aufbrechen. Ich wollte mich bei Ihnen bedanken.«

»Habe ich Ihnen schon meinen Rhabarber gezeigt? Mein Rhabarber gedeiht prächtig.«

Also schauten wir und bewunderten ihren Rhabarber.

»Schwester, wir müssen jetzt wirklich gehen. Ich möchte mich bedanken…«

Plötzlich blickte sie auf. »Sie gehen? Schon heute? Es hat doch keine Eile. Sie stehen mir nicht im Weg und ich Ihnen auch nicht, glaube ich. Es ist bald Zeit zum Mittagessen.«

»Wir haben gut gefrühstückt. Unser Boot ist beladen. Wir wollen Ihnen danke sagen.«

»Heute Vormittag? Jetzt gleich? Das wusste ich nicht. Nun ja, Sie haben mir so sehr geholfen, Sie haben die Hintertür repariert und… Sie haben noch etwas gemacht, etwas Besonderes. … Ich komme nicht drauf, was es war, aber es war sehr freundlich. Wissen Sie noch, was es war?«

»Ich habe Ihre Gartenschere geschliffen.«

»Aaah, aaah, ja, die ist jetzt so scharf. Ich habe noch nie, noch nie im Leben, eine so scharfe Gartenschere gehabt. Als ich als Schwester in Fort Rae war, haben die Fratres den Garten versorgt. Ich habe im Krankenhaus gearbeitet. Wissen Sie, als ich hierher kam, war ich so einsam, dass ich das Gras geschnitten habe, aber so scharf war die Schere noch nie, noch nie, außer vielleicht, als sie noch neu war. Das ist schon lange her. Es ist schön, wenn man weiß, wie man etwas machen muss. Sie gehen? Heute Vormittag? Jetzt gleich?«

»Ja, nochmals danke für alles. Viel Glück mit Ihrem Garten, und möge Ihr Gott über Sie wachen.«

Wir schwangen in die Strömung hinein und trieben aus dem Wald hinaus in die Arktis.

13

Im Delta verlangsamt sich die Strömung, und der Fluss teilt sich in Hunderte von kleinen Wasserwegen auf. Man kommt sich vor, als habe man die Autobahn verlassen und befände sich auf einer stillen Landstraße. So, wie man nicht einfach auf einer Autobahn anhalten kann, weil die Trucks dauernd vorbeisausen, ist es schwer, am Mackenzie Halt zu machen, wo man vielleicht einen knappen Kilometer zu einem der Ufer unterwegs wäre und zudem riesige Sandbänke den Weg zum Ufer versperren, während einen die Strömung mit sich reißt. Aber im Delta ist das Ufer so nahe, dass man den dicken Schlick und die jungen Fichten riechen kann. Lichtungen verkünden förmlich wie Attraktionen neben der Straße ihre besonderen Vorzüge: *Halten Sie hier an* und genießen Sie durch Fichten gefiltertes Sonnenlicht *gratis! Weiches Moos! Bequemer,* halb verrotteter Baumstamm als Rückenlehne. *Lesen Sie ein Buch, entspannen Sie!*

Wir fuhren weiter.

Etwa zwanzig Entenarten nisten im Delta; Eiderenten, Gänsesäger, Harlekinsenten, Trauerenten, Stockenten, Krickenten und Spießenten sind am häufigsten zu finden. Wenn man leise um eine Biegung kommt, quakt sehr wahrscheinlich eine Stockente alarmiert, täuscht einen gebrochenen Flügel vor und flüchtet flussabwärts, während ihre verstörten gelben Entchen nervös in den Binsen am unterspülten Ufer herumschwimmen und gegeneinander stoßen wie Billardbälle. Dünenkraniche stolzierten auf ihren absurd dünnen Beinen vorbei. Schwäne, die ihrem Partner ein Leben lang die Treue halten, liebkosten sich und flogen anmutig davon, da wir sie störten. Die weißen Schneegänse mit den schwarzen Flügelspitzen hatten wahrscheinlich in den Salzsümpfen des Imperial Valley in Kalifornien überwintert, kurz in den Sümpfen an der Grenze von Oregon und Kalifornien Nahrung gesucht und waren dann über die weiten Wälder und Prärien geflogen, um sich hier zu paaren und ihre Familien im Schlick des Deltas großzuziehen.

Allmählich wich die verkrüppelte Fichte des Nordwaldes den eisigen Winterstürmen, die von der See her wehen. Bei Flussgeschwindigkeit betrachtet, war der Wald vor uns fast mit dem hinter uns identisch, aber nicht ganz. Hinter uns waren noch vor einer Stunde verkrüppelte Fichten auf exponierten Anhöhen gestanden, während im Norden auf dem nächsten Hügelzug Weiden einen Teil der Fichten verdrängten. Am späten Nachmittag waren auf den windigen Anhöhen nur noch ein oder zwei verkümmerte Fichten zu sehen. Im Lauf der Woche wichen dann die Weiden auf den Anhöhen dem Tundragras und Riedgras. Sowie auf den Anhöhen Tundrabewuchs vorherrschte, wichen die Fichten auch am Ufer und in geschützten Senken den Weiden. Wir traten in die Arktis ein. Der Wandel vom Wald zur Tundra lässt sich in Kilometern oder Tagen messen, aber man kommt sich dabei vor, als würde man zeitliche Bezugsrahmen austauschen und sich zwanzigtausend Jahre zurück ins Pleistozän begeben, als die großen Gletscher ihren eisigen Hauch über den Planeten verströmten.

Eines Abends gingen wir spät an Land, wir waren müde und wollten gleich unser Lager aufschlagen. Der lehmreiche Boden war mit Pfaden großer Tiere überzogen, aber die Spuren waren von der Flut der letzten Woche verwischt worden. Ich dachte, dass vielleicht eine Herde Karibus vorübergezogen wäre. Als ich nach einem Zeltplatz suchte, sah ich ein totes Kaninchen in Schulterhöhe an einer Weide hängen. Es war in der Mitte zusammengekrümmt, und seine langen Löffel berührten grüne Knospen, die bald zu Blattwerk werden würden. Wie konnte ein Kaninchen anderthalb Meter über dem Erdboden auf einem Weidenzweig gestorben sein? Chris vermutete, es könnte ertrunken sein und sei dort von der Flut angeschwemmt worden. Mir fiel keine andere Erklärung ein, ich war aber dennoch nicht davon überzeugt. Dann sahen wir drei weitere tote Kaninchen, die wie Schrumpfköpfe an Bäumen hingen, als hätten feindliche Krieger sie als Bannzauber angebracht. Ich suchte die Gegend nach weiteren Spuren ab und entdeckte einen Kaninchenbau unter den Weidenzweigen. Tiefe parallele Kratzspuren durchfurchten den Lehm rings um den Eingang. Ich streckte meine Finger so weit wie nur möglich auseinander und konnte gerade noch je einen in eine Furche legen.

Nur ein Tier konnte solche Spuren hinterlassen haben. Ich ließ meinen Blick über die Tundra schweifen, und obwohl ich den Verdacht hatte, es könnte in der Nähe sein, überraschte es mich, einen silberblonden Grizzlybären zu sehen, der uns vom nächstgelegenen Hang aus beobachtete. Der Bär war weit genug von uns weg, um vor der gelbgrünen Vegetation klein zu wirken. Ohne Gebäude oder Bäume, die uns einen Vergleichsmaßstab gaben, hätte er ebensogut so klein sein können wie ein Hündchen in Nachbars Garten. Er hob seine Nase und drehte seinen Kopf, als wollte er sagen: »Werft ihr mir jetzt einen Ball zu oder was?« Dann senkte er seine Nase, streckte seinen langen Hals und starrte mir geradewegs in die Augen.

Fleischfresser haben beide Augen auf der Vorderseite des Schädels, damit sie die räumliche Tiefe genau einschätzen können. Über Äonen der Evolution hinweg sind unsere Gene programmiert worden, um zu erkennen, dass ein relativ kleines Dreieck aus Augen und Nase auf einem stromlinienförmigen Gesicht Gefahr bedeutet. Ich überlegte, dass die Evolution auch die Sinne des Bären programmiert hatte. Meine Augen stehen auch drohend über der Nase, also starrte ich zu dem Bären zurück. Nacken- und Schultermuskeln des Bären entspannten sich, und er blickte weg, um Gleichgültigkeit vorzutäuschen. Er konnte nicht wissen, dass meine Schrotflinte im Boot lag und dass ich ohne sie für ihn keine größere Gefahr darstellte als die Kaninchen. Als der Bär unruhig wurde, schaute ich hinter mich, um zu sehen, wo Chris war. Sie zog sich bereits rückwärts gehend zum Fluss zurück und behielt dabei die Gefahr immer im Auge. Ich folgte ihrem Beispiel, bis wir das

Boot erreichten. Als wir in die Strömung glitten, sah ich noch ein letztes Mal die Kaninchen, die wie Wäsche auf der Wäscheleine hingen, und den goldenen Pelz des Bären, den der Wind wie ein Weizenfeld im August wogen ließ.

14

Am 12. Juni lagerten wir am nördlichsten Ende des Deltas, wo der nordamerikanische Kontinent sich dem eisigen Polarmeer ergibt. Es gab hier keine Felsen, Hügel oder Bäume – nur ein dünnes Schlickband, das von Tundra zusammengehalten und vom beständig wehenden Wind beharkt wurde. Das Meer war nahe und bei Flut schmeckte der Fluss salzig. Vom Norden her kam ein beständiger Gegenwind. Wir schliefen um 21 Uhr ein, aber ich wachte gegen 23 Uhr wieder auf und ging zum Boot hinunter. Der Wind hatte nachgelassen, die Flut, die jetzt stärker war als die Strömung des Flusses, hatte fast ihren Höhepunkt erreicht. Da wir vierundzwanzig Stunden lang Sonnenschein hatten, überlegte ich, dass es eigentlich keinen Grund gab, wie in der Stadt einem Tagesrhythmus von 9 bis 17 Uhr zu folgen. Wir konnten ebenso gut dann fahren, wenn der Wind sich gelegt hatte und wir mit der Ebbe Richtung Meer fahren könnten. Ich weckte Chris und schlug vor, zu packen und aufzubrechen.

Sie schaute mich an, ihr Gesicht von der warmen Kapuze ihres Schlafsacks umrahmt. »Du meinst, es pressiert uns so, dass wir schon nach zwei Stunden Schlaf das Lager abbrechen müssen?«

»Aber jetzt ist es einfacher.« Ich versuchte, logisch zu klingen. »Wir können heute Nachmittag schlafen. Es geht nicht darum, dass es uns pressiert, sondern dass wir möglichst effizient vorgehen.«

Sie zog sich tiefer in ihren Schlafsack zurück und murmelte, dass sie noch vier oder fünf Stunden Schlaf brauche. Als wir schließlich um vier Uhr früh aufbrachen, schwächte die Ebbe schon ab, und der

Nordwind trieb uns eisigen Regen über den Bug. Chris war verärgert, dass ich sie so früh geweckt hatte, um unter so grauenhaften Bedingungen zu rudern; ich war verärgert, weil wir günstige Winde und Gezeitenströmungen verpasst hatten.

Bei einer verlassenen Jagdhütte hielten wir an, um zu frühstücken – nass, kalt, übernächtigt und brummig. Ich kletterte aufs Dach und schaute hinaus zu der dünnen Linie, wo der mit Grün bedeckte Schlick in einen weißen Dunstschleier oder Nebel überging – das Meer. Der Regen hörte auf, der Wind legte sich, und die Sonne kam heraus. Mitte des Vormittags waren wir auf der Beaufort-See, dem Polarmeer, und das Wasser war glatt und ruhig. Hundert Meter oder tausend Kilometer weiter nördlich endete der Ozean und das Eis begann. Das Licht reflektierte von der spiegelglatten See und verwandelte das Eis in eine schimmernde Fantasie. Das Eintauchen unserer Ruder und unsere Bugwellen schufen die einzige Störung auf dem Wasser, und das Quietschen der Ruder in den Ruderdollen war das lauteste Geräusch im Universum. Wir hatten auf dem Mackenzie River 1300 Kilometer zurückgelegt und noch 3200 Kilometer vor uns.

Die Sonne brannte so intensiv, dass wir uns bis auf die kurzärmeligen Baumwollhemden auszogen. Wasser, das aus dem Meer verdunstete, kondensierte zu einer Art Nebel, der über dem Meer lag wie eine mehrschichtige Hochzeitstorte. Einige Inseln lugten oben aus dem Nebel heraus. Ihre Ränder waren verschwommen, aber ihr Bild war real. Hinter ihnen schienen sich Eisklippen zu heben und zu senken. Sie waren nicht viel greifbarer als sich ändernde Lichtstrahlen, aber sie wurden im Vergleich zu den Inseln überraschend immer größer, tanzten, verschwanden und erschienen wieder.

Während wir so im Wasser saßen und schauten, fragten wir uns: »Ist das alles nur eine Fata Morgana? Ist da draußen überhaupt Eis?« Wir ruderten den ganzen Nachmittag lang durch eine Landschaft, die nicht existieren konnte, bis wir wie herumtastende Besucher eines Spiegelkabinetts plötzlich eine Barriere aus blauweißem Eis rammten. Das knirschende Geräusch riss uns aus unseren Träumen. Das Eis war fest und dick und ragte nur 30 Zentimeter über die Wasseroberfläche, also stiegen wir darauf. Die Trugbilder verschwanden, Form und Realität wurden wieder greifbar.

Wie wir es erwartet hatten, war das Meer fast völlig zugefroren. Aber wie wir gehofft hatten, war entlang des Strandes eine schmale Rinne weggeschmolzen. Ich war erleichtert, weil wir nun, wie geplant, ostwärts weiterfahren konnten, bevor das ganze Eis aufgebrochen war. Wir fuhren ans Ufer, um unser Lager aufzuschlagen.

Obwohl das Eis den Ozean beherrschte, war der spärliche arktische Schnee an Land bereits geschmolzen und die Erde fühlte sich warm an. Wir hatten gefunden, dass das Delta desolat aussah, aber hier war die Flora sogar noch spärlicher. Sie stellte uns die endlose, verkümmerte, marschähnliche, entenbevölkerte Tundra vom Ende der Erde vor.

Hügel, so genannte Pingos, ragten aus der ansonsten flachen Ebene auf. Ein typischer Pingo ist zwischen 7,50 und 45 Meter hoch und sieht aus wie ein Vulkan auf dem Planeten des kleinen Prinzen. Paradoxerweise sind Pingos, die in einer ansonsten planen Landschaft die einzigen Erhebungen darstellen, die gefrorenen Überreste einstiger Seen. Unter der arktischen Tundra befindet sich in ungefähr ein bis zwei Meter Tiefe eine gigantische Eisschicht, der so genannte Permafrost. Man stelle sich einen Seegrund vor, der sich auf einer dünnen Schicht Erde über dem Eis befindet und der eingefasst ist von torfigem Boden, Gras und Riedgras. Im Sommer dringt etwas Seewasser in die Erde ein und sammelt sich auf dem Eis. Wenn der Winter kommt, gefriert dieses Wasser. Das Eis wölbt sich und drückt den Seegrund nach oben. Man sollte meinen, dass das Wasser im nächsten Sommer von dieser Erhöhung ablaufen würde, aber dennoch gefriert jedes Jahr ein Teil des Wassers wieder, ehe es herablaufen kann. Dann wird der Eisbuckel größer. Ein Pingo ist so letztlich ein Seegrund, der keinen See mehr darstellt, weil er die Spitze eines Hügels über dem Dauerfrostboden ist.

Die Nordwestpassage

Chris auf der Suche nach einer Rinne im schweren Packeis nahe Tuktoyaktuk.

Wenn das Wasser nicht breit genug zum Rudern war, zogen wir das Boot durch schmale Rinnen. Endeten die Rinnen, schleppten wir das Boot über das Eis.

Als ich das schwere Boot übers Eis schleppte und noch 4800 Kilometer zu bewältigen waren, schien die Expedition und die damit verbundene Anstrengung aussichtslos zu sein. (© Chris Seashore)

Zusammen mit Chris beim Tandem-rudern in der Nähe von Kap Parry.

Oft zogen wir das Boot durch schmale Rinnen in Ufernähe. Dabei mussten wir jeder Biegung der Küste folgen, was die Gesamtlänge unserer Fahrt ins Astronomische steigerte.
(© Chris Seashore)

Wir stiegen auf den nächstgelegenen Pingo und saßen Schulter an Schulter da, während die Sonne, statt unterzugehen, Richtung Nordpol wendete. Wir hatten den hässlichen Morgen und den Streit vergessen. Chris lachte und sagte, wir müssten im Garten eines Tintenfischs sein, weil wir hier auf dem Boden eines Sees saßen.

Man kann die Tundra beschreiben, indem man aufzählt, was man alles sieht – kleinwüchsige Pflanzen, Pingos, Wasservögel, Sümpfe, den fernen Ozean. Aber wenn man auf einem Pingo sitzt und über die Tundra schaut, hat man das überwältigende Gefühl, dass da draußen nichts ist. Wenn Touristen in Tuktoyaktuk aus dem Flugzeug steigen und über die Landschaft blicken, schauen sie sich oft gegenseitig an und fragen sich: »Was suchen wir hier eigentlich? Was können wir für die Leute zu Hause fotografieren?« Das Problem ist, dass sie die falschen Fragen stellen. Bei der Tundra geht es um Dinge, die man nicht sieht: Zäune, Straßen, Häuser, Bäume, Berge, Gletscher.

Fragen Sie einmal jemanden, ob er gerne eingeengt ist, und die Antwort wird sein, dass die freie Natur ideal wäre. Niemand mag es, in die U-Bahn gezwängt zu werden; ein großes Apartment ist wünschenswerter als ein kleines. Aber wenn der Raum zu groß wird, ist nichts da draußen, das einen zusammenhält. Die Gefühle fließen auseinander, die Gedanken entfliehen, Worte funktionieren nicht mehr so gut, die Zeit verflüchtigt sich. Ich schmiegte mich an Chris. Meine Gedanken wurden von der Tundra zurückgeworfen wie ein Lichtstrahl, der zu einem Trugbild wird.

15

Am nächsten Morgen war die Rinne am Ufer breiter geworden und wir hatten den Wind im Rücken. Ich kam mir sehr schlau vor. Die Rinne würde sich vor uns verbreitern, wie sich das Eis auf dem Mackenzie von uns entfernt hatte. In der Ferne konnten wir Tuktoyaktuk sehen, das sich im schimmernden Licht zu bewegen schien, und ich versicherte Chris, dass wir rechtzeitig zu einem verspäteten Mittagessen dort sein würden.

Wo sich der Mackenzie zum Delta weitet, lagert er im angrenzenden Meer Sedimente ab und lässt das Meer verflachen. Die Rinne am Ufer war so flach, dass das Boot gegen den Schlamm schabte und schließlich stehen blieb. Es lag etwas höher im Wasser, wenn wir ausstiegen. Also banden wir einen Strick an den Bug, gingen auf dem Eis entlang und schleppten das Boot hinter uns her. Nach einigen Kilometern wurde die Rinne so von kleinen Eisschollen und -brocken verstopft, dass es uns vorkam, als würden wir das Boot durch einen gefrorenen Daiquiri ziehen. Wir kamen nur noch langsam voran. Die Vorstellung, ein Ziel auf der anderen Seite des Kontinents erreichen zu wollen, war so haarsträubend, dass von Zeit zu Zeit der eine oder andere von uns rief: »Pond Inlet, wir kommen!«

Am späten Nachmittag erreichten wir das Ende der verstopften Rinne. Es war kein Wasser mehr zu sehen. Nachdem wir einen Monat lang dem schmelzenden Eis gefolgt waren, hatten wir solides Eis erreicht und konnten nicht mehr weiter. Es war befriedigend zu wissen, dass wir erfolgreich von den Wäldern zur Arktis gelangt waren. Aber für mich war in Gedanken der Mackenzie nur der Anmarschweg, während wir auf dem Meer bloß einige Kilometer zurückgelegt hatten. Die Nordwestpassage wirkte wie ein unmöglicher Traum.

Wir lagerten und stiegen eine Anhöhe hinauf. Ein paar Rinnen liefen kreuz und quer durch die Bucht, aber sie waren nicht zu einem Durchlass verbunden. Wir saßen fest. Wir kehrten ins Lager zurück, kochten unser Essen und zogen uns dann ins Zelt zurück, um zu lesen oder Einträge in unseren Tagebüchern zu machen. Als wir uns hinlegen wollten, hörten wir einen Motor. Wir öffneten den Reißverschluss am Zelteingang und sahen ein Schneemobil näher kommen. Als es nach Norden wendete, sahen wir es von der Seite und erkannten, dass es einen Schlitten am Schlepptau hatte.

Auf den Schlitten war ein Boot gebunden, in dem ganz ruhig zwei Leute saßen, wie man das eben bei einer abendlichen Spazierfahrt auf dem zugefrorenen Ozean im hellen 23-Uhr-Sonnenschein an einem Juniabend macht. Alle winkten, und der Fahrer gab Gas, um über einen Eisbuckel zu kommen. Einige hundert Meter weiter hielt das Schneemobil bei einer Rinne an. Die Fahrgäste stiegen aus und halfen dem Fahrer, die Stricke zu lösen. Dann luden sie Schlitten und Schneemobil ins Boot und fuhren übers Wasser zum nächsten festen Eis. Dann hievten sie das Boot wieder auf den Schlitten und entschwanden in der sonnenhellen Nacht. Also so macht man das! Ich kam mir vor, als wäre ich durch hüfthohen Schnee gestapft und hätte eben mein erstes Paar Skier gesehen.

Wir hatten keinen Schlitten, aber wir dachten uns, dass das Fiberglasboot gut gleiten würde. Also schleppten wir das Boot am nächsten Morgen auf das Eis, legten ein Geschirr um, banden es am Boot fest und begannen zu ziehen. Das Boot drückte sich in eine dünne Schicht matschigen Schnees, der auf dem Eis lag. Wir stemmten uns in unsere Spuren, und das Boot setzte sich langsam in Bewegung.

Das Mackenzie-Delta liegt auf einem Längengrad, der mehrere hundert Kilometer westlich von Seattle, Washington, ist, und unser Ziel, Pond Inlet, liegt nördlich von Harrisburg, Pennsylvania. Um mir die Reise vor dem geistigen Auge zu vergegenwärtigen, stellte ich mir vor, wir würden das beladene Boot in knöcheltiefem Matsch quer durch Washington, Montana und Nord-Dakota und dann durch den gesamten Mittleren Westen nach Pennsylvania schleifen. Ich stellte mir die Situation in Gedanken plastisch vor: »Wahrscheinlich würden sie uns nicht auf die Autobahn lassen. Wie lange bräuchten wir bei der Geschwindigkeit, die wir haben, wohl von Hamburgerrestaurant zu Hamburgerrestaurant? In Chicago würden wir wahrscheinlich ausgeraubt werden.«

Meine Gedanken waren am Abend zuvor himmelhoch jauchzend ins leere All aufgestiegen, aber heute hielt mich das Zuggeschirr zurück. Ich wollte zum Mond und zurück fliegen wie einst die alten Inuitschamanen. Selbst ein kleiner Ausflug nach Tuktoyaktuk wäre mir recht gewesen. Aber das Einzige, zu dem ich fähig war, war es, im Matsch einen Schritt nach dem anderen zu machen.

Chris stemmte sich nach vorne in ihr Geschirr und starrte auf das Eis hinunter, über das sie hinwegging. Chris ist etwa 30 Zentimeter kleiner und 27 Kilogramm leichter als ich, und ich versuchte mir vorzustellen, wie anstrengend das Ganze für ihren Körper war. Ich war scharf darauf, Pond Inlet zu erreichen, sie offensichtlich nicht. Und doch zog sie brav neben mir das Boot.

»Wir sind uns so nahe«, dachte ich, »aber wir haben lange nicht mehr miteinander geredet. Ich frage mich, ob sie auch allmählich mutlos wird.«

Ich wollte die Frage nicht so stellen, dass sie eine bestimmte Antwort vorwegnahm, daher brach ich unser Schweigen mit einem simplen: »Woran denkst du gerade, Chrissy?«

Wir gingen ein paar glitschende Schritte weiter und hörten zu, wie das Boot durch den wässrigen Schnee rauschte. Ich verlangsamte einen Augenblick lang meinen Schritt und spürte, wie kräftig sie zog. In der Stadt fuhr jemand einen Gabelstapler, und man hörte Metall auf Metall schlagen.

»Oh, ich habe die unterschiedlichen Blautöne im Schnee angeschaut und wie die kleinen vom Wind gemachten Rillen schmelzen.«

Log sie mich an? War sie gar nicht so entmutigt wie ich? Hatte es sie nicht deprimiert zu erkennen, wie langsam wir vorankamen?

Ich blickte einige Schritte vor mir auf den nassen, blauen, wässrigen Schnee, wie er die vom Wind verursachten kleinen Schneegrate angriff. Kristall um Kristall wandelte sich von Weiß nach Blau. Ich ging dahin und sah, wie diese Windgrate schmolzen.

Dann stellte ich mir stumm die Frage: »Chris, was erwartest du von dieser Expedition?« Ich hatte Angst, sie das zu fragen, weil ich wusste, dass ich mich töricht fühlen würde, wenn sie mir eine leichte Antwort gab.

Machte es ihr Spaß, das blöde Boot durch den blöden Matsch zu ziehen? Das war mein Problem. Ich hatte mir diese Expedition zur Überquerung eines Kontinents ausgedacht, aber momentan wirkten Pond Inlet und die Erfolgsfrage lächerlich.

Das Boot blieb an einem Eisbrocken hängen. Chris geriet aus dem Gleichgewicht und schwenkte nach rechts, während ich nach links wankte. Wir rammten uns mit den Schultern. Der Körperkontakt beendete meine grüblerischen Gedanken.

»Lass uns Pause machen und etwas essen«, schlug ich vor.

Wir kauten einige Nüsse und marschierten dann weiter durch die Arktis.

16

Wir schleppten das Boot an zweieinhalb Tagen elf Kilometer, bevor wir Tuktoyaktuk erreichten – das war eine Entfernung, die bei guten Bedingungen an einem Vormittag zu bewältigen war. Das Eis brach zu spät auf, und unser Fortkommen war schmerzlich. Wir würden warten müssen. Wir setzten uns an den Strand, als ein mit Graupel gemischter Regen von Nordwesten angeweht wurde.

Ich hatte sorgfältig darauf geachtet, anders als Frobisher und Franklin, nicht der »Lebensart der Weißen« zu folgen. Meine Helden und Vorbilder waren Menschen, die mit dem Land gelebt hatten, und in meiner romantisierenden Vorstellung waren sie unter allen denkbaren Bedingungen unterwegs gewesen. Ich fragte Chris: »Warum können wir nicht einfach weitergehen?«

Chris erinnerte mich daran, dass wir, wenn wir wirklich auf die »altmodische Weise« unterwegs sein wollten, uns nicht nur auf die angemessene Technologie stützen, sondern auch die entsprechende Haltung einnehmen müssten. Wir benötigten Geduld. Die Inuit wanderten über Generationen, nicht über Wochen oder Monate. Selbst mein Held, Steffansson, benötigte für den Weg vom Mackenzie-Delta zur Union-und-Dolphin-Strait, einige hundert Kilometer östlich, zwei Jahre. Chris wies darauf hin, dass eine Verzögerung von einer Woche in der Arktis nicht mehr bedeute als eine rote Ampel oder ein Halt an der Tankstelle.

Schweigend zogen wir das Boot über die Flutlinie hoch, stellten unser Zelt auf dem ölgetränkten Kies inmitten eines Gewirrs verlassener Schneemobile auf und gingen dann zum Café am Ort, um zu viel Geld für blasse Eier, weißen Toast und verdünnten Kaffee zu bezahlen. Es wäre ein Kinderspiel, Depressionen zu bekommen, wenn wir lange auf diese Art warten müssten. Also folgten wir dem Weg, den viele Inuit, Kung-Buschmänner, Amazonasjäger und Kannibalen auf Neuguinea gegangen waren. Wir gingen in den Ort und suchten Arbeit.

Tuktoyaktuk war halb Dorf und halb Stadt, halb Inuit und halb weiß, halb ein reizender Vorposten von Mensch und Kultur im Norden, halb ein von Müll übersätes Industrielager. Die Wirtschaft wurde angetrieben durch die Suche nach Öl in der Beaufort-See und von einer militärischen Überwachungsstation, die sich auf einem angrenzenden Hügel befand.

Wir kamen bald dahinter, dass der Industriezar dieses pulsierenden Schandflecks ein Mann namens Joe Pidborochynski war, besser bekannt als Joe Pitts. Wir fanden ihn in seiner Garage, wo er ein Taxi wusch. Er sagte, es gebe keine Arbeit, aber er unterhielt sich mit uns, während er aus einer Hochdruckdüse Wasser auf die Windschutzscheibe sprühte. Das meiste heiße Wasser, das wir seit Arctic Red River gesehen hatten, war in einer Tee- oder Kaffeetasse gewesen. Daher schalt ihn Chris: »Vermutlich muss man sich als Boss keine Gedanken darüber machen, ob man heißes Wasser vergeudet oder nicht.«

Joe sprühte mit Pokermiene weiterhin Wasser auf eine bereits saubere Stelle des Taxis, bis er verdeutlicht hatte, dass er sich auch von einer Frau mit Mumm in den Knochen, die mehr als tausend Kilometer über das Eis gekommen war, nicht dreinreden lassen würde. Dann stellte er uns mit dieser Warnung ein: »Okay, kommt zum Abendessen. Ihr fangt morgen früh an. Wenn ihr halb wertlos seid, könnt ihr für Kost und Logis arbeiten, wenn ihr tatsächlich etwas leistet, bekommt ihr Lohn ausbezahlt.«

Und so wurden wir zu einem Teil der militärisch-industriellen Invasion des Nordens.

Es gab damals in Tuktoyaktuk noch keine städtische Wasserversorgung oder Kanalisation, da es schwierig ist, Flüssigkeiten am Frieren zu hindern, wenn die Lufttemperatur im Winter bei minus 50 Grad Celsius liegt und der Boden selbst während der heißesten Tage fest gefroren ist. Joes Lastwagen lieferten jedem Haus im Ort Trinkwasser und holten den Inhalt der Versitzgruben ab. Er lieferte auch Heizöl, unterhielt den einzig verlässlichen Taxidienst, und ihm gehörten die einzige Tankstelle, Garage und Autowaschanlage.

Joe besaß drei neue Cadillacs. Wenn er einen von ihnen anließ, konnte er anderthalb Kilometer weit zur Landspitze fahren, drei zu den Arctic Transportation Docks oder viereinhalb bis zur Klärgrubenlagune. Jenseits dieser Sackgassen lag die Tundra, die die Stadt umgab und wie eine virtuelle Insel wirken ließ, die mit der Außenwelt nur durch die Luft, im Sommer eine kurze Zeit übers Meer und im Winter über eine Eisstraße erreichbar war.

Joe gab Chris einen Job als Köchin und als Funkerin in der Taxizentrale; mir gab er Arbeit als Zimmermann. Meine Aufgabe war es, bei der Fertigstellung einer dreigeschossigen Kommandozentrale für Joes Unternehmen mitzuhelfen. Die Hälfte des Erdgeschosses war die Garage, die groß genug war für ein Wohnmobil und einige Pickup-Trucks. Die andere Hälfte war für seine Büros reserviert. Seine Pläne sahen als ersten Stock seine Wohnräume vor, im zweiten Stock sollten Schlafräume und eine Cafeteria inklusive einer geräumigen Spielhalle und einem Billardsaal für seine Angestellten untergebracht werden. In einem Land, in dem alles, was aus dem Süden hergebracht werden muss, teuer ist und in dem es keine Bäume größer als den kleinen Finger oder höher als eine Büroklammer gibt, war Joes Burg komplett aus Holz erbaut, ohne dass er dafür auch nur einen Cent bezahlt hätte. Er hatte jahrelang alte Frachtkisten und Paletten aus der Militärbasis und aus dem Müll hinter den über die Stadt verteilten Lagerhäusern gesammelt. Jahrelang hatte er von Hilfsarbeitern die Nägel herausziehen lassen und dann seine Schätze sorgfältig aufgestapelt. Im letzten Herbst hatten sie dann in einem Anfall von Arbeitswut Tuks ersten »Wolkenkratzer« gebaut. Es gab nur ein Problem. Das ganze Gebäude war nicht im Lot. Die Sorge war nicht, dass ein geübtes Auge oder ein gelernter Tischlermeister bemerken würde, dass die Erbauer ein paar Fehler gemacht hatten, sie galt vielmehr der Tatsache, dass es auch aus einiger Entfernung so aussah, als würde die ganze Müllhalde bei nächster Gelegenheit umkippen. Meine Aufgabe war, beim Aufrichten und Verstreben zu helfen.

Vorarbeiter war ein Frankokanadier aus Jugoslawien. Ich habe nie herausgefunden, weshalb er nach Tuktoyaktuk gekommen war. Im Norden fragt man, wie einst im Wilden Westen, nicht nach der Herkunft eines Menschen. Die Mannschaft bestand aus mir und einem anderen Zimmermann. Jeder von uns beiden erhielt eine Motorsäge, während es nur einen Hammer gab, den wir uns teilen und hin und her reichen mussten, je nachdem, wer gerade einen Nagel einzuschlagen hatte. Aber egal, es war hauptsächlich ein Job für eine Motorsäge. Der Jugoslawe rannte herum und brüllte auf Englisch, Französisch und Jugoslawisch Befehle. In den seltenen Augenblicken, in denen ich verstand, was er sagte, hörte ich Befehle wie: »Schneidet die Wand weg, sägt das Rahmenwerk durch, reißt den Boden heraus, verkleinert die Deckenbalken.« Es regnete Sägespäne, die Funken flogen, wenn wir auf Nägel stießen und der Lärm im Innern der Räumlichkeiten war ohrenbetäubend.

Als schließlich das Gebäude fast zu Tode gesägt war und ich schon drauf und dran war, mein Werkzeug wegzuwerfen und mich durch einen Sprung ins Freie in Sicherheit zu bringen, rannte der

Jugoslawe hinaus und warf die Maschine eines riesigen Laders an, eines jener Fahrzeuge, deren Räder größer als ein Mensch sind. Mit einem kurzen, dicken Holzschaft, der an die Schaufel gekettet war, fuhr er etwa zwanzig Meter zurück, legte den Vorwärtsgang ein, gab Vollgas und rammte mit einem *Rumms!* Joes Burg. Knarz, ächz, zitter – *wrumm, wrumm der Dieselmotor* –, eine schwarze Rauchwolke, und *rawumm*, da rammte er sie wieder. Knarz, ächz, zitter, und Stück um Stück, Schlag um Schlag fing das Gebäude an, sich aufzurichten. Dann beugte sich der Jugoslawe aus dem Fenster des Laders, wedelte mit den Armen und schrie: »Jetzt abstützen und festnageln!« Wir packten alte Sperrholzteile, die farbig kodiert und adressiert waren (von Toronto an Dome Petroleum, Tuktoyaktuk), nahmen die größten Nägel, die wir hatten, und verbanden die Gebäudeteile wieder miteinander, wobei wir hastig den Hammer hin und her reichten. Dann wurde alles noch einmal begutachtet, erneut mit der Motorsäge gesägt und erneut gerammt. Nach einigen Tagen war das Gebäude mehr oder weniger im Lot. Somit war es bereit für die Steinplatten, die ankommen sollten, wenn das Schiff durchs Eis fahren und den Jahresvorrat für den Ort bringen konnte.

17

In der Taxizentrale bekam es Chris mit der schäbigen Seite Tuktoyaktuks zu tun. Wenn die Leute gesund und glücklich sind, sind sie damit zufrieden, die paar Häuserblocks durch den Ort zu Fuß zu gehen. Sind sie aber betrunken oder krank oder haben mit Ehemann oder -frau gestritten, rufen sie ein Taxi. Die Telefonate, die Chris täglich führte, waren deprimierend, aber ich erinnerte mich daran, dass ein Reisender weder Wissenschaftler noch Sozialarbeiter ist und dass Werturteile in einem rauen Land keine guten Passierscheine sind.

Auf dem Heimweg von der Arbeit kam ich bei einem Schnitzer vorbei, der im Freien saß und ein Karibugeweih und Walross-Elfenbein bearbeitete. Eines Tages fragte ich, ob ich ihm zuschauen dürfe. Er knurrte zustimmend und achtete dann nicht weiter auf mich. Am Tag darauf nickte ich zum Gruß, hockte mich auf meine Fersen und sah ihm wieder zu, wobei ich gelegentlich meine Bewunderung äußerte. Am vierten Tag begrüßte er mich und zeigte mir das fertige Stück. Sechs Elfenbeinschwäne wurden von Geweihenden getragen, während sie sich einem See näherten, den die breite Geweihschaufel darstellte. Ich hielt das Stück hoch und drehte es langsam in meinen Händen.

»Hundert Dollar«, verkündete er.

»Das ist geschenkt«, erwiderte ich. »Dieses Stück ist wesentlich mehr wert.«

Er lächelte.

»Ich bin auf der Durchreise und habe in meinem Boot keinen Platz dafür. Aber ich werde das Stück in Gedanken mit nach Hause nehmen.«

Der alte Mann lud mich auf einen Tee ein. Im Haus lagen überall halb verrottete Felle herum, Schneemobilvergaser, defekte Coleman-Öfen und Fischbein, Geweihe und Elfenbein.

»Sie fahren nach Osten, wenn das Eis zurückgeht«, stellte er fest.

Neuigkeiten verbreiten sich in einem kleinen Ort in Windeseile. Ich nickte.

»Ich bin in einem Iglu in der Nähe des Anderson River zur Welt gekommen. Dort ist gut fischen. Denken Sie daran, Ihr Netz auszuwerfen. Damals lebten wir nicht in Ortschaften. Man konnte keine Ortschaft bauen, weil das Wild im nächsten Jahr vielleicht nicht an diese Stelle kommen würde. Wir jagten im Frühsommer in der Nähe des Mackenzie Wale und zogen dann landeinwärts, um Karibus zu jagen. Manchmal kehrten wir zur Küste zurück, um zu fischen, wenn die Saiblinge im August flussaufwärts zu schwimmen begannen. Wir lebten im Winter immer an der Küste, während die Karibus nach Süden zogen. Im Winter musste man zum Überleben Robben jagen. Aber dann kamen die Weißen und bauten diese Häuser. Sie sind im Winter warm, wissen Sie. Wir haben jetzt Ärzte und Schulen hier. Die jungen Leute brauchen Schulen, um Arbeit zu bekommen. Die Leute gehen raus zu den Ölbohrtürmen und arbeiten dort ungefähr zwei Wochen, dann pausieren sie zwei Wochen. Wenn sie in der Stadt sind, haben sie viel Geld und nichts zu tun. Manchmal trinken sie sehr viel. Sie werden diesen Sommer den ganzen Spaß haben, wenn Sie in Ihrem Boot über das Land fahren. Hier in der Stadt zu leben macht nicht so viel Spaß.«

»Ja«, sagte ich, »reisen macht Spaß, aber ich habe immer ausreichend Proviant im Boot, und wenn der Winter kommt, kehre ich in ein Haus zurück, das so warm ist wie das Ihre. Vielleicht hat es in der alten Zeit gar nicht so viel Spaß gemacht, wenn die Leute in der Winterfinsternis Robben jagen gingen und dann die Alten in den Schnee hinaus zum Erfrieren schickten, wenn die Robben nicht kamen.«

Er war unbeirrbar. »Sie haben den ganzen Spaß.«

Ich schwieg eine Weile, ehe ich mich erhob. Er gebot mir mit einer erhobenen Hand noch einen weiteren Augenblick lang Einhalt. »Vielleicht werden Sie hungriger sein, als Sie jetzt denken. Vergessen Sie nicht, Ihr Netz in der Nähe des Anderson River auszuwerfen.«

18

Bis zum Ende der Woche erstreckte sich das offene Wasser, so weit wir um die Landspitze im Nordosten sehen konnten, also lösten Chris und ich unsere Lohnschecks ein und kauften zusätzliche Vorräte für unsere Fahrt in die Arktis. Die nächste Ortschaft war 800

Kilometer entfernt, aber im Notfall konnten wir Hilfe von einem 80 Kilometer entfernten Ölbohrturm oder von den beiden DEW-Radarstationen entlang der Küste erhalten.*

Die Zentralarktis, im Süden geschützt vom kargen Land des nördlichen Zentralkanada und vom Eis im Norden, Osten und Westen, war die letzte Region Nordamerikas, die von Europäern erforscht wurde. Grönland wurde 982 n. Chr. von Erik dem Roten besiedelt, Baffin Island erhielt 1576 Besuch von Frobisher. Auf der anderen Seite des Kontinents verließ 1725 Vitus Bering Russland von Sankt Petersburg aus, um die westliche Arktis kartografisch zu erfassen. Ihm folgten Fallensteller, Händler und Siedler. Alexander Mackenzie fuhr 1789 im Kanu zum Mackenzie-Delta, dicht gefolgt von Pelzhändlern. Anfang des 19. Jahrhunderts arbeiteten viele der Inuit in Alaska als Saisonarbeiter und handelten ausgiebig. Viele von ihnen waren christianisiert. Obgleich sich die Zange der Zivilisation mehrere Jahrhunderte lang immer weiter zusammengezogen hatte, war die Zentralarktis noch immer nicht erfasst.

75 Jahre vor unserer Fahrt – also erst vor einer Lebensspanne – war die Zentralarktis noch urzeitlich. Die Inuit in Alaska hatten von wilden Horden in der Zentralarktis gehört, die Nagyuktogmiut genannt wurden, »die, die alle Fremden töten«. Getroffen hatten sie aber noch keine.

Vilhjalmur Stefansson fuhr 1908 den Mackenzie hinunter. Er plante, wie wir, nach Osten vorzustoßen. Sein Ziel war es aber nicht, die Arktis zu durchqueren, sondern wie ein Inuit in ihr zu leben und das Land und die Leute zu studieren. Händler warnten ihn, dass es östlich des Mackenzie keine Karibus und Robben gab und

---

* Das Fernfrühwarnsystem DEW (Distant Early Warning) wurde eingerichtet, um einen möglicherweise in Russland über den Pol ausgelösten Luftangriff gegen Nordamerika aufspüren zu können. Es bestand aus einer Reihe von Radarbasen, die von Alaska bis nach Ostkanada im Norden verteilt waren. Ende der Achtzigerjahre und Anfang der Neunzigerjahre wurden die DEW-Basen modernisiert und in North Warning System umbenannt.

dass es Selbstmord sei, weiter vorzustoßen. Er missachtete alle Warnungen und marschierte ins Unbekannte.

19

Wir verließen Tuktoyaktuk am 23. Juni, zwei Tage nach der Sommersonnenwende. Wir waren vor knapp über einem Monat am Oberlauf des Mackenzie River aufgebrochen, waren drei Wochen gefahren und hatten eine Woche lang gearbeitet. Ich war aufgeregt und froh, dass wir uns wieder auf den Weg machten. Ich schrieb in mein Tagebuch:

Ich verlasse Tuk in dem Gefühl, fett, stark, gut geduscht und bereit für die nächsten zwei Monate zu sein. In gewisser Weise ist das für uns der Anfang, der Beginn der Fahrt nach Osten. Wir hätten hierher fliegen und immer noch die Nordwestpassage machen können. Aber so sind wir etwas abgehärteter und erfahrener, unsere Ausrüstung ist eingefahren und abgenützt, und wir sind auf der Fahrt bis hierher um ein ganzes Kapitel unseres Lebens reicher geworden.

Einige Kilometer außerhalb der Stadt stießen wir auf schlimmes Eis, aber selbst das schwierige Vorankommen dämpfte meinen Enthusiasmus keineswegs. Ich schrieb an diesem Abend weiter:

Wir verließen die Stadt endlich um 17 Uhr, damit wir das Boot über eine Sandbank, über Eis und dann auch noch um die Bucht herum schleppen konnten. Es ist schön, wieder unterwegs zu sein, Pretty Mama.

Am dritten Tag, nachdem wir die Stadt verlassen hatten, zog sich unsere bereits kläglich enge und verzerrte Rinne entlang der Küste immer weiter zusammen. Wir steuerten immer näher an den Strand, bis schließlich unser Bootskiel knirschend auf Sand auflief. Wir saßen schweigend da, während unsere linken Ruder den Strand berührten und die rechten gegen Eis schlugen. Ohne unser Gewicht schwamm das Boot, also brachten wir Leinen an, gingen am Ufer entlang und schleppten das Boot durchs Wasser. Nach einer Stunde blockierte ein einziger Eisblock unsere Rinne. Chris ist normalerweise geduldig, wenn sich ihr Hindernisse in den Weg stellen, daher nahm ich an, wir würden das Boot um den Schurkeneisblock herumschleppen und weiterziehen. Aber während ich meine Schleppleine aufrollte, platschte sie durchs Wasser und versuchte, den Eisblock wegzurollen. Er war zu schwer. Also ging ich ins Wasser, um ihr zu helfen. Aber auch gemeinsam konnten wir ihn nicht wegbekommen. Der Eisblock sah angetaut und zerfressen aus, also hob ich den schwersten Stein auf, den ich heben konnte, und schleuderte ihn mit einem Höhlenmensch-Grunzen auf den Eisblock. Er schlug mit einem dumpfen Knall auf und hinterließ auf dem lästigen Block einen kleinen Krater. Chris schlug vor, dass wir auf den Block steigen und darauf herumspringen sollten. Wellen durchnässten unsere Hosen, aber die Feuchtigkeit war unwichtig. Alles war unwichtig, außer der kindischen Konfrontation mit einem Brocken Eis inmitten eines Kontinents aus Eis. Als die Scholle schließlich brach, rutschte ich aus und fiel in 15 Zentimeter tiefes, eiskaltes Wasser. Chris lachte, und der Rußfleck vom Treibholzfeuer des vergangenen Abends leuchtete quer über Wange und Nase. Ich stand feierlich auf und stieß das Boot ein paar Meter weit in Richtung Pond Inlet.

Wir gingen den Strand entlang zu einer nach Süden gerichteten Klippe, die wie ein Reflektor-Ofen Sonnenlicht sammelte. Ich zog mich aus, breitete meine nasse Kleidung zum Trocknen aus und setzte mich zum Mittagessen nieder.

»Lass uns heute nachmittag hier sitzen und dem Eis beim Schmelzen zusehen«, schlug Chris vor.

»Klar, klingt gut«, antwortete ich. »Ist das wie früher, als wir

Teenager waren und das Auto in einer einsamen Nebenstraße zum Petting parkten?«

Chris kicherte und legte ihren Arm um mich. Arktische Fata Morganas schufen imaginär pulsierende, tanzende Eisklippen. Pingos waren die einzig echte Abwechslung, aber auch sie beteiligten sich an dem Tanz und ließen einen so jedes Gefühl für Realität verlieren. Eine konische Spitze war so abgeflacht, dass es aussah, als würde auf dem Gipfel ein Teller balanciert. Dann drehte sich der Hügel selbst um und wurde zu einer Art Stundenglas, das bald hinter aufkommendem Eisnebel verschwand.

Wir liebten uns. Das Eis schmolz nicht, aber wir zogen uns unbeirrt wieder an, gingen zum Meer zurück und zogen unser Boot weiter Richtung Osten.

20

Am 27. Juni war es windstill, und die heiße Sonne reflektierte stark auf dem glitzernden Schnee. Wir zogen uns beide bis auf die Unterhosen aus, als wir die unzuverlässigen Rinnen verließen und das Boot übers Eis schleppten. Zum ersten Mal sahen wir grünes Gras. Waren wir am Vortag unaufmerksam gewesen oder war das Gras erst im Lauf des Tages grün geworden? Eine kleine Karibuherde kam vorbei, und die ersten Mücken seit dem Wald entlang des Mackenzie trieben uns wieder in unsere Kleidung, als wir uns dem Land näherten.

Ein zugefrorener Ozean ist eine monumentale Landschaft ähnlich einer Gebirgskette. Der entscheidende Unterschied ist, dass sich das Eis innerhalb von Wochen oder Tagen verändert, nicht in Jahrtausenden. Wenn man also zusieht, wie das Eis schmilzt, kann man sich vorstellen, man sähe im Zeitraffer das Himalajagebirge aus dem Meer aufsteigen oder den Colorado River einen Kilometer tief Fels abtragen, um den Grand Canyon zu formen. Die Zeit verzerrt sich, genau wie sich Entfernung und Raum in einer baumlosen Ebene verzerren, die von Trugbildern wie von einem Vorhang eingehüllt ist.

Das aufweichende Eis und breiter werdende Rinnen machten an manchen Stellen das Vorankommen leichter, an anderen erschwerten sie es. Gelegentlich fanden wir eine Rinne und ruderten. Obwohl die Ruder manchmal aufs Eis oder den Strand schlugen, und wir nicht immer dorthin kamen, wo wir hin wollten, waren wir immerhin nach Osten unterwegs, und das Rudern war dem Schleppen des Boots unbedingt vorzuziehen. Wenn wir jedoch keine geeignete Rinne fanden, war das Schleppen die einzige Möglichkeit. Wir kamen zunehmend ungleichmäßiger voran. Am einen Tag hatten wir freies Wasser und ruderten 27 Kilometer, am Tag darauf schafften wir nur drei Kilometer, weil wir das Boot über matschiges Eis schleppten. Am 30. Juni umrundeten wir die Landspitze zur McKinley Bay. Wir hatten in einer Woche 87 Kilometer zurückgelegt. In diesem Tempo würden wir Pond Inlet in 37 Wochen, irgendwann im März des folgenden Jahres, erreichen. Wenn wir uns nicht bald beeilten, würden wir gewiss aufgeben müssen.

Chris und ich verstanden die Berechnung genau, reagierten aber völlig unterschiedlich darauf. Nach einem besonders langsamen Tag schrieb ich:

Wenn es mit dem Fahren im Schiff nicht besser wird, können wir von Glück reden, wenn wir es bis Paulatuk schaffen. Wie werde ich mich fühlen, wenn ich heimkomme und wieder gescheitert bin? War der Plan zum Scheitern verurteilt, oder machen wir etwas falsch?

Im Gegensatz dazu hatte Chris nie meinen Ehrgeiz geteilt, daher teilte sie auch nicht mein Gefühl des Scheiterns. Sie sah den täglichen Fortschritt als existenzielle Übung, die einer wundersamen Landschaft aufgepfropft war. Am gleichen Tag, an dem ich von

Scheitern schrieb, schrieb sie auch, dass wir von Glück reden könnten, wenn wir Paulatuk erreichten. Aber ihr Tonfall war anders.

*Der Tag war irreführend. Wir sind in viele kleine Buchten ge-
fahren und haben Landspitzen umrundet. Wir fahren vor uns
hin, kommen aber kaum voran. Es taucht immer wieder einmal Nebel auf, und wenn man dazu die Eis-Fata-Morganas
rechnet, lässt sich schwer sagen, was echtes Land ist und wo es
sich befindet. Einmal, als wir das Boot schoben, erkannten wir,
wie nahe unser Unterfangen dem absurden Theater kommt.
Vielleicht sollten wir einfach auf Godot warten. Im gegenwärtigen Tempo schaffen wir es mit Mühe und Not bis Paulatuk.
Es sollte aber besser werden, weil der Juli die schiffbare Zeit ist.
Die letzten paar Tage schien die Sonne, doch wenn auch nur
ein bisschen Wind weht, ist es kühl. Der heutige Tag fing warm
und ohne Wind an. Jetzt ist es windig und kühl, wir sitzen im
Zelt und schlürfen nach dem Essen einen Verdauungskaffee.*

21

Als wir in die McKinley Bay einbogen, engte Nebel die Sichtweite
auf ein paar Meter ein, aber wir hörten Kabel gegen Stahl schlagen,
Winden surren und eine mechanische Lautsprecherstimme, die
Befehle erteilte. Irgendwo draußen in der Mitte der Bucht bohrte
ein Ölbohrturm auf der Suche nach Öl durch Sediment und Fels
am Meeresboden. Am Spätnachmittag brannte die Sonne ein Loch
in den Nebel und brachte die rote, weiße und schwarze Maschine-
rie zum Vorschein. Wir wollten den Bohrturm verschwinden lassen, aber er blieb und badete im Sonnenstrahl wie eine Madonna
mit Kind auf einem mittelalterlichen Gemälde.

Ölbohrtürme gibt es nur an einigen wenigen Punkten im rund
3,4 Millionen Quadratkilometer großen Nordwest-Territorium.

Solange sie ihren eigenen Geschäften nachgehen, keinen Rohrbruch haben, nicht ins Eis kippen, nicht so viel Öl finden, dass sie ihre Freunde herbeirufen und Menschen veranlassen, Straßen und Pipelines zu bauen, keine Tanker ins Eis bestellen und keine Arbeiter nach Norden locken, die Karibus schießen, so lange sind die Bohrtürme in der Zentralarktis nichts weiter als eine Belästigung für die wenigen, die in dieses einsame Land reisen. Das Problem ist, dass die Ölförderindustrie sich nicht allzu gut benimmt. Einige Ölbohranlagen im Norden Alaskas wurden zu kleinen Industriestädten wie Prudhoe Bay. Ein Plan auf einer Landkarte wurde zu einem langen, dünnen Kratzer in der Landschaft, der Alaska-Pipeline. Ein schwimmender Stahlkoloss namens *Exxon Valdez*, der einem unerfahrenen Seemann und einem betrunkenen Kapitän anvertraut war, lief auf einen Felsen auf, sodass sich 50 Millionen Liter Rohöl in die empfindlichen Gewässer des Prince-William-Sund ergossen. Heute ist die Arktis von Kanada und Alaska eines der letzten großen Wildnisgebiete, die es noch auf der Erde gibt. Die Karibus ziehen in den größten Huftierherden über Land, die es außerhalb von Afrika noch gibt. Global gesehen, steht die Taiga dem tropischen Regenwald an Größe in nichts nach. Vielleicht sollten wir den Norden wild bleiben lassen.

Als der große Siouxkrieger und Visionär Crazy Horse sterbend im Staub lag, bot ihm ein Kavallerieoffizier ein Bett an, um ihm seine letzten Augenblicke angenehmer zu machen. Er sagte, er hätte noch nie im Bett eines Weißen geschlafen und wolle auch nicht in einem sterben. Wenige von uns haben die Kraft von Crazy Horse. Ich wünschte, der Ölbohrturm wäre nicht da, aber da er schon vor uns stand, schlug ich vor, hinzurudern und um ein Sandwich mit Miracle Whip und Mortadella und eine Tasse schlammbraunen, lauwarmen Kaffee zu betteln.

Aber das Eis in der Mitte der Bucht war zerbrochen, löchrig und in Auflösung begriffen. Es war zu dick, um hindurchzurudern und zu gefährlich, um darauf zu gehen. Wir setzten unseren Weg um die Bucht und den Bohrturm herum fort, indem wir uns in Ufernähe hielten.

22

Am nächsten Tag war es so windig, dass wir nicht einmal in geschützten Gewässern fahren konnten. Ich saß im Zelt und las *Doktor Schiwago,* aber ich konnte mich nicht für Liebe, Tragödie und die Russische Revolution erwärmen. Ich versuchte, ein Nickerchen zu machen, lag stattdessen aber wach und war frustriert, weil schon der 1. Juli war und wir uns noch nicht einmal 100 Kilometer hinter Tuktoyaktuk befanden.

Chris fand, der Tag wäre perfekt für etwas Abwechslung und einen Spaziergang. Die letzten Tage hindurch hatten wir Haufen von Treibholz entlang der flachen Hügel oberhalb des Strandes gesehen. Sie waren zu ordentlich und zu weit vom Ufer entfernt, um natürlichen Ursprungs zu sein. Ich dachte, es wären Unterstände für die Jagd auf Wasservögel. Chris war anderer Meinung. Sie argumentierte damit, dass sie nicht strategisch nach natürlichen Flugrouten ausgerichtet seien. Daher machte sie den Vorschlag, wir sollten einen Hügel oberhalb des Lagers hinaufsteigen und uns einen Holzhaufen näher ansehen.

Ich antwortete: »Vielleicht legt sich der Wind, während wir auf dem Hügel sind, dann sind wir nicht bereit zur Weiterfahrt. Wir haben schon fast den ganzen Tag verloren, und ich möchte nicht noch eine weitere Stunde verlieren. Immer bremst du uns.«

Chris fuhr mich an: »Sei kein Idiot. Wir sind den ganzen Sommer hier draußen. Zeit geht nie verloren. Wir können keine Stunde verlieren; wir tun nur einfach etwas anderes, als das blöde Boot eine Stunde lang zu rudern oder zu schleppen!«

Ich war wütend, dass sie nicht meinen zielgerichteten Ehrgeiz teilte, aber auch neidisch, weil sie glücklich war, ich aber nicht. Pond

Inlet war unvorstellbar weit entfernt. Ein Gelingen dieser Fahrt wurde zunehmend unwahrscheinlicher. Ich war wegen der Treibholzhaufen auch neugierig, zog es aber vor, ärgerlich zu bleiben. Ich sagte ihr, dass ich nichts anderes sehen wolle als Kilometer, die an uns vorüberzögen, und dass ich meine Kräfte nicht bei einem Ausflug verschwenden würde. Chris ging ohne mich den Hügel hinauf, bis ich ihr nachrief, dass ich doch auch käme.

Wir erreichten die Hügelkuppe und Chris ging zu einem der Haufen, während ich einen benachbarten untersuchte. Er war überdacht, hatte aber keinen Eingang, war also als Versteck oder als Notfallunterstand nicht geeignet. Ich blickte in die Dunkelheit zwischen den Stämmen, und als sich meine Pupillen an die Dunkelheit gewöhnt hatten, sah ich Knochen. Ich griff hinein und holte einen der größeren ans Tageslicht heraus. Ich untersuchte ihn und hielt ihn dann wie hypnotisiert neben meine Hüfte, um mir zu bestätigen, dass er die richtige Form und Größe hatte, um ein menschlicher Oberschenkelknochen zu sein. Als ich da so in der Tundra hockte, den Schenkelknochen an mein Bein gelehnt, schaute ich zu Chris hinüber, die mir zusah und nickte.

Sie sagte: »Menschenschädel.«

Ich fühlte mich plötzlich wie ein Eindringling und legte den Knochen in die modrige Vertiefung in der weichen Erde zurück. Dann ging ich zu Chris' Haufen hinüber. Zwei bronzefarbene Schädel, je zwei Arme und Beine mit Wirbelsäule und Brustkorb lagen Seite an Seite, nur leicht von Füchsen verstreut. Ein kleines, flaches Gefäß aus Speckstein lag neben den Knochen. Als es in Gebrauch war, war es mit Robben- oder Walöl gefüllt und mit einem Docht aus Moos versehen, den man als einzige Licht- und Wärmequelle in einem behaglichen Iglu während des langen, dunklen arktischen Winters angezündet hatte. Chris hob einen Fischköder aus Elfenbein hoch, der keinen Haken hatte. Die Inuit hatten keine Angelhaken erfunden und benützten Köder, um Fische nahe genug anzulocken, damit sie sie mit Speeren aufspießen konnten. Im

Grab befand sich auch eine Metallschale, ein Teil einer Lederkleidung mit aufgenähten Perlen, zwei Schlittenkufen aus Treibholz und eine Speerspitze. Die toten Seelen hatten Licht, Wärme, Kleidung, eine Schale mit Essen, ein Fortbewegungsmittel und die Mittel, sich Nahrung zu beschaffen.

Stellen Sie sich vor, sie würden mit dem Fallschirm in der Arktis abspringen und müssten mit einem Pelzmantel, einem Hundeschlitten, einem Fischköder ohne Haken und einer Harpune überleben. Stellen Sie sich mehrere dunkle Monate pro Jahr vor, in denen die Temperatur auf minus 45 Grad Celsius und darunter sinkt und Ihre einzige Licht- und Wärmequelle ein kleines Specksteingefäß ist, in dem Sie Robbenfett verbrennen. Und doch haben hier auf diesen Hügeln und dem zugefrorenen Ozean Menschen überlebt, und zwar in einem Land, in dem Pingos jährlich um Zentimeterbruchteile wachsen, wo imaginäre Felsklippen am Horizont auftauchen und am Nachmittag Berge zu tanzen scheinen, wo die Sonne den ganzen Sommer über nicht untergeht und mehrere Wintermonate lang nicht aufgeht, und wo der Jäger sich sein Essen mit der Harpune fangen muss.

Niemand weiß, wann die ersten Menschen über die Beringstraße von Asien nach Nordamerika gewandert sind. Wir haben alle in der Schule gelernt, dass die Wanderer die Beringstraße überquerten, als das Meer weniger hoch war und eine Landbrücke die beiden Kontinente verband. Inuit ziehen im Allgemeinen aber im Frühjahr über das Eis. Nach den Erkenntnissen der frühen Forscher legten Inuit in der Arktis jeweils Streckenabschnitte von 80 Kilometern auf dem Eis zurück. Ich glaube daher, dass Menschen schon vor und nach der Landbrücke ungehindert über die Beringstraße hin und her wanderten.

Archäologen haben 40 000 bis 100 000 Jahre alte zerstoßene, abgeschlagene und verkratzte Tierknochen und werkzeugähnliche Steine bei Ausgrabungen in Nordamerika entdeckt. Über diese Funde streiten sich die Gelehrten. Sie könnten die Überreste einer frühen Besiedelung durch Menschen oder das Ergebnis von Naturphänomenen wie Feuer oder Steinschlag sein. Es gibt jedoch auch Ausgrabungen mit verlässlichen Funden, die zwischen 12 000 und 16 000 Jahre alt sind.

Auf der Grundlage von Studien der Zahnstruktur, der Sprache und Genetik sind sich die Forscher einig, dass sich die Inuit und die Bewohner der Aleuten ethnologisch von den Indianern Amerikas unterscheiden. Wahrscheinlich wanderten die Inuit später und kamen vor 9000 bis 10 000 Jahren in Nordamerika an, etwa um dieselbe Zeit, in der im Vorderen Orient Landwirtschaft und Töpferkunst in ihrer Blüte standen. Die Inuit stammen von mongolischen Nomaden ab; und zwar vom selben Volksstamm wie Dschingis Khan, der um 1200 n. Chr. Asien terrorisierte.

Bis vor etwa 4000 Jahren hatten sich Menschen der arktischen Kleinwerkzeug-Kultur von Alaska über Kanada bis nach Grönland ausgebreitet. Sie jagten hauptsächlich Karibus und Moschusochsen mit Bogen, wie man sie auch in Sibirien findet. Aus Knochen gefertigte Harpunenspitzen verraten uns, dass sie ihre Nahrung mit Robben ergänzt haben. Sie gruben feste Häuser in den Boden und konstruierten Dächer auf Holzstangen, die mit Tierhäuten bespannt und mit Erde bedeckt waren. Ausgrabungen belegen, dass es zahme Hunde gab, was ein weiterer Hinweis darauf ist, dass die Wanderung per Hundeschlitten erfolgte, die der Beförderung der Lasten dienten.

In vielen Gegenden starb die arktische Kleinwerkzeug-Kultur aus, und Teile des Nordens waren in einer Kälteperiode von vor 3500 bis vor 3000 Jahren unbewohnt. Später wurde dann das Land ziemlich plötzlich wieder besiedelt. Diese späteren Einwohner verbesserten die Fangtechniken für Meeressäugetiere. Im Winter und Frühling jagten sie auf dem Eis Robben, und im Sommer brachen sie in Kajaks und den größeren *umiaks* auf, um Robben, Wale und Walrösser zu jagen. Das Überleben hängt im Norden am seidenen Faden, daher mussten die Menschen so viele Nahrungsquellen wie möglich ausbeuten. Die Inuit florierten, da sie zu unterschiedlichen Jahreszeiten unterschiedliches Wild jagten und sowohl auf dem Land als auch auf dem Wasser Nahrung suchten.

Um an Land zu überleben, braucht man Geduld. Um im Winter eine Robbe zu harpunieren, muss ein Jäger stundenlang an deren Atemloch im Eis, dem *aglu*, warten. Um aus Robbenfell warme *kamiks* zu machen, muss eine Frau die Haut sorgfältig abschaben, weichkauen und mit einem raffinierten, wasserdichten Stichmuster zusammennähen. Um durch Asien, über die Beringstraße und die gesamte Nordwestpassage wandern zu können, braucht ein Stamm nicht eine Jahreszeit, eine Generation oder ein Jahrhundert lang, sondern ein Jahrtausend.

Der Wind hatte Eis auf den Kontinent getragen, seit der Zeit, als Nordamerika langsam auf seiner tektonischen Platte Richtung Arktis gedriftet war. Den ganzen Morgen hatte ich auf Aufbruch gedrängt, aber die Arktis bekümmerte das nicht. Hätte ich noch so sehr auf den Himmel geschimpft, es hätte nichts geändert. Daher ärgerte ich mich über Chris. Sie war in der Nähe, verfügbar und verletzlich, und sie würde auf mein Nörgeln reagieren, was der Wind und das Eis nicht tun würden.

Während der enthusiastischen Planungsphase für diese Reise hatte ich Entfernung, Wind und Eis außer Acht gelassen. Nun saß ich zwischen den Gräbern der Alten und versuchte, mich von der selbst auferlegten Fessel an ein Ziel zu befreien. Aber dann kehrte das alte Mantra zurück: »Ich habe bei Kap Hoorn versagt. Es wäre besser, diesmal Erfolg zu haben.«

Wir hatten im kalten Wind gesessen. Steif standen wir auf, legten die Artefakte wieder ins Grab und kehrten ins Lager zurück.

23

Der Wind legte sich an diesem Abend, und wir setzten den Weg am Morgen Richtung Osten fort. In der Luft lag ein starker, muffiger

Geruch, und als wir um eine Landspitze kamen, sahen wir eine große Herde Karibus.* Wenn Menschen in gemäßigten Zonen an einem Nachmittag Rehe oder Elche sehen, dann sehen sie normalerweise rund ein halbes Dutzend Tiere oder, wenn sie Glück haben, eine Herde von zwanzig Tieren. Gelegentlich sieht man auch einige hundert Tiere auf einem sonnigen Hügel äsen. Aber die Prärie-Wildnis ist gezähmt, und die großen Büffelherden wurden abgeschossen. Hier in der Arktis sind die Kälte und die Technologie einen unbehaglichen Waffenstillstand eingegangen, und das Land bleibt ohne Zäune. Große Karibuherden wandern über die Tundra. Daher sahen wir nicht ein Karibu oder zwanzig oder hundert, sondern ein ganzes Karibupanorama. Einige hundert Tiere hatten sich auf einer Insel nahe dem Strand versammelt. Einige grasten, während andere im Wasser lagen, um den allgegenwärtigen Mücken zu entgehen.

Mit dem Bild der Steinzeitartefakte noch frisch vor Augen, fragte ich mich, wie leicht es wohl wäre, ein Karibu in der freien Tundra mit einem Speer zu jagen. Ich wollte keines erlegen, sondern nur nahe genug kommen, um zu sehen, ob es möglich wäre.

Wir ruderten um die Herde herum zum entfernten Ende der Insel, wo Chris durchs Wasser an Land watete. Während sie sich hinter einigen Felsen versteckte, ruderte ich zu einer Sandbank zurück, die die Insel mit dem Festland verband. Als ich mein Ruder als Signal hob, kam Chris quer über die Insel herbei. Unsere Strategie war es, die Herde zum Ende der Insel zu treiben und sie dann an Land zu scheuchen. Ich dachte, sie würden über die Sandbank laufen. Und wenn sie das täten, konnte ich ihnen leicht im Boot auflauern.

* Karibus sind eine in Nordamerika heimische Tierart, während man in Nordeuropa und Asien Rentiere findet. Aber entlang der Küste in der Nähe von Tuktoyaktuk hat man Rentiere importiert. Daher waren einige der Herden, die wir sahen, vermutlich Rentiere. Da es sehr schwer ist, die beiden Tierarten zu unterscheiden, wenn man sie nicht im direkten Vergleich nebeneinander sehen kann, nenne ich alle diese Tiere der Einfachheit halber Karibus.

Als Chris zur Hälfte über die Insel gegangen war, blieb sie stehen und studierte den Boden. Sie blickte auf, legte die Hände an den Mund und rief mir zu: »Ich sehe Spuren.«

Ich rief zurück, wobei ich langsam redete, damit meine Worte die Entfernung überbrückten, ohne miteinander zu verschmelzen: »Natürlich sind da Spuren, es sind ja überall Karibus.«

»Nein, Bärenspuren, Grizzlyspuren. Große.«

»Mach dir nichts draus. Wir sehen immer Bärenspuren bei Karibuspuren.«

Einen Augenblick blieb sie still. »Sie sind frisch, ganz frisch.«

»Es sind Spuren, keine Bären. Wenn da ein Bär wäre, würden die Karibus aufgescheucht. Treib sie weiter.«

Es gab eine lange Pause.

»Bist du sicher?«

»Ja«, sagte ich, obwohl ich zugeben muss, dass mich ein leiser Zweifel beschlich.

Sie ging weiter auf die Herde zu. Eine der Karibukühe blickte auf, schaute Chris an und blickte sich dann zur Herde um. Keines der anderen Tiere zeigte Anzeichen von Angst, daher machte sich die aufmerksamere Karibukuh wieder ans Grasen. Einige Augenblicke später blickten drei Tiere gleichzeitig auf, starrten erst Chris an und dann einander. Sie wurden unruhig, aber der Hauptteil der Herde blieb ruhig, also blieb weiterhin die Ruhe bestehen. Dann fing Chris zu laufen an, fuchtelte dabei mit den Armen herum und schrie. In Sekundenschnelle fingen zwei Tiere zu laufen an, und schon ergriffen die nächsten hundert die Flucht. Innerhalb weniger Augenblicke liefen alle durchs Wasser über die Sandbank Richtung Strand.

Mit wenigen Ruderschlägen war ich eine Ruderlänge – eine Speerlänge – von den durchgehenden Tieren entfernt. Ich konnte ihre feuchten Nasen und das Spiel ihrer Muskeln beim Laufen sehen. In meiner Fantasie war ich ein Sioux, der ohne Sattel neben einer Bisonherde herritt; ich trieb Mammuts mit brennenden Fackeln über eine Klippe; ich saß in meinem Kajak aus Robbenfell und jagte Karibus. Aber in Wirklichkeit war ich ein Tourist, also zog ich mich etwas zurück, damit meine Kamera trocken blieb, und machte Fotos.

24

Kap Dalhousie liegt an der Spitze einer schmalen Halbinsel, die sich bis über 70 Grad nördlicher Breite erstreckt. Als ich die Karte bei der Planung der Fahrt studiert hatte, hatte ich mir hier Brecher, hohe Brandungswellen, felsige Küsten, starken Wind und schreiende Möwen vorgestellt. Stattdessen wehte kein Wind und in unserer schmalen Eisrinne war das Eis flach, als wir uns dem Kap näherten. Eisenten paddelten zwischen den schwimmenden Eisstücken auf der Suche nach Muschelbänken herum. Eiderenten hatten auf Tümpeln in der Tundra ihre Nester gebaut. Ein einsamer Stockenterich stieg auf der Suche nach einer Partnerin oder einem Gebiet, das eine Partnerin anlocken würde, auf. Die Tundra und die sie umgebende See hatten den Anschein der Häuslichkeit. Diese gefiederten Zugvögel kamen hier zusammen, siedelten sich an, bauten ihre Häuser, besuchten sich, plauderten, paarten und entspannten sich. Was für ein großartiges Leben, solch eine kurze, intensive Explosion von Heim und Herd zu erleben, und dann in ein paar Monaten wieder aufzubrechen und quakend über Kontinente zu fliegen.

Ein nicht isolierter Unterstand mit Blechwänden stand auf einer Klippe drei Meter über dem Kap. Draußen stand eine 200-Liter-Tonne, in der sich menschliche Exkremente in der Sonne zersetzten. Wahrscheinlich wurde das Lager nur im Winter benutzt, wenn der Inhalt der Tonne gefroren war. Blechdosen mit ein paar Liter ungeöffnetem Schneemaschinenöl, eine halbe Wollmütze und eine ungeöffnete Flasche alkoholfreies Malzgetränk waren auf dem Boden verstreut. Ich versuchte das Malzgetränk, aber wiederholtes Auftauen und Frieren hatten es ungenießbar gemacht. Drinnen fanden wir einen Holzbrenner mit einem runden Luftloch, das in der Fabrik gestanzt worden war, daneben drei gezackte Löcher, die jemand mit einem Schraubenzieher hineingestoßen hatte. Wir waren weit von jedem Fluss entfernt, der Treibholz anschwemmen würde, daher kam es uns seltsam vor, dass jemand mit so spärlich vorhandenem Brennstoff so verschwenderisch umgehen wollte. Warum hatte man den Unterstand nicht gegen die Kälte isoliert oder Iglus gebaut, die mit ein paar Kerzen warm gehalten werden konnten?

Wir lagerten frühzeitig und gingen landeinwärts, um Süßwasser zu suchen. Ein Schwan floh, als wir näher kamen, und ließ ein perfektes Ei verletzlich im Nest zurück. In der Nähe lag ein toter kleiner Schwan und verweste in einer Pfütze neben seiner Eischale. Vielleicht war ein Fuchs fast mit einer Mahlzeit entwischt, ehe die Mutter zurückgekehrt war – zu spät, um den Räuber zu verjagen. Wir gingen schnell vorbei, um ein zweites Unglück zu verhindern.

Während des Abendessens graste eine Karibuherde keine fünfzig Meter von unserem Zelt entfernt. Sie bewegte sich langsam Richtung Osten und die Tiere grunzten zufrieden. Es klang wie eine Schweineherde. Einige, die sich von den Mücken befreien wollten, wälzten sich im Schnee. Sie kamen an uns in einer scheinbar endlosen, gleichförmigen Masse vorbei, während wir aßen und Einträge in unseren Tagebüchern machten. Als ich mich schlafen legte, hörte ich den hohlen Hufschlag auf dem torfigen Boden. Ich drehte mich auf den Rücken und hörte zu, wie sich ihre Körper aneinander rieben. Als wir aufwachten, waren sie verschwunden, und die Tundra erstreckte sich leblos von Horizont zu Horizont.

25

Hinter Kap Dalhousie weicht die Küstenlinie wieder zurück nach Südwesten und formt die Liverpool Bay. Wäre die Bucht eisfrei gewesen, hätten wir die 56 Kilometer auf die andere Seite bis Kap Bathurst bei Rückenwind an einem Tag geschafft. Wäre das Eis fest gewesen, hätten wir das Boot hinüberschleppen können, anstatt einige Dutzend Kilometer Umweg durch die Küstenrinne zu nehmen. Aber in den letzten paar Tagen hatten sich die Rinnen vergrößert und miteinander verbunden, und das Eis wurde eine dichte Ansammlung voneinander unabhängiger Eisschollen, deren Größe von einigen Quadratmetern bis zum Umfang eines Einfamilienhauses ging. Wir konnten nicht mehr wie früher auf unserer Reise über das Eis gehen. Wir konnten auch nicht durch das Eis fahren, weil sich die Schollen hin und her bewegten, sodass sich neue Rinnen auftaten oder schlossen, wenn sich das Eis spaltete oder zusammenstieß.

Wir zogen das Boot ans Ufer, um die neue Situation einzuschätzen. Von Süden wehte eine leichte Brise und trieb das Eis nach Norden. Wenn das Wetter so blieb, würde die Südhälfte der Bucht vor der Nordhälfte eisfrei sein. Daher begaben wir uns langsam in die Bucht, auch wenn wir uns so momentan südwestlich bewegten, also von Pond Inlet weg.

Chris stand am Bug und stieß mit ihrem Ruder Eisschollen beiseite, während ich im Heck saß und ruderte. Wenn sich Chris zu stark gegen einen großen Eisblock stemmte, trieb es das Boot zurück. Dann wartete sie, bis ich uns wieder bis zur nächsten Scholle voranbrachte. Wenn eine hausgroße Scholle den Weg versperrte, kletterten wir aus dem Boot, schleiften es über das Eis und ließen es auf der anderen Seite wieder zu Wasser. Gelegentlich gingen wir an Land, wateten ins Wasser, schoben ein paar gestrandete Eisschollen aus dem Weg und zogen dann das Boot durch die flache Öffnung. Wir kamen nur langsam voran. Wir arbeiteten mit der Konzentration eines alten Ehepaars, das ein Puzzle zusammensetzt. Der einzige Unterschied war, dass wir eines der Teile waren und uns durch das halbfertige Puzzle bewegten, in der Hoffnung, nirgendwo festgesetzt zu werden.

Bei einem typischen Gespräch sagte ich etwa: »Wenn du die Scholle im Uhrzeigersinn drehst, kannst du sie beiseite stoßen, und wir kommen um Haaresbreite durch.«

Darauf sagte dann Chris: »Stop, versuch das Boot ruhig zu halten.«

»Okay, toll, jetzt schieb an.«

»Ja. Und jetzt paddle du einen Schlag nach links.«

»Gut.«

Und danach waren wir dem 3000 Kilometer entfernten Pond Inlet drei Meter näher. Immer, wenn wir Rast machten, schauten wir auf den mit Eis verstopften Ozean hinaus und lauschten seinem Grollen, das wie ein Bär klang, der eine Woche zu früh aus einem langen, friedlichen Winterschlaf geweckt worden war.

Am nächsten Tag erzeugte die steigende Flut eine südliche Strömung, während gleichzeitig ein Südwind Wasser und Eis nach Norden drückte. Der Wind zerrte an der Oberseite der Eisschollen, die Strömung an deren Unterseite. Das Ergebnis war, dass manche Schollen Richtung Norden trieben, andere Richtung Süden, und ein Teil drehte sich an Ort und Stelle.

Am Nachmittag zuvor waren wir nach Süden gefahren, während das Eis wie eine Herde Eisbären, die sich aufmachen, einen toten Wal zu verspeisen, nach Norden marschierte. Aber jetzt kehrte die Hälfte von ihnen zurück, ganz so, als wäre die Party vorbei. Die nach Norden und nach Süden treibenden Schollen zischten aneinander vorbei. Stießen sie zusammen, stoben Eispartikel hoch wie Funken. In einem Boot inmitten dieses Durcheinanders von Nordsüd, linksrechts, hier und da zu sitzen, war wie ein wirbelnder Tanz.

Chris merkte an, dass ihr in Ermangelung eines festen Bezugspunkts richtig schwindlig würde. Sie drückte gegen eine Scholle direkt vor uns und rief mir dann verärgert zu: »Rudere nicht vorwärts, Jon, bis ich die Scholle aus dem Weg habe.«

»Ich rudere gar nicht«, antwortete ich.

Wir schauten erst einander an, dann das Eis. Eine nach Norden drängende Scholle drückte gegen den Bug, während eine nach Süden treibende Scholle gegen das Heck stieß. Wir saßen in der Falle. Das Fiberglas ächzte und ich dachte an Schiffe aus Eichenplanken, die das Eis zerquetscht hatte.

Chris reagierte vor mir, und sprang aus dem Boot auf eine treibende Scholle. »Los, Jon«, rief sie, »heb das Boot an, damit das Eis daruntergleiten kann!«

Sie riss mich aus der Tatenlosigkeit. Ich spürte das nur zu vertraute Gefühl: die von einem Adrenalinschub bewirkte erregende Klarheit, gepaart mit einer dumpfen, betäubenden Angst.

Ich sprang heraus, hob am einen Dollbord, Chris am anderen. Die beiden Schollen schoben sich unter das Boot und krachten zusammen. Die Ränder schmetterten ineinander, Eisbrocken brachen ab, und ich wusste, wenn das Boot noch einige Augenblicke länger im Wasser gewesen wäre, wäre es zerquetscht worden. Die beiden Schollen drückten weiter gegeneinander, bis sich die eine löste und sich auf ihren Nachbarn schob, während beide von Millionen von Schollen bedrängt wurden, die sich ringsum befanden. Wir waren nur hundert Meter vom Strand entfernt, aber unser Weg war durch ineinander verkeiltes Eis versperrt. In unserer Nähe stießen Schollen zusammen und schoben sich untereinander, sodass sich rasch ein wackliger Turm erhob, der dann wie ein unstabiler Stapel Teller zusammenbrach.

Ich fragte mich, was wohl passieren würde, wenn wir das Boot verlören. Wir waren weiter von Hilfe entfernt als ich damals, als ich in Chile Schiffbruch erlitt. Außerdem war hier das Wasser kälter. Konnten wir es durch das Eis bis zum Ufer schaffen? Konnten wir zu Fuß in die Zivilisation zurückkehren? Ich erinnerte mich deutlich, wie ich mich auf Kap Guanaco in Fötusstellung zusammengekauert und meine Schulter gehalten hatte, während der Wind über Kap Hoorn hinwegfegte.

Wir lasen gegenseitig in unseren Gesichtern, registrierten die Anspannung und drehten den Kopf, um dem Eis zuzusehen. Der Krach wurde lauter, während die Sonne hell schien und der Wind sanft über unser Gesicht strich. Eine Rinne Richtung Ufer tat sich auf. Einer von uns sagte: »Was meinst du?« Der andere antwortete: »Das sollten wir lieber ausnützen!« Dann schoben wir das Boot ins Wasser.

Wir waren erst ein paar Meter weit gekommen, als sich das Eis wieder rings um uns schloss und das Fiberglas ächzte. Chris und ich sprangen heraus, um das Boot wieder anzuheben, aber Chris' Scholle kippte und sie fiel ins Wasser. Ich wollte ihr wieder ins Boot helfen, und sie umarmen, um ihr Stütze und Wärme zu geben, aber dazu war keine Zeit. Mit einer Hand zerrte ich das Boot aufs Eis, damit es von den näher kommenden Schollen nicht zerquetscht wurde. Chris' Gesicht erschien wieder über dem Dollbord, als sie sich ins Boot zurückstemmte. Ich lächelte ihr aufmunternd zu, schob das Boot wieder ins Wasser, packte mein Ruder und beförderte uns erneut einen Meter näher Richtung Strand.

Wir erreichten den Strand eine halbe Stunde später und brachten das Boot in Sicherheit. »Du bist eine Kriegerin «, sagte ich ihr.

»Jetzt mach aber einen Punkt! Du warst doch da draußen auch ein Angsthase.«*

»Nein Chris, eine *Kriegerin*, eine Soldatin, eine Kämpferin! Du warst da draußen eine tapfere Kriegerin.«

»Ich hatte kaum eine andere Wahl«, antwortete sie.

Ich sagte nichts, dachte mir aber: »Doch, es hat viele Wahlmöglichkeiten gegeben. Du hättest vor Schreck wie gelähmt sein können, du hättest aufgeben können.« Wir umarmten uns, und ich spürte, wie nass sie war.

»Vielleicht solltest du dich umziehen.«

Als Chris wieder trocken und aufgewärmt war, gingen wir zu einer Klippe, um zuzusehen, wie sich das Eis bewegte. Im feuchten Sand konnten wir frische Wolfs- und Grizzlyspuren entdecken. Ein Polarfuchs kam zum Rand der Tundra geschnürt, beäugte uns und verschwand wieder. Wir lagen in einer geschützten Senke zwischen Tundrablumen und sogen die warme Sonne ein. Das Eis, das uns

---

* Die Antwort von Chris beruht auf einem Missverständnis, das sich aus dem ähnlichen Klang der Worte »warrior« (Kriegerin) und »worrier« (Angsthase) im Englischen erklärt (Anm. d. Übers.).

fast umgebracht hatte, erschien uns jetzt wie eine anmutig wellenförmig bewegte Landschaft blauweißer Flecken in einem Meer von grauem Wasser.

26

Am nächsten Tag, dem 8. Juli, waren wir genau sieben Wochen unterwegs. Ich saß auf einem Kliff, von dem aus ich die Bucht überblicken konnte, und schrieb in mein Tagebuch:

Obwohl das Eis schmilzt, sieht es so aus, als würden die Eisschollen immer konzentrierter. Wenn man eine flache Scheibe, zum Beispiel eine Fensterscheibe, zerbricht und dann die Teile verschiebt, ohne sie aneinander zu passen wie bei einem Puzzle, nehmen sie eine größere Fläche ein als im ganzen Zustand. Obgleich das Eis schmilzt und die Stücke kleiner werden, ist die wahllose Anordnung der Grund für den entstehenden größeren Stau. Wir könnten eine lange Zeit hier sein.

650 Kilometer waren es noch bis zur nächsten Stadt, Paulatuk. Fünf Tage zuvor waren wir auch 650 Kilometer von Paulatuk entfernt gewesen. Obwohl wir in dieser Zeit 115 Kilometer zurückgelegt hatten, hatte unser Weg entlang einer verschlungenen Küstenlinie geführt. Und da wir die Liverpool Bay nicht einfach überqueren konnten, entfernten wir uns an der Küste in südöstlicher Richtung sogar von unserem Ziel.

Ich legte meinen Stift weg und sagte zu Chris: »Vielleicht könnten wir Pond Inlet erreichen, wenn wir nur weiterkämen, wenn die Reise endlich angehen würde.«

Chris schüttelte den Kopf. »Wir sind Mitte Mai aufgebrochen, jetzt haben wir Anfang Juli. Jon, die Reise geht nicht erst an, sie hat schon lange begonnen. Das ist die Reise. Siehst du das denn nicht einmal jetzt?« Sie machte eine Pause. »Wogegen kämpfst du an und warum? Frustration bringt dich kein Stück schneller voran.«

Chris wird nicht oft wütend, aber diesmal war sie verärgert, und spazierte über die Tundra davon.

Ich sah, wie sie ging, und drehte mich dann um, damit ich das Eis beobachten konnte. Wir waren auf derselben Expedition, im selben Boot, und wir waren Liebende. Wir hatten seit Tuk keine andere Menschenseele gesehen. Etwas ziemlich Ungewöhnliches hatte uns beide – und niemanden sonst – zu dieser von Eis verstopften Bucht gebracht. Wie der Stift in einem Türscharnier drehten wir beide uns um dieses Etwas, bewegten uns auf unserer eigenen Bahn und griffen doch nach dem selben Dreh- und Angelpunkt. Wenn ich die Natur dieses Stifts verstünde, könnte ich vielleicht etwas von ihrer Ausgeglichenheit erringen.

Chris hatte keinen Zugang zu dem Teil von mir, der studiert hatte und einen Professorenlehrstuhl begehrte. Was hatten wir gemein? Vielleicht lag die Antwort auf diese Frage in der Überlegung, wann wir gemeinsam am glücklichsten waren. Beim Skifahren. Okay. Draußen im Schnee beim Skifahren. Besser. War der Stift etwa nur, dass wir es mochten, an der frischen Luft zu sein?

Es kam mir wie eine triviale Antwort auf eine lebenslange Suche vor, die durch ein Chemielabor, gescheiterte Ehen und an verlassenen Geliebten und Kindern vorbeigeführt hatte. Jeder ist gern an der frischen Luft. Aber offensichtlich müht sich nicht jeder durch die Arktis. Ich übersah etwas ganz Offensichtliches.

27

Nach vier Tagen drehte sich der Wind wieder und trieb das Eis nach Norden, sodass nur noch eine Handvoll Ausreißer in Strandnähe dümpelte. Der Tag war sonnig, es gab eine leichte Dünung, und wir brachen unser Lager ab. Wir waren zum ersten Mal in einem kleinen Boot auf einem großen, nassen Meer und ruderten zum gegenüberliegenden Ufer. Als wir die Bucht zur Hälfte durchquert hatten, schien ein lautes, zischendes Geräusch ein neues Problem anzukündigen. Aber es war nur eine bärtige Robbe, die zum Atmen aus dem Wasser auftauchte und uns anstarrte.

Wir ruderten durch eine Querdünung zur anderen Seite der Liverpool Bay, wo ein Wolf am Strand herumlief. Nachdem der Wolf verschwunden war, folgte uns am Ufer ein einzelnes Karibu wie ein Hund, der nicht zurückgelassen werden will. Als wir zum Ufer steuerten, um unser Lager aufzuschlagen, erreichte ein Signal das Karibuhirn – Menschen, Raubtiere, Zeit zum Weglaufen –, und mit einer Gangart, die halb an einen Elch, halb an ein Pferd erinnerte, kletterte es die steile Uferbank hinauf. Es rutschte auf dem lockeren Sand aus und glitt wieder nach unten. Erneut auf dem Strand, betrachtete es uns genauer und ergriff dann in vollem Galopp am flachen Ufer die Flucht. Als wir an diesem Abend einnickten, sagte Chris noch: »Horch mal. Man hört die Wellen an den Strand schlagen. Das klingt viel sanfter als Eis, das sich in Eis bohrt.«

28

Es war einmal vor langer Zeit, da waren die Menschen den Mücken völlig egal. Die Menschen blieben auf einer fernen kleinen Insel ganz unter sich und paddelten in ihren Kajaks selten weiter als eine Tagesreise von dieser Insel weg.
Aber da gab es einen Mann, der raubte und betrog und seinem Nachbar die Frau wegnahm. Er dachte, dass ihn niemand finden würde, und ruderte fort zur Mückeninsel. Aber seine Nachbarn folgten ihm und kamen auch auf die Insel. Sie schlugen ihn mit ihren Stöcken blutig und ließen ihn dort auf den Felsen liegen.
Von da an griffen Mücken immer die Menschen an, denn jetzt hatten sie Menschenblut gekostet.
Inuitlegende aus Lawrence Millman: A Kayak Full of Ghosts

Wir verbrachten den größten Teil des Tages im Boot außerhalb der Reichweite der Mücken, konnten aber den ungleichen Kampf am Strand beobachten. Das Geweih eines Karibus ist hervorragend geeignet, Eis von Moos und Binsen zu kratzen. Es ist die Hauptwaffe eines Bullen, der um seinen Harem kämpft, und es schreckt Wölfe und sogar Bären ab. Viele Asiaten glauben, das zu Pulver zerstoßene Geweih sei ein starkes Aphrodisiakum. Aber zum Verscheuchen von Mücken taugt das Geweih nicht. Karibus kratzen sich mit ihren Hufen und verdrehen den Hals, um mit den stolzen Geweihen Mücken zu verjagen, ehe sie weiter den Strand entlanglaufen, um der Plage zu entkommen. Ein Karibu kann nicht laufen, bis die Mückenplage gegen Ende August aufhört. Gequält und umschwirrt, liefen Karibus in die Brandung und setzten sich ins kalte Wasser. Aber im Meer gibt es nichts für sie zu fressen, und daher trieb sie der Hunger bald wieder in die Tundra zurück. Im Sommer sehen Karibus trotz der üppig blühenden Tundra mager und ungesund aus. Aber jeder würde Gewicht verlieren, wenn jedes Mal, wenn er sich zum Essen hinsetzt, Mücken den nackten Körper bedecken und die einzige Erlösung ein Sprung in den eisigen Ozean ist.

In einem kurzen Zeitraum gegen Ende des Sommers ist es kühl genug, um die Mücken zu vertreiben, aber es ist noch nicht Winter. In dieser Zeit fressen sich die Karibus Fett an, um die nötigen Reserven zu haben, die sie für den langen Marsch nach Süden auf der Suche nach Winterfutter benötigen.

29

Am 15. Juli erreichten wir die verlassene Ortschaft Stanton an der Mündung des Anderson River. Stanton bestand aus einem gut erhaltenen Missionsgebäude, einem kleineren Handelsposten und mehreren zerfallenden Hütten. Wir hatten seit Tuktoyaktuk keine Menschen und – außer der Hütte auf Kap Dalhousie und dem Unrat am Strand – seit der McKinley Bay keine Anzeichen der Zivilisation mehr gesehen. Daher waren uns die weggeworfenen Zeitungen, Kalender und Comichefte halbwegs willkommen, und wir beschlossen, hier am Nachmittag Rast zu machen.

Obwohl ich selbst bei unseren vollen Rationen nie genug zu essen bekommen hatte, verkleinerten wir unsere Anteile, als wir erkannten, wie langsam wir vorankamen. Chris war eher müde als hungrig und machte ein Nickerchen, während ich mich auf Nahrungssuche begab. Als Erstes fiel mir der Rat des Schnitzers wieder ein, und ich warf am Strand ein Fischnetz aus. Dann lud ich mein Gewehr mit Kaliber 22 und wanderte über die Tundra, um Schneehühner zu jagen. Mücken bedeckten meine Hände, flogen mir ins Gesicht, krochen mir in die Ohren. Ich versuchte mir auszurechnen, wie viele Kalorien ich pro Mückenstich verlor, wie oft ich pro Minute gestochen wurde und wie viele Minuten ich unterwegs war. Nachdem ich ausgerechnet hatte, wie viele Kalorien das Gehen verbrauchte, fragte ich mich, ob es wirklich eine gute Idee gewesen war, auf die Jagd zu gehen. Ich sah kein einziges Schneehuhn. Müde und niedergeschlagen kehrte ich zum Lager zurück, schaute ins Wasser und entdeckte, dass sich ein großer Fisch im Netz verfangen hatte. Ich ruderte hinaus, wickelte den Fisch sorgfältig in noch mehr Netz ein, damit er mir nicht herausrutschte, während ich ihn ins Boot holte. Ich hatte einen neun Kilogramm schweren kanadischen Flusslachs gefangen, einen silbrig glänzenden, stark fetthaltigen arktischen Fisch, und es gab ein fabelhaftes Fischessen vom Grill.

Eine Geisterstadt lädt zum Nachdenken darüber ein, warum sich dort Menschen angesiedelt haben und weshalb sie sie wieder verlassen haben. Stefansson verbrachte 1909 ein Jahr in der Nähe des Anderson River, ohne Menschen oder Spuren einer Ansiedlung zu finden. Als er endlich arktische Inuit in der Union-und-Dolphin-Strait weiter östlich traf, war er der erste Weiße, den sie je gesehen hatten. In seinen eigenen Worten:

Als wir uns dem Dorf näherten, standen alle Männer, Frauen und Kinder im Freien und erwarteten uns aufgeregt, denn sie konnten schon von ferne erkennen, dass wir keine gewöhnlichen Besucher waren. …

Nachdem die Inuit einen Iglu für uns, ihre Gäste, errichtet hatten, erzählten sie uns, sie hofften, wir würden darin wenigstens so lange wohnen bleiben, bis das letzte Stück Fleisch aus ihrem Lager aufgegessen wäre, und dass, solange wir im Dorf blieben, kein Mann auf die Jagd gehen oder sonst etwas arbeiten würde, bis seine Kinder über Hunger zu klagen anfingen. Es sollte ein Fest sein, sagten sie, denn es war das erste Mal, dass ihr Stamm von Fremden besucht worden sei, die von so weit her gekommen waren, dass sie nichts über das Land wussten, aus dem sie stammten.*

Als Wissenschaftler, der er war, beobachtete Stefansson und versuchte, das Leben der Menschen nicht zu beeinflussen. Aber schon durch die bloße Kontaktaufnahme veränderte er deren Leben unwiderruflich. Auf Stefansson folgten Händler, die Stahlwerkzeug und Gewehre gegen Fuchsfelle tauschten, die die Inuit bis dahin als Windeln verwendet hatten. Man stelle sich vor, man jagt mit Pfeil und Bogen und tauscht dann ein paar Windeln gegen ein Gewehr ein! Missionare folgten den Händlern mit dem Versprechen ewiger Rettung, aber die Garantien für ein glorreiches Leben nach dem Tod haben einen Preis, und die Missionare stellten schwierige Regeln auf, die Entbehrungen bewirkten und den Tod für eine Kultur bedeuteten, die in Harmonie mit diesem rauen Land gelebt hatte.

Regierungsbürokraten brachten die dritte Welle weißer europäischer Kultur nach Norden, als sie Landebahnen, Schulen, Kindergärten, Stromgeneratoren und warme, mietfreie Häuser errichten ließen. Als Ergebnis stellte die kanadische Regierung in den Fünf-

---

* Stefansson, *My Life with the Eskimo*, Macmillan, New York 1913, S. 175–176.

zigerjahren in etwa fest: »Wir geben euch Schneemaschinen, auf denen ihr hervorragend Wild jagen könnt, außerdem befördern wir für die Hungerszeiten, wenn keine Robben bei den Dörfern auftauchen, Nahrung in den Norden. Ihr braucht eure alten Menschen nicht mehr in den dunklen Schneesturm hinauszuschicken, wo sie im kalten Winter erfrieren. Ihr könnt in einem warmen Haus sitzen, ein Video von *Poltergeist II* ansehen und auf die Jagd gehen, wann es euch beliebt. Aber diese Reichtümer lassen sich nur in einigen zentralisierten großen Ortschaften verwirklichen.« Das Resultat war, dass viele der Lager und Handelsposten aufgegeben wurden. So wurde auch Stanton zur Geisterstadt.

30

Während des größten Teils unserer Reise ging die flache, tief liegende Tundra sanft in die See über, und wir konnten an Land gehen, wann immer und wo immer wir wollten. Zwei Tage nachdem wir Stanton verlassen hatten, wachten wir bei stark auflandigem Wind auf. Wir breiteten unsere topographische Karte vor uns aus und schauten die vor uns liegende Strecke an. Auf der Karte waren Höhenlinien im 30-Meter-Abstand eingezeichnet. Die erste Höhenlinie ging 800 Meter landeinwärts, was besagte, dass sich die Tundra allmählich zum Meer hin absenkte, so wie auf dem größten Teil der bisher zurückgelegten Strecke. Ich argumentierte, wir könnten trotz des drohenden Winds weiter nach Osten fahren. Und wenn der Wind stärker würde, bräuchten wir nur an Land zu gehen. Wenn sich andererseits der Wind legte, wären wir schon ein gutes Stück weiter.

Als wir um die erste Biegung ruderten, stieg die Küste zu Klippen aus komprimiertem Sand und Kies an. Die Karte war nicht falsch, sondern nur irreführend. Wenn eine Klippe senkrecht 30 Meter aufragt und die Tundra dahinter einen Kilometer weit fast eben ist, befindet sich die erste Höhenlinie genau an der gleichen

Stelle, an der sie auch wäre, würde das Land über die ganze Distanz hin allmählich ansteigen. Wellen hatten die Klippen unterspült, und das Meer gurgelte gegen ihren Fuß und riss Brocken heraus, die ins Wasser plumpsten. Es war einfach Pech, dass uns die Karte ausgerechnet an einem Tag, an dem sich eine frische Brise zu einem Sturm auswuchs, irregeführt hatte.

Der Wind türmte das Meer zu steilen Wellen auf, die sich an zahllosen Sandbänken vor dem Strand brachen. Wir richteten den Bug direkt in die Wellen und ruderten, um aufs offene Meer zu gelangen. Wir waren noch nicht weit gekommen, als eine steile Welle vor uns brach, den Bug erwischte und unser Boot wie ein Surfbrett Richtung Küste trug. In schäumendem mit Luft angereichertem Wasser nützen Ruder praktisch nichts, daher mühten wir uns hilflos ab, bis der weiße Schaum verschwand und wir wieder graugrünen Ozean sahen. »Rudere!«, rief ich, und die Klippe wich wieder zurück. Wir hoben und senkten uns auf kleineren Wellen, dann brach eine weitere und stellte das Boot wieder aufrecht. Der Bug drehte sich auf der Welle, schnitt sie an und krängte. Wir hielten das Boot in Schaum getaucht gerade, verloren aber viel Boden, sodass die Klippe wieder bedrohlich nahe wirkte. Ich legte mich in die Riemen.

»Wenn wir es über diese flache Sandbank schaffen, sind wir aus dem Ärgsten heraus, Chris.«

»Ich weiß.«

Ich dachte über die Alternativen nach. Als ich bei Kap Hoorn Schiffbruch erlitt, landete ich an einem schmalen Strand und fand eine Senke, die durch die Klippen führte. Hier gab es keinen Strand, keine Senken, nur eine unterspülte Klippe und kaltes Wasser. Wenn wir hier versagten, würden uns Wellen an der Klippe zu Tode schmettern – wenn wir zuvor nicht schon an Unterkühlung gestorben wären. Chris war etwa einen Meter hinter mir, aber ich blickte zum Heck und konnte sie nicht sehen. Sie schien so weit weg zu sein.

»Wir kommen gut voran!«, meldete ich optimistisch, das Geräusch des Windes und der Brandung übertönend.

Sie sagte nichts, also versuchte ich es noch einmal. »Ich glaube, der Wind lässt nach.«

Sie antwortete: »Das glaube ich nicht.«

Dann dachte ich daran, wie sie sich im Eis in der Liverpool Bay verhalten hatte, sich tropfnass wieder ins Boot stemmte, ein Ruder packte und eine Eisscholle aus dem Weg schob. Chris weigerte sich, von meiner Lüge ermutigt zu werden, gab aber dennoch nicht auf.

Ich starrte die in einer Plastikhülle befindliche Karte an, die auf dem Sitz neben mir aufgestellt war. Fünf Kilometer weiter östlich gab es eine geschützte Bucht hinter dem nächsten felsigen Vorsprung. In flachem Wasser konnten wir die Entfernung in einer Stunde zurücklegen. Bewegten wir uns aber parallel zur Küste ostwärts, würden die brechenden Wellen über die Bootsseite schlagen. Stattdessen ruderten wir geradewegs aufs offene Meer hinaus, wie ich das in meinem Kajak am Kap Guanaco gemacht hatte, bis mich die Kräfte verließen. Diesmal konnten wir uns behaupten. Rückwärts zur Fahrtrichtung sitzend, blickte ich zu den Klippen, spürte die Wellen unter dem Bug rollen und versuchte, die Entfernung abzuschätzen. Kamen wir weiter aufs Meer hinaus oder wurden wir zurückgetrieben? Ich schaute auf meine Uhr: 10 Uhr 35. Ich zwang mich, eine Ewigkeit nicht mehr auf die Uhr zu schauen, ehe ich einen verstohlenen Blick riskierte: 10 Uhr 42. Ich versuchte es wieder: 10 Uhr 57. Die Klippen schienen weiter weg zu sein. Ich testete Chris wieder: »Ich glaube, wir kommen weiter aufs Meer raus, Chrissy.«

Der Wind trug ihre sanfte Stimme an mir vorbei. »Ich glaube, du hast Recht.«

»Gut.«

Ich blickte über meine Schulter. Drei steile Brecher kamen auf uns zu, dahinter war die See ruhiger.

»Lass uns über die drei kommen und dann für ein paar Ruderschläge nach Osten wenden.«

»Okay.«

Das Boot hob sich elegant und schaukelte von Bug nach Heck.

Die Welle brach, teilte sich, rauschte vorbei; dann kam die zweite, größer als die erste, und trug uns Richtung Klippe. Wir legten uns ins Zeug, trafen auf die dritte, behaupteten uns fast, glitten aber rückwärts von der Welle Richtung Klippen. Wir ruderten in tieferes Wasser hinaus, wendeten dann und machten drei Ruderschläge ostwärts. Drei Ruderschläge näher an der Rettung. Ich starrte auf die Karte und blickte dann zum Land. Wieviel waren wir näher? Eine Bootslänge pro Schlag? Pro drei Schläge? Fünfzehn Meter? Ich blickte zum Ufer, zurück auf die Karte, wieder zum Ufer, und versuchte förmlich, die geschützte Bucht durch die Macht der Konzentration näher heranzuholen. Dann bemerkte ich, dass die Karte lächelte. Die Kontur der Landspitzen und Flüsse formten eine fliehende Stirn, eine römische Nase und ein Lächeln. Es war ein elementares Lächeln, kein Hoffnungsstrahl oder das teuflische Lächeln eines schrecklichen Schicksals. Es war ein Tag der einfachen Sachen: ein Lächeln, ein Sturm und die klassischen Kurven eines Bootes, das die Wellen teilte und uns am Leben erhielt.

Adrenalin ist wie viele andere Drogen: Die erste Ausschüttung regt an, aber mit der Zeit flacht das Gefühl ab. Kippt man sich rasch ein paar Gläser Tequila hinter die Binde, spürt man einen Aufschwung, wenn der Alkohol zu wirken beginnt, die Sinne beeinflusst, einen redselig macht und zum Kichern verleitet. Aber wenn man einen ganzen Nachmittag lang beständig trinkt, wird das Kichern öde. So waren auch die erste brechende Welle und der sie begleitende Adrenalinschub frisch und rein. Aber nach mehreren Stunden blieb uns nur noch das dumpfe Bewusstsein einer Gefahr. Ich kämpfte gegen die Selbstzufriedenheit und erinnerte mich immer wieder daran, was ich tun musste: »Bei diesem Schlag kräftig durchziehen, okay gut, jetzt wieder kräftig durchziehen, fein, jetzt leg dich wieder in die Riemen, zieh!«

Wir ruderten an diesem Tag von 8 Uhr 30 am Morgen bis 21 Uhr 15 am Abend und genehmigten uns zwischen den Ruderschlägen etwas Süßes und Nüsse. Schließlich ruderten wir in die Bucht, geschützt von einer flachen Sandbank. Der Wind heulte noch immer, aber es gab hier keine Wellen, keine Klippen, keinen Tod hinter dem Rücken. Wir stiegen aus dem Boot auf die Sandbank. Die Wellen brachen auf der Windseite und schickten Gischt in die Luft. Wasser benetzte Chris' Gesicht und tropfte von ihren Augenlidern und ihrer Nase. Sie legte ihren Arm um meinen Regenmantel, und wir hielten einander fest.

Obwohl wir müde waren, beschlossen wir, nicht hier zu lagern, da der Wind unser Zelt zerfetzen und uns die Gischt durchnässen würde. Wir kletterten steif ins Boot zurück. Zunächst weigerten sich meine Hände, sich um die Ruder zu legen, aber sowie ich sie gepackt hatte, schlossen sie sich darum wie Schraubstöcke. Wir visierten einen grasbewachsenen Hügel an und begannen erneut zu rudern. Die Bucht war flach, und wir konnten rund einen Meter unter uns den Boden sehen. Die Ebbe setzte ein, raubte wertvolles Wasser aus dem Inneren der Bucht und erzeugte eine Strömung, die uns wieder ins Meer zurückzuziehen drohte, hinein in die Brecher, denen wir gerade unter so großen Mühen entronnen waren. Wir hatten geistig abgeschaltet, als wir uns in einem sicheren Hafen wähnten, aber als uns die Strömung wieder meerwärts trieb, mussten wir unseren Muskeln sagen, dass sie wieder kräftig rudern mussten. Anfangs weigerten sich die Muskeln, aber dann schrien wir förmlich durch die Nervenbahnen, um uns Gehör zu verschaffen. Wir legten uns gegen die Gezeitenströmung in die Riemen wie zuvor gegen die Wellen, hielten uns an einer Stelle und schafften es dann allmählich, gegen die Strömung anzukommen. Das Wasser wurde dank der Ebbe immer flacher, bis sich unsere Ruder in Seegras verhedderten. Innerhalb weniger Minuten verschwand das Wasser gänzlich und das Boot setzte sich auf den Gezeitensumpf. Wir schaukelten sanft und saßen dann fest. Ein paar Gasblasen stiegen unter den Algen auf, und die Luft roch nach Fäulnis.

Wir hätten im Boot sitzen können, heißen Tee machen und uns aneinanderschmiegen, um uns zu wärmen. Wenn die Flut kam, wären wir ruhig ans Ufer getrieben worden. Wir hätten nur ein wenig Unbequemlichkeit ertragen müssen, dazu die Schande, einen Kampf mit dem arktischen Sturm gewonnen zu haben, nur um dann wie eine Bisamratte im Schlamm herumzugraben. Ich hätte Chris sagen können, dass ich sie liebe, einen Schokoriegel aus unserem in Ehren gehaltenen Süßigkeitenbeutel holen und dann fröhliche Geschichten erzählen sollen, um uns die Nacht zu vertreiben.

Aber ich wollte in meinen warmen Schlafsack kriechen. Ich wollte mich nicht im Schlamm wälzen.

Ich dachte, wir könnten das Boot durch einen kleinen Kanal ziehen, den die Strömung gegraben hatte, um dann ans Ufer zu rudern. Als wir jedoch aus dem Boot ausstiegen, versanken wir bis zur Hüfte im Schlamm. Chris hob ihren Fuß hoch, aber der Schlamm zog ihr den Stiefel vom Fuß und sie musste sich ins eiskalte Wasser bücken, um ihn zu retten. Den Wind übertönend, rief sie: »Ich schaffe es nicht, Jon! Ich schaff das nicht!«

Ein finsterer Zorn stieg aus einem dunklen Winkel in meinem Inneren auf. Ich weiß nicht, wo der Zorn herkam und wieso er überhaupt da war. Der Zorn ist mein im Keller verstecktes Monster. Im Laufe meines Lebens bin ich oft die knarzenden Treppen mit Taschenlampe, Schläger und Mordabsichten hinuntergestiegen. Ich habe mich schlagbereit vor das Ungeheuer gestellt, aber bei jeder Begegnung heuchelt es eine Niederlage und entwischt, nur um sich zu verstecken, zu warten und die Treppen erneut heraufzukriechen, wenn ich es am wenigsten erwarte. Das Ungeheuer war zu strategischen Momenten meines Lebens erschienen. Es hatte Elizabeth, Debby und Marion verscheucht. Ich hatte mich gefreut, als mir der tote, gestrandete Wal in den chilenischen Kanälen aus der unheimlichen Dunkelheit eines kalten Ozeans durch Nebel- und Regenschleier zugewinkt und mich an mein Alleinsein erinnert hatte.

»Du kannst nicht mehr?«, schrie ich. »Du kannst nicht mehr? Dann leg dich doch in den Schlamm und stirb!«

Chris zuckte bei meinem Gefühlsausbruch zurück, ich zuckte dabei zusammen. Ich wollte schreien: »Das war nicht ich! Das habe nicht ich gesagt!« Aber das Monster saß in meinem Inneren, hatte sich um meinen Magen gewunden und griff nach oben zu den Stimmbändern. Es war wütend auf Chris, weil sie Freundschaft und ein starkes Ruder in den Sturm eingebracht hatte. Das Monster wollte mich als alten Mann sehen, der allein über den windgepeitschten Schnee geht.

Ich konnte nicht reden. Ich konnte mich nicht entschuldigen.

Chris blickte erschrocken und verletzt auf und schob das Boot weiter durch den eisigen Schlamm. Sobald wir einige Minuten im Wasser gewesen waren, war uns so kalt, dass wir wirklich ans Ufer mussten, um uns umzuziehen und im Zelt den kleinen Ofen anzuheizen. Das Monster ließ mich los und schlich wieder in den Keller. Ich sah nicht, wohin es verschwand, und war zu müde, um es zu verfolgen. Chris weinte leise, als wir durch den Sumpf stapften.

Etwas nach elf Uhr fanden wir einen Sandstrand. Wir zitterten so, dass es eine Stunde dauerte, das Lager zu errichten und den Ofen anzuzünden. Wir arbeiteten gemeinsam, wie vor meinem Wutausbruch, aber die Verbundenheit, die Nähe, fehlte.

31

Der nächste Tag war ruhig und sonnig, und wir gewannen unsere Einheit zurück. Chris schrieb in ihr Tagebuch:

Der heutige Tag war so positiv, angenehm, erfreulich und ermutigend, wie der gestrige negativ, schwer, beängstigend und entmutigend gewesen war. Wir brachen das Lager ab und brachen auf, ohne zu wissen, wie das Wasser in der Bucht sein würde. Aber wir wussten, dass wir die Flut nutzen mussten, wenn wir nicht bei Ebbe auf dem Trockenen sitzen wollten.

Das Hinausrudern war so einfach wie Schlafwandeln. Drau-
ßen bei der Sandbank, die uns letzte Nacht Schutz geboten
hatte, erlebten wir eine willkommene Überraschung: Der
Wind wehte in unserer Richtung.

Die Winde, gegen die wir so lange hatten ankämpfen müssen, hatten endlich gedreht und nachgelassen. Eines Tages segelten wir 80 Kilometer weit an Eisbergen, Buckeln von Weißwalen, Regenbogen und Bergen minderwertiger Kohle vorbei, die seit Tausenden von Jahren vor sich hin schwelten und rauchten. Am folgenden Tag ruderten wir 27 Kilometer bei glatter See. Am Tag darauf segelten wir wieder, und obwohl wir einige Stunden für die Reparatur einer abgebrochenen Ruderpinne brauchten, kamen wir 55 Kilometer voran.

Am Abend dieses Tages hatte ich mich in meinen Schlafsack gekuschelt und war eingeschlafen, als mich Chris schüttelte. »Jon, draußen ist ein Bär.«

Ihre Stimme war zu entspannt, um mich hochfahren zu lassen. Ich stöhnte nur und drehte mich um. Chris erzählte mir später, dass sie dasaß, als wäre sie allein im Zelt, und dem Schnarchen und dem Knirschen schwerer Tritte draußen auf dem Kies in nächster Nähe zuhörte. Dann rüttelte sie mich fester und wiederholte: »Draußen direkt vor dem Zelt ist ein Bär.«

Diesmal wachte ich auf. Es war eine windige Nacht, und die Mitternachtssonne hatte sich hinter Wolken versteckt. Ich wollte nach meiner Schrotflinte greifen, aber ich hatte sie draußen im Boot gelassen. Ich öffnete den Zeltreißverschluss für die Flucht, aber statt dessen blickte ich direkt auf einen funkelnden Tropfen Feuchtigkeit, der aus einem Bärennasenloch hing. Der Tropfen zitterte, als der Bär meine Witterung aufnahm. Vielleicht hat meine Nase auch gewackelt, jedenfalls roch ich den strengen Geruch, der zwischen mir und dem Tundrahorizont in der Luft hing. Einen Augenblick lang starrten sich der Grizzly und ich Nase an Nase an, so wie früher meine Schwester und ich, wenn es darum ging, wer den anderen länger anstarren konnte, ohne zu blinzeln. Ein Blinzeln unterbricht die Intensität des Starrblicks aber nur einen Moment, ich aber benötigte mehr Zeit, um meine Fassung wiederzugewinnen, also zog ich einfach den Reißverschluss am Zelt wieder zu. Es war eine irrationale Handlung, so als ob ein Millimeter Nylon uns vor einem Prankenhieb schützen könnte, der ein Elchgenick brechen kann. Chris und ich saßen wehrlos im Halbdunkel. Einige Augenblicke lang hörten wir überhaupt nichts, kein gutturales Brummen, kein Zerreißen, nicht einmal den Wind, der die Wellen gegen den Strand trieb. Die Stille war so nachdrücklich wie das Starren. Gleich da draußen, hinter diesem Nasentröpfchen, traf der Bär eine Entscheidung. Stein rieb gegen Stein, als die Pfoten durch den Kies tappten. Und mit jedem Tritt wurde das Geräusch leiser. Schließlich flüsterte Chris: »Ich glaube, er ist weg.« Ich öffnete wieder den Zeltreißverschluss und flitzte nackt und barfuß über den Strand zum Boot und zum Gewehr.

Der Bär hatte sich etwa 100 Meter zurückgezogen, drehte sich jetzt zu mir um, tappte hin und her, zwei Schritte in die eine Richtung, zwei in die andere. Tiger sehen aus, als trügen sie Stretchkleidung und wären zu einem Sprint bereit, aber ein Bär sieht aus, als trüge er einen dicken Pyjama und wäre zu einer Kissenschlacht bereit. Und doch wirkt dieses unbeholfen aussehende Hin-und-her-Schwingen eines Bären bedrohlich wirkungsvoll.

Mit einer Patrone in der Kammer und fünf weiteren dahinter im Magazin, mit entsicherter Waffe und dem Finger am Abzug fühlte ich mich mutig. Ich rief: »Verzieh dich, Bär!« und fuchtelte mit meiner Waffe herum. Er stand auf, schaukelte auf seinen Hinterbeinen hin und her und witterte die Luft. Ich hoffte, er würde einen Hauch des Gewehröls erschnüffeln, und stellte mir vor, seine Mutter hätte ihm beigebracht, dass Waffen gefährlich sind. Aber so leicht ließ er sich nicht abschrecken. Chris steckte ihren Kopf aus dem Zelt, schaute den Bär an, dann mich, wie ich immer noch nackt mit dem Gewehr herumfuchtelte und in die Nacht hinausrief. Sie lachte, verschwand wieder im Zelt und brachte mir dann etwas zum

Anziehen. Wir machten mit Treibholz Feuer. Eine halbe Stunde lang lief der Bär im Halbkreis um unser Lager herum, wobei er sich immer weiter entfernte. Schließlich trottete er gelangweilt davon.

32

Wir fuhren weiter. Unsere Sinne, denen elektronische Reize lange vorenthalten waren, wurden auf die Veränderungen der Umgebung aufmerksam. Meine Tagebucheinträge berichten von der Fahrt während der folgenden Woche:

25. Juli: Ein etwas leerer Tag. Brachen spät auf, um das Nachlassen des Windes abzuwarten. Es ist etwas schwierig, die Lage genau einzuschätzen; Entfernungen und Fata Morganas sind etwas verwirrend.

26. Juli: Ich wachte mitten in der Nacht auf, und die Sonne war zum ersten Mal seit Monaten unter dem Horizont verschwunden. Vielleicht war es nur psychologisch bedingt, aber mich fröstelte, nicht wie einen im Winter fröstelt, sondern am Ende des Sommers. Die Blumen verblassen, die Gräser werden gelblich und die Karibukälber werden größer.

28. Juli: Sturmtag. Das Zelt wird vom Wind abwechselnd zusammengepresst und aufgebläht wie ein riesiger Blasebalg, und der Dampf, der von unserem Morgentee aufsteigt, pulsiert, als würden wir Rauchsignale aufsteigen lassen.

29. Juli: Das ist der ödeste Ort, an dem ich je gewesen bin. Es gibt Abstufungen der Trostlosigkeit. Das Grasland im Westen ist trostlos. Die Tundra an der Liverpool Bay ist trostloser, aber dieser Ort ist so abartig trostlos, dass es hier nicht einmal Mücken gibt.

1. August: Wir sind an Klippen voller Lummen vorbeigerudert. Sie scheinen die Evolutionslücke zwischen Pinguinen und flugfähigen Vögeln auszufüllen. Die erwachsenen Vögel springen von ihrem Sitz auf den Klippen, schweben dann, indem sie ihre breiten Füße als Ruder benützen wie ein Flughörnchen, bis sie schnell genug sind, um fliegen zu können. In umgekehrter Richtung wirkt der Start aus dem Wasser verzweifelt. Sie laufen förmlich über das Wasser und schlagen lange mit den Flügeln, ehe sie im Flug aufsteigen. Doch irgendwie schaffen sie es, Tausende von Kilometern nach Labrador oder an die Küste von Alaska und British Columbia zurückzulegen, um in einem eisfreien Ozean überwintern zu können.

Aber zwischen die Bilder mischte sich eine Finsternis. Vielleicht hatte sie mit meinem Wutausbruch im Schlamm begonnen, vielleicht lag sie aber auch tiefer. Denn während der vergangenen Monate hatten wir fast 24 Stunden täglich nur eine Armlänge Distanz gehabt. Obwohl nach dem Essen häufig einer von uns allein einen Spaziergang machte, war jede Entscheidung, auch die kleinste, gemeinsam getroffen worden und hatte uns gemeinsam betroffen.

Chris beklagte sich, dass wir zum Haferbrei am Morgen keinen Muskat mehr hatten. Natürlich war nicht der Muskat das Problem, sondern dass sie das Gefühl hatte, ihre Persönlichkeit würde sich in meiner Expedition verlieren. Sie war meinem Traum gefolgt, aber nun hatte er angefangen, lästig zu werden. Ich hingegen war ärgerlich, weil es Chris nie etwas bedeutet hatte, ob wir es bis Pond Inlet schafften oder nicht. Ich übersah die Tatsache, dass sie das Boot gemeinsam mit mir tapfer gerudert und geschleppt hatte, und dass uns nicht Chris, sondern die Arktis gestoppt hatte.

33

Am 3. August, 36 Tage nach der Abreise aus Tuktoyaktuk, erreichten wir Paulatuk. Obgleich wir begierig darauf waren, mit anderen

Menschen zu reden, zögerten wir, in die Stadt zu rudern und von einer neugierigen Menge begafft zu werden.

Ich hegte noch immer die ersterbenden Reste meines ursprünglichen Plans, die Nordwestpassage zu vollenden. Schließlich hatten wir erst Anfang August, und es würde noch eineinhalb Monate dauern, bis das Meer wieder zuzufrieren begann. Aber für den Augenblick hatten wir eine mühsame Wegstrecke zurückgelegt und waren hier auf der weichen Tundra, hungrig, aber gesund, und die Ortschaft und die Landebahn lagen vor uns im Blickfeld. Ich dachte an den Anfang zurück. Als sich Chris bereit erklärt hatte, mich auf dieser Fahrt zu begleiten, sagte sie, sie wolle mitkommen, »weil ihr der Norden gefällt«. Mein Freund, der Fischer, sah die Fahrt als eine Folge gefährlicher Hindernisse, die zu überwinden waren, zwischen denen aber auch schöne Strecken lagen. Chris hingegen hatte die Fahrt als schöne Strecken gesehen, zwischen denen ein paar gefährliche Hindernisse lagen. Ich fühlte mich ihr wieder nahe.

Ein Teenager fuhr sein Schneemobil über die trockene Tundra, um Grüße von seinen Großeltern zu bringen, die uns von ferne erspäht hatten: »Wer sind Sie? Von wo kommen Sie? Benötigen Sie etwas zu essen oder eine Schlafgelegenheit? Willkommen.« Seine Worte ähnelten denen seiner Vorfahren, als sie vor nur zwei Generationen Stefansson begrüßt hatten.

Wir folgten ihm zu einem rechteckigen Regierungsgebäude. Seine Eltern, Andy und Millie, begrüßten uns herzlich und luden uns zu Kaffee und selbstgebackenen Brownies ein. Kinder, die vor Aufregung zappelten, aber zu schüchtern waren, etwas zu sagen, umkreisten den Tisch, schnappten sich etwas zu essen und verschwanden kichernd wieder. Sie spielten, aßen und, wie wir später erfuhren, schliefen in so beliebiger Weise, dass wir eine Woche brauchten, bis wir herausgefunden hatten, welche Kinder zu welchen Eltern gehörten. Millie folgte unseren Blicken und sagte: »Kinder sollten, so lange sie können, frei sein; das Land lehrt sie seine Lektionen noch früh genug.« Ein paar ältere Leute kamen zu uns an den Tisch, aber sie stiegen auf die Stühle und setzten sich dann darauf in die Hocke, wie kleine faltige Vögel, die auf ihren Stangen sitzen. Gelegentlich beteiligten sie sich an unserem Gespräch, aber häufiger plauderten sie in ihrer eigenen Sprache miteinander. Diese Menschen waren in Zelten und Iglus zur Welt gekommen und als Nomaden aufgewachsen. Als sie Kinder waren, besaßen sie keine Stühle. Wenn sie sterben, wird jeder auf Stühlen sitzen und die Füße auf den Boden stellen.

Wir erklärten, wir wären auf der Durchreise und wollten Proviant für die Weiterreise nach Osten kaufen. Andy schüttelte den Kopf und meinte, dass der Ort nur einmal pro Jahr per Schiff versorgt würde. Das schlechte Eis und die Stürme, die unser Vorankommen behindert hatten, hatten auch das Schiff aufgehalten. Im Laden gab es nur Mehl, Fett, Hafermehl, Tee, Zucker, Toilettenpapier, Wegwerfwindeln, Zigaretten, Zündhölzer und ein paar Schachteln Kuchenbackmischungen. »Keiner hat viel zu essen«, sagte er. »Wir haben nur wenig mehr als Sie. Wir gehen morgen jagen und fischen, und Sie können gerne mitkommen. Wenn wir Erfolg haben, wird jeder ausreichend zu essen haben.«

Ich erklärte, dass wir wahrscheinlich etwas Mehl und Hafermehl kaufen und am nächsten Tag weiter Richtung Osten fahren würden.

Andy schüttelte den Kopf. »Das ist eine schlechte Idee. Vor ein paar Tagen sprach ich über Funk mit der kanadischen Küstenwache. Polareis ist nach Süden getrieben worden und hat sich in den Straßen von Paulatuk und Coppermine, der im Osten nächsten Ortschaft, verkeilt. Ein Eisbrecher versuchte, eine Passage zu eröffnen, um das Packeis wieder in Bewegung zu bringen, aber er hatte bis jetzt noch keinen Erfolg. Sie werden im Eis gefangen sein.«

»Ja«, erklärte ich, »aber dieses Risiko müssen wir eingehen, wenn wir überhaupt eine Aussicht haben wollen, Pond Inlet zu erreichen.«

Andy schaute mich ungläubig an, und die Alten hörten zu plaudern auf, um uns zuzuhören. »Pond Inlet! Sie sind wahnsinnig. Sie sind zu wahnsinnig. Sie haben Hunger. Bald geht der Zug der Saiblinge an, und die Karibus werden allmählich fett. Bleiben Sie hier und gehen Sie mit auf die Jagd. Es wird da draußen im Eis kalt sein. Die Herbststürme können jeden Tag beginnen. Und Sie werden es nie bis Pond Inlet schaffen, wie sehr Sie sich auch anstrengen.«

Chris schaute mich erwartungsvoll an. Ich brauchte sie nicht nach ihrer Meinung zu fragen. Ich war mit meinem Ehrgeiz allein.

Ich dachte mir: »Was haben die Inuit wohl von den frühen Polarforschern gehalten, die so begierig waren, anderswo zu sein, dass sie sich weigerten, sich umzusehen und auf die Jagd zu gehen? Und sie sind gestorben.«

Dann rief ich mir die kurze Strecke vor Augen, die wir zurückgelegt hatten, und den langen Weg, der noch vor uns lag. Bei unserer gegenwärtigen Reisegeschwindigkeit würden wir vier Sommer benötigen, um unser Ziel zu erreichen, nicht einen.

Ich fragte mich: Warum will ich eigentlich wieder ins Eis gehen? Achselzuckend sagte ich: »Wir bleiben.«

Millie stand auf und ging zum Ofen, um eine neue Kanne Kaffee aufzusetzen. Andy schob den Teller mit den Brownies zu mir herüber, und die alten Leute kümmerten sich nicht mehr um mich und nahmen ihr Gespräch wieder auf.

34

Selbst heute noch wird die Zeit in einem Inuitdorf nach dem Wechsel der Jahreszeiten und dem Zug des Wildes gemessen, nicht mit den Zeigern an der Wand. Für uns sah es aus, als gäbe es keinen Zeitplan. Gewiss, es gab ein Gefühl der Dringlichkeit, und niemand kam je zu spät. Aber die Karibus ziehen im Frühjahr nach Norden und im Herbst nach Süden. Gänse, Robben, Bären und Fische gehen nach ihrem jeweils eigenen Zeitplan auf Wanderschaft. Ein

Mensch, der auf diese Zyklen eingestellt ist, isst gut, wer es nicht ist, ernährt sich von Mehl und Hafermehl.

Das Delta des Hornaday River liegt östlich von Paulatuk, und jeweils im August ziehen die Saiblinge flussaufwärts, um zu laichen, wobei der genaue Zeitpunkt von Jahr zu Jahr um einige Wochen variiert. Die Fischsaison stand bevor, und die Leute redeten davon, auf den Fluss hinauszufahren. Doch einige zum Test ausgeworfene Netze waren leer geblieben, sodass die meisten Leute im Ort den nächsten Morgen verschliefen. Wir gingen spazieren und genossen die Ruhe.

Eine Menschenmenge versammelte sich um unser Ruderboot. Ein Mann mittleren Alters, der eine Halskette aus Bärenklauen und einen oberschenkellangen Hudson-Bay-Parka trug, der mit Vielfraßfell gefüttert war, strich mit seinen Händen über die Dollborde und kommentierte: »Das ist ein gutes Boot für das Meer. Wenn es noch etwas von den alten Zeiten gäbe, würde ich das Boot gewiss kaufen.«

Ein anderer Mann antwortete: »Aber es gibt keine alten Zeiten mehr«, und jeder lachte. Als sich die Menge verlief, kam ein großer, schlanker Weißer mit faltigem Gesicht auf uns zu. Er war der katholische Pfarrer. Er war 71 Jahre alt und lebte seit 45 Jahren im Norden. Er war entspannt, langsam und sanft. Leise, als Geheimnis unter uns und nicht als Affront gegenüber den Leuten, sagte er uns, dass die alten Zeiten nicht für immer vergangen wären. Er war überzeugt, dass der weiße Mann, wenn die westliche Zivilisation ihre Ölvorräte vergeudet hätte, nicht mehr wüsste, wie er im feindlichen Norden überleben sollte, und so schnell verschwinden würde, wie er gekommen war. Dann kämen die alten Zeiten zurück, und die Menschen würden nur überleben, wenn sie sich an die alten Bräuche erinnerten.

Als er jung war, so erzählte er uns, gab es den Ort Paulatuk noch nicht, und seine Gemeinde war übers ganze Land verstreut. Er hatte das Missionsgebäude am Anderson River gebaut, in dem wir gewesen waren, und hatte es als Basislager benützt, weil die Menschen beim Fischen und Jagen immer dort vorübergezogen waren. Aber er konnte einer nomadisierenden Gemeinde nicht dienen, wenn er an einem festen Ort wohnte, also wurde auch er ein Nomade. Jedes Frühjahr fuhr er mit dem Hundeschlitten zu den Jagdcamps im Osten und dann zurück zur Hauptgemeinde in Tuktoyaktuk, wo er über die Fortschritte während des Jahres Bericht erstattete und sich mit anderen Priestern traf. Den Spätsommer verbrachte er in Stanton, wo er Fische für seine Hunde fing und dörrte. Gegen Ende der Fünfzigerjahre hatten sich die Menschen um die Basis der DEW-Leitung bei Kap Parry konzentriert. Als die DEW-Leitung gebaut wurde, brachten die Basen medizinische Versorgung, Nachschub und gelegentlich auch Jobs. Dann baute die Regierung Paulatuk. Der Priester war sich nicht ganz sicher, weshalb es die Regierung dort erbauen ließ, obwohl Jagd und Fischfang dort gut waren. Er vermutete, dass man den Ort gewählt hatte, weil er nahe bei Kap Parry lag, aber doch nicht zu nahe. Häuser wurden gebaut und praktisch gratis angeboten. Dann kam die Elektrizität, die Wasserversorgung und die Versitzgrubenleerung. Mit diesen Dienstleistungen kam auch der Bedarf an Geld, und es standen Arbeitsplätze zur Verfügung. Schließlich meinte er: »Jetzt bauen sie einen Fernseh- und Rundfunkempfänger. Bisher bekamen wir zweimal im Jahr Post, und das war schon viel.«

Ich fragte ihn, wie sich der Wandel auf die Menschen auswirke und ob er ihn für gut oder schlecht halte. Er erwiderte, dass der Wandel an sich weder gut noch schlecht sei. »Man kann den Fortschritt weder ermutigen noch bekämpfen. Er ist eine Wanderung wie all die anderen Wanderungen, die über das Land hinziehen.«

Das traditionelle Familienleben der Inuit war von einer strengen Arbeitsteilung zwischen Männern und Frauen bestimmt. Männer jagten, bauten Iglus, sorgten für die Hunde, fuhren den Schlitten und fabrizierten Waffen. Die Frauen kochten, nähten und putzten die Lampen, die Wärme und Licht gaben. Als Teil der Nähaufgaben gerbten die Frauen Häute und machten Zelte für den Sommer. Beide Aufgabenbereiche waren überlebenswichtig. Aufgrund der Gefahren bei der Jagd war die Sterblichkeitsrate der Männer höher als die der Frauen, und folglich gab es mehr Frauen als Männer. Daher hatten erfolgreiche Jäger oft zwei Frauen. Wenn ein Jäger beispielsweise eine lange Reise unternehmen musste, seine Frau aber nicht reisefähig war, borgte er sich eine Frau, denn ohne jemanden, der die Kleidung reparieren konnte, hätte ein Mann unterwegs sterben können.

Missionare versuchten, diese kulturellen Erfordernisse durch religiöse Dogmen zu ersetzen, die aus dem mittelalterlichen Europa stammten. Polygame Männer wurden aufgefordert, eine ihrer Frauen zu entlassen. Aber wie sollte ein Mann sich zwischen zwei Frauen entscheiden, die er liebte, zwischen zwei Frauen, die seine Kinder zur Welt gebracht hatten? Welche sollte er ohne Fleisch und Öl in die Kälte hinausschicken?

Der Missionar, der vor mir stand, war ein liebenswürdiger Mann. Hatte er Frauen zu Einsamkeit und Hungertod verurteilt, um seinen Gott zu besänftigen? Als Reisender würde ich nie lange genug bleiben, um die Antwort auf diese Frage zu erfahren, denn sie ist tief vergraben.

35

Da wir wussten, dass die Einheimischen in ihren Motorbooten schneller sein würden, als wir rudern konnten, brachen wir einen Tag vor allen anderen zum Hornaday auf. Wie der Mackenzie, so befördert auch dieser Fluss Wärme nach Norden, weshalb Erlen und Weiden seine Ufer säumen. Das waren die höchsten Gewächse, die wir seit sechs Wochen gesehen hatten, und wir ruderten anderthalb Kilometer flussaufwärts, um in einer von Gebüsch umwucherten Lichtung zu lagern. Am nächsten Morgen waren wir ohne Ziel an Land. Plötzlich hatte ich das Gefühl, mich im Urlaub zu befinden.

Wir brachen unser Lager spät ab, und als wir flussabwärts trieben, kam ein großer Karibubulle ans Ufer, um uns zu beäugen. Wir kehrten gegen Mittag an die Küste zurück und entdeckten am Strand sechs weiße Steilwandzelte, sahen aber keine Menschen. Wir riefen, und Andy streckte sein verschlafenes Gesicht aus einem der Zelte heraus.

»Ach, hallo, hallo, bitte kommen Sie doch auf einen Kaffee herein. Entschuldigung, dass wir noch schlafen. Wir hatten kein Essen, also haben wir ein Flugzeug aus Inuvik gechartert, und es kam gestern spät in der Nacht an. Wir sind heute früh um vier Uhr hier angekommen.«

Millie stellte einen Kessel auf einen Coleman-Kocher, während sich verschlafene Gesichter aus dem Haufen von Pelzen, Schaummatten und Decken im Zelt schälten. Wir setzten uns, unterhielten uns und erzählten von dem Karibu, das wir gesehen hatten.

»Warum haben Sie es nicht geschossen?«

»Wir sind Weiße und dürfen keine Karibus jagen.«

Unsere Gastgeber hatten Probleme, das zu verstehen. »Wir sind hier das Volk. Das ist unser Land. Sie sind unsere Gäste, unsere Freunde. Wir haben kein Fleisch, Sie würden es mit uns teilen. Wir würden der Königin in London oder dem Premierminister in Ottawa nicht erzählen, dass Sie das Karibu geschossen haben.«

Ein anderes weißes Paar kam aus einem der Nachbarzelte. Sie waren Lehrer an der Schule in Paulatuk gewesen, waren aber nach Inuvik umgezogen. Letzte Nacht waren sie mit dem Charterflugzeug eingeflogen, um ein paar Tage zum Fischen zu gehen. Unsere Inuitfreunde beschlossen, dass alle *kabloonas* (Weißen) dorthin zurückkehren sollten, wo wir das Karibu gesehen hatten, um etwas Fleisch zu besorgen. Es war mir peinlich, weil meine kurzläufige Schrotflinte nur zur Abwehr von Bären gedacht und viel zu ungenau war, um auf der offenen Tundra ein Karibu zu erlegen. Jim, der

Lehrer, hatte ein Gewehr mit Kaliber 30-30 und offenem Visier, das zum Jagen in dichtem Wald gedacht ist. Aber wenigstens war es ein Gewehr. So brachen wir zu viert mit einem Gewehr auf, um Wild zu suchen.

Wir gingen durch die Tundra bis zu der Stelle, wo wir den Bullen gesehen hatten. Beim Blick von einem Steilhang sahen wir eine kleine Herde auf einer Insel mitten im Fluss. Jim gab mir das Gewehr und behauptete, ich müsste der beste Schütze sein, weil jeder, der so weit gereist ist, ein guter Jäger sein müsse. Es ist schwer, sich in freiem Gelände an Karibus anzuschleichen, aber wir hatten einen Plan. Ich kletterte im Schutz einer Schlucht hinunter, watete durch den Fluss und versteckte mich hinter einem Treibholzstamm am Nordende der Insel. Als ich gut versteckt war, näherten sich Jim und die beiden Frauen vom Süden, verteilten sich und versuchten, die Herde auf mich zuzutreiben. Die Karibus erschraken, wie erwartet, bogen bei ihrer Flucht aber ab und liefen in gestrecktem Galopp 100 Meter von mir entfernt quer durch den Fluss. Ich schoss trotz der großen Entfernung einmal, traf aber nichts. Daraufhin kehrten wir mit leeren Händen ins Lager zurück.

Wir wurden vom Geruch kochenden Fleisches begrüßt. Ein frisch erlegtes Karibu hing auf einem behelfsmäßigen Gestell. Jemand sah uns und rief: »Hallo, hallo, haben Sie Glück gehabt?« Und alles lachte.

»Nein, ich habe einmal geschossen und verfehlt.«

»Verfehlt?« Erneutes Gelächter. »Dann sind Sie schlechte Jäger, und wir müssen alle hungern.« Wieder Lachen.

»Wo haben Sie das Fleisch her?«, fragte ich.

»Ach, nachdem Sie gegangen waren, legten wir uns alle wieder schlafen, und als Andy zum Pinkeln aufstand, stand dieser Bulle direkt vor dem Zelt, da hat er ihn einfach abgeschossen.«

Jemand holte Gläser mit Barbecuesauce heraus, die das Flugzeug mitgebracht hatte, und wir setzten uns alle zu einem Festschmaus nieder.

Andy war in der Nähe von Paulatuk zur Welt gekommen. Er war Mitte 30. Als er noch ein Teenager war, hatte die kanadische Regierung alle Kinder der Zentralarktis von ihren Familien weggeholt und sie auf eine Internatsschule in Inuvik geschickt. Sie lernten dort Englisch sprechen, Lesen und Schreiben, verloren aber den Kontakt zu ihren Familien und wurden aus ihrer Kultur herausgerissen. Nach seinem Schulabschluss war Andy nach Tuktoyaktuk gezogen, wo er 13 Jahre lang einen guten Job gehabt hatte. Vor sechs Jahren hatte er gekündigt und war mit seiner Familie in diese Ortschaft gezogen. Er verdiente sich seinen Lebensunterhalt damit, dass er den Wasser-Lieferwagen fuhr und sein Einkommen durch Jagen und Fallenstellen ergänzte. Als ich ihn fragte, wie denn jemand an Wasser käme, wenn er hier draußen im Lager wäre, sagte er mir, dass jedermann auf die Jagd gegangen sei, sodass niemand eine Lieferung benötigte.

36

Am nächsten Morgen erwachten Chris und ich aus Gewohnheit früh. Niemand regte sich, also setzten wir Tee auf und machten einen Topf Haferbrei. Gegen 10 Uhr 30 versammelten sich die Leute vor ihren Zelten. Um 11 Uhr 30 brutzelten Eier und Speck, und es gab eine allgemeine Diskussion, dass man Netze aufstellen sollte, aber die Begeisterung war so schwach, dass nichts geschah. Gegen 14 Uhr 30 taten sich die Männer zur Karibujagd zusammen, und ich folgte ohne Waffe. Wir gingen in Gruppen zu zweit oder dritt plaudernd und lachend über die hügelige Landschaft. Ich war enttäuscht. Ich hatte schweigsame Männer erwartet, die zuversichtlich einer Spur folgten, die für die Augen von Städtern unsichtbar blieb. Ich konnte mir nicht vorstellen, dass dieser lässige Spaziergang erfolgreicher sein würde als mein sorgfältig geplantes Fiasko vom Vortag. Doch bald schon wurde die Fröhlichkeit vom Klang eines

Schusses unterbrochen. Einer der jüngeren Männer hatte einen Karibubullen erlegt, als er auf halbem Weg die Seite einer Schlucht hinuntergegangen war. Der Rest des Jagdtrupps begutachtete das Tier, das auf dem Steilhang zusammengebrochen war.

»Du hättest mit dem Schießen warten sollen, bis es ganz oben oder unten ist. Es wird viel mehr Arbeit machen, es an Ort und Stelle zu häuten und auszuweiden.«

Es wurde weiter diskutiert, aber niemand erbot sich zu helfen. Schließlich sprang ich von der Anhöhe zum Jäger hinunter und half ihm, das Karibu auf eine ebene Fläche zu schleifen, wo man ihm das Fell abziehen konnte. Wir trugen das tote Tier zum Lager zurück, und die Großmutter zerteilte es portionsweise. Sie gab mir ein Vorderbein und einige Rippen: »Das gehört Ihnen.« Als ich fragte, warum, sagte sie mir, dass ich einer der Jäger sei und dass jeder Jäger einen Teil des Fleisches bekäme. Ich wandte ein, dass ich kein Jäger sei, weil ich keine Waffe trug.

»Egal, Sie sind mit den Männern losgezogen, also sind Sie ein Jäger.«

Ich protestierte, ich sei ein Reisender und dass ich in ein paar Tagen wieder fort sein und das Fleisch verderben würde. Sie erklärte mir geduldig, dass man auch auf Reisen etwas zu essen benötige. Die alte Frau gab mir das Fleisch mit den Worten: »Es ist bei uns so der Brauch.«

Ich nahm meinen Anteil und ging zu unserem Zelt, wobei ich mich fragte, was wir mit dieser riesigen Fleischmenge anfangen sollten. Dann ging ich durchs Lager und verkündete: »Kommt alle zu unserem Zelt zu einem Festmahl.« Die Leute lächelten. Wir machten Feuer und aßen alles auf.

Nach dem Essen bedankte sich Andy für das schöne Festmahl, verkündete aber, dass seine Frau ein besseres kochen werde. Millie legte Zeitungspapier auf der Tundra aus und stellte sorgfältig *muktuk* (rohen Walspeck), Bannock und Tee bereit, sowie ein wenig Jell-O als Nachspeise. Kurz nach Mitternacht standen wir im roten

Licht der Sonne, die hinter dem Horizont verschwand und kurz danach wieder aufging.

Als alles Essen weg war, sagte Andys Bruder, Gil, es sei zwar schön, in der freien Natur zu sein und wieder einmal *muktuk* zu essen, aber wenn man ein Festmahl für *kabloonas* ausrichten wolle, sollte man besser Gans anbieten. Wir marschierten alle zu einem dritten Zelt, wo Gils Frau ebenfalls Zeitungspapier auslegte und Teller aufstellte, auf denen nahrhaftes, fettes, geschmortes Gänsefleisch aufgehäuft war. Es war 2 Uhr 30 morgens, höchste Zeit für Kaffee und frische Doughnuts, die auf einem Coleman-Kocher in Fett herausgebacken wurden.

Obwohl es fast 4 Uhr morgens war, als wir in unser Zelt zurückkamen und in unsere Schlafsäcke krochen, konnten Chris und ich nicht einschlafen. Unsere Mägen waren zu sehr damit beschäftigt, das viele nahrhafte Fleisch und Fett zu verdauen, und der starke, schwarze Kaffee hielt uns wach. Ich sah der Sonne zu, wie sie durch das Nylon leuchtete, und folgte ihrem Weg nach Süden, ehe sie sich von Ost nach West zu bewegen begann.

Chris schmiegte sich an mich und murmelte: »Erzähl mir eine Geschichte.«

Ich erzählte eine Geschichte von einem Inuitjungen, der Waise geworden war und alleine bei seiner schwachen Großmutter blieb. Sie hatten nichts zu essen, und der Junge war noch zu jung zur Jagd. Er fertigte eine simple Harpune an, und an einem mondhellen Wintertag trottete er hinter den Jägern her, als diese im Halbdunkel zur Jagd aufbrachen. Die Männer riefen Beschimpfungen, nannten ihn ein Baby und sagten ihm, er solle in seinen Iglu zu der alten Frau zurückkehren, aber er hörte nicht auf sie. Die Jäger waren schneller als er. Er blieb zurück und folgte nur ihren Spuren über das Eis. Die Männer erlegten einen weißen Bären, einen *nanuk*, und als sie ihm das Fell abzogen und das Fleisch aufteilten, holte sie der kleine Junge endlich ein. Feierlich, sorgfältig und in absoluter Fairness gaben ihm die Männer seinen Anteil am Fleisch und am Fell, da er bei den Jägern gewesen war und somit selbst ein Jäger war. Am nächsten Tag folgte er wieder den Männern. Dabei trug er als Talisman eine *nanuk*-Klaue um den Hals. Wieder erreichte er die Jagdgründe lange nachdem das Tier erlegt worden war und, wie es der Brauch wollte, kehrte er mit Nahrung für sich und seine kranke Großmutter heim. Natürlich wuchs der Junge heran und wurde einer der größten Jäger.

Chris drehte sich um und sank in den Schlaf, während ich in meinem Schlafsack Tagträumen nachhing. Ich empfand, dass ich in den letzten Tagen dieser kleine Junge gewesen war. Unsere Freunde hatten nicht nur ihr Fleisch mit mir geteilt, sondern mir etwas über das Land beigebracht. Es gab so viele Gurus, die mich etwas lehrten: die Leute, Chris und das Land selbst. Das Land hatte mich gelehrt, dass man die arktischen Stürme nicht überlisten kann. Chris war froh, über das Land zu gehen, ohne den Zwang, eine Leistung erbringen zu müssen. Meine Freunde und ihre Vorfahren glaubten, dass ein Magen voller *muktuk* und Gänsefett das größte Glück darstellt. Ich muss auf diese Stimmen hören.

Ich fing an zu dösen. Ich wollte zuhören, aber mir nichts merken. Vielleicht konnte ich die Lektionen rund um meine eigene Persönlichkeit drapieren. Ich wollte nach Pond Inlet rudern. In einigen Tagen würde ich ein Flugzeug besteigen und heimfliegen. Das Ende schien so zahm, so unbefriedigend. Am Kap Hoorn war ich wenigstens in Ehren gescheitert und hatte mich abgerissen und abgemagert trotz zerbrochenem Boot und verletzter Schulter bis nach Puerto Toro geschleppt.

37

Am nächsten Morgen wollte ich wieder ins Boot steigen und weiterfahren, aber ein Gelingen war unmöglich, und der Sommer ging schon zur Neige. Jedenfalls hatten wir unseren Schwung verloren.

Wir fragten Andy nach dem Flugplan, und er meinte: »Wendet euch an Nora. Sie hat die Fluglinienagentur.«

Nora war die älteste Frau im Lager, und ihr Zelt war zwanzig Meter entfernt. Sie saß im Freien, und als ich näher kam, blickte sie auf. »Tee?«

Wasser kochte auf dem Coleman-Kocher in einem offenen Kessel. Ich setzte mich mit überkreuzten Beinen auf die Tundra, und wir plauderten. Nora erzählte mir – wie im Prolog dieses Buchs beschrieben – von den Geistern, und dass man während Hungerperioden die Babys von den Klippen geworfen habe. Dann schlug sie Mücken tot und sagte mir, sie hätte bereits unsere Flugreservierungen gebucht.

»Manchmal landet das Flugzeug zuerst in Sachs Harbor, außer niemand in Sachs Harbor will irgendwohin fliegen, dann kommt es hierher. Vielleicht fliegen Sie nach Holman, ehe Sie nach Inuvik fliegen. Ich bin mir da nicht ganz sicher, aber der Pilot wird wissen, wohin er fliegen wird, wenn er hier ankommt.«

Wir verkauften das Boot einem Mann namens Tony. Nachdem er mir das Bargeld gegeben hatte, fuhr er mit den Händen über die glatten Dollborde aus Teakholz und sagte: »Als Nächstes kaufe ich mir ein Schlittengespann. Dann kann ich meinen Kindern im Sommer und im Winter zeigen, wie man in den alten Zeiten unterwegs war.«

Am Donnerstagmorgen fuhr uns Tony mit seinem Motorboot zur Ortschaft. Ein heftiger Regen fiel, als das Flugzeug über die Landebahn fuhr und kleine Steinchen gegen die Unterseite der Flügel krachten. Als wir uns zum Abschied die Hände schüttelten, bemerkte ich, dass Tony in einem Wollhemd im Regen stand. Ich zog meinen Regenmantel aus und gab ihn ihm.

Er sagte: »Nein, Sie werden ihn brauchen.«

Ich antwortete: »Nein, wo ich hingehe, kann ich mir einen neuen kaufen.«

Er dankte mir, und ich stieg die Leiter hinauf.

Der Flugbegleiter schloss die Tür und ersetzte so den Regen, die Gerüche und die Weite der Arktis durch die wohlige Enge eines trockenen, gut gepolsterten Aluminiumrohres. Ich schloss meinen Sitzgurt.

Mit einer klugen Strategie hätten wir die Nordwestpassage vollenden können.* Es wäre töricht, gegen mich selbst zu kämpfen und so zu tun, als fühlte ich mich nicht zu Zielen hingezogen. Es wäre so unsinnig wie der Versuch, mit Brachialgewalt einen Weg durchs Eis gehen zu wollen. Aber einen Weg gab es gewiss.

Das Flugzeug hob ab; wir flogen eine Kurve und dann ging es Richtung Westen. Ich fand eine alte Zeitung aus Inuvik in der Zeitschriftenablage. Nora war die Korrespondentin aus Paulatuk, und ich las ihre Kolumne:

Die Sonne ging am 16. Januar auf, und der lange Winter ist fast wieder vorüber, besonders für jene, die in so kaltem Wetter Fallen stellen. Es ist sehr hart für diejenigen, die lange Fallenstrecken abzugehen haben und manchmal mit nichts heimkommen. Ich habe immer großes Mitgefühl mit allen, die sich sehr abmühen und mit nichts nach Hause kommen. Zwischen den Häusern gibt es wieder viele Schneeverwehungen. Es ist im Winter nicht leicht, nach nebenan zu gehen und einen Besuch zu machen. In diesem Jahr ist das Fallenstellen nicht sehr einträglich. Drei fahrbare Untersätze gingen dieses Jahr außerhalb der Siedlung kaputt. Die Männer mussten den ganzen Weg nach Hause gehen. Die meisten Männer haben jetzt einen Hundeschlitten. Die Flugzeuge kommen einmal im Monat. Bis jetzt hat noch niemand die Grippe gehabt, und dafür sind wir dankbar. Das ist alles. Nora.

---

* Die Nordwestpassage wurde 1988 im Kajak bewältigt. Es war die erste nicht-motorisierte Durchquerung innerhalb nur eines Sommers.

3. Kapitel

Mit dem Hundeschlitten
auf Baffin Island

Es war einmal ein Jäger, dem immer sein Fleisch abhanden kam. Er legte sich einen Fleischvorrat in seiner Höhle an, und am nächsten Tag war er verschwunden. Der Jäger war davon nicht sehr erbaut. Er schwor, denjenigen aufzuspießen, der ihm sein Fleisch wegnahm, und dann dessen leblosen Körper ins Meer zu schleudern. Und so versteckte er sich im hinteren Teil der Höhle. Ein Tag verging, zwei Tage. Schließlich sah er eine Gruppe Kinder, die aus dem Nichts aufgetaucht zu sein schienen. Sie hatten sich um sein Fleisch geschart. Nun wurde der Jäger wütend und hob seinen Speer in der Hoffnung, sie alle zu töten. Aber dann erkannte er, dass es die Nordlichtkinder waren – die Geister tot geborener Kinder, die mit ihrer Nachgeburt am Himmel tanzten. Sie sagten ihm, sie hätten in diesem Jahr sehr großen Hunger leiden müssen. Und deshalb hätte er in jüngster Zeit keine Nordlichter mehr gesehen. Ob er ihnen nicht erlauben wolle, sein Fleisch zu nehmen? Wenn nicht, würde der Himmel für immer leer bleiben. Der Jäger erbarmte sich. »Bitte, nehmt, was ihr wollt«, sagte er zu ihnen. Und einige Tage später funkelten wieder Nordlichter am Himmel.

Inuitlegende aus:
Lawrence Millman, A Kayak Full of Ghosts

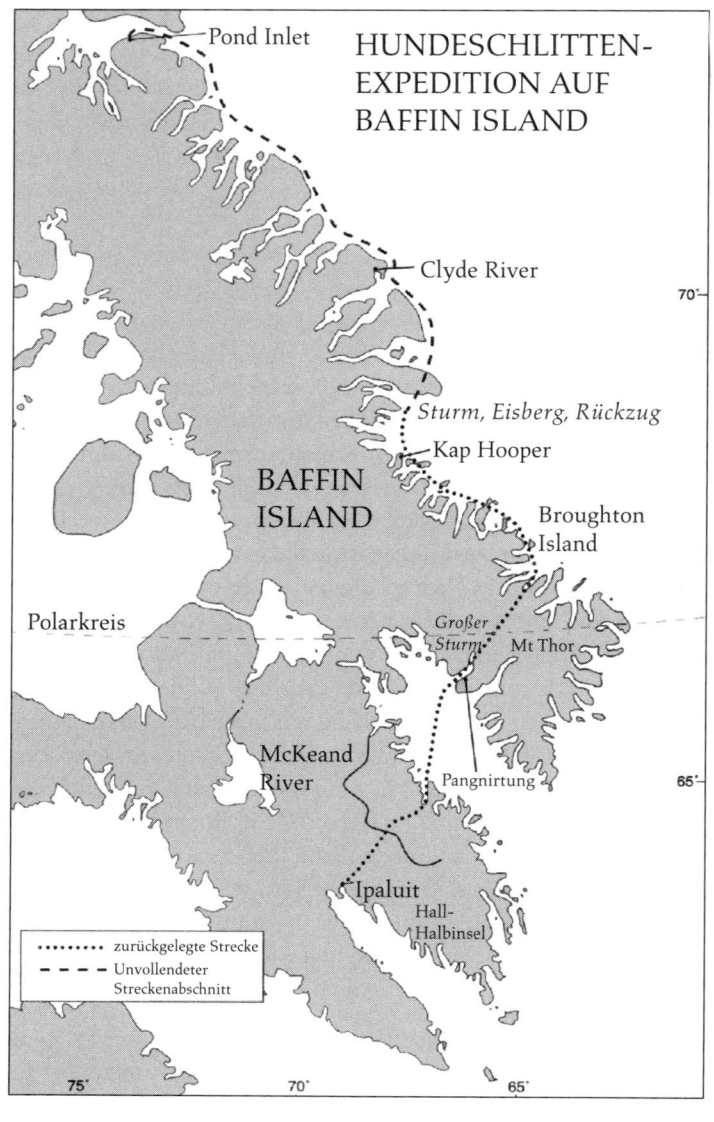

HUNDESCHLITTEN-
EXPEDITION AUF
BAFFIN ISLAND

Pond Inlet

Clyde River

70°—

Sturm, Eisberg, Rückzug

Kap Hooper

BAFFIN
ISLAND

Broughton
Island

Polarkreis

*Großer
Sturm* Mt Thor

McKeand
River

Pangnirtung

65°—

Ipaluit
Hall-
Halbinsel

•••••••••• zurückgelegte Strecke
— — — Unvollendeter
Streckenabschnitt

75°   70°   65°

1

Wir kehrten nach Southern Cross zurück, pflückten Heidelbeeren, buken selbst gemachtes Brot in Chris' Holzherd, bestrichen es mit frischer Heidelbeermarmelade, verziehen einander die beschwerlichen Zeiten und ergingen uns in Erinnerungen an die guten. Aber die Romanze geriet ins Wanken. Wir hatten zu viel Zeit in einem Boot bei nur einer Armlänge Distanz auf einem kalten, grauen Ozean verbracht, hin und her gerissen von sich widersprechenden Träumen.

In einem kleinen Raum wie Chris' Küche in Southern Cross rempelt man ständig gegen den anderen. Man kann mit einer sanften Berührung der Hüften aneinander vorbeigehen, die besagt: »Ich gehe in die Richtung, du in jene, und solange wir uns so nah sind, denk daran, ich liebe dich.« Oder man drängt sich durch und markiert sein momentanes Revier mit einem Starrblick, der besagt: »Ich gehe jetzt da hin.« Wir stritten nicht, aber als sich die Körpersprache veränderte, war es Zeit zu gehen.

Ich mistete meinen unordentlichen Schreibtisch aus, warf die selbst gemachte Tischplatte und die Tischbeine auf den Feuerholzstapel und stellte die Topfpflanze in die Ecke, in der sie vor meiner Ankunft gestanden hatte. Dann lud ich meine Bücher und meine Schreibmaschine in den Kofferraum meines Wagens, stellte zwei Archivkisten auf die Rücksitze und verstaute die Zelt- und Kletterausrüstung in dem noch verbleibenden Zwischenraum. Wir umarmten und küssten uns und murmelten etwas von »Bis bald, auf Wiedersehen«. Ich fuhr den Berg hinunter.

Noey hatte darum gebeten, das Schuljahr bei mir verbringen zu dürfen, also fuhr ich nach Kalifornien, um sie abzuholen. Ich versuche, komplexe Emotionen zu ignorieren, wenn ich lange Strecken allein fahre. Selbst unter normalen Umständen winden sich Gedanken um die gestrichelte Linie in der Mitte der Straße. Aber das waren keine normalen Umstände. Ich brauchte laute Musik, die sich direkt in die Ohrmuscheln bohrte, um die Gedanken zu überwältigen. Ich setzte die Kopfhörer auf und drehte die Lautstärke hoch.

Aber auch die Musik war nicht stark genug. Machte ich einen kühnen Sprung in die Freiheit, eine Selbstbestätigung von *mir*, Jon Turk, um eine einzigartige Lebensart zu definieren? Oder war ich nur verwirrt und verhielt mich töricht?

15 Stunden, einen Liter Kaffee, einen Big Mac und einen Bauch voller knuspriger Hühnerteile später fing ich an, die zweite Erklärung zu akzeptieren. Was war so verwirrend? Es sollte doch nicht so schwierig sein, herauszufinden, was mich glücklich machte. Ich war seit einem Jahrzehnt unentschlossen. Rund ein Drittel meines Lebens.

»Ich bin nicht töricht«, sagte ich mir. »Ich bin bei der Chemie ausgestiegen, weil ich dachte, dass die Gesichter von Chemikern gelb und lasch aussehen, und ich Ski fahren gehen wollte. Ich fuhr nach Kap Hoorn, um … ja, um was zu tun? Geistige Erfüllung in den wirbelnden Nebeln zu finden?«

Ich konnte kein einziges einfaches Bild aufgreifen, das mich leiten und beruhigen konnte.

Ich fuhr auf die Autobahn und behielt meinen Fuß auf dem Gaspedal.

Ich traf Noey in der Gegend von Santa Barbara, und wir gingen Pizza essen, um die weiteren Pläne zu besprechen. Ich hatte mein Haus in Telluride verkauft und außer ein paar Büchern und Archivunterlagen, die in Southern Cross eingelagert waren, befand sich meine gesamte Habe in meinem Auto. Ich war 37 Jahre alt, hatte kein Zuhause und kein bestimmtes Ziel. Noey schlug vor, dass wir unsere Freunde Jock und Francie besuchen sollten, die im Süden Colorados eine Schafranch betrieben. Das hörte sich so gut wie jeder andere denkbare Vorschlag für mich an, also fuhren wir weiter südlich nach Los Angeles, dann östlich durch die Wüste.

Wir bauten am Fluss ein Steilwandzelt auf und fuhren in die Stadt, um Vorräte zu besorgen. Ich fing mit der Arbeit an einem weiteren wissenschaftlichen Lehrbuch zu Umweltfragen an. Noey sollte eigentlich in die vierte Klasse gehen, aber wir übersahen geflissentlich den Schulbus, der jeden Tag an der Hauptstraße vorbeifuhr. Ich las laut Hemingway vor, und sie bemühte sich, *Wem die Stunde schlägt* zu verstehen. Bob Dylan sang aus dem Autoradio Lektionen zum Thema Lyrik. Jock brachte ihr bei, wie man Kühe melkt und Schafe versorgt. Francie attackierte sie mit einer Haarbürste, und nachdem sie das Haar glatt gebürstet hatte, ging sie mit ihr zum Ernten in den Garten. Jocks Bruder Doug brachte ihr bei, wie man Hühner stiehlt. Er achtete sorgfältig darauf, sie daran zu erinnern, dass Hühnerdiebstahl keine gute Idee sei. Aber wenn man je ganz unten und hungrig wäre, könnte man einfach in einen Hühnerstall schleichen, ein Huhn bei den Beinen packen und schnell auf den Kopf stellen. Ein Huhn, das man mit dem Kopf nach unten trägt, gackert nicht, sodass der Bauer nicht aufwacht.

Ich lag eines Morgens im Schlafsack und betrachtete die Eiskristalle, die sich im Frühherbst an der Zeltinnenwand gebildet hatten. Da beschloss ich, dass es Zeit für eine Lektion in Sozialkunde sei. Ich weckte Noey, wir machten Feuer, brieten Rührei in der Pfanne und planten eine Fahrt auf die mexikanische Halbinsel Yucatán.

Noey schlug vor, Chris einzuladen. Noey war keine gewiefte kindliche Therapeutin, die versuchte, ihren Daddy vor einem einsamen Alter zu bewahren. Chris war ihre Freundin, und Noey dachte, wir würden gemeinsam Spaß haben. Ich sah den Eiern beim Braten zu und legte noch ein Stück Holz ins Feuer. Warum konnten Chris und ich nicht unsere eigene Identität wahren, wenn wir beisammen waren? Ich frühstückte und ging zum Haupthaus, um mir das Telefon auszuleihen. Zum Glück fing auch Chris an, mich zu vermissen. In Chris' Worten:

Nachdem Jon mit Noey nach Colorado gezogen war, hatte ich meine Hütte, meinen Job und meinen Lebensrhythmus wieder für mich. Die emotionale und körperliche Anstrengung der Reise erzeugte bei uns beiden den Wunsch, uns in unseren eigenen Bereich zurückzuziehen.

Ich arbeitete in der Holzcrew der Forstverwaltung und verbrachte meine Zeit damit, durch die Wälder zu gehen und eine Inventur des Holzbestands zu machen. Wir ließen jeden Morgen den Truck stehen und marschierten auf Wildspuren zu einem Baumbestand, dessen festgelegte Entfernung wir mit dem Kompass ermittelten. Dann studierten wir Umfeld, Größe und Alter der Bäume.

Die Bäume im Westen Montanas sind im Vergleich zu denen, die man in Washington oder Oregon findet, klein. Aber verglichen mit der baumlosen Tundra war dies ein Wunderland von Riesen. Ein früher Septemberfrost hatte die niederen Heidelbeerbüsche leuchtend rot gefärbt und die übrige Vegetation in ein breites Spektrum gelber bis goldener Farbtöne getaucht.

Nachdem ich einen Monat lang in meinem alten Haus gelebt hatte, fing ich an, Jon zu vermissen. Er rief gerade in dem Augenblick an, als ich zum Ende der Saison entlassen wurde. Eine Fahrt nach Yucatán mit Jon und Noey hörte sich nach einer besonders kalten Woche in den Wäldern geradezu perfekt an. Ich buchte einen Flug nach Denver.

Wir flogen nach Mexiko, schnorchelten zwischen Korallenriffen und besuchten alte Mayaruinen. Chris und ich vergaben uns gegenseitig die schwierigen Zeiten und verliebten uns wieder ineinander. Chris bat uns beide, den Winter bei ihr in Southern Cross zu verbringen.

Noey ging in der Nähe in die Schule, ich arbeitete an einem Buch, und Chris und ich gingen fast jeden Tag gemeinsam Ski fahren. Eines Nachmittags, als wir nach einer Skitour heiße Schokolade tranken, klopfte Carl, unser Nachbar, an und sagte, da wäre ein Anruf für mich. Das war nichts Ungewöhnliches, denn Carl hatte das einzige Telefon in der Nachbarschaft.

»Weißt du, wer dran ist?«, fragte ich, als wir durch den Schnee stapften.

»Die Oregon State Police.«

Ich ging im Geiste meine jüngsten Autofahrten durch und überlegte, ob ich irgendwelche Strafzettel oder Parkgebühren übersehen hatte, konnte mich aber an nichts dergleichen erinnern.

»Hallo.«

»Oregon State Police, Officer Jensen am Apparat. Kennen Sie ein 12-jähriges Mädchen namens Reeva Saria?«

»Ja, das ist meine Tochter. Ich habe sie nicht mehr gesehen, seit sie ein Baby war.«

»Wir haben sie in einer Busstation in Portland aufgegriffen. Sie ist zu Hause durchgebrannt und sagt, sie würde bei Ihnen bleiben, aber wieder weglaufen, wenn wir sie zu ihrer Mutter zurückbringen. Wollen Sie sie abholen?«

Ich traf alle nötigen Vereinbarungen mit Sozialarbeitern und Richtern, schickte ein Flugticket und holte Reeva am nächstgelegenen Flughafen in Butte ab.

Ich erkannte sie hauptsächlich daran, dass sie das einzige kleine Mädchen war, das ohne Begleitung aus dem Flugzeug ausstieg. Ihr Haar war gefönt und toupiert, und sie trug Stadtkleidung. Ich gab ihr ein Paar Stiefel, die ich für sie gekauft hatte, aber sie wollte ihre flachen Halbschuhe nicht ausziehen. Ich erklärte ihr, dass wir auf einem Berg im Schnee wohnten, wo es keine geteerten Straßen und gepflasterten Gehsteige gab. Sie sagte mir, die Stiefel sähen hässlich aus.

Chris' kleine Berghütte war perfekt für eine Person, beengt mit zwei und chaotisch mit vier. Die Mädchen mussten auf Matratzen am Boden schlafen, und wir hatten keinen Strom für Fön und Lockenwicklerstab.

Chris und ich hatten uns nicht fest genug aneinander geschmiedet, um diesen Druck auszuhalten. Ich sprach davon, nach Alaska zu ziehen und eine weitere Expedition zu unternehmen. Chris wollte in Southern Cross bleiben und vielleicht eine Familie gründen. Wir akzeptierten, dass wir momentan Freunde und Geliebte bleiben könnten, aber nicht für immer.

Im Frühjahr flog Noey zurück nach Kalifornien und Reeva besuchte die Ranch von Jock und Francie. Ich tauschte mein Auto gegen einen Pickup und zog zum zweiten Mal aus Chris' Hütte aus.

Ich fuhr wie in Trance nach British Columbia und konnte nicht glauben, dass ich wieder allein war. Ich schlief ein paar Stunden, trank eine Thermoskanne grauenhaften Imbissstubenkaffee leer und setzte mich wieder ans Steuer. Ich erinnerte mich an die glorreichen Augenblicke in Chile, als ich die Furcht und die Leere überwunden hatte und unbehindert der Welt gegenübertreten konnte. Ich raste durch den Taigawald und verfiel in einen Rhythmus: 1500 Kilometer fahren, zwei Stunden schlafen, Kaffee trinken, essen, fahren. Der Zollbeamte an der Grenze zu Alaska warf einen Blick auf mich und sagte: »Steigen Sie aus, legen Sie die Hände aufs vordere Schutzblech, spreizen Sie die Füße und sagen Sie nichts.«

Okay, mein Haar war struppig, ich hatte einen Dreitagebart, und er hielt mich für einen Drogensüchtigen mittleren Alters. Aber er konnte mich nicht dafür einsperren, dass ich beschissen aussah, weil ich meine Freundin verlassen und solche Angst vor mir selber hatte, dass ich nicht schlafen konnte.

2

Im Herbst und Winter des heimischen Umbruchs hatte ich in aller Stille meine nächste Expedition geplant. Chris und ich hatten gedacht, unser Ruderboot wäre leicht genug, um es durchs arktische Eis zu dirigieren, aber wir irrten uns. Wir hatten es in der Beaufort-See nur 800 Kilometer gerudert und geschleppt, und waren heimgeflogen, als noch 2400 Kilometer vor uns lagen. Wenn man so spektakulär versagt, muss man seine Strategie ändern.

Die Inuit entwickelten zwei einzigartige Technologien: das Kajak und den Hundeschlitten. Beide waren einer eisigen Umwelt angepasst, und wenn es hart auf hart kam, waren beide essbar. Kajaks wurden aus Robbenhaut gemacht, aus der man eine magere Suppe kochen kann, und Hunde können geschlachtet werden. Hunde waren nahrhafter, aber ein alter Mann sagte mir, dass die Menschen in schweren Zeiten im Allgemeinen zuerst ihre Kajaks aßen.

Heute fahren die Inuit in Kanada im Sommer mit dem Motorboot, im Winter mit dem Schneemobil. Sie fliegen Linie. Aber wenn sich alte Männer an ihre Abenteuer erinnern, reden sie immer von den Schlittenhunden. Im Nordwesten Grönlands gilt auch heute noch ein männlicher Erwachsener nicht als »Mann«, wenn er kein Jäger ist, und ohne Hunde kann man kein Jäger sein.

Andy und Gil, unsere Freunde in Paulatuk, erzählten mir, ihre Kindheit in den Schlafsälen bei den Nonnen hätte sie unwiderruflich der entscheidenden Lebensjahre auf dem Land beraubt. Die Inuit in der östlichen Arktis hatten sich hingegen geweigert, ihre Kinder in zentralen Ortschaften auf die Schule zu schicken. In der Folge lernten viele von ihnen nie Englisch, und die meisten wurden gute Jäger. Andy und Gil versicherten uns, wir wären in der Zentralarktis willkommen, aber sie meinten, *kabloonas* wie wir würden bei ihnen unsere Zeit verschwenden, wo wir doch zusammen mit den echten Inuit auf Baffin Island jagen gehen könnten.

Ich beschloss, den ganzen Sommer über zu fischen, um genug Geld zu verdienen, um im Herbst und frühen Winter Hunde zu kaufen und zu trainieren. Dann hatte ich vor, nach Iqaluit an der Südküste von Baffin Island zu fliegen und mit dem Schlitten die 1400 Kilometer nach Pond Inlet, dem Ziel der letzten Reise, zurückzulegen.

Nach der Begegnung an der Grenze fragte ich mich, warum ich eine dritte Expedition plante, nachdem die ersten beiden misslungen waren. Ich hatte meine Ziele nicht erreicht und ich war unterwegs nicht glücklich gewesen. Die Wrangell-Berge glitten vorüber. Mick Jagger sagte mir, er »erwarte nicht, hier wieder vorbeizukommen«. Ich hielt, um zu tanken, nahm mir einen Hamburger für unterwegs mit und setzte mich wieder ans Steuer. Wie war doch gleich noch die Frage?

Ich hatte meine Geliebte verlassen. Verdammt. Okay, vielleicht würde ich eines Tages ein kauziger alter Mann werden. Verdammt auch das. Ich war unterwegs nach Baffin Island. Im Winter. Mit Schlittenhunden. Weil ich es so wollte.

3

Nach der Fischfangsaison flogen alle drei Kinder – Nathan, Reeva und Noey – nach Alaska. Wir hatten vor, in eine entlegene Hütte zu ziehen, auf den Winter zu warten und ein Hundegespann abzurichten. Nathan war unlängst vierzehn geworden, Reeva war dreizehn und Noey elf. Ich tauschte meinen kleinen Pickup gegen einen großen und holte die Kinder vom Flughafen ab.

Ich bin nicht der geborene Tiertrainer. Ich mag Tiere und glaube, dass sie mir vertrauen, aber ich habe nicht die korrekte Mischung von Ausdauer, Disziplin und Nachgiebigkeit, um sie zu trainieren. Ich hatte als Kind Hunde, die gern durch die Wälder streunten. Einige konnten sich setzen und Pfötchen geben. Als Erwachsener war ich einmal Haussitter für eine Freundin, die Urlaub machte. Nachdem sie mir gezeigt hatte, wie ich die Pflanzen gießen sollte, führte sie mich zum Aquarium mit Tropenfischen. »Ich habe den Fischen beigebracht, im Kreis zu schwimmen, um ihr Futter zu bekommen«, sagte sie.

Sie klopfte mit dem Finger an das Aquarium und, so unglaublich es klingt, zwei orange und gelb gestreifte Fische kamen herbei und schwammen in engen Kreisen herum. »Fische sind nicht klug«, erklärte sie mir. »Sie müssen ständig nachtrainiert werden. Ich würde es begrüßen, wenn du ihr Trainingsprogramm fortführen würdest.« Als sie wiederkam, war die Erde im Kaktustopf trocken, wie sie es sein sollte, und der Gummibaum war glänzend und wächsern, aber die Fische schwammen nur im Kreis, wenn ihnen danach zumute war, nicht wenn ich sie dazu aufforderte. Das Fischfiasko spukte mir durch den Kopf, denn jetzt wollte ich ein ganzes Hundegespann abrichten und damit in den arktischen Winter fahren, wo unser Leben voneinander abhängen würde.

Ein Freund in Colorado kannte Susan Butcher, eine Frau, die das Iditarod-Langstreckenrennen von Anchorage nach Nome fuhr (und es, seit ich sie kennen lernte, mehrere Male gewonnen hat). Ich schrieb ihr, erzählte ihr von meinen Plänen und fragte, ob sie mir beibringen würde, wie man Hunde kauft und abrichtet. Sie antwortete, dass sie das tun würde.

Fairbanks ist im Süden und Osten durch Teerstraßen mit der zivilisierten Welt verbunden, aber die paar Kiesstraßen, die nach Norden und Westen führen, sind lang und einsam. Autofahrer führen zusätzliches Benzin und Reparaturwerkzeug mit sich. Die Wegbeschreibung zu Susans Haus lautete: »Folgen Sie der Straße nach Westen ungefähr 160 Kilometer, biegen Sie am Bach am Fuß der Steigung rechts ab und folgen Sie dem holprigen Weg, bis Sie hundert Hunde heulen hören.«

Susan war nicht allzu erfreut, als sie mich sah. Loyalität gegenüber Freunden von Freunden hatte sie verleitet, mir zu antworten, aber sie hatte nie damit gerechnet, dass ich lächelnd mit einem schlammbespritzten Pickup-Truck und Anhang vorbeikommen würde. Ich bot ihr an, ihr im Gegenzug für ihren Rat bei den anfallenden Arbeiten zu helfen. Die Aussicht auf kostenlose Hilfe war verlockend, aber wirklich überzeugt wurde sie von den Kindern. Susan liebt alle Lebewesen. Sie war von den Mädchen bezaubert und fand Nathan interessant. Und als sie erfuhr, dass ich mit einer Motorsäge umgehen konnte, ließ sie uns bleiben.

Meine erste Lektion war, dass man Hunden das Ziehen nicht beibringt. Man kann sie nicht mit Tropenfischen vergleichen, die es lernen, für ihr Fressen Kunststückchen zu machen. Ein Schlittenhund will ziehen, liebt es zu ziehen, lebt für das Ziehen und wenn er diese Einstellung nicht hat, ist er kein Schlittenhund.

Ein Schlittenhund hat als kleines Hündchen seine Freiheit, aber danach, und bis zum Tode, ist er entweder angekettet oder in ein Schlittengeschirr gespannt. Er streunt nie herum, schnuppert nie an Feuerhydranten oder spielt mit Vorortkindern. Stattdessen laufen Schlittenhunde übers gefrorene Land und schlafen mit ihren Gespannkameraden in einer weichen Schneewehe unter der Aurora borealis.

Ich blieb eine Woche bei Susan und kaufte zwei Hunde, Mac und Cameo, von einem Nachbarn, der ein Renngespann unterhielt. Sie waren zu schwer und zu langsam für Schlittenrennen, aber ideal für mich, weil ich größere Hunde brauchte, die Lasten über große Entfernungen schleppen konnten. Cameo war eine weiße Hündin mit rosa Nase. Mac war erst zwei Jahre alt. Er hatte eine Fellfärbung wie ein sibirischer Husky und war sehr aufmerksam und neugierig. Als wir abfahren wollten, bat mich Susan zu warten und kam mit einem Hündchen zum Truck. »Hier ist ein Geschenk für die Kinder«, sagte sie. »Er heißt Ben.« Die Mädchen nahmen ihn sofort in Besitz. »Er wird es lernen, die Kinder auf Skiern zu ziehen. Er ist ein guter Hund, hat aber eine angeborene Funktionsstörung der Luftröhre, weshalb er kurzatmig ist. Ich kann ihn nicht für Rennen und zur

Zucht brauchen und möchte gern, dass ihn jemand hat. Aber nur unter einer Bedingung: Er stammt von meinen besten Zuchttieren ab. Hunderennen sind ein Wettkampfsport, und ich lebe davon. Die genetische Linie, die ich über Jahre gezüchtet habe, ist einmalig. Ich will daher nicht, dass er jemand anderem in die Hände fällt. Die Kinder können ihn mit nach Hause nach Kalifornien nehmen, aber sie dürfen ihn niemandem in Alaska geben.«

Ich wusste, dass das ein Geschenk war, das mir noch Kopfschmerzen bereiten konnte, aber ich wollte mit den Kindern in einer entlegenen Hütte in Alaska leben. Wenn sie einen eigenen Hund hatten, ermöglichte ihnen das, ihre eigenen Abenteuer zu erleben. Also willigte ich ein.

4

Wenn ich die Hunde auf Polareis in der östlichen Arktis einsetzen wolle, so hatte mir Susan geraten, solle ich sie auch auf Polareis, auf dem zugefrorenen Polarmeer, abrichten, nicht im Wald. Daher solle ich in eine Inuitgemeinde an der Küste von Alaska ziehen, etwa nach Kotzebue oder Nome. Ich wusste, dass sie Recht hatte, aber ich war nicht dazu bereit, in einer so trostlosen Gegend allein erziehender Vater zu sein. Stattdessen zogen wir nach Trapper Creek, südlich vom Denali-Nationalpark. Ein befreundeter Fischer wusste von einer leeren Blockhütte, die sich fünf Kilometer abseits der Straße befand. Sie war weit genug von Nachbarn entfernt, sodass sich niemand wegen eines heulenden Schlittengespanns beschweren würde, und nahe genug bei einer aktiven Schlittenhundezüchter-Gemeinde, wo ich Hunde kaufen und mir helfen lassen konnte. Außerdem waren es nach Anchorage von hier aus nur drei Stunden Fahrt.

Es war Anfang September. Wenn erst einmal der erste Schnee fiel und die Sümpfe und Seen zufroren, würden die Hunde die Vorräte zur Hütte schleppen, aber bis es so weit war, musste ich alles auf meinem Rücken befördern. Ich lud einen Sack mit 18 Kilogramm Hundefutter auf die Vorräte für die Familie, band Mac und Cameo an die Leinen und ging nach Hause. Die Hütte hatte unten einen Raum und oben eine Schlafebene. Die Stämme waren so schlecht zusammengefügt, dass es ständig durch die Ritzen hereinzog. Draußen vor dem Nordfenster teilten die scharfen Konturen des Cassin-Grates die schneebedeckte Seite des Mount Denali.

Wenn man entlang der Strecke oft genug Proviant aufnehmen kann, ist ein großes Hundegespann schneller als ein kleines, weil es mehr Muskelkraft bringt. Bei einer Expedition hingegen muss man die Größe des Gespanns mit der Menge Hundefutter abwägen, die man mitnehmen kann. Ich las die Tagebücher von Amundsen, Peary und Stefansson und entschied mich für acht Hunde. Freunde sagten mir, ich solle elf oder zwölf Hunde kaufen und dann die schwächsten verkaufen, ehe ich mich auf den Weg nach Kanada machte.

Ich kaufte drei Hunde von Rick Mackey, der 1983 das Iditarod-Rennen gewonnen hatte: Happy, Joker und Kenai.

Happy war sein Siegerleithund, ein Veteran von fünf Iditarod-Rennen. Rick sagte mir, er wäre neun Jahre alt und nicht mehr für Rennen geeignet, aber er wäre stark genug für eine weitere Fahrt und hätte die nötige Erfahrung, um mich aus einer Klemme herauszuholen.

Happys Persönlichkeit spiegelte sich nie in seinem Namen. Er war immer ernst und oft reizbar. Aber sein Sohn, Joker, wurde seinem Namen gerecht. Die Hälfte seines Kopfes war weiß, die andere schwarz, sodass er aussah wie ein mittelalterlicher Hofnarr: gut und böse, Fröhlichkeit und Zorn, Offenheit und Rätselhaftigkeit. Er hatte die Stärke, Schnelligkeit und Intelligenz, ein Leithund zu sein, aber er war zu unbeständig, um ein Gespann verlässlich anführen zu können. Joker war beim Iditarod-Sieg von 1983 auf der Swingposition gelaufen, das ist der Platz hinter dem Leithund, aber er war gegen Ende ein wenig langsam gewesen, weshalb ihn Rick verkaufte.

Kenai war schwer genug, um auf der Wheel-Position zu laufen, das ist der Platz direkt vor dem Schlitten. Hunde auf diesem Posten bekommen am meisten davon ab, wenn der Schlitten auf schwerem Gelände Sprünge macht. Sie sind die Mittelstürmer eines Hundegespanns, die am meisten einstecken müssen und am wenigsten im Rampenlicht stehen.

Jeder Hundeführer träumt von einem legendären Leithund mit der ausreichenden Stärke und dem zündenden Funken, um ein Gespann zu motivieren, und der Intuition, die ihn Gefahren vermeiden lässt. Happy war an Landstrecken gewöhnt, und mehrere Leute warnten mich, er könne sich auf dem weglosen Eis verweigern. Smokey hingegen hatte Hundegespanne über Gletscher mit vielen Spalten gezogen und konnte das Wissen haben, das ich benötigen würde. Verglichen mit den Iditarod-Hunden hatte Smokey dichteres Fell und kürzere Beine, aber mir war Intelligenz wichtiger als Schnelligkeit. Er war nicht zu verkaufen, also mietete ich ihn für die Fahrt.

Susan hatte mir gesagt, ich solle mich nach Jake umsehen, einem ihrer alten Hunde. Jake war so stark, dass Susan ihn schon als Jungtier auf der Wheel-Position eingesetzt hatte. Jahre später hatte sie erkannt, dass Jake schlau genug war, um ein Leithund zu sein. Aber da war er schon zu alt dafür, sodass sie ihn verkauft hatte. Und sein neuer Besitzer setzte ihn wieder auf seiner alten Position ein. Wie Smokey, so war auch Jake nicht zu verkaufen. Sein neuer Besitzer wollte ihn als Zuchttier, war aber bereit, ihn gegen Bezahlung auszuleihen.

Der Mann, dem Jake gehörte, verkaufte mir auch Cisco, der in seiner Jugend ein Sprinthund gewesen war, dann langsamer geworden und bei den Iditarod-Rennen mitgelaufen war. Im Vorjahr war er auch für Langstreckenrennen zu langsam, sodass er nun zu kaufen war.

Außer Mac und Cameo waren bis jetzt alle meine Hunde alte Rennveteranen. Ein »Musher« – ein Hundeschlittenfahrer – namens Joe Leonard, der ebenfalls das Iditarod-Rennen gewonnen hatte, sagte mir, ich bräuchte etwas jugendlichen Elan. Klar würden die alten Hunde ziehen, aber ich bräuchte auch eine Zündkerze, um sie anzufeuern. Diesem Rat folgend, kaufte ich Apple.

Die Ortschaft Trapper Creek bestand aus einem kleinen Café, das zugleich Kaufladen und Postamt war. Ich fuhr eines Tages hin, um Kaffee zu trinken, die Post zu holen und zu hören, was so getratscht wurde. Ein Trapper verkaufte sein ganzes Gespann, hörte ich da. Es wären keine Rennhunde, aber sie zögen gut und wären billig. Ich kaufte Snowball und Miuk.

Als es Mitte September wurde, lebte ich am Fuß der Alaskakette mit zwölf Hunden und drei Kindern. Wir mussten bis zum ersten Schneefall noch einige Wochen warten. Die Hunde schliefen oder liefen am Ende ihrer Ketten im Kreis herum. Ich machte fast jeden Tag einen 10-Kilometer-Ausflug zur Straße und zurück, um einen Rucksack voller Hundefutter oder sonstiger Vorräte zu holen. Der Unterricht fand auf der vorderen Veranda statt. Nach dem Unterricht mussten die Kinder Wasser holen und Feuerholz sammeln, aber oft liefen sie auch einfach davon, um Heidelbeeren zu pflücken.

Das Land rings um die Blockhütte war früher von einem Gletscher bedeckt gewesen, und das zurückgehende Eis hatte parallele Reihen von Sumpfland und langen, niedrigen Geschiebehügeln zurückgelassen. Die Hügel waren mit Fichten und Heidelbeergestrüpp bewachsen. Nathan, Reeva, Noey und ich hatten eine einfache Übereinkunft. Sie pflückten Beeren, und ich machte Obstkuchen. Wir kamen bald dahinter, dass es eine belanglose Rückkehr zu einer anderen Lebensart war, zierliche kleine Stücke abzuschneiden. Wenn ein Obstkuchen fertig war, teilte ich ihn in vier Viertel, eines für jeden von uns. An warmen Nachmittagen war der holzbefeuerte Herd in der Blockhütte zu heiß, weshalb wir ein Lagerfeuer machten, Beeren und Zucker in Brotteig wälzten, die entstehenden Obsttaschen in Alufolie wickelten und auf den glühenden Kohlen garen ließen.

Elche besuchten häufig die Erlenbestände, und wir entdeckten oft Grizzlyspuren in der Nähe der Hütte. Unter dem Haus wohnte eine Hermelinfamilie. Wir teilten unseren Bach mit Flussottern und den nahe gelegenen See mit Bibern. Eichhörnchen drangen ständig in die Hütte ein, um Abdichtmaterial für ihre Winternester zu stehlen.

Wir machten jeden Tag eine Wanderung. Nach Norden oder Süden zu kommen war leicht, da wir nur auf dem Geschiebehügel bleiben mussten. Um den Osten oder Westen zu erforschen, mussten wir die Sümpfe durchqueren. Eine verfilzte Vegetationsschicht schwamm auf einer Schlammschicht, die ihrerseits auf dem Permafrost ruhte. Die meiste Zeit sank ich bis zu den Oberschenkeln in den Schlamm ein, aber die Kinder waren leicht genug, um auf der Vegetation gehen zu können.

»Komm, Dad, geh weiter. Warum bist du immer so langsam? Bist du müde? Sei ein guter Junge und schüttle die Müdigkeit ab.«

Ich hob langsam ein Bein, damit mir der saugende Schlamm nicht den Stiefel auszog, trat wieder auf die Vegetation, brach erneut ein und war etwa einen halben Meter weiter. Ein kleines Gesicht erschien auf Höhe meines Gesichts.

»Wieso bist du so klein, Dad?«

Ich versuchte immer, nach den Knöcheln zu greifen und eine meiner Waldnymphen zu mir in den Sumpf zu ziehen, aber die Kinder kannten mich zu gut und tanzten davon. Die Mücken schwärmten und schienen zu wissen, dass ich hilflos war. Vom nächsten Hügel aus hörte ich jemanden rufen: »He, Dad, beeil dich, sonst essen wir die ganzen Heidelbeeren allein auf!«

5

Ich hatte Chris fünf Monate lang nicht gesehen und fing wieder an, sie zu vermissen. Ich sagte mir, wenn ich meine Freiheit so sehr gewollt hatte, dass ich zweimal bei ihr auszog, sollte ich meinen Entschluss beibehalten. Dann argumentierte ich, dass man einen schlimmen Fehler nicht zementieren dürfe. Ich nahm mir das Recht, inkonsequent, irrational, ja sogar töricht zu sein. Jetzt wollte ich sie zurück haben. Ich ging lange spazieren, trug schwere Lasten von der Straße herauf, sah zu, wie sich der Winter über die Flanken des Denali herabsenkte. Die Sümpfe froren zu, die Heidelbeeren erfroren und verschrumpelten, der erste Schnee fiel. Eines Nachmittags, nachdem die Kinder Hausaufgaben und Hausarbeiten erledigt hatten, verkündete ich, dass es Zeit wäre, zum Duschen und Essen in den Ort zu fahren. Wir wanderten über die Hügel, durch die Sümpfe und den Grat hinunter und fuhren dann in die Stadt. Während die Kinder Hamburger, Fritten und Eiskrem schlemmten, rief ich Chris an, entschuldigte mich für meine abrupte Abreise aus Montana und fragte, ob sie uns in Alaska besuchen wolle.

Sie antwortete: »Nun, vielleicht.«

Anfang Oktober wurde das Eis dicker und Schneegestöber deckte die Tundra zu. Es war Zeit, Schlittenfahren zu gehen. Ich schleppte meinen Schlitten zum Rand der Hundehürde und befestigte ihn mit einem leicht auszulösenden Schnappverschluss an einem Baum. Erst richtete sich ein Paar Hundeaugen auf mich, dann zwei, dann ein Dutzend. Snowball setzte sich auf und heulte, und bald taten es ihm die anderen gleich. Zunächst heulte jeder Hund für sich allein, sodass sie wie ein Klassenzimmer voller Erstklässler klangen, die mit Pfeifen und Zimbeln Musik zu machen versuchen. Aber dann verschmolz der Lärm zu einer Harmonie, die anschwoll, wieder abflaute und durch den Wald hallte. Es war das

Lied eines Hundegespanns, schön und Furcht erregend. Es war der Ruf, der Abenteurer verlockte, unzivilisierte Kontinente zu erforschen, aber auch der Ruf, der Siedler dazu trieb, die Wildnis rings um ihr neues Heim zu zerstören.

Die Hunde waren zu aufgeregt, um lange herumzusitzen und zu heulen. Joker sprang mit einem scharfen Jaulen auf den Schlitten zu, das in ein gurgelndes Röcheln überging, als er ans Ende seiner Kette kam. Der plötzliche Ruck riss seine Vorderpfoten vom Boden, sodass er damit in der Luft strampelte. Die anderen folgten Jokers Beispiel, was zum Krach des Geheuls noch Kettenklirren und Knurren hinzufügte.

Ich war so geschockt, dass ich wie gelähmt war. Susan hatte mir beigebracht, wie man einen Hund anschirrt, und ich hatte es ein paarmal mit dem geduldigen Jake geübt, aber ich war nicht darauf vorbereitet, einen fast 25 Kilo schweren, zerrenden, zähnefletschenden Wolf zu packen, zu momentaner Unterwürfigkeit niederzuringen und vor meinen Schlitten zu spannen. Aber genau das musste ich tun. Ich versicherte mir, dass ich die Hunde einen Monat lang gefüttert hatte und dass sie meine Freunde waren. Sie wollten mich gar nicht beißen oder auffressen: Sie wollten nur einen Schlitten über die gefrorene Tundra und über das Gebirge ziehen. Sie waren urzeitliche Wanderer, und als Mitsäugetiere verstanden wir einander.

Nathan, Reeva und Noey standen außer Reichweite und sahen zu. Ich wartete, bis Jake das Ende seiner Kette erreicht hatte, dann sprang ich wie ein Straßenkämpfer, der eine plötzliche Chance nutzt, auf ihn zu, setzte mich rittlings auf ihn, wie auf ein Pferd, presste meine Knie hinter seine Vorderbeine und streifte ihm ein Geschirr über Nase und Schultern. Meine nächste Aufgabe war es, ihn zum Schlitten zu führen. Freunde hatten mir gesagt, dass ein aufgeregter Hund einen Mann von den Füßen reißen kann. Um der Schmach zu entgehen, auf dem Bauch durch die Hundehürde geschleift zu werden, packte ich Jake beim Halsband und hob ihn daran hoch, bis seine Vorderbeine nutzlos durch die Luft fuhren. So halbierte ich seine Zugkraft und führte ihn auf den Hinterbeinen hoppelnd und nach Luft ringend an seinen Platz in der Schlittenspur. Menschen, die diesen Vorgang gesehen haben, haben ihn als grausame Behandlung der Hunde bezeichnet. Mag sein. Aber es gibt nur diese Möglichkeit, und sie ändert nichts an meinen Gefühlen für ein Schlittenhundeleben. Ich würde lieber auf dem Weg zu einem großen Abenteuer ein wenig nach Luft japsen wollen, als mich ewig in der sanften Weichheit einer Stadtwohnung zu aalen.

In Alaska werden Schlittenhunde paarweise angeschirrt. Ein Vierergespann besteht aus zwei Leithunden und zwei Wheel-Hunden. Sechs Hunde werden in drei Zweierreihen angeschirrt und so fort. Der traditionelle Alaska-Hundeschlitten ist aus Holz gemacht, aber ich hatte mir einen haltbareren Schlitten zugelegt, der mit Nylon auf einem Aluminiumrahmen angefertigt war. Mein Schlitten war etwa 1,80 Meter lang. Ich stand hinten auf den Schlittenkufen und hielt mich an einer Griffstange fest, die am Rahmen befestigt war. Eine Stahlbremse war am Hinterende des Rahmens angebracht worden. Wenn ich auf der Bremse stand, bohrten sich Bremsbacken in den Schnee und verlangsamten das Hundegespann. Ich hatte auch einen Schneeanker aus Stahl, mit dem ich das Gespann festmachen wollte, wenn ich meinen Posten hinter dem Schlitten verließ. Wenn das Gespann müde wurde oder die Last schwer war, konnte ich absteigen und hinterherlaufen oder, notfalls, mit anschieben.

Ich beschloss, meine erste Fahrt mit vier Hunden zu machen. Jake hatte bereits mein Herz und mein Vertrauen erobert, also schirrte ich ihn an die Wheel-Position. Dann wählte ich die drei Hunde von Mackey aus: Happy, Joker und Kenai. Sie waren nicht nur erfahren, sondern auch bereits miteinander vertraut, sodass Streitereien weniger wahrscheinlich waren.

Kenai kam auf die Position neben Jake. Kaum waren sie nebeneinander angeschirrt, wurden sie noch aufgeregter und warfen sich wild gegen ihre Leinen. Als ich zurückrannte, um Happy anzuschirren, rammte Kenai Jake, und die beiden fingen miteinander zu kämpfen an. Mit Happy, der sich im linken Arm wand, zerrte ich Kenai von Jake herunter, hakte Happy in Position und raste zurück, um Joker zu schnappen. Ich wusste, dass die beste Möglichkeit, einen weiteren Kampf zu vermeiden, die war, sie laufen zu lassen. Also schirrte ich Joker schnellstmöglich an und gab den Schnappverschluss frei. Wir beschleunigten so schnell, dass ich fast rückwärts vom Schlitten fiel. Als ich das Gleichgewicht wiedererlangt hatte, blickte ich über die Schulter zu den drei Kindern zurück, die regungslos dastanden und uns zusahen, wie wir um eine Wegbiegung fuhren und verschwanden.

Wir rasten durch ein kleines Gehölz in den großen Sumpf nördlich der Blockhütte. Als sich der Blick weitete, sprang Joker so weit, wie das sein Geschirr zuließ, machte in der Luft einen Überschlag und landete auf dem Rücken. Ein paar Sekunden lang schleiften ihn die anderen am Genick durch den Schnee und seine Füße strampelten in der Luft. Wie er so neben seinem Vater dahinrutschte, hatte ich das Gefühl, als riefe er: »Daddy, Daddy, schau, ich laufe, ich laufe, aber meine Füße berühren dabei nicht den Boden!« Dann rollte er wieder zurück und lief mit den anderen. Aber er konnte sich nicht zurückhalten und sprang wieder. Diesmal landete er auf Happy. Vater und Sohn rollten sich in einen Knäuel verwirrter Geschirre und Körper zusammen, das sich schnell verdoppelte, als Jake und Kenai über sie hinwegliefen.

Als Happy, der ernste Leithund, von seinem kleinen Sohn am ersten Tag bei der neuen Arbeit zum Stolpern gebracht wurde, schnappte er nach Joker, der wehrlos auf dem Rücken lag und ein Hinterbein in den Leinen verwickelt hatte. In meinem Eifer, eine Verletzung von zwei meiner besten Hunde zu vermeiden, setzte ich hastig den Stahlanker und lief nach vorne. Ich riss die Kämpfenden auseinander und entwirrte die Leinen. Dann war ihr Zorn verflogen und sie warfen sich wieder als Gespann ins Zeug. Bevor ich den Schlitten packen konnte, rissen sie den Anker aus dem gefrorenen Boden und liefen ohne mich in Richtung der fernen Berge los.

Ich kam mir vor, als hätte ich gerade einen neuen Porsche gekauft, ihn vom Händlerparkplatz zum Versicherungsbüro gefahren und die Handbremse nicht angezogen, und müsste nun zusehen, wie er den Berg hinunter auf eine Betonwand zurollte, noch bevor ich meine Unfallversicherung unterschreiben konnte. Der Anker hüpfte wild über die Tundra, bis er sich zum Glück an einem kleinen Baum verfing und das Gespann mit einem Ruck stoppte. Fünf Minuten später, als ich die Hunde einholte, warteten sie geduldig und schauten mich an, als wollten sie fragen: »Wo bist du gewesen?«

Ich ordnete wieder die Leinen, kehrte zum Schlitten zurück und machte den Anker los. Als ich entspannte und die Fahrt zu genießen begann, sah ich, dass wir auf einen kleinen See zusteuerten. Der Winter hatte schon begonnen, und obwohl die flachen Sümpfe zugefroren waren, war ich mir bei dem tieferen See nicht sicher. Ich rief »Gee« und dann »Haw«, die Befehle für rechts und links wie »Hü« und »Hott« bei Pferden, aber die Hunde achteten nicht darauf. Ich trat auf die Fußbremse, aber der Schnee war zu dünn, und auf dem gefrorenen Boden fand sie keinen Widerstand. Die Hunde sprangen über eine kleine Anhöhe, und schon flog der Schlitten durch die Luft und landete auf dem Eis. Der Aufprall löste auf der Oberfläche des Eises eine Welle aus, die wie eine Erdbebenwelle aussah, die eine Straße entlangläuft. Die Welle raste zum gegenüberliegenden Ufer und wurde dort zurückgeworfen. Die zurückkommende Welle verstärkte die vom Schlitten ausgelöste, das Eis brach, und ich fiel samt dem Schlitten ins eiskalte Wasser. Die beiden Wheel-Hunde wurden mit dem Schlitten hinuntergezogen, aber Happy und Joker waren nahe dem anderen Ufer auf dickerem Eis. Ich verlor den Halt am Schlitten und ging unter. Als ich nach oben kam und wieder etwas sehen konnte, hatten die beiden Leithunde Kenai und Jake aufs Eis geschleift. Ich machte zwei schnelle Schwimmstöße und erwischte mit einem Arm das hintere Ende einer Kufe, während das Gespann Richtung Ufer rannte und wieder schneller wurde. Das letzte Stück rutschte ich auf dem Bauch über das Eis, aber als wir das Ufer erreichten, drehte ich mich mit den Beinen nach vorne, rammte die Füße ins Ufer und brachte das Gespann zum Halten. Die Hunde standen still mit hängenden Zungen da und schauten mir zu, wie ich zum Schlitten kam und den Anker in einen kleinen Grashügel stampfte. Auf meinem Haar und meinem Bart bildete sich bereits Eis. Ich lief nach vorne, drehte das Gespann in Richtung Blockhütte, zog den Anker heraus und rief: »Yo, yo, vorwärts!«

Nathan, Reeva und Noey warteten am Rand des Sumpfes auf mich, als ich zurückkehrte und den Anker befestigte. »Was ist passiert, Dad? Wieso hängen dir Eiszapfen vom Ohr?«

Die Kinder waren sich nicht ganz sicher, wie ich reagieren würde, aber als ich lachte, lachten sie mit.

»Ich bin eingebrochen. Dünnes Eis auf dem See.«

Inzwischen rissen die vier angeschirrten Hunde wieder an ihren Leinen, bereit weiterzulaufen, und die acht angeketteten Hunde heulten und sprangen und wollten auch loslaufen. Ich machte den Schlitten ab, kettete die Hunde an ihre Pfosten und lief in die Hütte, um am Feuer die Kleidung zu wechseln.

6

Am nächsten Tag fuhr ich wieder in den Ort, um Chris anzurufen. Ich sagte ihr, dass wir von den letzten dreizehn Monaten nur fünf gemeinsam verbracht hätten und dass wir vielleicht wieder etwas Zeit zusammen verbringen sollten. Sie hätte schreien müssen: »Du Blödmann, was heißt da, vielleicht sollten wir wieder etwas Zeit zusammen verbringen? Vielleicht solltest du nicht alle paar Monate losrennen und mich verlassen!« Es wäre gerechtfertigt gewesen, wenn sie den Hörer aufs Telefon geknallt und den Apparat für den Rest des Tages ausgesteckt hätte, damit ich nicht wieder anrufen konnte, um sie anzuflehen und anzubetteln. Aber sie nahm das Angebot eines Flugtickets an. Ich holte sie mit drei ungewaschenen Kindern und einem Daunenparka in Geschenkverpackung ab.

Chris begrüßte jedes einzelne Kind, dann gab sie mir einen Kuss und umarmte mich flüchtig. Während wir heimfuhren, redeten wir über Freunde und was so in letzter Zeit passiert war, dann gingen wir in der Dunkelheit zur Hütte. Wir aßen zu Abend, steckten die Kinder ins Bett und waren endlich allein.

»Willst du mir helfen, die Hunde zu füttern?«

»Klar.«

Wir schalteten unsere Stirnlampen ein und gingen hinaus. Ich teilte die Fleischbrocken mit einer Axt. Hermeline lugten unter der Hütte hervor. Ihre Ohren zuckten bei dem vertrauten Geräusch. Ich zeigte Chris, wie viel Fleisch, Futter und Fischöl sie in jede Schüssel mischen sollte, und als wir das Essen zu den Hunden brachten, kamen die Hermeline heraus, um sich die im Schnee herumliegenden Fleischabfälle zu holen. Die Hunde heulten vielstimmig, als sie ihr Fressen witterten, sie jaulten als Individuen: »Füttere mich, vergiss die anderen, sie sind nicht meine Freunde.« Als wir näher kamen, rissen die Hunde an ihren Ketten und schnappten nach ihrem Fressen ins Leere. Chris trat zurück und sah mir zu, wie ich die Hunde fütterte. Dann gingen wir zum Rand des gefrorenen Sumpfes, drehten das Licht der elektrischen Stirnlampen ab und sahen den Denali im Viertelmond und im Schein der Nordlichtschleier leuchten. Als die Hunde ihr Fressen verschlungen hatten, heulten sie in gemeinsamer Harmonie.

Nachdem sich die Hunde wieder beruhigt hatten, stellte ich Chris das Gespann vor. Cameo schmiegte sich an sie und war glücklich, noch eine Frau in der Familie zu wissen. Smokey schnupperte nach Nahrung und nahm dann ein Kraulen hinter dem Ohr hin. Joker tat so, als interessierte ihn ihr Streicheln nicht, aber er drückte sich doch kurz gegen sie. Snowball musste sein Desinteresse nicht heucheln. Wenn sie ihn nicht vor einen Schlitten spannen wollte, war sie uninteressant für ihn.

Als wir das Ende des Hundezwingers erreichten, kraulte ich Chris hinter dem Ohr und sagte ihr, dass es schön sei, hier draußen mit den Kindern zu wohnen, aber dass ich froh war, dass sie zurückgekommen war.

Chris blickte auf. »Jetzt ist es Zeit für einen richtigen Kuss.«

»Mein Bart ist ganz eisig. Sollten wir nicht lieber warten, bis wir reingehen?«

»Nein, jetzt, hier, draußen im Schnee.«

»Aber das Eis wird schmelzen und uns ganz volltropfen.«

»Wir pressen die Oberlippen aufeinander und atmen über der Unterlippe aus, dann schmilzt das Eis nicht.«

Ich hielt meinen vereisten Bart mit dem behandschuhten Handrücken hoch und zog sie zu mir heran.

»Denk dran«, murmelte sie, »nicht durch die Nase, sondern über der Unterlippe ausatmen. Vielleicht ist das der Grund dafür, dass man im Norden die Nasen aneinander reibt.«

Wir küssten uns, schnauften, fingen an zu lachen und trennten uns wieder.

Chris fuhr sich mit der Zunge über die Oberlippe.

»Salzig.«

»Ich habe dich gewarnt.«

»Gehen wir hinein.«

7

Der Winter machte sich rasch breit. Die Seen froren zu, es fiel Schnee. Während der nächsten zweieinhalb Monate fuhr ich mit dem Hundeschlitten fast 2000 Kilometer durch die Sümpfe und

Wälder des südlichen Zentralalaska. Oft unternahm ich Tagesfahrten, entweder allein oder mit den Kindern oder mit Chris. Als sich die Hunde beruhigten und ich mehr Erfahrung hatte, lernte ich mit acht Hunden fahren und, bei seltenen Gelegenheiten, mit zehn. Ich kaufte noch einen zweiten, kleineren Schlitten, und bald hatte Chris gelernt, wie man ein Gespann fährt, sodass wir gemeinsame Fahrten unternehmen konnten.

Ich lernte den Umgang mit den Hunden, machte mir aber zunehmend Sorgen wegen meiner Leithunde. Happy war Tausende von Kilometern auf Wegen gefahren, und wenn wir zu einer Weggabelung kamen, lief er »gee« oder »haw«, ohne sein Tempo zu vermindern. Ich brauchte aber einen Hund, der ein Gespann über wegloses Eis an der Ostküste von Baffin Island führen konnte. Eines Tages schirrte ich Happy und Joker in der Leitposition an, fuhr mit dem Gespann auf einen See hinaus und befahl ihnen, die Spur zu verlassen und ans andere Ufer hinüberzufahren. Happy schaute in die Richtung, in die ich gewiesen hatte, weigerte sich aber. Joker tat, als hätte er mich nicht gehört. Ich ging vor, packte Happy beim Halsband und zog ihn vom Weg herunter. Er lief ein paar Meter, machte eine Wendung und schaute dann zu mir zurück, um mir zu bedeuten, dass wir uns verlaufen hätten. Ich machte mir Sorgen um die Expedition.

Obwohl Zentralalaska eine große Wildnis ist, ist das Land warm, geschützt und, im Vergleich zum Osten von Baffin Island, dicht besiedelt. Selbst bei längeren Ausfahrten kamen wir wenigstens einmal pro Tag an der Spur oder der Hütte eines Trappers vorbei. Meine geplante Route von Iqaluit nach Pond Inlet war 1350 Kilometer lang. Die Ostküste von Baffin Island wird von Meeresströmungen gekühlt, die vom Nordpol südlich fließen, daher musste ich auf Temperaturen von unter minus 45 Grad Celsius gefasst sein. Es gab zwei Bergpässe zu überqueren, und der Rest der Strecke führte über Polareis. Es gab drei Ortschaften, wo ich Proviant aufnehmen und Rast machen konnte, und eine Station des DEW-

Frühwarnsystems, bei der ich um Notfallhilfe nachsuchen konnte. Zwischen diesen Zufluchtsorten erwarteten mich Schneeverwehungen und Eisbruchkanten. Bei einem Blizzard ist das Polareis ungeschützt und tödlich. Als Schlittenführer war ich ein Neuling.

Keiner der erfahrenen Hundehalter in der Region wollte mich begleiten. Die Expedition war zu lang und zu teuer. Außerdem trainierten die meisten Schlittenführer ihre Hunde für das Iditarod-Rennen. Chris wusste, dass diese Expedition noch beschwerlicher werden würde als die Fahrt in der Nordwestpassage, und ich sagte ihr, ich wollte mich diesmal schwer ins Zeug legen, um mein Ziel zu erreichen. Einige der alten unschönen Gefühle aus der Nordwestpassage tauchten wieder auf. Die Folge war, dass sie nach Southern Cross zurückkehren wollte. Ich machte mich auf ein weiteres Solo gefasst.

Eines Abends, nachdem wir die Hunde gefüttert, zu Abend gegessen und uns um den Holzofen geschart hatten, um beim Licht der Kerosinlampe zu lesen, fingen die Hunde zu bellen an. Alle Grizzlybären sollten eigentlich längst Winterschlaf halten, und wir bekamen nie Besuch, also lief ich voller Neugier und Besorgnis hinaus. Die Hunde starrten den leeren Weg zur Hauptstraße hinunter, und bald erschien ein fremdes Hundegespann, das ein Riese in einem blauen Parka mit Vielfraßfellbesatz fuhr. Sein Gespann verlangsamte zu einem gesitteten Trott, und der Riese hielt sie sicher an.

»Hi, ich heiße Dave. Sind Sie Jon Turk?«

»Ja.«

»Ich höre, Sie fahren mit einem Hundegespann nach Baffin Island.«

»Ja.«

»Ich würde gern mitkommen.«

Dave war zwei Meter groß und bückte sich leicht, um mir die Hand zu schütteln. Ich bemerkte, dass er dünne Baumwollhandschuhe trug, obwohl es unter minus 15 Grad Celsius war. Ich wusste nichts über diesen Mann, aber ich dachte an einen Winter allein in einer der rauesten und trostlosesten Gegenden der Arktis.

»Nun, Dave, ich bin in letzter Zeit nicht gerade von Erfolgen verwöhnt worden. Meine letzten beiden großen Fahrten sind missglückt. Ich weiß eigentlich nicht viel über Hunde und habe keinen zuverlässigen Leithund. Aber ich habe eine ziemlich gute Erfolgsbilanz, wenn es darum geht, lebendig nach Hause zu kommen. Wenn du noch interessiert bist, dann pflocke deine Hunde an und komm auf einen Tee herein.«

Wir redeten über die Expedition, und Dave wiederholte seinen Wunsch, sich mir anzuschließen. Die meisten Schlittenführer, die ich kannte, züchteten Rennhunde, aber Dave hatte ein stärkeres, langsameres Gespann zusammengestellt. Seine Hunde sahen sehr unterschiedlich aus. Sie hatten verschiedene Farben, Größen und Rassen, aber sie waren offensichtlich an das Geschirr gewöhnt. Ich war dafür, dass wir uns zusammentun sollten.

Dave nickte und stand auf, um zu gehen. Es war spät und wir luden ihn ein, die Nacht über bei uns zu bleiben.

»Nein«, sagte er, »ich komme wieder.«

Wir folgten ihm nach draußen. Sein Gespann, das im Geschirr schlief, sprang auf.

»Gee drehen!«, rief er.

Die Leithunde wendeten das Gespann auf dem schmalen Pfad in einem engen Kreis.

»Hopp, hopp!« Sie trotteten in die Nacht.

Es ist immer gefährlich, sich mit einem Fremden in unbekanntes Gebiet zu begeben. Aber es ist auch gefährlich, allein zu gehen.

»Was meinst du?«, fragte ich Chris.

»Er redet nicht viel. Von ihm ist keine Freundlichkeit ausgegangen. Aber sein Gespann versteht es wirklich, sich zu benehmen.«

Wir gingen wieder hinein und brachten die Kinder ins Bett.

Nathan und Noey kehrten heim nach Kalifornien und Reeva flog auf die Ranch in Colorado zurück. Ben wollte niemand haben. Das war ein Problem. Ich hatte versprochen, Ben nicht in Alaska zu verschenken oder zu verkaufen, aber woanders hatte ich keinen Platz für ihn. Obwohl er zu jung für eine lange Fahrt war, hatte er sehr kräftig gezogen, also beschloss ich, ihn selbst mitzunehmen. Snowball bekam Magenkrebs und wurde vom Tierarzt eingeschläfert. Miuk kämpfte zu viel, daher gab ich ihn weg.

Nachdem die Kinder fort waren, machten Dave, Chris und ich längere Ausflüge in den Wald. Dave fuhr mit seinem ganzen Gespann von acht Hunden. Ich hatte noch zehn Hunde und fuhr mit einem Sechsergespann, während Chris die übrigen vier vor ihren kleineren Schlitten spannte. Dave hatte mehr Zugkraft und war deshalb schneller als wir, also fuhr er voraus. Wenn man mit jemandem unterwegs ist und als Erster an eine Weggabelung kommt, wartet man im Allgemeinen, damit man gemeinsam entscheiden kann, welchen Weg man nehmen will. Dave wartete nie. Er nahm den Weg, den er wollte, und wir konnten ihm folgen, wenn wir mochten. Als ich versuchte, diesen Punkt mit ihm zu besprechen, ignorierte er mich.

Im Lager, in der Finsternis des Winters in Alaska, unterhielten wir uns selten und teilten nie das Essen. Dave aß sein Essen, Chris und ich kochten unseres. Eines Abends warf Dave einen Ast, der noch voller Fichtennadeln war, auf das Feuer. Die Flammen loderten hoch und ein Stück Glut brannte ein Loch in Chris' neue Daunenjacke. Ich fragte ihn, ob das Feuer nicht kleiner sein könnte. Er sagte nichts, sondern warf noch einen Ast ins Feuer und blickte mich dabei herausfordernd an. Ich ging aus dem Feuerschein zu meinem Gespann, das sich bereits hingelegt hatte. Cameo hob ihren Kopf, um zu schauen, ob wir schon weiterfahren wollten. Ich kraulte ihr Kinn, da legte sie sich wieder hin, deckte ihre Schnauze mit dem warmen Schwanz zu und schlief wieder ein.

Ich stand im Dunkeln und steckte die Hände in die Hosentaschen, um meine Finger aufzuwärmen. Dave kochte Tee in einem kleinen Topf, in den Wasser für eine Tasse passte. Chris schmolz Schnee für zwei Tassen Tee. Der Tanz der Schatten und des Feuerscheins betonte ihre leicht erhöhten Wangenknochen. Chris mochte zwar manchmal anderer Meinung sein als ich, aber sie würde nie nur eine Tasse Wasser kochen, während ich ihr zusah. Plötzlich wollte ich mit Chris nach Montana zurückkehren und Ski fahren gehen. Dann blickte ich mich in dem Fichtenwald um, der uns umschloss, und schaute zu den schlafenden Hunden. Ich wusste, ich würde mich leer und unwohl fühlen, wenn ich die Hunde verkaufte und nach Süden zog. In den letzten Jahren hatten mir meine Träume nicht immer Glück gebracht. Diesem Widerspruch musste ich mich stellen.

9

Wir verließen die Hütte in Trapper Creek Anfang Januar. Ich schrieb in mein Tagebuch:

Ich habe ein waches Gefühl dafür, wie der Planet durchs Weltall zur anderen Seite der Sonne rast. Bis er diesen Halbkreis vollendet hat, ist Wärme ein vergänglicher Luxus und Kälte die zu erwartende Norm.

Wir planten, 8000 Kilometer von Anchorage nach Montreal zu fahren und dann nach Baffin Island zu fliegen. Chris wollte uns bis Edmonton begleiten und dann nach Montana zurückfliegen.

Wir machten in Anchorage halt, um Vorräte zu kaufen, und ich pflockte die Hunde beim Haus von Freunden an. Als ich zurückkam, blutete Kenais Fuß und er hinkte stark. Ein Hund aus der Nachbarschaft hatte Kenai angegriffen. Durch die Kette benachteiligt, war er ihm unterlegen. Der Tierarzt sagte, dass bei dem Biss einige Mittelzehenknochen gebrochen waren und dass Kenai nie wieder richtig laufen würde. Ich hatte ursprünglich vorgehabt, Kenai, Snowball und Jake an der Wheel-Position abwechseln zu lassen, sodass jeweils ein Hund alle drei Tage ausruhen konnte. Aber da Snowball tot und Kenai verletzt war, würde ich nun leichtere Hunde an diese anstrengende Position nehmen müssen.

Ich verzögerte unsere Abreise, um Kenai zu Rick Mackey zurückzubringen. Ein Schlittenhund lebt an der Kette oder im Geschirr. Nimmt man dem Hund das Geschirr weg, nimmt man ihm das Fundament seines Daseins. Als ich ihn zum letzten Mal an eine Kette klippte und streichelte, legte er seinen Kopf auf die gesunde Pfote und schloss die Augen.

10

Iqaluit ist die größte Stadt in der östlichen Arktis und hat etwa 3000 Einwohner. Sie hat die einzigen »Wolkenkratzer« der Gegend, mehrere mehrstöckige Gebäude, die als Verwaltungszentren für die östliche Arktis dienen. Iqaluit liegt auf 64 Grad nördlicher Breite, etwas unterhalb des Polarkreises, auf demselben Breitengrad wie Trapper Creek in Alaska. Daher hatten wir sieben oder acht Stunden Tageslicht – also ausreichend Zeit für die Fahrt. Aber in Iqaluit ist es viel kälter. Wir traten aus dem Flugzeug bei einer blassen, tief stehenden Wintersonne und minus 40 Grad Celsius. Mein Körper war noch von der Flugzeugkabine warm, und ich baute Geisteskraft für die bevorstehende Reise auf, sodass ich die Kälte nicht spürte. Ich wandte mich an Dave.

»Sieht gar nicht so übel aus.«

Er antwortete: »Wart's ab.«

Die kalte, trockene Polarluft bringt im Winter wenig Schnee nach Baffin Island. Die Schneehöhe war unter 30 Zentimeter, was nicht ausreichte, um die Felsblöcke an der Grenze zwischen Stadt und Hügeln weicher wirken zu lassen.

Die Tür des Flugzeughangars ging auf, und die warme, feuchte Luft aus dem Inneren kollidierte mit der kalten und ließ eine Wolke von Eiskristallen entstehen. Ein Gabelstapler kam mit einer Palette voller Hundekisten aus dem wirbelnden Eisnebel. Wir spannten ein Kabel zwischen zwei Masten und pflockten die Hunde an, damit sie sich strecken und nach dem beengten Flug erleichtern konnten.

Die Freundin eines Freundes, Kathryn Garven, holte uns am Flughafen ab. Als wir uns gegenseitig vorstellten, bremste quietschend ein verbeulter grüner Pickup und ein kaukasisch aussehender Mann, der eine dünne Jacke trug, sprang heraus.

»Wo kommen die Hunde her? Wo gehen sie hin?«, fragte er.

»Sie kommen aus Alaska und sind unterwegs nach Pond Inlet, und wir fahren mit ihnen«, antwortete ich.

Er schaute sich die Hunde genau an, dann schließlich uns. »Ich heiße Brent. Sie werden etwas Hilfe brauchen. Ich fahre hier mit Hunden auf der Insel und Sie können mit meiner Unterstützung rechnen.«

Brent und Kathryn beschlossen, dass wir die Hunde bei Kathryns Haus anpflocken sollten, wo sie nicht mit Brents Hunden kämpfen würden. Als wir in Alaska unterwegs waren, gruben sich die Hunde warme, angenehme Nester im tiefen Schnee. Aber der Wind hatte Kathryns Garten leer gefegt, sodass nur noch ein paar Zentimeter verharschten Schnees lagen. Ich sah Cameo zu, wie sie sich bis auf den gefrorenen Tundraboden durchkratzte, niederlegte, wieder aufstand und erneut kratzte und schnupperte. Sie lief mehrere Male ganz eng im Kreis, um sich zu vergewissern, dass dies die bestmögliche Schlafgelegenheit war, dann rollte sie sich zu einem runden Ball zusammen, presste die Nase an ihr Hinterteil und deckte sie mit dem Schwanz zu.

Nachdem sich die Hunde hingelegt hatten, gingen wir hinein und tranken Tee. Brent meinte, die tiefe Arktis könnte für die Alaskahunde zu rau sein und dass wir sie einen Monat lang trainieren sollten, ehe wir nach Norden aufbrachen. Ich war niedergeschlagen, aber nicht abgeschreckt. Wir beschlossen, eine Woche lang zu trainieren und dann, wie ursprünglich geplant, nach Pond Inlet aufzubrechen.

11

Brent musste am nächsten Tag arbeiten, daher vereinbarten wir eine Trainingsfahrt mit seinem Partner Rene. Ich hatte die Schönheit der endlosen Weite vergessen. Sie ist wie eine freie Straße nach einem Verkehrsstau oder wie ein stiller Spaziergang durch die Nacht nach einer lärmenden Party. Die Hunde müssen diese Befreiung ebenfalls gespürt haben, denn sie streckten sich, nicht zu einem hektischen Lauf, sondern zu einer gleichmäßigen Ganztagesgangart.

Trotz der Begeisterung der Hunde kamen wir so langsam voran, dass ich anhielt, um die Schlittenkufen zu überprüfen. Kein Problem – das weiße Nylon hatte keinen Kratzer. Dann hob ich eine Handvoll Schnee auf, öffnete meine behandschuhte Hand und blies darauf. Die Schneekristalle stoben in einer großen Wolke auseinander wie Feenstaub, der Regenbogen in meinen gefrierenden Atemhauch zauberte.

In wärmeren Gegenden, wo die Temperatur um den Gefrierpunkt liegt, schmelzen die scharfen Ränder der Schneeflocken und kristallisieren dann wieder. Bei diesem Schmelz-Gefrier-Zyklus verdichten sich lockere Kristalle zu runden Kristallen, der Schnee setzt sich und wird dichter und fester. In extremer Kälte findet hingegen ein umgekehrter Prozess statt. Die Moleküle sublimieren direkt vom festen Zustand in den gasförmigen. Was solchermaßen verdunstet, gefriert an der Oberfläche der Kristalle wieder und bildet lange, luftige Nadeln und Kanten. Kalter Schnee hat daher keine strukturelle Konformität. Bei minus 40 Grad Celsius kann man keinen Schneemann bauen. Schlittenkufen sinken durch diesen lockeren Pulverschnee und schaben über die darunter liegenden Steine. Außerdem bremsen die scharfen Nadeln den Schlitten wie Sandpapier. Schnee ist am rutschigsten, wenn seine Oberfläche schmilzt und eine Art Gleitfilm aus Wasser entsteht. Kalter Schnee ist ungefähr so körnig wie eine geteerte Straße.

Nach 15 Kilometern lenkte Rene sein Gespann auf das Polareis. Daves Hunde folgten ohne Zögern. Meine Hunde bockten. Happy wollte mit dem Gespann Richtung Ufer zurück und schnappte nach Joker, als der weiterlaufen wollte. Sie zerrten, kämpften, hielten an und schauten sich zu mir um, als erwarteten sie eine Anleitung.

Ich sah, wie Rene und Dave in der nachmittäglichen Dämmerung immer kleiner wurden, und schaute dann auf das Thermometer an meinem Schlittengriff: minus 38 Grad Celsius. Ich dachte: »Ich hätte mit den Hunden mehr auf weglosen, vereisten Seen trainieren sollen, oder besser noch, an der Küste Alaskas, wie Susan Butcher vorgeschlagen hatte.« Aber das hatte ich nicht getan. Die Stadt lag unsichtbar hinter einem niedrigen Hügelkamm im Osten. Das Eis erstreckte sich nach Süden bis hin zu einem rötlichgrauen Horizont. Und hinter mir stieg die Tundra an.

Ich ging zum Vorderende des Gespanns, packte Happy und Joker am Kragen und zog sie voran. Sie weigerten sich, gaben dann nach und trotteten langsam der Spur der anderen Gespanne hinterher.

Nachdem wir in die Stadt zurückgekehrt waren, pflockte ich die Hunde an, fütterte sie und ging wieder in Kathryns warmes Haus. Mehrere Leute hatten sich versammelt, um uns zu begrüßen. Als ich meinen Gänsedaunen-Parka auszog, legte mir ein Inuitmann sanft die Hand auf die Schulter. Leise, um mich nicht vor den Leuten zu beschämen, bemerkte er: »Wenn Sie diese Kleidung auf der Fahrt nach Norden tragen, werden Sie sterben.«

Ich starrte die kleine, breitbrüstige Gestalt vor mir leer an. Ein sanftes Lächeln trennte seinen dünnen Bart von seinem kratzigen, Fu-Man-chu-ähnlichen Schnurrbart. Seine Vorfahren hatten in den Gletscherspalten der Pleistozän-Gletscher, durch die der Wind pfiff, Mammuts mit Speeren erlegt.

»Was stimmt mit meiner Kleidung nicht?«, fragte ich.

Er hob meinen Parka hoch und fuhr mit der Handkante über die Innenseite des Kleidungsstücks. Dabei sammelten sich auf seiner Handfläche kleine Eiskristalle, die dort entstanden waren, als meine Körperfeuchtigkeit gefror. Wir sahen beide zu, wie das Eis in seiner warmen Hand taute. »Wenn Sie den Parka in einem warmen Haus aufhängen, trocknet er über Nacht. Aber wenn Sie tagelang über Eis fahren, wird sich der Frost ansammeln, in die Daunen eindringen, und zwischen den Federn gefrieren. Dann kommt vielleicht ein kalter Sturm und …« Er zog den Zeigefinger vor seinem Hals vorbei, als schlitzte er seine Kehle mit einem Messer auf.

»Was kann ich dagegen machen?«, fragte ich.

»Sie brauchen einen Karibuanorak.«

Brent war ins Zimmer gekommen und nickte zustimmend. In der Tat hatte er bereits entsprechende Vorkehrungen getroffen.

Die von der Regierung gestellten Häuser in Iqaluit verbreiteten in der Landschaft ein monotones Mittelmaß. Ich folgte meinen Gastgebern die Straße hinauf zu einem blassgrünen, kubischen Vierparteien-Fertighaus, das in Montreal für die Verschiffung nach Norden entworfen worden war. Vier ältere Frauen saßen auf Stühlen und Sofas, während sie mit halbem Auge eine Sendung im Fernseher, der in der Ecke stand, verfolgten. Ein Haufen Karibufelle auf dem Boden kontrastierte mit dem glänzenden Linoleum und den Resopaltheken. Eine Frau stand auf und maß Dave und mich mit einer Schnur ab, die mehrfach geknotet war. Wie viele ältere Menschen auf Baffin Island sprach sie nur ihre Einheimischensprache. Sie nahm mit der Schnur an meiner Brust, an meinen Armen und meinem Körper Maß und plauderte dabei mit ihren Gefährtinnen, schrieb sich aber nichts auf. Dann zwickte sie mich und erzählte einen Witz, über den die anderen Frauen kichern mussten. Als sie sich Dave zuwandte, musste sie auf einen Stuhl steigen, um bis zu seinen Schultern hinaufzureichen. Sie pfiff langsam und drückte pantomimisch aus, wie erstaunt sie über seine Größe war. Dann hielt sie die Schnur nach unten, als wollte sie seinen Penis abmessen. Sie zog die Schnur weg, öffnete ihren zahnlosen Mund, als wäre sie überrascht, und verzog dann ihr faltiges Gesicht zu einem breiten Grinsen. Das Grinsen wuchs sich zu hysterischem Gelächter aus, und sie stieg einen Augenblick lang vom Stuhl, um nicht herunterzufallen. Dann setzte sie ihre Messungen fort und wir besprachen mit Hilfe eines Dolmetschers unsere Kleidung.

Inuit tragen im Winter zwei Schichten Kleidung. Die innere Schicht wird mit dem weichen Haar auf dem Körper getragen, die äußere Kleidung mit dem Fell nach außen, weil Tierfelle Schnee abweisen. Anoraks werden gewöhnlich aus Karibufell gemacht, die Hosen fertigt man hingegen aus wasserdichteren Eisbärenhäuten. Überstiefel, die so genannten *kamiks,* werden aus Robbenfell genäht, dem wasserdichtesten Material, das zur Verfügung steht. Wir entschieden uns für unsere synthetische Unterwäsche, Hosen und Stiefel, aber wir kauften Karibuanoraks.

Am nächsten Tag, als Dave und ich draußen unsere Arbeiten erledigten, kamen ein Junge und ein Inuitmann vorbei. Der Mann hatte einen glattrasierten Schädel und trug keine Kopfbedeckung. Die beiden standen etwas abseits und sahen uns zu. Dann sagte der Junge: »Mein Cousin, Jacopie, hat gehört, dass ihr mit dem Hundeschlitten nach Pang fahrt.«

Pang ist die Kurzform für Pangnirtung, die erste Stadt entlang unserer Route. Ich nickte.

Der Junge fragte: »Haben Sie eine gute Landkarte?«

»Ja, warum?«

Der Junge fuhr fort: »Jacopie sagt, dass weniger erfahrene Leute als Sie sich da draußen verirren könnten. Natürlich würden Sie vermutlich den Weg finden, aber es wäre schwierig.« Dann wechselte er ein paar Worte mit seinem Cousin, der nickte.

Ich sah Dave an, und er murmelte: »O Gott, noch eine Warnung!«

Ich antwortete: »Wir wollten eine Kompasspeilung über die Hall-Halbinsel zum Polareis im Cumberland-Sund machen. Ich dachte, dass wir so den Zugang zum Pangfjord erkennen müssten.«

Der Junge besprach das mit seinem Cousin und fing dann wieder an: »Das wäre eine gute Idee, wenn da keine Klippen wären.«

»Was für Klippen?«, fragte Dave.

»Ach, wussten Sie nicht, dass das Ostufer der Hall-Halbinsel voller Klippen ist? Es gibt nur einen guten Weg hinunter zum Polareis.«

»Und wie finden wir den?«, fragte ich alarmiert.

Nach einem längeren Wortwechsel antwortete der Junge: »Vielleicht sollten Sie Jacopies Spuren folgen. Ihm ist gerade eingefallen, dass er seine Tante in Pang besuchen und ihr Fisch bringen muss. Sie könnten seinen Schneemobilspuren folgen, wenn sie nicht von einem Schneesturm zugeweht werden.«

»Wann fährt er los?«

»Oh, wann sind denn Ihre Parkas fertig?«

Ich fragte mich, woher er von unseren Parkas wusste, und antwortete: »Übermorgen.«

»Gut. Jacopie muss sich auch übermorgen auf den Weg machen.«

Ich nickte Jacopie zu und streckte ihm meine Hand hin. Bevor die Europäer kamen, haben die Inuit nie Hände geschüttelt, und er nahm meine Hand ungeschickt und lasch. Ich streckte die Hand aus und legte sie ihm auf die Schulter. Er nickte und ging.

12

Am 1. Februar, dem Morgen unseres Aufbruchs, herrschten minus 43 Grad Celsius, und ein grauer Eisnebel lag über der Stadt. Jacopie kam auf seinem Schneemobil vorbei, hinter dem er einen Inuitschlitten herzog, einen so genannten *komatik*. Jacopie hatte zusätzliches Benzin, eine Campingausrüstung und einen kleinen Haufen gefrorener und in Leinwand eingewickelter Fische. Er trug noch immer keine Kopfbedeckung, als er langsamer fuhr, um uns zuwinken zu können. Dann beschleunigte er zum Stadtrand hin und griff nach seiner Kapuze.

Wir folgten ihm mit unserem viel langsameren Tempo. Am Stadtrand stieg der Weg langsam zum Plateau hinauf an, und ich stieg vom Schlitten und joggte hinter dem Hundeteam her. Mein schweres Atmen sog eiskalte Luft an den schützenden Haaren des Eisbärfellsaums meiner Kapuze vorbei. Die Kälte scharrte an meinem Gesicht und trug mir Erfrierungen der Haut an Wangen und Kinn ein. Dann griff die Kälte tentakelgleich nach innen und zog durch die Nasenlöcher hinauf in die normalerweise gut geschützten Nebenhöhlen. Als ich zum Plateau oberhalb der Stadt joggte, führte mein schweres Atmen den Lungen weitere Kälte zu, wo sie sich wie kleine Nadelstiche in die Lungenbläschen ausbreitete. Aber das warme Blut bot Paroli, sodass mein Herz, das nur wenige Zentimeter von der Lungenmembran entfernt ist, normale Körpertemperatur beibehielt. Man hatte mich vor Erfrierungen der Lunge gewarnt, weil der Schaden eine Lungenentzündung auslösen könnte, also stellte ich mich einen Augenblick lang wieder auf den Schlitten, um mitzufahren und mein Atmen zu verlangsamen. Die Hunde sahen sich um, als wollten sie sagen: »He, wir haben auch Lungen.« Niedergeschlagen stieg ich wieder ab und gewährte uns allen eine Rast.

Ein Gewirr von Schneemobilspuren zog sich kreuz und quer

über den ersten Hügel. Aber Jacopie hatte seine Spur mit Holzstangen und roten Fahnen markiert. Nach einigen Kilometern wurden die Spuren weniger, und endlose Wellen vom Wind gerippten Schnees breiteten sich vor uns aus. Ich stellte mich wieder auf den Schlitten, als die Steigung in eine Ebene überging und die Hunde beschleunigten. Der Tunnel meiner eng zugezogenen Kapuze ließ Dave weit entfernt erscheinen, gerade so, als sähe ich ihn durch das falsche Ende eines Fernrohrs. Er war vornüber gebeugt, um sich am Griff seines Schlittens festzuhalten, sodass er in seiner Fellkleidung fast wie ein Bär aussah. Allmählich ließ das Eis, das sich am Fellkragen der Kapuze und auf meinen Augenlidern bildete, seine Konturen verschwimmen. Während er noch weiter durch das Fernrohr entschwand, fror der Frost meine Ober- und Unterlider zusammen und Regenbogen tanzten auf den Kristallen, die meine Sicht umwölkten. Das Funkeln war für das Bärenbild zu fantastisch, daher stellte ich mir vor, er sei ein Schamane, der den Abgrund zwischen der Wirklichkeit und dem Nichts überquert. Eine Inuitlegende erzählt von einem Schamanen, der während Hungerszeiten auf dem Meeresgrund mit einem Walross tanzte. Dem Walross gefiel der Tanz des Schamanen, daher versprach er ihm, dass die Jäger Erfolg haben würden. In meinen eigenen Traumbildern wurde Dave ein tanzendes Walross, umgeben von Fischen, die in einer warmen Wasserwelt nach einer Choreografie tanzten.

Dave fuhr bis zum Gipfel eines langen Hügels und meinte, wir sollten kurz rasten. Da ich hinter ihm war, mussten meine Hunde noch in der Steigung anhalten. Nach der Rast würden wir gegen die Schwerkraft anzukämpfen haben. Es war nur eine Kleinigkeit, aber ich spürte, dass das Leben hier draußen an einem geknoteten Faden vieler kleiner Dinge hing, daher fragte ich ihn, ob er nächstes Mal nicht ein paar Meter hinter der Hügelkuppe halten könnte. Er goss sich schweigend etwas Tee aus seiner Thermosflasche ein und trank ihn, als hätte ich nichts gesagt. Ich blickte Dave fest an, und er starrte schweigend zurück.

Ich wollte fragen: »Weshalb willst du diese Fahrt mitmachen, wenn du nicht mein Freund sein willst?« Aber vielleicht bildete ich mir seine Gleichgültigkeit auch nur ein, also wollte ich keinen Streit vom Zaun brechen.

Er rief »Yup, yup!« und sein Gespann trottete den Hang hinunter. Ich ruckelte an meinem Schlitten, um die Kufen frei zu bekommen, und schob dann an, um ihn in Schwung zu bekommen. Dann erst befahl ich meinem Gespann loszulaufen.

13

Die Hall-Halbinsel ist ein breites Plateau mit wenigen herausragenden Landmarken. Unser untrainiertes Auge sah nur vom Wind verwehten Schnee, konturlose Wellenlinien und undefinierbares ausstreichendes Gestein. Die Kompassnadel zitterte und sprang ruckartig, wurde aber nicht von der Kälte verlangsamt, sondern von der Nähe zum magnetischen Nordpol. Am magnetischen Pol zeigt eine Kompassnadel genau nach unten zum metallischen Kern der Erde. Baffin Island ist nahe genug am magnetischen Nordpol, um die Nadel nach unten zu ziehen, bis sie über die Windrose im Kompass schleift. Um die Richtung bestimmen zu können, legte ich den Kompass auf einen flachen Felsen und klopfte dagegen, bis die Nadel nach Hüpfen und Springen in eine Richtung zeigte. Aber bei mehrmaligem Ablesen am gleichen Fleck variierte die Richtungsangabe auf dem Kompass um bis zu 20 Grad, was einen neuen unangenehmen Unsicherheitsfaktor bedeutete. Jacopie hatte, während er heranwuchs, den Namen, die Geschichte und die Position eines jeden Hügels und jeder Senke gelernt und konnte wahrscheinlich über die meisten Geschichten erzählen. Er hatte gewusst, dass ein *kabloona* aus dem Süden ohne seine Ortskenntnisse gewiss verloren wäre.

Inuit scherzen gern über Missgeschicke, besonders die eigenen.

Sie warnen Leute vor bestimmten Gefahren, die man vermeiden kann, aber sie beleidigen nie die Kompetenz einer Person. Daher hatte Jacopie nicht gesagt: »Schaut, ihr seid neu hier, ihr werdet euch verirren und sterben; ihr solltet da nicht hinfahren.« Er zeigte uns einfach den Weg, indem er die Geschichte von der Fahrt zu seiner Tante erfand. Aber die schraffierte Schneemobilspur war eine ausgefranste Rettungsleine, die leicht vom Schnee oder Wind ausgelöscht werden konnte.

Wir waren in jedem Augenblick sicher. Unsere Körpertemperatur war warm, und bis auf ein paar kleinere Erfrierungen ging es uns relativ angenehm. Weder gähnende Abgründe noch tobende Eisbären bedrohten uns. Wir kletterten weder steile Felswände hinauf, noch fuhren wir im Kajak durch Wildwasserflüsse, wo ein einziger Gleichgewichtsfehler zur Katastrophe führen konnte. Wir gingen oder joggten der Spur eines Schneemobils hinterher und fuhren gelegentlich auf dem Hinterende des Schlittens bei gemächlichen acht Stundenkilometern mit. Aber wir waren verletzlich. Wenn ein Sturm unseren Trail ausradierte, wenn der Ofen versagte, wenn das Zelt riss oder sonst ein unvorhersehbares Problem auftauchte, würden sich die Schwierigkeiten rasch verschlimmern.

Wenn eine Gefahr direkt vor einem liegt, schießt Adrenalin durch die Blutbahn, kneift den Schließmuskel zusammen und erweitert die Kapillaren in Armen und Beinen. Aber wenn die Gefahr gleichermaßen real und nicht existent ist, nimmt die Angst andere Formen an. Sie greift sacht nach einem, übt einen angenehmen Druck aus und drängt einen zu erhöhter Aufmerksamkeit. Überprüfe das Lager, bevor du aufbrichst, und vergiss keine Zeltstange; achte darauf, ob du am Himmel Anzeichen eines Sturms siehst; präge dir eine Abfolge von Landmarken ein, die in umgekehrter Reihenfolge zurück nach Iqaluit führen, falls der Trail ausradiert ist. Studiere die Rippen im Schnee, um die Weiterfahrt in Bezug auf die vorherrschenden Winde zu planen.

14

Brent hatte vermutet, dass unsere Alaskahunde die 65 Kilometer zum McKeand River in einem Tag zurücklegen würden. Als jedoch das arktische Dämmerlicht die Landschaft verdunkelte, waren wir immer noch bergauf zum Plateau unterwegs und befanden uns offensichtlich nicht bei einem Flusstal. Wir hatten keine Ahnung, wie weit wir schon gefahren waren. Daher hielten wir im Schutz eines großen Felsblocks an und schlugen unser Lager auf.

Als wir im Zelt waren, zündeten wir beide Flammen eines zweiflammigen Coleman-Kochers, eines Spiritus-Kochers, an und stellten um uns herum Kerzen auf. Die Flammen erwärmten den kleinen Raum, und bald schmolz der Frost aus unserem Gesicht. Wir legten die Handschuhe und Anoraks ab und saßen wohlig in langer Unterwäsche und leichten Unterziehjacken herum. Dann schmolzen wir Schnee, kochten Wasser und gönnten uns eine stille Tasse heißen Tees, gefolgt von einer großen Schüssel Reis und gedünstetem Karibufleisch.

Es war unser erstes Lager, und wir entspannten uns beide, da wir außer essen und schlafen nichts zu tun hatten. Die gesamte Planung, das Training und die Anreise lagen hinter uns. Dave erklärte, dass er dieses Jahr eigentlich am Iditarod-Rennen teilnehmen wollte, es sich aber anders überlegt hatte, nachdem er mir begegnet war. Er meinte, das Iditarod-Rennen wäre das Nachspielen einer Expedition, während das hier wirklich eine war.

Ich war froh, dass wir über Pläne und Träume sprachen, weil ich fühlte, dass uns das Gespräch einander näher brachte. Vielleicht waren meine Befürchtungen falsch gewesen. Die Wildnis verändert die Menschen, und jetzt, wo wir gemeinsam und allein im Land unterwegs waren, konnten wir den Schild ablegen, der uns voreinander schützte. Wir hatten noch einen langen Weg vor uns.

Nachdem wir den ganzen nächsten Tag unterwegs waren, hatten wir den Fluss immer noch nicht erreicht. In Alaska hatte ich 130 Kilometer in 24 Stunden zurückgelegt, aber hier reduzierten der kalte Schnee, der schwere Schlitten und die lange Steigung unser Vorankommen auf 30 Kilometer pro Tag. Die Kälte sank unter minus 45 Grad. Im Lauf des Vormittags des dritten Tages fuhren wir ins Flusstal hinunter. Dave und ich gönnten uns eine Tasse Tee aus der Thermosflasche und einen gefrorenen Schokoriegel, und wir belohnten jeden der Hunde mit einem Stück Fisch. Als es Zeit zur Weiterfahrt war, schaute Happy die Steigung an, die der Trail nun hinaufführte, und drehte das Gespann Richtung Iqaluit um. Ich stieg auf die Bremse, lief nach vorne, packte ihn beim Kragen und stellte ihn wieder in Fahrtrichtung. Aber er hatte seine Entscheidung gefällt und machte wieder kehrt. Wir wiederholten unser Tauziehen mehrere Male. Dave war bereits auf der ersten ebenen Bank oberhalb des Flussufers und sah meinen Mühen zu.

»Gib ihm einen Tritt!«, rief er mir zu.

Happy war neun Jahre alt. Er war zeitlebens ein Schlittenhund gewesen und hatte vor einigen Jahren ein Team zu einem Iditarod-Sieg geführt. Er war nicht einfach nur störrisch. Er hatte immer gewusst, dass er erfahrener war als ich und dass er der wahre Anführer war. Nun sagte er mir, dass wir hier draußen viel zu nah am Abgrund standen, und dass es höchste Zeit wäre, heimzukehren.

»Gib ihm einen Tritt!«, rief Dave von oben.

Vielleicht hatte Happy Recht. Bei diesem Tempo hatten wir kaum genug Nahrung, um es bis Pangnirtung zu schaffen, und bei diesen Temperaturen konnten kleine Fehler schnell zu Katastrophen werden. Vielleicht sollte ich in die Wärme eines Winters in Montana heimkehren und dieser brutalen Kälte und dem unfreundlichen Riesen entrinnen, der mich vom Hügel oben anschrie. Ich schob diese Gedanken beiseite.

Ich nahm Happy aus der Leitposition, schirrte ihn auf Wheel an und nahm Joker neben Mac als Leithund. Mac und Joker waren unschlüssig, trotteten dann aber weiter. Zum ersten Mal, seit ich ihn kannte, vielleicht sogar zum ersten Mal in seinem Leben, zog Happy nur halbherzig. Seine Leine hing schlaff durch, und die anderen Hunde rissen ihn vorwärts. Er zog eine Weile mit, dann wurde er langsamer und blickte über seine Schulter zurück.

Wir fuhren den ganzen Nachmittag bergauf und lagerten an einem großen See oben auf dem Plateau. Als ich die Hunde ausschirrte und anpflockte, grub sich jeder sofort eine Kuhle in den Schnee, rollte sich zu einer Kugel ein und steckte die Nase unter den Schwanz. Happy aber stand mit gespreizten Beinen da und starrte auf den Rückweg Richtung Süden. Ich saß im Schnee neben ihm und legte ihm meine Arme um den Hals.

»Komm, Happy, reiß dich zusammen. Ich weiß, dass du alt bist, aber in einer Woche sind wir in Pang. Wenn du diese Fahrt hinter dir hast, sind deine Arbeitstage vorüber. Dann gehst du als Zuchttier in Pension. Rick Mackey füttert dich und führt dir Hündinnen zu. Dann brauchst du nur noch herumzuliegen und hast ein schönes Leben.«

Er aber blieb steif wie eine Statue stehen. Ich packte ihn an den beiden Beinen an der Seite und warf ihn zu Boden. Dann packte ich ihn an Kragen und Schwanz und bog ihn kugelförmig zusammen. Als ich losließ, streckte er sich auf dem Schnee aus, um so viel wie möglich von seiner Körperoberfläche der Kälte auszusetzen.

Ich ging ins Zelt, schnitt ihm ein schönes Stück Karibu ab und kochte es zusammen mit etwas Robbenfleisch und ein paar Stücken Fisch. Als das Fressen fertig war, zog ich mich wieder an und ging in die Polarnacht hinaus. Ich stellte das heiße Fressen direkt vor Happys Nase. Seine Teamkameraden rochen die Delikatesse, zerrten an ihren Ketten und jaulten aufgeregt. Happy machte die Augen auf, hob aber seinen Kopf nicht. Ein Riss auf seiner Schnauze glitzerte von weißem Frost. Er hatte gestern versucht, Cisco zurechtzuweisen, war aber zu alt und zu langsam, um Boss der Hundemeute zu sein, und Cisco hatte zurückgebissen.

Ich stand in der Kälte und überprüfte das Thermometer. Minus

50 Grad Celsius. Vorhang-, pfeil- und spiralenförmig jagten Nordlichter über den Himmel. Die elektrischen Schwingungen schienen mit einem unhörbaren, tieffrequenten Summen auf mein Trommelfell einzuhämmern. Ich stellte mir vor, ich wäre in einer Eishöhle, umringt von riesigen Basslautsprechern, die einen afrikanischen Trommelwirbel mit so tiefen Tönen abspielten, dass ich nichts hören, aber alles spüren konnte. Es schien kein Mond, aber das fluoreszierende Licht spiegelte sich auf dem weißen Schnee und erhellte die Felsen am Seeufer.

Die letzte Lektion, die mir Happy erteilte, war die, dass trotz all meiner warmen Kleider, des Hightech-Zelts und des Arktis-Schlafsacks meine wichtigste Waffe im Überlebenskampf der Lebenswille war.

Ich flüsterte leise: »Das wusste ich schon, Happy.«

Ich erinnerte mich daran, dass ich mich als kleiner Junge, wenn das Haus früh am Morgen noch verschlafen leise war, vor das Gitter des Heizungsschachts im Bad setzte, um Abenteuergeschichten zu lesen. Ich erinnerte mich an ein Bild aus einer Geschichte von Jack London, »Wie man Feuer macht«. Londons Held war an einem gefrorenen Flussufer unterwegs und die Temperatur war unter minus 50 Grad Celsius. Er blieb stehen, um zu spucken, und die Spucke gefror und landete klirrend auf dem Schnee. Ich streckte meinen Stiefel vor und spuckte. Flüssige Spucke landete auf der Stiefelspitze, verteilte sich und gefror dann. London hatte sich geirrt. Ich kehrte ins Zelt zurück.

15

Ich brauchte zur Ablenkung eine freundliche Unterhaltung mit meinem Gefährten, der mit überkreuzten Beinen einen Meter neben mir saß und Tee trank. Ich sagte etwas Einfaches, ein stummes Flehen um Verständnis.

Dave zuckte mit den Achseln. »Er ist nur ein Hund. Er hat sowieso nicht viel getaugt.«

Ich wollte fliehen, konnte den Worten dieses Mannes und seiner Gegenwart aber nicht entkommen. Was war aus der Freundschaft geworden, zu der wir an den beiden ersten Tagen gefunden hatten? Warum konnte er mir nicht ein nettes Wort sagen? Obwohl es noch früh war, kroch ich in meinen Schlafsack, zog eine Mütze über den Kopf, drehte mich zur Zeltwand und schloss die Augen. Im vorhergehenden Winter war ich jeden Tag mit Chris Ski gelaufen, auch wenn es nur eine Ausfahrt nach Stunden am Computer war. An den meisten Tagen kamen einer oder mehrere unserer Freunde mit. An den Abenden besuchten uns Leute, teilten Essen mit uns, oder wir gingen gemeinsam in die Sauna oder tanzten bei Spontanpartys bis spät in die Nacht. Der alte Finne, der mir am ersten Tag auf die Pelle gerückt war, verzieh mir nie, dass ich das Herz »seiner Wanapeka« erobert hatte. Er warnte Chris, dass ich »ein fauler Taugenichts« wäre, aber zwischen seinen giftigen Attacken teilte er seinen heiß geliebten, stark mit Knoblauch gewürzten Wodka mit mir oder bot mir preiswerten dänischen Plunder vom Vortag an, inzwischen längst eine Woche altes Gebäck, weil in letzter Zeit niemand in die Stadt gekommen war. Und er erzählte mir alte Geschichten von Goldfunden und Auseinandersetzungen mit den Streikbrechern in den Kupferminen.

Ich glaube, Happy wollte sterben, weil er alt wurde, das Land zu rau für ihn war und er sich nicht vorstellen konnte, dass er je die vielen Schritte, die Flüge und die lange Fahrt zu seiner Heimat in Alaska zurückfinden würde. Nun wollte ich meine Schritte zurück nach Southern Cross lenken. Einem Teil von mir waren Pond Inlet, mein Ehrgeiz und dessen scheinbar ungreifbarer Lohn völlig egal.

Als ich am nächsten Morgen aufwachte und ins graue Dunkel blickte, das der Dämmerung vorausgeht, lag Happys Leichnam ausgestreckt auf dem See. Ich versuchte, während des Frühstücks über seinen Tod zu reden, aber Dave ignorierte mich und sprach über den Ablauf der heutigen Fahrt. Wir brachen das Lager ab und weckten die Hunde. Keiner von ihnen schaute den Leichnam an oder schnupperte an ihm. Vielleicht war ich der Einzige, der ihn, wie in einem quälenden Tagtraum, sah.

Wie eine Geliebte, die nach einem heftigen Streit umarmt werden will, schaute ich Dave an und flehte stumm um ein tröstendes Wort. Er aber schirrte methodisch sein Hundeteam an und tat den Mund nicht auf, bis er den Hunden zurief: »Yup, yup, los geht's!«

Die Sonne ging auf und spendete Licht, aber wenig Wärme. Ich schirrte Smokey und Mac in der Leitposition an, startete mein Gespann, lief einige Augenblicke und stellte mich dann auf die Schlittenkufen. Ich brauchte eine Stimme, die die Stille durchbrach, also drehte ich mich um und redete mit dem Punkt in der Landschaft, der nur zu erkennen war, weil ich wusste, wo ich ihn suchen musste. Ich sagte stumm Lebewohl.

Smokey übernahm die Führung und folgte Jacopies Schneemobilspur in gleichmäßigem Trott. Ich lief wieder hinter dem Schlitten her durch die leblose Landschaft und fuhr dann auf den Kufen mit, als wir bergab schneller wurden. Angesichts der Weite des Raums wirkte ein Toter unscheinbar. Aber Happy war mein Freund gewesen. Ich tröstete mich damit, dass ich mir vorstellte, dass Happy ein alter Herr war; vielleicht hatte er für sich die richtige Wahl getroffen.

16

Kap Hoorn hatte mich mit der Nässe bekannt gemacht. Dann begrüßte ich die Weite der Nordwestpassage. Auf der Hall-Halbinsel wurde die Kälte zur vorherrschenden Empfindung. Sie zog sich durch alle meine Träume, umfing mich, wenn ich die Hunde anschirrte, trabte neben mir her, wenn ich lief, und verstärkte sich, wenn es Abend wurde und wir das Lager aufschlugen.

Beim Abendessen wärmten wir das Zelt mit unserem Kocher auf ungefähr zehn Grad Celsius plus, aber wenn wir den Ofen zum Schlafen abdrehten, sank die Temperatur rasch ab. Wir zogen die Kapuzen unserer Schlafsäcke fest ums Gesicht und ließen nur die Nase und den Mund zum Atmen herausschauen. Die Feuchtigkeit unseres Atems fror an der Außenseite der Schlafsäcke fest, und bis zum Morgen war das Nylon mit Eis überzogen. Diese Schicht schmolz beim Frühstück und sickerte in die Abdichtung ein. Gegen Mitte der Woche waren die Schlafsäcke feucht und nicht mehr ganz so warm. Mein Körper verstand, dass ihm nur eine Gegenwehr blieb: Bewegung. Also schlief ich, aber mein Körper blieb wach und zitterte immer wieder durch die Nacht, um mich am Leben zu erhalten. Wenn ich geistig erfrischt, aber körperlich erschöpft aufwachte, setzte ich mich auf und wedelte heftig mit den Armen, um die Blutzirkulation im Oberkörper anzuregen. Dann zog ich meine Stiefel an, um zum Pinkeln nach draußen zu gehen. Bevor ich ins Zelt zurückkehrte, lief ich kurz auf der Stelle, um lebenserhaltendes Blut in meine Beine zu pumpen. Das Lager abbrechen, die Hunde anschirren, Rast zum Essen machen, das Lager aufbauen – es war immer wieder das Gleiche. Wenn ich nicht hinter dem Schlitten herlief, lief ich auf der Stelle oder wedelte mit den Armen, um den Blutkreislauf aufrecht zu erhalten und die Kälte abzuwehren.

Eines Morgens, als ich dem Schlitten über das fast konturlose Plateau folgte, zerriss ein lautes Geräusch die Stille. Die Hunde hielten alarmiert. Das Geräusch erklang wieder – ein fernes *Kraaach* wie ein Gewehrschuss, dann ein langgezogenes *Zing*, das die Tonhöhe änderte, als flöge eine Kugel auf uns zu, sauste vorüber und verschwände am Horizont. Aber es war keine Kugel. Die Kälte war so tief in den Boden eingedrungen, dass der Permafrost wie das Eis auf einem See brach.

An warmen Tagen in den Tropen fühlt sich der eigene Körper wie ein kooperationsbereites System an: Herz pumpt Blut in die

Lunge, Lunge nimmt Sauerstoff für das Herz auf. Aber hier draußen fühlte es sich an, als sei jedes Organ, jede Extremität separat, misstrauisch und auf der Hut. Meine Innereien versuchten die ganze Nahrung zu horten, bis die Zehen heraufriefen: »He, wenn du uns nicht etwas Energie schickst, bringen wir dich nicht nach Pang, und dann sitzen wir alle in der Tinte.« Dann gaben die Innereien nach und schickten ein paar Kalorien nach unten, aber gerade so viel wie nötig. Wie ein Politiker, der sich geschickt aus der Affäre ziehen will, nachdem er eine Nation in einen Krieg verwickelt hat, sagte mein Kopf dem Rest des Körpers, dass er nichts mit diesem Vorhaben zu tun habe. Jeden Morgen gab er ein paar allgemeine Anweisungen für den Tag aus, »Herz – pumpen, Beine – laufen«, und verselbständigte sich dann. Während meine Füße nach Pang unterwegs waren, wanderten meine Gedanken durch die leere Landschaft, eilten in der Zeit vor oder zurück und verfielen in friedliche Wärme. Gelegentlich sahen wir bei der Realität vorbei, um festzustellen, ob wir noch auf Jacopies Spur waren, dass es den Hunden gut ging und dass keine der Extremitäten sich zu lautstark beschwerte. Das sind die glorreichen Momente während einer Expedition, wenn man sich von allem loslöst und mit der Landschaft verschmilzt.

17

Am sechsten Tag erreichten wir einen kleinen See, der sich fast ganz oben auf einem breiten Pass befand. Jacopie hatte auf dem See einen Iglu gebaut und dort übernachtet. Wir hatten in fünfeinhalb Tagen 135 Kilometer zurückgelegt, und bis Pangnirtung lagen noch etwas mehr als 160 vor uns, aber die verbleibende Strecke führte bergab oder über das ebene Polareis des Cumberland-Sunds.

Die Strecke bergab war steil. Wir fuhren auf einen Fluss hinaus, der die Klippen durchschnitt. Ich trat auf die Bremse, während der

Schlitten übers blanke Eis schlidderte und die hinteren Hunde zu rammen drohte. Die Temperatur stieg auf minus 28 Grad Celsius, und ich legte meinen Anorak ab. Das Eis auf dem Fluss war nur 30 Zentimeter dick und hatte Sprünge, wo der Fluss über Felsen stürzte. Kaltes Wasser floss aus den Sprüngen auf die Oberfläche. Von der Flüssigkeit stieg Dunst auf, kristallisierte und formte eisige Nebelstreifen, die wie Zirruswolken aussahen, die vom Himmel gefallen waren.

Ich dachte an meine Tage als Chemiker zurück. Es gibt eine einzigartige Kombination von Druck und Temperatur, genannt Tripelpunkt, an dem Wasser, Eis und Dampf im Gleichgewicht koexistieren. Obwohl ich in einer sicheren Welt lebte, in der Wasser Wasser war und nicht alles zusammen, träumte ich davon, dass mich eine magische Welt umgeben würde, wenn ich an diesen Tripelpunkt gelangen konnte.

Ich kannte mich in Chemie gut genug aus, um zu wissen, dass das, was ich vor mir sah, nicht der Tripelpunkt des Wassers war, aber es fühlte sich wie der spirituelle Tripelpunkt an. Ich war aus dem fluoreszierenden Licht der Laborbeleuchtung in eine arktische Landschaft gestiegen, in der die Welt aus Wasser, Eis und Dampf bestand. Eine blasse Sonne schien auf die schwebenden Eiskristalle und erzeugte Regenbogen, die in der weißen Umgebung tanzten.

Die Hunde waren nicht so verzaubert wie ich. Smokey weigerte sich, als Leithund durch das Wasser zu laufen, und das Team hinter ihm stoppte in einem wirren Knäuel. Ich konnte den Schlitten nicht mehr kontrollieren und rammte Jake und Apple an der Wheel-Position. Zum Glück waren die Hunde zu erschöpft, um miteinander zu kämpfen, und ich lief nach vorne und zog sie durch. Als wir vom nassen Eis herunter auf trockenen Schnee kamen, überprüfte ich ihre Füße und versuchte, das Eis, das sich zwischen ihren ohnehin bereits wunden Ballen gebildet hatte, zu entfernen. Aber meine Fingerspitzen waren erfroren und konnten wenig für meine Freunde tun.

18

Wir erreichten das Polareis am 7. Februar, nachdem wir eine Woche unterwegs waren. Trotz drohender Wolken hatte das gute Wetter ausgehalten, und der gefährliche Teil der Fahrt lag hinter uns. Der Weg nach Pangnirtung führte über das Polareis, das vom Ozean erwärmt wurde und deshalb wärmer war als der gefrorene Boden. Infolgedessen war der Schnee, der das Eis bedeckte, schlüpfriger und weniger nadelig. Außerdem lauerten unter dem Schnee keine Steine, die den Hunden in die Füße schneiden konnten. Obgleich sich meine Hunde bei der ersten Ausfahrt in Iqaluit geweigert hatten, auf Polareis zu laufen, waren die Bedingungen hier, verglichen mit dem, was wir bisher durchgemacht hatten, so moderat, dass sie nun schneller wurden. Der letzte Teil des Iditarod-Rennens in Alaska führt über Eis nach Nome, und die meisten meiner Hunde waren in Iditarod-Rennen mitgelaufen; vielleicht assoziierten sie daher das Polareis mit dem Ende des Rennens. Ich konnte ihnen nicht sagen, dass Pangnirtung nur das Ende des ersten Teils einer längeren Reise war.

Freunde in Iqaluit hatten uns von einer Hütte in einem verlassenen Ort namens Kipisa in einigen Kilometern Entfernung erzählt. Die Hütte wurde als Außenposten-Camp unterhalten, das für jeden Vorbeikommenden offenstand. Einige Kilometer vor Kipisa hielt Dave, der vorausfuhr, an, um einen roten Gegenstand zu untersuchen, der im Schnee lag. Es war ein 20-Liter-Kanister voll Dieselöl. Wir wussten, dass es in der Hütte einen Dieselbrenner gab, hatten die Stadt aber zu voll beladen verlassen, um Treibstoff mitzunehmen.

Die Holzhütte war keine fünf Meter lang und hatte eine niedere Decke und ein Flachdach. Von der Decke hingen Eiszapfen. Das Innere war krankenhausgrün gestrichen. Es standen ein Resopaltisch und einige Stühle in der Hütte, daneben ein Bücherregal mit einigen Wildwest-Romanen und ein paar *Playboys.* Die Ausklappmädchen aus der Zeitschrift hingen an den Wänden und sahen ohne ihre Kleider verfroren aus. An einer Wand stand ein gusseiserner Herd. Jemand hatte im alten Feuerloch einen Dieselbrenner installiert und ihn mit einem an der Wand befestigten Reservoir verbunden. Wir schütteten unseren kostbaren Treibstoff in das Reservoir, öffneten den Hahn und zündeten ein Streichholz an. Das kalte Metall saugte die Hitze aus dem Zündholz und ließ die Flamme verlöschen. Wir ließen etwas Treibstoff in die Feuerstelle tropfen, zündeten ein paar Seiten eines Romans von Louis L'Amour an und warfen das brennende Papier auf die Flüssigkeit. Sie begann zu brennen, und im kreisrunden Brenner loderte eine orangefarbene Flamme auf. Nach ein paar Stunden schmolz die Eisschicht an der Innenseite der Wände. Im Zimmer war es über dem Gefrierpunkt!

Unsere Anoraks hatten wie unsere Schlafsäcke während der Woche Körperfeuchtigkeit absorbiert. Während der letzten Tage waren sie in der Nacht gefroren, und wir hatten sie am Morgen über dem Coleman-Kocher aufgetaut, bis sie geschmeidig genug waren, um sie anzuziehen. Aber die Feuchtigkeit war ins Leder eingedrungen, das weißlich und glitschig wurde wie ein alter Schuh, der im Regen gelegen hat.

Die Nahrung wurde knapp und wir fühlten uns gedrängt, nach Pangnirtung weiterzufahren. Aber am nächsten Morgen hatten wir noch über zehn Liter Brennstoff und empfanden keine Lust, die Hunde anzuschirren. Inuitjäger hatten am Strand Robben geschlachtet und Innereien und Speck zurückgelassen. Wir tauten alles auf und gaben es den Hunden. Für uns selbst waren knappe Rationen in einer warmen Hütte der reinste Luxus. Wir verbrachten den Tag mit Lesen, Briefe schreiben und Ausruhen.

Als wir am nächsten Morgen die Schlitten beluden, schlug Dave vor, dass er für die letzte Wegstrecke zur Stadt mehr auf seinen Schlitten packen könne, da seine Hunde schneller waren. Ich war von seiner Großzügigkeit überrascht und dachte, dass vielleicht die erfolgreiche Überquerung des Eises, gefolgt von einer warmen Nacht, unsere Freundschaft entzündet hätte. Ich gab ihm den Kocher, den Brennstoff und den Großteil der restlichen Nahrung. Dann schlug er vor, ich solle zuerst losfahren, er würde mich in einer halben Stunde einholen. Wir sahen die Karte an und legten unsere Route fest. Der Weg war gleich lang, ob man nun rechts oder links um eine kleine Insel herumfuhr, daher beschlossen wir willkürlich, links herum zu fahren.

Obgleich wir nie miteinander redeten, wenn wir unterwegs waren, spürte ich immer seine Gegenwart und war jetzt erleichtert, allein zu sein. Mehrere Schneemobilspuren kreuzten sich, wo Jäger, die Robben jagen wollten, nach *aglus* gesucht hatten. Als ich die Insel erreichte, hielt ich an, um Rast zu machen und eine Tasse Tee aus der Thermosflasche zu trinken. Ich schaute nach hinten und erwartete, den über seinen Schlittengriff gebeugten Riesen zu entdecken. Statt dessen sah ich nur Weiß. Hatten wir uns missverstanden? Ich wartete, bis mir kalt wurde und ich zu frösteln begann. Dann fuhr ich um die Insel auf die rechte Seite herum. Keine Spur von Dave.

Nach Pang waren es noch zwei Tage. Ich hatte kaum zu essen und keinen Kocher dabei, und da ich den Kocher benötigte, um Schnee zu schmelzen, hatte ich auch kein Wasser. Ich spekulierte, dass seine Großzügigkeit mit dem zusätzlichen Gewicht nur ein Trick gewesen war, um den Kocher und die Nahrung zu stehlen. Dann fühlte ich mich wegen dieser Anschuldigung schuldig. Er war schon ein seltsamer Mann, aber zu einem Mord war er nicht fähig. Und selbst wenn, warum hatte er mir dann das Zelt überlassen? Nein, ich musste dem Wahnsinn nahe sein, wenn ich überhaupt in Betracht zog, dass er mich im Stich gelassen hätte. Es musste etwas Schreckliches passiert sein. Ich musste nach Kipisa zurückfahren und ihn suchen.

Als ich das Gespann wendete, zog vom Südosten her dichter Nebel auf. Der Wind fegte so über den Schnee hinweg, dass es aussah, als hätte ich keine Spuren hinterlassen. Ich versuchte, die Richtung mit dem Kompass zu bestimmen, erreichte daraufhin aber bei einsetzender Dunkelheit Land an einer unbekannt aussehenden Stelle. Ich pflockte die Hunde an, stellte das Zelt auf, trank den letzten Schluck Tee aus der Thermosflasche und kroch in meinen Schlafsack. Zum Schlafen war es zu früh, und meine Gedanken überschlugen sich. Was sollte ich machen, wenn ich ihn nicht fand? War es besser, den Tod in einer verzweifelten Fahrt nach Pang zu riskieren, oder sollte ich in der Hütte warten und in der Hoffnung, dass Jäger vorbeikämen, langsam den restlichen Treibstoff verbrennen? Wie standen die jeweiligen Chancen? Ich schlief ein.

In meinen Träumen stand ein zweieinhalb Meter hoher gusseiserner Holzofen im Zelt. Ich legte meine Hände darauf, aber er war so kalt, dass meine Finger anfroren. Ich öffnete die Ofentür und sah, dass der Ofen voller Holz war, aber das Holz wollte nicht brennen, weil das Ofenrohr von Hunderten von Luftklappen blockiert war. Ich öffnete hektisch die Klappen. Das Feuer loderte auf und Wärme verbreitete sich. Da wachte ich auf. Große, plattenähnliche Eiskristalle bedeckten die Zeltinnenseite. Wo war Dave? Was war schief gegangen?

Der Nebel lichtete sich am nächsten Morgen, und ich entdeckte, dass ich nur einen Kilometer von Kipisa entfernt war. Als ich zurückfuhr, sah ich in der Ferne ein Hundegespann, das zur Insel unterwegs war. Es war zu weit weg, um auf einen Zuruf zu reagieren, daher schoss ich einmal in die Luft. Keine Reaktion. Ich schoss wieder, und es folgte wieder keine Reaktion. Meine Hunde nahmen Witterung auf und machten sich an die Verfolgung, bis wir aufholten.

»Was ist passiert, Dave?«

Dave erklärte, dass, gerade als er die Hütte verlassen wollte, zwei Schneemobile von Süden herangedröhnt seien. Die Jäger hatten eine Robbe erlegt. Sie zündeten den Herd wieder an, heizten die Hütte und kochten einen großen Topf voll Robbenrippen. Das Essen war gut und die Wärme angenehm. Er war geblieben, weil er sicher war, ich würde bis zum Abend zurückkommen. Während wir redeten, spürten die Hunde, dass wir Rast machten, und rollten sich zusammen.

»Du kannst doch nicht deinen Partner verlassen, nicht einmal wegen eines guten Essens, Dave. Irgendwie können wir uns nicht miteinander verständigen. Etwas bleibt ungesagt.«

»Nichts, Jon, nichts bleibt je ungesagt. Ich dachte nur, du würdest dir ausrechnen, dass ich nicht komme, und ins Lager zurückkehren. Mit dem Nebel habe ich nicht gerechnet.«

Ich hatte die Nacht ohne Essen und Wasser in der Arktis verbracht, und wenn wir uns an diesem Morgen verpasst hätten, wären wir beide in Schwierigkeiten gewesen. Ich war noch nie so im Stich gelassen worden und hatte noch nie von jemandem gehört, der so im Stich gelassen worden war. Eine der angenehmen Seiten einer Expedition ist es, mit jemandem unterwegs zu sein, der sich um den anderen kümmert und notfalls sein Leben für ihn riskiert. Wenn man seinen Partner schützt, schützt man sich selbst, aber die Partnerschaft geht über ein Zweckbündnis hinaus. Sie setzt einen unverbrüchlichen Ehrenkodex voraus. Bei einer Expedition ist das Wohlergehen des Partners so wertvoll wie das eigene. Dave hatte diesen Kodex gebrochen.

Ich wandte mich ab und rief: »Yah, yah, vorwärts!« Und die Hunde trotteten weiter. Ich joggte einen halben Kilometer hinter dem Schlitten her und stieg dann wieder auf die Kufen, um mich zu beruhigen und wieder zu Luft zu kommen.

Ich ließ die Ereignisse Revue passieren. Dave war nie zuvor großzügig gewesen, aber er hatte angeboten, eine größere Last zu übernehmen. Hatte er mir eine Falle gestellt? Hatte er gewusst, dass Leute kommen würden? Ich überlegte, was eine Figur aus einem Roman von Jack London gemacht hätte.

Vielleicht sollte ich ihn erschießen.

Ich fing unter den Pelzen zu zittern an.

Schlechte Idee.

»Wie konnte Dave gewusst haben, dass Leute kommen? Wahrscheinlich war der ganze Zwischenfall nur schludriger Expeditionsstil.«

Nein, der Zwischenfall ging über Sorglosigkeit hinaus. Hier lief ein psychologisches Spiel ab, und es hatte schon vor langer Zeit angefangen. Mein Selbstwertgefühl verlangte, dass ich die Beziehung abbrach, aber wir waren noch hier draußen auf dem Polareis mit nur einem Zelt und einem Kocher, zwei Tage von der Stadt entfernt.

Die Klippen, die den Pangnirtung-Fjord bewachen, schimmerten in der Ferne. Es war minus 35 Grad Celsius, warm genug, um die unangenehme Verletzbarkeit zu mildern, aber kalt genug, um die Erfrierungen im Gesicht und an den Fingern brennen zu lassen.

Ich joggte lange, um die Müdigkeit zu zwingen, die Gedanken zu überwältigen. Ich wusste nicht, was geschehen war, aber wir hatten die Grenze zwischen Distanziertheit und Misstrauen überschritten. Ich war auf dieser Expedition – allein. Dave war auf der gleichen Expedition – allein. Wir hatten ein Zelt, einen Kocher. Daves Hundegespann reagierte auf Befehle immer noch besser als meines, daher war ich mit ihm stärker als ohne ihn. Ich musste ihn nicht mögen. Es war eine haarscharfe Linie. Eine unfreundliche Linie. Eine unsichere Linie.

Zeit, Raum und Kälte spannen meine Gedanken zu hauchdünnen Fäden. Im Verlauf des Nachmittags war ich auch in Gedanken wieder bei der Fahrt, aber deren Wesen hatte sich unwiderruflich verändert.

19

Wir verbrachten zwei Nächte auf dem Eis, und am dritten Tag kamen wir in die Nähe von Pangnirtung, als die Dunkelheit die Farben in Schatten verwandelte. Die Hunde witterten den Ort und beschleunigten, also ließen wir sie laufen und schalteten unsere Stirnlampen an. Ein gut befahrener Schneemobilpfad führte durch das Eisgewirr der Gezeitenzone und zur Ortschaft. Kinder tauchten aus der Finsternis auf, liefen neben uns her und riefen: »Die Hundeschlitten kommen! Die Hundeschlitten kommen!« Wir hatten im Ort kein bestimmtes Ziel, also stoppten wir willkürlich mitten auf der Straße. Straßenlaternen beleuchteten gerade Straßen und geometrische Häuser. Die Hunde waren so müde, dass sie sich in ihrer Spur niederlegten und zusammenrollten. Ihre Arbeit war getan.

Eine Tür ging auf und eine Frau trat heraus auf die Veranda. »Die Hundeschlitten! Kommen Sie zum Kaffee herein!«

Sie hatte eine kehlige und doch melodische Stimme. »Hallo, ich heiße Meeka. Lassen Sie mich Ihnen die Anoraks abnehmen.« Ich bückte mich zu ihr vor, und sie griff hinter meinem Rücken hinein, um mir den Anorak über den Kopf zu ziehen. Ich roch den muffigen Karibugeruch, vermischt mit meinem eigenen, abgestandenen Schweiß. Dann zog sie mir, mit dem leisesten Hauch einer femininen Berührung an meinen Armen, den schweren Anorak vom Körper. Ich richtete mich auf und roch ihr Parfüm. Sie lächelte und wandte sich zu Dave, um ihm zu helfen.

Wir standen noch auf der Veranda und die kalte Nachtluft drang durch meine dünne Unterwäsche. Ich war hungrig, müde und bereit für eine Rast, aber ich vermisste schon das Polareis und das hoch gelegene, trostlose Plateau.

Ich zog meine Stiefel aus und trat aus der Minus-35-Grad-Nacht in einen mit Teppich ausgelegten Raum mit 20 Grad. Der Temperaturunterschied von 55 Grad, das helle Licht und das Zimmer voller Leute vermittelten mir ein unbehagliches Gefühl. Ich stand da, und es war mir peinlich, dass mich jeder anschaute und dass mein Körper nicht gut roch. Ich wusste nicht so recht, was ich dem halben Dutzend Menschen sagen sollte, die mich stumm musterten. Eine Frau mittleren Alters namens Rosie sagte, ich solle mich doch hinsetzen, bot mir eine Tasse Kaffee an und stellte mir dann die beiden älteren Frauen vor, die kein Englisch sprachen.

Auf dem Fernsehschirm planschten Frauen in Bikinis und muskelbepackte Männer durch den tropischen Ozean, sangen und wedelten mit Pepsi-Flaschen herum.

Meeka wendete unsere Anoraks, schüttelte sie aus und fuhr mit ihren Fingern über das glatte weiße Leder. Dann runzelte sie die Stirn und gab sie den beiden älteren Frauen, die sie ebenfalls sorgfältig inspizierten.

Meeka wandte sich zu uns. »Woher haben Sie die?«

Ich sagte ihr, dass eine Frau in Iqaluit sie für uns genäht hatte.

»Schande über sie«, sagte sie. »Das sind *kabloona*-Anoraks für Touristen. Das sind keine Anoraks für Jäger. Sie beide sind Jäger, keine *kabloonas*. Sehen Sie sich Ihre Gesichter an.« Sie deutete auf die Narben von den Erfrierungen. »Sie hätten in diesen Anoraks sterben können. Sie waren nicht sorgfältig gegerbt. Das Leder ist tot. Es atmet nicht. Fühlen Sie einmal. Hier unter den Achseln hat sich Schweiß gesammelt. Und spüren Sie, wie feucht das Leder in Mundnähe ist? Frieren diese Pelze nachts nicht steif?«

Wir erklärten, dass das der Fall war und dass wir sie morgens über den Kocher gehalten hatten, um sie aufzutauen.

»Schande über diese Frau«, wiederholte sie. »Sie wusste, dass Sie mitten im Winter mit dem Hundeschlitten unterwegs sind. Zunächst fängt sich Ihre Körperfeuchtigkeit im Leder, und Ihnen wird kalt. Dann friert die Feuchtigkeit und ruiniert das Leder. Schande über diese Frau. Sie beide sind nach der alten Art unterwegs. Sie sollten behandelt werden, wie man Reisende in der alten Zeit behandelt hat, nicht wie Touristen, die mit dem Flugzeug kommen.«

Dann gab sie den beiden Frauen je einen Anorak, verschwand in der Küche und kam mit zwei *ulus* zurück, den traditionellen Inuitmessern. Ein *ulu* hat eine gebogene Klinge, an der der Griff oben befestigt ist wie bei einem Beil. Beide *ulus* waren alt, hatten Griffe aus Walross-Elfenbein und waren vom vielen Schleifen schon ganz abgewetzt. Eine Frau schnitt sicher und geschickt die verfärbten und durchgeweichten Stellen aus meinem Anorak, während die andere an Daves arbeitete. Unbekümmert fingen sie zwischen Kaffee und dem Gespräch an, das Leder zu kauen. Sie kauten, spuckten, rieben die Spucke ins Leder, und bearbeiteten es wieder mit ihrem Mund, wobei sie spiralförmig vom Kragen Richtung Hüfte arbeiteten.

Ein Mann kam mit rohem, gefrorenem Fisch herein und legte den Fisch auf einer Zeitung auf den Teppichboden. Die ältere Frau lächelte und zeigte dabei ihre Zähne, die von jahrelanger Lederbearbeitung fast bis auf das Zahnfleisch abgekaut waren. Sie legten die Anoraks beiseite, hockten sich vor den Fisch und schnitten mit ihren *ulus* lange Streifen ab. Nach dem Beispiel unserer Gastgeberinnen griffen auch Dave und ich zu unseren Messern, schnitten uns Fischstreifen ab und aßen.

Nach dem Essen trafen unsere Gastgeberinnen Vorbereitungen, dass wir in der Gemeindekirche schlafen konnten, und sie sagten uns, wir sollten die Hunde davor anpflocken.

20

Am nächsten Morgen ging ich zum Geschäft, um mir Frühstück zu kaufen. Ich traf Jacopie und dankte ihm dafür, dass er eine Spur hinterlassen hatte, die uns über das Plateau geleitet hatte. Als wir uns das letzte Mal begegnet waren, verstand er kein Englisch, aber diesmal unterhielt er sich mit mir.

»Musste meiner Tante Fisch bringen.«

Ich forcierte das Thema. »Ich glaube, Sie haben die Fahrt extra gemacht, um uns zu helfen, und dafür danke ich.«

Aber er wehrte ab. »Oh, Sie brauchen keine Hilfe. Sie sind Hunde-Musher aus Alaska.«

Dann berührte er mich am Ellbogen. »Haben Sie den Dieselkanister gefunden?«

»War das Ihrer? Ja, wir haben ihn vor Kipisa gefunden. Wir verbrannten den Treibstoff, um uns im Camp aufzuwärmen. Haben Sie ihn für uns zurückgelassen? Danke.«

»Aber nein, ich habe ihn nicht zurückgelassen. Ich bin schlechter Fahrer. Er fiel vom *komatik*.«

Jacopie lachte über sich selbst. »Sehr dumm, Sachen schlecht am *komatik* festzubinden. Sehr dumm.«

Er blickte auf seine Schuhe hinunter. »Könnte ich den Kanister wiederhaben?«

»Natürlich. Ich werde ihn Ihnen mit Diesel füllen.«

»Aber nein! Ich war zu dumm. Sie sollten den Kanister behalten. Er gehört Ihnen. Ich habe ihn verloren. Aber Sie brauchen ihn nicht. Hunde trinken keinen Diesel! Er fiel von meinem *komatik*.«

Nach dem Frühstück füllte ich den Kanister und gab ihn Jacopie zurück.

Dave und ich redeten nicht viel über unsere weiteren Pläne, aber gerade deshalb nahm jedermann an, wir wollten uns ausruhen und dann nach Pond Inlet weiterfahren. Meeka bat den örtlichen Rundfunksender, eine Durchsage zu machen, dass wir auf die alte Art und Weise reisten und deshalb auch nach altem Brauch willkommen geheißen werden wollten. Ich entschloss mich, mein Misstrauen gegenüber Dave zu ignorieren. Es war alles nur eine Verirrung. Wir würden uns ausruhen und dann weiterfahren. Während wir trockneten und in der warmen Kirche entspannten, brachten Besucher für die Hunde Robbenfleisch, und Karibu und Fisch für uns.

Ich verarztete die Hunde, wusste aber, dass sie eigentlich Zeit brauchten, keine Medikamente. Cisco lief halb seitlich in seinem Geschirr und hatte sich eine Flanke aufgerieben. Ich behandelte die Stelle mit Salben und nähte ein weiches Stück Karibufell in sein Geschirr ein. Baby Ben blieb kräftig, obwohl er nicht gut fraß. Ich kaufte für ihn Hundefutter in Dosen, um ihn mit einem vertrauten Geschmack zu versorgen, aber er brauchte Fett, um mit der Kälte fertig zu werden. Jake und Apple hatten auf der Wheel-Posi-

250

tion mehr als ihren Anteil geleistet. Jakes Füße waren in schlechter Verfassung. Apple, der jünger war, war besser dran.

Dave und ich brauchten Rast und Nahrung, also entspannten wir im Tempo des Ortes. Gelegentlich hängten Jäger *komatiks* an ihre Schneemobile und fuhren aufs Eis, um zu jagen oder zu fischen. Teenager fuhren auf ihren Maschinen Rennen quer durch die Stadt, und jüngere Kinder fuhren mit ihren Fahrrädern auf dem Eis endlos auf dem Hinterrad herum. Der blaugrüne Schimmer der Fernsehbildschirme leuchtete aus den Wohnzimmerfenstern.

Wir besuchten Meeka und ihre Freundinnen jeden Tag. Meekas Vater hatte für die Hudson Bay Company gearbeitet und war der erste Inuit auf Baffin Island gewesen, der schreiben lernte. Meeka hatte sich geweigert, von zu Hause wegzugehen und die Highschool in Iqaluit zu besuchen, hatte aber den Unterrichtsstoff gut genug gelernt, um auf das College in Südkanada gehen zu können. Nach ihrem Studienabschluss wurde sie in Ottawa die Sprecherin für Inuitrechte und kehrte dann in ihre Heimat im Norden zurück.

Wir verbrachten auch lange Stunden in der Kirche, lasen und organisierten die weitere Reise. Ältere Männer kamen vorbei und setzten sich in die Kirchenbänke, unterhielten sich und sahen uns zu. Einige trugen Bluejeans und Flanellhemden, andere *kamiks* aus Robbenfell oder Eisbärfellhosen. Viele konnten kein Englisch, also boten wir ihnen Tee an und lächelten. Wenn sie eine Weile dagesessen hatten, als würden sie darauf warten, dass der Pfarrer mit der Predigt beginnt, standen sie still auf, um zu gehen oder um in der Ecke Geschirr, Zelt, Kocher und Kleidung zu betrachten.

Viele Leute gaben uns Robben, und als ihre Großzügigkeit erschöpft war, kauften wir noch welche. Wir gaben den Hunden so viel zu fressen, wie sie fressen konnten, und legten gleichzeitig Fleisch für die Fahrt beiseite. Wir stapelten gefrorenes Robbenfleisch wie Klafterholz vor der Kirche. Eines Morgens, als ich eine Robbe mit der Axt zerteilte, schlug ein Inuit vor, dass ich sie drinnen auftauen und dann mit dem Messer zerlegen sollte.

»In der Kirche?«, fragte ich.

»Warum nicht?«, antwortete er.

Die Kirche war ein Raum mit Kirchenbänken aus Sperrholz und einem weißen und blauen Linoleumboden. Eine Wand war mit einem Bild geschmückt, auf dem das Grab von Jesus unter einer knorrigen Zeder zu sehen war. Im Bild auf der anderen Seite des Raumes standen drei Kreuze auf einem Hügel oberhalb der befestigten Stadt Jerusalem. Jesus hing am mittleren Kreuz, den Kopf gesenkt und den Blick auf die bärtigen Schnauzen der toten Robben gerichtet. Eis klirrte auf den Boden, als die toten Robben auftauten.

Das kam mir nicht richtig vor. Ich packte eine der Robben bei den hinteren Flossen und machte mich daran, sie wieder hinauszuschleifen. An der Tür rammte ich im Rückwärtsgang fast Rosie und eine der älteren Frauen, die meinen Anorak durchgekaut hatten. Rosie fragte, was ich mache, und ich erklärte ihr, dass ich die Robben, wie man mir gesagt hatte, in die Kirche gebracht hätte, dass mir aber unwohl sei, wenn sie dort auftauten. Rosie pflichtete mir bei, aber als sie übersetzt hatte, schüttelte die alte Frau den Kopf. Es stehe nichts in der Bibel, das gegen tote, gefrorene Robben in der Kirche spreche, und Inuit-Tabus gebe es dagegen auch nicht.

Es kamen noch mehr Frauen, um einen Wohltätigkeitsbasar zu organisieren. Die jüngeren Frauen baten uns, die Robben zu entfernen, aber die älteren überstimmten sie. Sie waren in Iglus zur Welt gekommen und hatten Hungerzeiten durchlebt, während die Männer mit ihren Hunden auf der Jagd waren. Eine erklärte: »Gott liebt Hunde. Und schaut nur, wie mager diese Hunde sind. In der alten Zeit beteten und aßen die Leute im gleichen Iglu. Gewiss sollten die toten Robben hier bleiben.«

Ich schleifte die Robbe wieder zurück unter das Bild von Jesus am Kreuz. Als Gast bemühe ich mich, keinen Streit zu provozieren, aber ich hatte das Gefühl, dass wir einen Keil zwischen die Generationen trieben. Noch hieß man uns willkommen, aber es war an der Zeit weiterzufahren.

Das nächste Wegstück führte durch das Tal des Weasel River, über den Auyuittuq-Pass und dann hinunter zur Ortschaft auf Broughton Island, die etwa 150 Kilometer entfernt ist. Der Pass befindet sich in einem Nationalpark und ist im Sommer ein beliebter Ausflugsort. Der Weg führte an gefrorenen Wasserfällen vorbei, die von riesigen Granitklippen gesäumt werden, die höher und steiler als die im Yosemite Valley sind. Ich brauchte mehr Kraft, besonders auf der Position direkt vor dem Schlitten. Es waren zwei Hundeschlittenteams in der Stadt und ich kaufte einen schweren Inuithund namens Asgard von einem der Hundebesitzer. In der nordischen Mythologie ist Asgard die Heimat der Götter, und man muss eine Regenbogenbrücke überqueren, um an diesen magischen Ort zu gelangen. Mount Asgard heißt auch ein eindrucksvoller Granitturm in der Nähe des Auyuittuq-Passes. Es war gefährlich, einen fremden Hund zu kaufen, der sich nicht mit dem Team verbündet hatte. Aber in meiner Verzweiflung war mir jeder Hund recht, der kräftig und akklimatisiert war.

Ich sagte Meeka, dass wir am nächsten Tag aufbrechen wollten, aber sie erklärte mir, dass morgen Sonntag sei und es schlechter Stil wäre, an einem Sonntag aufzubrechen. Außerdem seien unsere Anoraks noch nicht fertig und sie habe eine Dinnerparty geplant. Also gingen wir am Sonntag zu Meeka.

Die alten Frauen zeigten uns die reparierten Anoraks. Sie hatten die beschädigten Teile herausgeschnitten und durch neues Fell ersetzt. Die eingesetzten Teile waren weiß, um sich vom goldbraunen Fell abzuheben, und zu einem Rautenmuster angeordnet, das kreuz und quer über die Kleidungsstücke lief.

Eine Frau zeigte mit dem Finger auf uns und ermahnte uns streng in ihrer Sprache. Meeka übersetzte: »Seien Sie nicht schüchtern. Sie müssen den Frauen in Broughton sagen, sie sollen sich um

Ihre Kleidung kümmern, wenn Sie dort ankommen. Pelzkleidung muss ständig repariert werden. Das ist alter Brauch.«

Dave antwortete: »Ich dachte, es wäre ein alter Brauch, Frauen mitzunehmen, die sich unterwegs jeden Abend um unsere Anoraks kümmern.«

Meeka übersetzte und die alte Frau lachte. »Ach ja, Sie haben Recht, wir sollten Sie begleiten, Ihre Kleidung reparieren und Sie des Nachts warm halten. Aber wir sind zu alt für Sie und die jüngeren Frauen machen so etwas nicht.«

Rosie schrieb einen Brief von den Frauen aus Pangnirtung an die Frauen von Broughton Island. Sie rollte ihn zusammen, band eine Schnur darum und bat uns, ihn als Erinnerung an die alten Zeiten mitzunehmen, als noch jeder Reisende Post beförderte.

22

Mehrere Dutzend Menschen versammelten sich am Montagmorgen, als wir unsere Schlitten beluden. Ich hakte Apple und Asgard vor dem Schlitten ein, dann vor ihnen Jake und Cisco. Als ich zur Pflockkette zurückkam, um Cameo anzuschirren, grub sich Cisco ein bequemes Loch in den Schnee und fing an zu schlafen. Bis das ganze Gespann angeschirrt war und ich mich von allen verabschiedet hatte, die uns Glück wünschten, standen nur noch Apple und Asgard. Apple bellte in jugendlicher Begeisterung, während Asgard über seine Schulter zu seiner alten Behausung hinüberschaute, als wollte er fragen: »Was mache ich denn hier? Wieso bin ich an dieser komischen Leine mit fremden Hunden angeschirrt?«

Ich dachte an den ersten, hellauf begeisternden Trainingslauf zurück, den ich erst vor einigen Monaten von meiner Hütte in Alaska aus unternommen hatte. Nun waren wir alle nüchterner, stärker, methodischer. Während die Leute zusahen, ging ich nach vorne und hob die beiden Leithunde, Joker und Smokey, hoch. Die anderen fügten sich und trotteten in einem angenehmen Tempo durch die Stadt. Wir verließen die Stadt und folgten den Schneemobilspuren in die Gezeitenzone. Plötzlich trat Jacopie hinter einem Eisblock hervor und ging langsam auf uns zu, wobei sein unbedeckter, kahler Kopf in der morgendlichen Kälte ins Auge fiel. Er hatte wieder seine Englischkenntnisse vergessen, lächelte aber und entbot uns einen Gruß in einer Sprache, die ich nicht verstand. Dann kehrte er abrupt in die Stadt zurück.

Trotz ihres ursprünglichen Zögerns trabten die Hunde kräftig voran, und wir kamen bis zum Mittag 30 Kilometer weiter bis zum Ende des Fjords. Ein gewundener Gletscherfluss führte durch das Tal, das zu beiden Seiten von imposanten Granitwänden gesäumt war. Der dünne Schnee auf dem Fluss-Eis war griffig und erleichterte so das Vorankommen. Meine Hunde behielten ihr Tempo bei. Asgard blieb jedoch ein wenig zurück, und seine Zugleine hing oft durch. Dave meinte, er würde ein paar Tage brauchen, um sich an das neue Gespann zu gewöhnen. Danach würde er ziehen, wie man das von einem Inuit-Schlittenhund erwartet.

Wir machten den allmählichen Anstieg zum Windy Lake. Schnell dahinziehende Zirruswolken vereinigten sich zu drohenden Wolkenbergen, die wie Hauben auf den Gipfeln ruhten. Die Wolken verrieten uns, dass der Wind dort oben mit Hurrikangeschwindigkeit heulte, und wir sahen auch, dass der Sturm mit Sicherheit bis ins Tal hinunterkommen würde. Wir hatten auf der Hall-Halbinsel extreme Kälte erlebt, aber keine Stürme. Die Aussicht auf meinen ersten arktischen Winterblizzard weckte in mir Angst und Begeisterung. Die Parkverwaltung hatte im ganzen Tal Notunterkünfte aufstellen lassen, und wenn wir den ersten Schutzraum erreichten, waren wir in Sicherheit.

Ein vorhergegangener Sturm hatte den ganzen Schnee vom See gefegt und nur glattes, schwarzes Eis hinterlassen. Der Wind hatte aber auch Sand auf Teile des Eises geweht, und so lang gezogene Eisstrecken erzeugt, deren Oberfläche Sandpapier ähnelte.

Wenn wir auf das Blankeis kamen, rutschten die Hunde aus und fielen so hin, dass ihre Füße nach außen glitten wie bei Wile E. Coyote im Zeichentrickfilm. Smokey und Joker hielten an, rappelten sich wieder auf und liefen zum nächstgelegenen sandigen Fleck. Die Hunde hatten auf dem Sand guten Tritt, und einige Momente lang glitt der Schlitten auf dem freien Eis hinterher. Als Smokey und Joker wieder auf glattes Eis kamen, scharrte jedoch der Schlitten über den Sand. Das Ergebnis war, dass die Hunde wieder ausrutschten, wo sie doch einen griffigen Untergrund benötigt hätten, um den Schlitten über die raue Oberfläche zu ziehen. In ihren Köpfen ging es leicht voran, wenn sie auf dem Sand waren, und fast überhaupt nicht, wenn sie auf dem Eis waren. In meinem Kopf entstand das Problem aus den wechselnden Oberflächen. Wir wären besser dran, wenn wir auf dem glatten Eis ein gleich bleibendes Tempo vorlegten und die sandigen Strecken völlig vermieden. Sie verstanden nicht, dass der Schlitten so weit hinter ihnen war, dass er auf glattem Eis war, wenn sie auf rauem Boden liefen, und umgekehrt. Smokey steuerte unter Einsatz seiner besten Hundekopf-Logik einen Zickzackkurs zu jeder sandigen Stelle, während ich mit bester Menschenlogik versuchte, die Hunde auf eine gewundene Route zu lenken, die auf dem glatten Eis blieb.

Bald achteten Smokey und Joker nicht mehr auf mich. Sie gingen ihren eigenen Weg und schauten ärgerlich zurück, wenn der Schlitten über den Sand scharrte, ganz so, als wollte ich ihnen absichtlich das Leben schwer machen. Schließlich hielten sie an. Die ersten Sturmböen schlugen mir ins Gesicht. Talaufwärts sanken die Wolken tiefer und Schnee fiel. In einer Stunde wären wir im Schneegestöber eines Blizzard gefangen. Ich lief vor, zerrte die Hunde in Bewegung und lief dann neben ihnen her, wobei ich Smokey am Kragen packte und über die glatten Stellen dirigierte. Er fügte sich. Aber sowie ich losließ, um meinen Platz hinten beim Schlitten einzunehmen, lief er auf die nächste Sandstelle und blieb wieder stehen.

Mit dem Hundeschlitten auf Baffin Island

In voller Wintermontur belade ich an der Ostküste von Baffin Island meinen Hundeschlitten.

Chris trainiert die Hunde unterhalb des Mount Denali vor der Hundeschlittenexpedition auf Baffin Island.

Noch mehr Böen fegten über den See heran und bliesen Schneeschleier über das Eis. Ich versuchte mir die Wucht vorzustellen, mit der der Wind blasen musste, damit sich Sand im Eis festsetzte. Er würde uns sicher umwehen und in einem Gewirr von Geschirr und Ausrüstung über den See blasen. Die Hunde schnupperten die Luft und wandten sich dann dem nächstgelegenen Ufer zu. Aber frühere Stürme hatten den Schnee weggeweht, und ich wusste, dass wir den Schlitten nicht durch die Felsen manövrieren konnten. Die Schutzhütte hob sich deutlich als die einzige geometrische Form von einer chaotischen Landschaft aus gebrochenem Granit ab. Schließlich packte ich Smokeys Halsband und lief vor dem Team als neuer Leithund her.

Bis wir die Schutzhütte erreichten, nahm der Blizzard rasch an Wucht zu. Wir pflockten die Hunde in einer kleinen Senke fest, die ihnen etwas Schutz bot. Ich griff in den Schlitten und zerrte den Kocher und etwas Brennstoff heraus, während Dave einen Beutel mit Nahrung packte. Ich stand auf, spürte den Wind und duckte mich wieder hinunter in die Senke. Dave hielt einen Windmesser über unsere Köpfe und maß eine Windgeschwindigkeit von 80 Stundenkilometern. Die Temperatur lag bei minus 30 Grad Celsius, was zusammen mit dem Wind einem Kühleffekt von minus 70 Grad entsprach. Die nur 50 Meter entfernte Hütte war im wirbelnden Schnee kaum noch zu sehen.

Als ich aufstand, trieb der Wind die Kälte an meiner Nase und meiner Kehle vorbei tief in meine Lunge. Mein Körper, der sich verzweifelt zur Wehr setzte, machte die Luftröhre dicht, sodass ich würgen musste und nicht mehr schnaufen konnte. Ich drehte mein Gesicht aus dem Wind und versuchte rückwärts zu gehen, stolperte aber und fiel hin. Auf dem Boden liegend, erinnerte ich mich an Geschichten von Leuten, die in Sichtweite eines Lagers gestorben waren. Ich richtete mich auf Händen und Füßen auf, drückte den Kocher und den Brennstoff auf den Bauch und kroch unbeholfen Richtung Schutzhütte, wobei ich den Wind mit der Oberseite meines kapuzenbewehrten Kopfes teilte. Dave war neben mir und kroch ebenfalls. Wir erreichten die Tür gemeinsam, und unsere Schultern berührten sich, als wir die Schutzhütte betraten.

Der Körperkontakt war ein unbedeutender Stoß im Chaos des tobenden Sturms gewesen, aber es war ein menschlicher Kontakt, und ich wollte Dave umarmen, auf und ab hüpfen und schreien: »Wir haben's geschafft, Mann! Wir sind in Sicherheit! Wir sind ein Team! Juhuu!«

Aber ich hielt mich zurück. Dann dachte ich: »Nein, es ist blöd, meinen Gefühlen nicht freien Lauf zu lassen. Vielleicht haben wir keine Beziehung zueinander, weil ich nicht genug positive Energie aufwende. Ich sollte die Barriere zwischen uns mit einer herzlichen Umarmung brechen.« Aber ich hatte Angst, er würde mich zurückweisen. Dave, der nichts von meinen Gedanken ahnte, drehte sich um und füllte Brennstoff in den Kocher. Wenn ich ihn jetzt umarmt hätte, hätte er den Spiritus über den ganzen Tisch verschüttet. Ich hatte den Moment verpasst.

Die Schutzhütte hatte eine kleine Pyramidenform, größer als unser Zelt, aber kleiner als die Hütte in Kipisa. Sie war aus starken Stämmen gebaut und gut isoliert, sodass wir sie mit dem Coleman-Kocher über den Gefrierpunkt aufheizen konnten. Das Mobiliar bestand aus zwei Kojen und einem kleinen Tisch. Es war das komfortabelste Sturmbiwak, das ich je gesehen hatte. Wir waren im Trockenen und hörten den Wind kaum noch. Wir hatten einen Tisch, an dem wir sitzen konnten, Bücher zum Lesen, ausreichend zu essen und eine Menge Sprit für den Kocher.

Daves Freundin hatte ihm mehrere Nacktfotos von sich mitgegeben, und er kroch in seinen Schlafsack, zog sich die Kapuze über, damit ich nicht hinsehen konnte, und betrachtete die Fotos. Als er wieder zum Tee herauskam, hatten wir uns nichts Bedeutsames zu sagen und redeten ständig vom Aufhören. Ich schrieb in mein Tagebuch:

Die alltäglichen Erfahrungen auf der Fahrt machen keinen Spaß. Warum höre ich also nicht auf? Die Forscher, die vor uns kamen, wurden für ihre Leistungen belohnt. Martin Frobisher durfte der Königin die Hand küssen, Francis Drake wurde zum Ritter geschlagen und Robert Peary wurde Admiral. Aber heute fahren alte Abenteurer in rostigen Autos herum und biwakieren auf dem Weg zu ihrer nächsten Expedition am Straßenrand.

Also denke ich, dass ich hier bin, weil ich gesagt habe, dass ich das machen werde, und weil andere von mir erwarten, dass ich weitermache. Gefühlsmäßig bin ich kurz vor dem Ende, aber wenn der Sturm nachlässt, wäre es zu peinlich, zu Meekas Küche in Pangnirtung zurückzukehren.

Ich zog einen Strich über die Seite, um anzudeuten, dass der Gedanke zu Ende geführt war. Ich machte ein Nickerchen, wachte auf und starrte auf Daves Rücken, während er diese Fotos anstarrte.

Ich dachte: »Gott, ist das trostlos. Keine Freundschaft, kein Lachen.«

Ich erinnerte mich daran, dass ich ein glücklicher Mensch bin – irgendwo jenseits dieses emotionalen Vakuums. Dann kochte ich noch eine Tasse Tee, zog mich an und kroch in den Sturm hinaus, um zu pinkeln und nach den Hunden zu sehen. Sie hatten sich fest zusammengerollt und wurden zum Glück von angewehtem Schnee geschützt. Ich wünschte, es ihnen angenehmer machen zu können, aber ich konnte nichts tun. Ich hielt den Windmesser wieder hoch, aber an der Anzeigekugel hatte sich Feuchtigkeit gesammelt, die bei Null Stundenkilometern festgefroren war.

Der vom Wind gepeitschte Schnee raste unter meinem Bauch durch und wirbelte um meine Hände und Füße, sodass ich mir vorstellte, ich flöge rasch über eine still stehende Landschaft. Ich dachte an die Stürme, die ich schon überstanden hatte, an den Schiffbruch vor Kap Hoorn. Wenn ein guter Blizzard ab und an schon sonst nichts bewirkt, so verändert er doch den eigenen Sprachgebrauch und sorgt für neue Definitionen von Begriffen wie Gefahr, Schutz, Sicherheit, Angst. Ich war nur fünf Minuten im Freien gewesen, aber als ich in die Schutzhütte zurückkam, war ich durchgefroren. Also trank ich noch mehr Tee und wärmte mir die Hände über dem Kocher. Dann nahm ich mein Tagebuch wieder zur Hand.

Ich kann die Arktis nicht einfach im Winter durchqueren, nur um mich nicht schämen zu müssen. Also bin ich hier draußen, weil sogar der Sturm seine schönen Seiten hat und weil das bittere Leid einen reinigt und erfrischt. Wenn ich umkehre, was würde das bedeuten? Wie weit gehe ich zurück? Nach Southern Cross? Nach Colorado? Ins Chemielabor? Wenn ich umkehre, gebe ich nicht nur diese Fahrt auf, sondern überzeuge mich möglicherweise davon, diesen Lebensstil aufzugeben. Ich lebe mit diesem Abenteuer nicht im Frieden, aber ich fürchte mich vor mir selbst, wenn ich es abbreche. Ich bin noch nicht bereit, ein anderer Mensch zu werden.

23

Der Wind erstarb am nächsten Tag und wir kleideten uns für die Weiterfahrt an. Mein Anorak war weich und geschmeidig, ganz anders als das steif gefrorene Kleidungsstück, das ich auf dem Weg von Iqaluit nach Pangnirtung getragen hatte. Das Durchkauen hatte funktioniert!

Die Sonne schien und kein Lüftchen regte sich. Wir schirrten die Hunde an und fuhren über den zugefrorenen See. Ich spielte mit mir in Gedanken ein Wort-Denkspiel. »Was bedeutet zurückkehren? Die Zeit kann man nicht zurückdrehen, also kann ich vielleicht gar nicht zurück. Aber natürlich kann ich zurück. Ich kann zurück nach Pangnirtung gehen. Aber ich kann nicht ins Chemielabor zurück. Zwischen beidem klafft ein großer Abgrund. Wo gehöre ich hin? Vielleicht genau hierher, hinter diesen Hundeschlitten, wie ich durch das Tal jogge, einen Sturm hinter mir und den nächsten irgendwo da draußen vor mir.«

Nach einem kurzen Lauf über den restlichen Teil des Sees erreichten wir die ersten von mehreren gefrorenen Stromschnellen. Wir entluden die Schlitten und trugen die Last auf dem Rücken zur nächsthöheren Ebene. Selbst mit leeren Schlitten hatten die Hunde große Mühe auf den Eiskaskaden. Sie zerrten einander von eisigen Vorsprüngen, und mehrere Male rutschten alle neun aus und glitten zurück. Meine alten Veteranen waren bemerkenswert tolerant. Sie hatten schon vor langem ihren Kampfgeist verloren und arbeiteten zusammen. Aber Asgard gab seinem Nachbarn die Schuld an jedem Missgeschick. Ich ignorierte sein wiederholtes Knurren, aber als er Apple in die Achillessehne biss, verlor ich die Geduld. Es war schlimm, dass er nicht kräftig genug zog, aber wenn er die anderen verletzte, wäre das ein ernstes Problem. Also nahm ich ihm das Geschirr ab und ließ ihn laufen. Er sah mich und das Team einen Augenblick lang an und trabte dann zurück nach Pangnirtung.

Das obere Ende der Wasserfälle bewacht Thor, der größte Granitfelsüberhang der Welt. In der nordischen Mythologie ist Thor der Beherrscher der Götter, der seinen magischen Hammer wirft, um Donner zu bewirken. Die imposante Wand erhebt sich 1500 Meter senkrecht nach oben über das Tal, daher kam ich mir vor, als ginge ich durch das Innere der Erde und nicht über deren Oberfläche. Die Felsen hatten den Februarsonnenschein absorbiert und strahlten die Wärme nun wieder ab, sodass die Temperatur auf wonnige minus 25 Grad Celsius anstieg. Das Tal erinnerte mich an die Wüste in Utah mit den schmalen Canyons und der unerträglichen Hitze. Ich dachte an Chris und unsere ersten Nächte als Liebende unter den Sandsteintürmen.

Snowball war gestorben, Kenai hatte einen Fuß und seinen Lebensstil verloren, Happy hatte sich auf dem eisigen See ausgestreckt. Aber die schweren Zeiten waren vorüber. Die Sonne stieg jeden Tag höher. Wir hatten die Hall-Halbinsel überquert und bewältigten nun unseren letzten Pass. Ich dachte darüber nach, hier im Sommer mit Kletterschuhen und Kletterseil wieder herzukommen. Mit den kilometerhohen Klippen verglichen, würde ein Kletterer hier kaum größer wirken als ein Quarzkristall im Granit. Ich stellte mir vor, an einer senkrechten Ebene zu leben, wo das Dasein von Anmut und Gleichgewicht abhängt. Wie würde es sich anfühlen, an einer Fingerspitze und einer Zehe halb oben in dieser Wand zu hängen, wo mich nur ein elf Millimeter dickes Seil und ein Aluminiumhaken aufhalten würden, wenn ich abrutschte?

Es war unmöglich, mit Dave viel menschlichen Kontakt zu bekommen. Ich war allein, weit entfernt von Chris. Aber an diesem Tag spürte ich, dass ich hierher gehörte, auch wenn ich nicht erklären konnte, wieso.

Als es hinter dem Pass wieder bergab ging, war der Fluss mit Felsbrocken durchzogen, und wir mussten uns unseren Weg durch die Geröllhalde am Fuß des Berges suchen. Der Wind hatte den Schnee von der Oberfläche geweht und in die Spalten zwischen den Felsen getrieben. Die Schlitten waren einige Meter auf Schnee, dann wieder auf den Steinen, dann wieder auf Schnee. Dave und ich arbeiteten zusammen, um die Schlitten über schwierige Stellen zu schieben oder zu tragen. Die scharfkantigen Steine schnitten den Hunden die Füße auf, und Blutstropfen markierten den zurückgelegten Weg. Jake verletzte sich den rechten hinteren Fußballen und begann zu hinken.

Auf dem Weg hinunter zum Polareis verließen wir die Geröllhalde, um eine kleine Küstenebene zu durchqueren, die von Permafrost-Eishügeln übersät war. Eine einsame Weide, so dick und hoch wie ein Bleistift, ragte aus dem Schnee. Es war die größte Pflanze, die wir seit der Ankunft auf Baffin Island gesehen hatten. Joker, mein Leithund, blieb stehen und urinierte darauf. Aber dann drängte Apple, der auf Wheel war, nach vorn, um seine Duftmarke zu hinterlassen, und sorgte für Durcheinander. Cisco wollte sich auch beteiligen, wurde aber von Mac abgeblockt, der sich nun knurrend seine Position erkämpfte. Da Cisco nicht an den Stock herankam, pinkelte er auf Mac. Mac wehrte sich mit gehobenem Bein und laufendem Urin und pinkelte dabei die arme Cameo voll, die nicht so recht verstand, warum sich die Jungs so aufführten.

Das Tempo nahm wieder zu, als wir das Polareis erreichten und das Gespann wieder kräftig lief, ausgenommen Jake, der nun bedauernswert auf drei Pfoten humpelte und mitzuhalten versuchte, weil er seinen Teil der Arbeit bewältigen wollte. Ich plädierte für eine Rast und legte meine Arme um Jake, wie ich das vor langem bei Happy gemacht hatte. »Es sind nur noch dreißig Kilometer bis zur Stadt. Gib nicht auf. Ich verlange nicht, dass du weiter als bis Broughton Island mitkommst. Ich versprech's. Ich schicke dich zurück zu Brent, und der passt auf dich auf, bis ich dich wieder mit nach Alaska nehmen kann.«

Am nächsten Tag brachen wir das Lager früh ab, um es bis zur Stadt zu schaffen, aber am späten Nachmittag lagen immer noch acht Kilometer vor uns, und die Hunde waren müde. Wir hatten nur noch wenig Nahrung und Sprit, aber wir konnten alle nach einem leichten Abendessen schlafen, also schlugen wir unser Lager im Schutz einer Presseiskante in Ufernähe auf. Drei Inuit auf Schneemobilen rasten in einigen hundert Metern Entfernung vorbei. Offensichtlich machten sie nur einen kleinen Ausflug, da sie weder Gewehre noch *komatiks* mit Zeltausrüstung und Treibstoffkanistern mitführten. Sie verschwanden um eine Landspitze, machten kehrt, erschienen wieder und fuhren zu unserem Lager. Einer der jungen Männer trug eine Baseballmütze aus Baumwolle, eine leichte Nylonjacke und Tennisschuhe. Die anderen trugen Baumwollanoraks. Die Temperatur lag bei minus 32 Grad Celsius.

»Was macht ihr Kerle bloß? Ihr solltet doch schon vor ein paar Tagen hier sein!«

Ich dachte an meinen zusammengerollten Brief. Heute bringt das Funkgerät die Neuigkeiten, nicht mehr der Hundeschlitten.

»Ach, vermutlich waren wir bloß langsam.«

»Vermutlich! Jedenfalls sind es bis zur Stadt nur noch acht Kilometer. Warum kommt ihr nicht heute noch mit und feiert?«

»Die Hunde sind müde. Sie würden das nicht verstehen. Es wäre grausam, sie wieder anzuschirren und schleppen zu lassen.«

Unsere Besucher bedrängten uns. »Aber es ist gleich um die Ecke.«

Wir lehnten ab.

24

Am nächsten Morgen brachen wir ohne Frühstück auf, besorgten uns in der Stadt Kaffee und Doughnuts und suchten nach einer Unterkunft. Zwei Bauunternehmer waren mit dem Innenausbau mehrerer Häuser beschäftigt. Sie lagen hinter ihrem Zeitplan und waren froh, Arbeitskraft gegen Kost und Logis zu tauschen. Also kamen wir in einem großen, wärmeisolierten Zelt unter, das denen ähnelte, die als feste Camps in der Antarktis dienen. Es hatte einen Pressholzboden und wurde mit einem Dieselofen beheizt. Im Tausch dafür arbeiteten wir vier Stunden pro Tag, hängten Türen ein und nagelten Leisten auf.

Auf oder bei Broughton Island hatten früher keine Ureinwohner gelebt. Das Fischen und die Robbenjagd waren weiter südlich besser, die Karibujagd weiter im Norden. Die Hudson Bay Company hatte einen Handelsposten zwischen diesen beiden Regionen errichtet, um Familien zu erreichen, die von einem Lager zum anderen zogen. Die Regierung kam mit einem Polizeiposten und einer Kinderkrankenstation nach und baute dann an diesem Ort den Rest der Stadt auf.

Nach vier Tagen bei Arbeit und Rast lud uns ein Mann namens

Moosa zur Robbenjagd ein. Am nächsten Morgen, als eine dünne rote Linie am östlichen Himmel die nächtlichen Polarlichter zu überstrahlen begann, fuhren vier Mann auf Schneemobilen bei unserem Zelt vor. Moosa hatte auf einem *komatik* einen Sperrholzkasten befestigt, in den wir uns für die Fahrt hineinzwängten. Das Knatterstakkato der Zweitaktmotoren durchbrach die Stille der Dämmerung, und die öligen Abgase verbreiteten einen Nebel zwischen uns und der orangefarbenen Sonne, die durch die Verzerrung in nördlicher Breite wie flachgedrückt aussah.

In der ersten Stunde legten wir etwa 30 Kilometer zurück, eine gute Tagesdistanz für ein Hundegespann. Mehrere hoch aufragende Eisberge waren im planen Polareis festgefroren und sorgten für Abwechslung im Landschaftsbild. Wir ratterten über das schneebedeckte Polareis an verstreut herumliegenden toten Robben vorbei. Moosa hielt an und erklärte uns, dass diese Gegend bereits leergejagt sei und dass wir weiter nach Osten fahren müssten. Ich fragte, warum die Jäger, die vor uns hier gewesen waren, so verschwenderisch waren und wertvolles Fleisch und Robbenfelle zurückließen.

Er antwortete: »In der alten Zeit verwendeten die Menschen alles. Sie aßen das Fleisch, sie verfütterten Fleisch und Eingeweide an die Hunde, benützten den Speck und das Öl als Nahrung und Brennstoff und machten aus den Fellen Kleidung, Kajakhüllen und Sommerzelte. Heute sind wir nicht mehr so sorgsam.«

Dann kamen wir zu einer geeigneten Stelle. Jeder suchte sich ein frisches *aglu* und stellte sich mit Gewehr im Anschlag davor. Moosa sagte uns, wir sollten warten, bis eine Robbe die Schnauze zum Luftholen herausstreckte, und ihr dann aus nächster Nähe eine Kugel in den Kopf jagen. Um zu verhindern, dass die Robbe untergeht, sollten wir dann das Gewehr wegwerfen und das tote Tier harpunieren. Andere würden unsere Schüsse hören und gelaufen kommen, um ein Loch ins Eis zu schlagen und die Robbe herauszuziehen. In früheren Zeiten erlegten die Menschen die Robben mit einer Harpune statt mit einem Gewehr, aber ansonsten war die Strategie unverändert.

Eine Robbe kann die Luft etwa 20 Minuten lang anhalten. Wenn also alle nebeneinander liegenden *aglus* bewacht wurden, sollten wir bald Erfolg haben. Aber *aglus* sind im rauen Eis gut getarnt, und man kann leicht eines übersehen. Ich habe Berichte von Jägern gelesen, die 10 bis 15 Stunden erfolglos an einer Reihe *aglus* warteten. Unsere Freunde waren nicht so geduldig. Nach einer halben Stunde verließ Moosa seinen Posten und wanderte umher, besah sich die *aglus* aller anderen und kümmerte sich nicht um sein eigenes. Dann holte er uns zu einer Besprechung zusammen. Wenn es auf die alte Weise nicht funktionierte, würden wir einen neuen Trick versuchen. Robben flüchten vor dem Geräusch eines Schneemobils auf dem Eis. Wenn wir daher mit den Schneemobilen einen großen Kreis fuhren und uns dann spiralförmig einem einzigen *aglu* näherten, konnten wir eine Robbe zu einer vorherbestimmten Stelle dirigieren. Moosa sagte mir, ich solle seine Maschine fahren, während er am *aglu* wartete. Ich fuhr langsam in einem Kreis von 500 Meter Durchmesser. Nachdem ich dreimal im Kreis gefahren war, beschleunigte ich und fuhr einen immer engeren Bogen. Unter dem Eis floh eine arme Robbe vor den sie einkreisenden Schwingungen und tauchte auf, um ein letztes Mal Luft zu schnappen. Als ich den Schuss hörte, brach ich die Spirale ab und fuhr direkt zu Moosa, der bereits die Robbe aufs Eis hievte. Er zog die Handschuhe aus, damit sie nicht blutig wurden, schlitzte die Robbe am Bauch auf und holte die Innereien mit bloßen Händen heraus. Die Temperatur lag bei minus 29 Grad Celsius.

»Werden Ihre Hände nicht kalt?«, fragte ich.

»O doch, dann tauche ich sie in Wasser.« Zum Beweis seiner Worte tauchte er seine Hände in das vergrößerte *aglu*. »Wasser kann nur eine bestimmte Temperatur erreichen, dann gefriert es. Wenn man also im Winter die Hände wärmen will, steckt man sie ins Wasser.«

Ich nickte, war aber nicht überzeugt.

Sam, einer der Jäger, zündete den allgegenwärtigen zweiflammigen Coleman-Kocher an und schmolz Eis, um Tee zu machen. Als der Tee fertig war, hockten wir uns auf den blutigen Schnee neben die dampfende Robbe, schnitten Stücke der noch warmen, rohen Leber ab und verschlangen sie. Ich war vom Warten bei meinem *aglu* und von der Fahrt auf dem Schneemobil durchgefroren und war deshalb froh über das warme Essen und den Tee. Die Männer unterhielten sich über Schneemobile und frühere Jagdausflüge, während sie eine Tüte Kekse mit Schokostückchen herumreichten, um das Mahl abzuschließen.

25

Wir machten auf der Heimfahrt einen weiten Bogen und überprüften dabei das Eis im Norden nach weiteren Jagdmöglichkeiten. Moosa entdeckte eine Eisbärenspur und folgte ihr über eine hochgedrückte Eiskante zu einem blutigen Fleck neben einem *aglu*. Der geduldige Bär hatte neben dem Atemloch gewartet. Als die Robbe erschien, hatte der Bär mit einem Prankenhieb das Eis zerschmettert und sich zugleich mit seinen Klauen die Robbe gekrallt. Dann hatte er seine Beute aufs Eis geschleift und mit Knochen, Haut und Haaren gefressen.

Auf der holprigen Heimfahrt legte sich Sams Schneemobil plötzlich fast ganz auf die Seite und hielt so plötzlich an, dass der *komatik* es von hinten rammte. Der linke Ski war gebrochen und der Metallstumpf hatte sich ins Eis gegraben. Der schleudernde *komatik* hatte anschließend den Benzintank durchbohrt. Benzin tropfte in den Schnee. Als wir uns um ihn versammelten, setzte sich Sam auf seine Maschine und zündete eine Zigarette an.

Dave bemerkte: »Vielleicht sollten Sie nicht so dicht neben dem auslaufenden Benzin rauchen.«

Aber Moosa versicherte uns: »Ihr Weißen seht zu viele Filme. Benzin explodiert nur im Film. Ihr macht euch wegen allem und jedem Gedanken. Ihr macht euch zu viele Sorgen.«

Ich stritt nicht mit ihm, sondern trat etwas zurück.

Am Ski eines Schneemobils ist unten die tragende Metallstütze befestigt. Der Ski war genau davor abgebrochen. Sam entfernte sie vom gebrochenen Ski und die andere vom intakten Ski. Dann meinte er, damit könnte man die abgebrochenen Skiteile zusammenmontieren. Es hatte aber keiner einen Bohrer dabei, um die erforderlichen neuen Löcher für die Schrauben zu machen. Unbeeindruckt zog Sam sein Gewehr heraus, schoss vier Löcher in den Ski und schraubte ihn mit den Metallstützen zusammen.

Als ich ihm ein Kompliment wegen seines Einfallsreichtums machte, zuckte Sam nur mit den Achseln. »Wenn jemand in der alten Zeit einen *komatik* beschädigt hat, hackte er ein Loch ins Eis, fing einen Fisch, schlitzte ihn in zwei Hälften, ließ ihn gefrieren, und flickte die Kufen mit dem gefrorenen Fisch.«

Nach diesem Kommentar zog er an der Starterschnur, hängte sich das Gewehr über die Schulter und fuhr nach Hause, wobei ein feiner Benzinnebel rings um den beschädigten Tank Regenbogen erzeugte.

26

Am nächsten Tag trafen wir Vorbereitungen für die Fortsetzung der Reise. Die nächste Ortschaft war Clyde River, etwa 400 Kilometer weiter nördlich. Die Strecke führte den ganzen Weg über Polareis, sodass keine Hochebenen oder Pässe zu erklimmen waren.

Jakes Fuß brauchte einige Monate, um zu heilen, nicht einige Tage, und ich hatte ihm eine Rast versprochen. Also ließ ich ihn mit dem Flugzeug nach Iqaluit zurückbringen. Als ich vom Flughafen zurückkam, wartete ein zehnjähriger Junge bei unserem Zelt.

Er lächelte, wippte vor und zurück und kickte etwas Schnee. »Meine Hündin würde gern mit Ihrem Team gehen. Sie heißt Kathy.«

Ich kniete mich vor ihn, um ihm auf gleicher Höhe in die Augen sehen zu können. »Kathy, hm. Woher weißt du, dass sie mitkommen will?«

»Ach, das will sie einfach. Sie ist immer nur an der Kette und langweilt sich. Sie will mitkommen.«

»Na gut, sehen wir sie uns mal an.«

Kathy war eine junge Inuit-Schlittenhündin, ein wenig fett vom Mangel an Bewegung, aber das überflüssige Gewicht würde unterwegs bald aufgebraucht sein. Sie war noch nie in einem Schlittengespann gelaufen, aber der dafür erforderliche Instinkt war ihr in den zehn- oder zwanzigtausend Jahren, in denen Menschen im Norden schon Hunde benützen, angezüchtet worden.

»Okay«, antwortete ich. »Willst du eine Hundeschlittenfahrt machen, damit du siehst, wie sie zieht?« Der Junge nickte begeistert.

Ich zeigte ihm, wie er Kathy anschirren musste, und hakte den Rest des Teams für eine kurze Fahrt um die Stadt an. Ich platzierte Jugend neben Jugend, schirrte Kathy also neben Apple an. Als Apple bellte und in Erwartung des bevorstehenden Laufs hochsprang, schaute ihn Kathy perplex an, aber als das Gespann loslief, trabte sie zufrieden mit einer gespannten Zugleine mit. Die einzige Bitte des Jungen war, dass ich ihm Kathy, wenn alles vorüber war, zurückbringen sollte.

27

Wir brachen am nächsten Morgen, dem 6. März, auf. Am ersten Tag, nachdem wir Broughton verlassen hatten, erreichten wir ein vorgelagertes Camp bei Kivitoo in etwa 55 Kilometer Entfernung.

Obwohl die Hütte derjenigen in Kipisa ähnelte, hatten wir kein Dieselöl dabei, um den gusseisernen Ofen zu befeuern, und drinnen war es eisig. Ich schlug vor, draußen im Zelt zu schlafen, das wir mit dem Coleman-Kocher heizen konnten. Aber Dave war deprimiert, weil wir die Stadt verlassen hatten und wieder unterwegs waren. Er fuhr mich an, er wolle »an einem gottverdammten Tisch essen, verdammt noch mal«.

Wir kochten auf dem Coleman-Kocher, saßen in unseren Pelzen am Tisch und aßen mit behandschuhten Händen. Ich fror zu sehr, um mich wohl zu fühlen, und mir war nicht nach Reden zumute. Dave jammerte, wir hätten Dieselöl mitnehmen sollen, und beschimpfte mich, weil ich Jacopie den Kanister zurückgegeben hatte. Ich konterte, dass er seine Moral habe und ich die meine. Es war die erste Nacht im dritten Abschnitt unserer Fahrt, und Clyde wirkte noch sehr weit weg.

Nach dem Essen räumten wir den Kocher und die Nahrung weg und machten uns bettfertig. Bald hörten wir ein Schneemobil kommen, und ein paar Augenblicke später stürmte eine Gestalt in Lederkleidung zur Tür herein. Der Mann sah sich in dem Raum um. »Was? Seid ihr Kerle irre? Wieso zündet ihr den Herd nicht an? Hier drinnen ist es scheißkalt!«

Er verschwand in der Nacht und kam mit 20 Liter Dieselöl zurück. Er goß das meiste davon in das Reservoir und schüttete dann Dieselöl über den Herd, anstatt die Brenner genau einzustellen. Ein schmaler Bach Öl tropfte auf den Boden.

Fluchend und kopfschüttelnd («Jesus, ihr Burschen seid verdammt noch mal zu verrückt«) ließ er ein Zündholz auf den Herd fallen. Die orangefarbene, rußende Flamme breitete sich über den Herd aus. Ein Tropfen Öl fing an zu brennen, als er über den Herdrand fiel. Wie eine Miniatur-Napalmbombe brannte er im Fallen weiter und entzündete die größer werdende Öllache am Boden. Unser Besucher trat die Flammen seelenruhig aus, während er die Handschuhe auszog und seine Hände über den Herd hielt.

»Mögt ihr Burschen es nicht warm?«

Bald nachdem sich der Brand auf Normalmaß reduziert hatte, nahte ein zweites Schneemobil. Dieses stotterte erbärmlich, als zünde der eine Zylinder regelmäßig, der andere aber nur, wenn er dazu Lust hatte. Ein älterer Mann, ebenfalls in Pelz gekleidet, kam herein und sah sich um. Er bemerkte »Hi, Jungs. Noch kein Tee fertig?«, und ging wieder hinaus. Er kam mit seinem Coleman-Kocher wieder, pumpte ihn auf und zündete ihn an, aber wie sein Schneemobil stotterte auch dieser. Er schaltete den Kocher ab, ging wieder hinaus und kam mit einem anderen Kocher herein. Der zündete auch nicht. Er nahm eine Zange aus der Tasche, zerlegte beide Geräte und breitete Generatoren, Ventile und Brenner auf dem Tisch aus. Er wählte sich aus sämtlichen Teilen die neuesten Komponenten aus, baute einen Kocher zusammen, warf die übrigen Teile in die Ecke und setzte einen Teekessel auf.

Nach dem Tee stellte er einen großen Topf auf den Herd, füllte ihn mit Wasser und schüttete feierlich ein einziges Paket Lipton's Hühnernudelsuppe hinein. Etwa viermal so stark mit Wasser verdünnt, wie es auf der Packung stand, schwammen kleine Nudelstückchen auf dem Wasser und wurden im Strom des nach oben steigenden warm werdenden Wassers leicht bewegt.

»Seht ihr? So etwas essen die Weißen, stimmt's?« Er wartete nicht auf eine Antwort, sondern kostete einen Löffel der noch kalten Mixtur. »Bäh … die Weißen wissen einfach nicht, wie man Suppe macht!« Er ging wieder nach draußen und kam mit einem Sack voll gefrorenem Karibufleisch, Robbenfleisch und Saibling wieder. Er warf Fleisch und Fisch in den Topf, fügte ein paar Hand voll Spagetti dazu, setzte sich hin und wartete. Nach einer halben Stunde war die nahrhafte, ölige Suppe fertig, und er deutete mit einem Löffel auf uns: »Esst!«

Obwohl wir schon gegessen hatten, bedienten wir uns, dann füllte auch er seine Schüssel. Zwischen den Bissen erklärte er: »Das ist Inuitsuppe. Gute Suppe. Die Weißen wissen nicht, wie man

Suppe macht.« Dann wedelte er mit der Liptonpackung in der Luft, um seine Worte zu betonen, und wiederholte dann sein »Bäh!«.

Nach dem Essen verkündete er: »Muss jetzt mein Schneemobil reparieren.« Ich folgte ihm nach draußen. Im Lichtschein meiner Stirnlampe fand er in seinem *komatik* einen Satz Steckschlüssel und zerlegte bei minus 35 Grad Celsius Nachttemperatur mit bloßen Händen den Zylinderkopf, um die Kolben nachsehen zu können. »Der Hurensohn hat ein Loch in den Kolben gebrannt. Diesen Hurensohn kann ich nicht reparieren. Ich habe ihn durchgebrannt, weil ich zu schnell gefahren bin, wie ein Anfänger.« Er lachte über seine eigene Dummheit. »Dann werde ich wohl so damit heimfahren müssen, wie es ist.«

»Warum übernachtest du nicht hier und fährst erst morgen?«, fragte ich ihn.

»Kein Schlafsack«, antwortete er.

»Und wenn der Motor unterwegs den Geist aufgibt?«

Er kramte in seinem *komatik* herum, fand eine Säge und hielt sie hoch wie die Freiheitsstatue ihre Fackel. »Baue ich einen Iglu.«

Dann befestigte er den Zylinderkopf wieder, startete die müde Maschine zu ihrem Halbleben, rief seinem Freund zu, sich auf den Weg zu machen, und knatterte in der Finsternis davon.

28

Mit leichter Last und bei ebener Strecke legten wir die 160 Kilometer bis Kap Hooper in drei Tagen zurück. Eine auffällige weiße Radarkuppel markierte einen Posten an der DEW-Strecke. Wir fuhren den Hügel hinauf, um Guten Tag zu sagen und vielleicht etwas zu essen und ein warmes Plätzchen zum Schlafen zu bekommen.

Jede Basis der DEW-Strecke war ein lebenswichtiges Glied in der strategischen Verteidigung Nordamerikas. Würde eine entfernt, könnten feindliche Bomber oder Raketen unbemerkt mitten ins Landesinnere eindringen. Daher erwartete ich, draußen in der eisigen Polarnacht Wachen zu sehen, die die Radarkuppel schützten. Aber der Ort war leer und still. Wir standen auf der Hügelkuppe und blickten auf das Eis unter uns. Nichts regte sich, und die nächsten Menschen waren 150 Kilometer weit weg. Dave merkte an, dass ein kleiner Kommandotrupp auf Schneemobilen anschleichen und die ganze Anlage in die Luft sprengen könnte. Mehrere Metallgebäude standen in der Nähe der Kuppel. Wir pflockten die Hunde an und rüttelten dann an der nächstgelegenen Tür, aber sie war verschlossen. Wir gingen von Gebäude zu Gebäude, bis wir eines fanden, das offen war, und betraten einen warmen Flur.

Auf einem Schild an einer Tür links von uns stand: »Top Secret. Radarraum. Nur autorisiertes Personal.« Wir wandten uns nach rechts und gingen den engen Gang entlang. In der Ferne hörten wir einen Fernseher. Da wir nicht sicher waren, wie man uns empfangen würde, stellten wir uns in den Eingang, betraten aber nicht den Raum. Wir hatten immer noch unsere Karibuanoraks an, und Dave war so groß, dass er sich bücken musste. Vier Männer saßen auf Sofas und Sesseln und starrten auf den Bildschirm. Der Raum war von einem Pentagonbürokraten geplant und eingerichtet worden, der angeordnet hatte, er solle anheimelnd aussehen. Ein paar Drucke, wie man sie auch in Motels findet, zierten die Wände.

Die Couch und die Sessel hatten passende kastanienbraune Polsterung, und in kastanienbraunen Vasen, die vage zum Mobiliar passten, standen Plastikblumen herum. Aber die Männer im Raum interessierten sich nur für das Fernsehprogramm. Obwohl wir direkt vor ihnen standen, sahen sie uns nicht. Ich sinnierte, dass wir aus der Nacht gekommen waren und unsichtbar sein mussten. Aber es kam mir auch lächerlich vor, da herumzustehen, daher sagte ich in die Stille hinein: »Hi, Jungs.«

Keine Antwort. Der Fernseher stand mit dem Rücken zu uns, sodass wir nicht sehen konnten, was auf dem Bildschirm vor sich ging, aber wir konnten Schüsse hören. Ich versuchte es noch einmal. »Hi, Jungs!«

Jemand blickte auf. »He, schau mal, ein Sasquatch!«

Sie schauten alle wieder auf den Fernseher, während wir in der Tür blieben. Schließlich ging Dave mitten in den Raum.

»Könnten wir vielleicht eine Tasse Kaffee oder so etwas haben?«

Der Bann war gebrochen, und die Männer hießen uns für die Nacht willkommen. Das Essen war gut, und im Gebäude war es so warm, dass ich ein kühles Bier genoss. Aber die Männer von der DEW-Strecke redeten ohne Ende von der grauenhaften Langeweile des Nordens und dass sie irgendwann nach Hause zu Frau, Bäumen und grünem Gras kämen. Ihre Depression aktivierte unsere eigene. Als wir uns in unsere warmen Kojen legten, zog sich Dave wieder mit den Bildern seiner Freundin zurück. Ich träumte vom Skifahren und fragte mich, ob Chris wohl einen neuen Freund gefunden hatte.

29

Am nächsten Morgen brachen wir auf und planten einen Kurs über das Polareis. Der Koch hatte den Hunden warme Fleischreste gegeben. Erfrischt und gestärkt, trabten sie energisch los. Wieder waren wir zwei kleine, längliche Punkte in einer weiten, weißen Landschaft.

Auf dem Eis kämpfte ich gegen die Monotonie und die Kälte, und versuchte die Zufriedenheit zu begreifen, die mich umfangen hatte, als ich die Granittürme von Auyuittuq gesehen hatte. Einen Augenblick lang hüpften meine Gedanken über den windgeriffelten Schnee und hingen an den wedelnden Schwänzen der Hunde. Dann lagen, unerklärlicherweise, erneut Mühsal und Entbehrung auf der Landschaft.

Ich hatte eindeutig meinen Lebensstil so definiert, dass ich im

Freien leben konnte. Aber im Freien musste nicht auf Baffin Island im Winter bedeuten. Es konnte bedeuten, auf frischem Pulverschnee durch Fichtenwälder Ski zu fahren, danach Wein und Liebe auf weichen Daunen. Jagte ich dem falschen Traum nach?

Ich joggte, fuhr auf den Kufen, joggte wieder. Wenn ich auf meine Stiefel hinunterschaute, flog die Riffelung des Schnees so rasch vorbei, dass ich mir vorkam, als wäre ich mit einem Inuit-Schamanen auf einer spirituellen Reise. Aber wenn ich in die Ferne sah, waren Zeit und Bewegung, wie das Meer, gefroren. Wir liefen auf einer Tretmühle ins Nichts. Ich blickte nach Osten zu einem Nebel, der sich gebildet hatte, wo aufgebrochenes Eis den Ozean der kalten Luft aussetzte. Dann wandte ich meinen Blick nach Westen und beobachtete die Zirruswolken, die über die steinigen Klippen hinwegrasten. Bald nahten dunklere Wolken und es fiel leichter Schnee, der um unsere Füße herumwirbelte wie Trockeneisnebel bei Schulaufführungen an der Highschool. Ich hielt die behandschuhte Hand vor die Kapuze, damit mir der Wind nicht ins Gesicht blies. Dave hielt an und ich fuhr zu ihm hin, um die Lage zu besprechen.

Daves Gesicht war halb im pelzigen Schatten seiner Kapuze verborgen. Frost glitzerte auf den äußeren Schutzhaaren. Selbst drinnen waren seine Augenbrauen frostig, und die Narben von den Erfrierungen auf den Wangen waren deutlich zu sehen. Trotz des emotionalen Kampfes zwischen uns hatten wir gemeinsam Schweres durchlebt. Er war stark. Ich war stark. Wir hatten uns unter Kontrolle.

Einige Kilometer nördlich war ein großer Eisberg im Eis festgefroren, und wir beschlossen, auf seiner windabgewandten Seite zu biwakieren. Die Hunde trabten kräftig, und der Wind nahm nicht zu. Der Eisberg, der aus der Ferne klein ausgesehen hatte, war groß wie ein Haus und stellte einen angenehmen Windschutz dar. Wir pflockten die Hunde in einer weichen Schneebank an, die sich hinter dem Berg aufgehäuft hatte, und gruben unser Zelt ein paar Meter entfernt ebenfalls im weichen Schnee ein.

Wir hatten Nahrung für vier Tage, die man leicht auf fünf Tage strecken konnte, und wir rechneten uns aus, dass wir bei gutem Wetter in drei oder vier Tagen den Clyde River erreichen konnten. Sollte sich das Wetter verschlechtern, konnten wir uns zur DEW-Basis zurückziehen und von dort nach Broughton Island.

Der Sturm dauerte den ganzen Nachmittag und Abend, und als ich am nächsten Morgen erwachte, ließ der Windsog das Zelt vibrieren. Sturmtage in einem Bergzelt sind immer langweilig und unangenehm. Feuchtigkeit steigt aus dem Teekessel auf und friert an der Zeltinnenwand an, schmilzt und tropft auf den Körper und die Kleidung herunter. Zeltgefährten drängen sich in die trockenere Mitte des Zeltes, stoßen zusammen, weichen zurück und kriechen wieder zur Mitte hin. Nach eineinhalb Monaten haben selbst gute Freunde zu viele Geschichten erzählt und gehört. Über die Logistik der Fahrt kann man nur eine bestimmte Zeit lang reden, dann gibt es nichts mehr zu sagen. Also legt man sich schlafen, stößt gegen den Partner, rutscht wieder weg, döst ein und wacht wieder auf, wenn ein Wassertropfen direkt im Ohr gelandet ist. Partner können diese Unannehmlichkeiten durch Freundschaft und einen Sinn für Humor überwinden, aber wenn unterschwellig Anspannung vorherrscht und es nichts zu lachen gibt, ziehen sich Sturmtage in die Länge.

Ich las, versuchte mich mit Dave zu unterhalten, versuchte ihn zu ignorieren, erregte dann seinen Ärger, als ich fragte, ob ich die Nacktfotos seiner Freundin sehen könnte. Beschimpft, ging ich nach draußen, marschierte zehn Meter nach Norden zum äußeren Rand des Eisbergs, kehrte um und versuchte, die Hunde zu streicheln, aber sie wachten kaum aus ihrem Schlaf auf. Ich ging wieder zum Zelt zurück und überlegte, ob ich hineingehen sollte, ging aber dann fünf Meter weiter zum südlichen Ende des Eisbergs. Ich wagte mich in den Sturm hinaus und ging um den Eisberg herum. Mir war kalt, als ich den Berg umrundet hatte, und ich kehrte zögernd ins Zelt zurück.

Ich kochte noch einen Topf Tee und wir besprachen uns. Wir beschlossen, dass wir nach Norden gehen würden, wenn der Wind am nächsten Morgen aufhörte. Sollte der Wind noch einen Tag länger anhalten, würden wir uns nach Broughton zurückziehen.

Am nächsten Morgen war es warm und sonnig, ein perfekter Tag für die Fahrt. Wir priesen uns glücklich und bestätigten unsere Pläne, Richtung Clyde zu fahren. Dave schirrte sein Gespann immer schneller an als ich. Als er fertig war, sah er mich nachdenklich an, und rief dann »Gee wenden!«.

Seine Hunde wendeten zurück Richtung DEW-Basis und Broughton Island, nach Süden, nach Hause. Ich rief ihm nach, aber er achtete nicht auf mich. Dann starrte ich ungläubig seiner kleiner werdenden Gestalt nach.

Was war passiert? Wir waren so weit gekommen. Ich dachte darüber nach, wie er mich in Kipisa im Stich gelassen hatte, und fragte mich erneut, warum er es getan hatte. Dann kehrte ich in die Gegenwart zurück. Offensichtlich hatten seine Unzufriedenheit mit der Monotonie, der Kälte und mir eine Schwelle überschritten. Hatte er schon gestern den ganzen Nachmittag lang den Rückzug geplant? Oder hatte er impulsiv reagiert, als er die Hunde angeschirrt hatte und das leere Polareis zwischen uns und Clyde River gesehen hatte?

Ich würde es nie erfahren, und es war auch egal. Ich dachte an nichts, als ich Dave, den Riesen, vor der weißen Ebene immer kleiner werden sah.

Ich schirrte die Hunde fertig an und setzte mich auf meinen Schlitten. Er hatte den Kocher, ich das Zelt. Ich musste ihm folgen. Aber ich rührte mich nicht, und die Hunde rollten sich ein.

Die Sonne warf ein orangefarbenes Licht auf die Ostseite des Eisbergs, das sich deutlich von den graublauen Schatten abhob. Der Sturm hatte frischen Schnee in die halbmondförmigen Schneewehen um unseren Unterschlupf geweht. Ich frischte eine Erinnerung von Kap Hoorn auf: »Jon, sieh dich um, atme tief durch, du wirst nie wieder hier sein.«

Dave wurde so klein, dass ich mir vorstellte, er sei nur ein dunkler Fleck ohne Leben, Persönlichkeit oder Bewegung. Ich wollte ihm nicht nahe sein, aber ich wusste, dass wir das gleiche Zelt noch einige Tage teilen würden. Ich stellte mir vor, er würde in der endlosen Weite zerstäuben, die so lange unsere Begleiterin und unsere Szenerie gewesen war. Schließlich stand ich auf. Vielleicht würde er bei der DEW-Basis gar nicht anhalten. Würde er mich völlig im Stich lassen? Ich wusste überhaupt nichts mehr.

Ich setzte mich wieder auf den Schlitten und begann die nächste Expedition zu planen. Dann stoppte ich mich. Die nächste Expedition planen! Wie lächerlich! Ich behauptete, dass mir Erfolg etwas bedeute, aber ich hatte dreimal hintereinander versagt. Während der letzten sechs Wochen hatte ich mir die Hälfte der Zeit gewünscht, überall anders als auf dieser Expedition zu sein. Auf diese Art und Weise würde ich mich garantiert in den Wahnsinn treiben.

Ich stand auf, rief die Hunde, befahl »Gee wenden!« und folgte Daves Spur. Ich fühlte mich sofort besser, als ich hinter dem Gespann herzujoggen begann. Die Bewegung besänftigte mich. Vielleicht sollte ich mir das merken. Als ich Chris verließ, was tat ich da? Ich fuhr. Als sich Debby und ich trennten, kaufte ich ein Segelboot. Bewegung.

Angenommen, ich wäre geboren, um nur ein Wanderer zu sein? Es war ein schöner Tag. Ich war allein. Wenn ich genetisch zum Wandern programmiert war, konnte ich vielleicht lernen, mit mir auszukommen. Ich sog die kalte Luft in tiefen Zügen ein. Meine Lunge hatte gelernt, das schroffe Eindringen zu akzeptieren. Nun musste ich meinen Geist dazu bringen, die Reise anzunehmen. An dem Tag, an dem wir auf Robbenjagd gegangen waren, hatte mich Moosa Qitdlaq genannt, das war der Name eines berühmten Inuitforschers. Die Leute hatten gelacht, als ich mich nach Qitdlaq erkundigte, aber zwischen den Scherzen hatte ich herausgehört, dass er einen kleinen Trupp von Ellesmere Island nach Grönland geführt hatte. Unterwegs war er von seiner Wanderlust verzehrt, in den Wahnsinn getrieben und schließlich getötet worden.

Gegen jede Vernunft beschloss ich, Qitdlaqs Spuren nach Grönland zu folgen. Ohne den Wahnsinn und ohne den Tod.

4. Kapitel

Mit dem Kajak nach Grönland

Wisset, meine Freunde, dass das müßige und verwöhnte Leben, das ich nach meiner Rückkehr genoss, mich bald das Leid vergessen ließ, das ich im Land der Kannibalen und in der Höhle der Toten hatte ertragen müssen. Ich erinnerte mich nur an die Freuden des Abenteuers und den beträchtlichen Gewinn, den mir meine Fahrten eingetragen hatten, und ich sehnte mich wieder danach, über neue Meere zu segeln und neue Länder zu erforschen.

Erzählungen aus tausendundeiner Nacht
(Verfasser unbekannt, aus der englischen Fassung
von N. J. Dawood ins Deutsche übertragen)

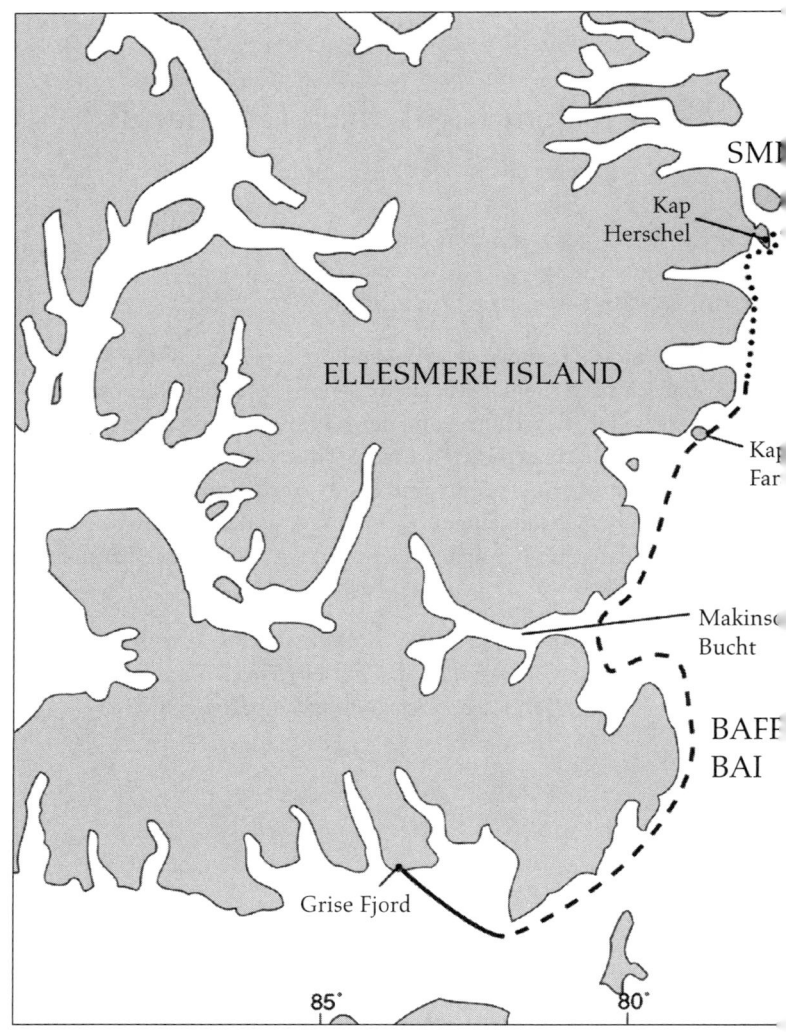

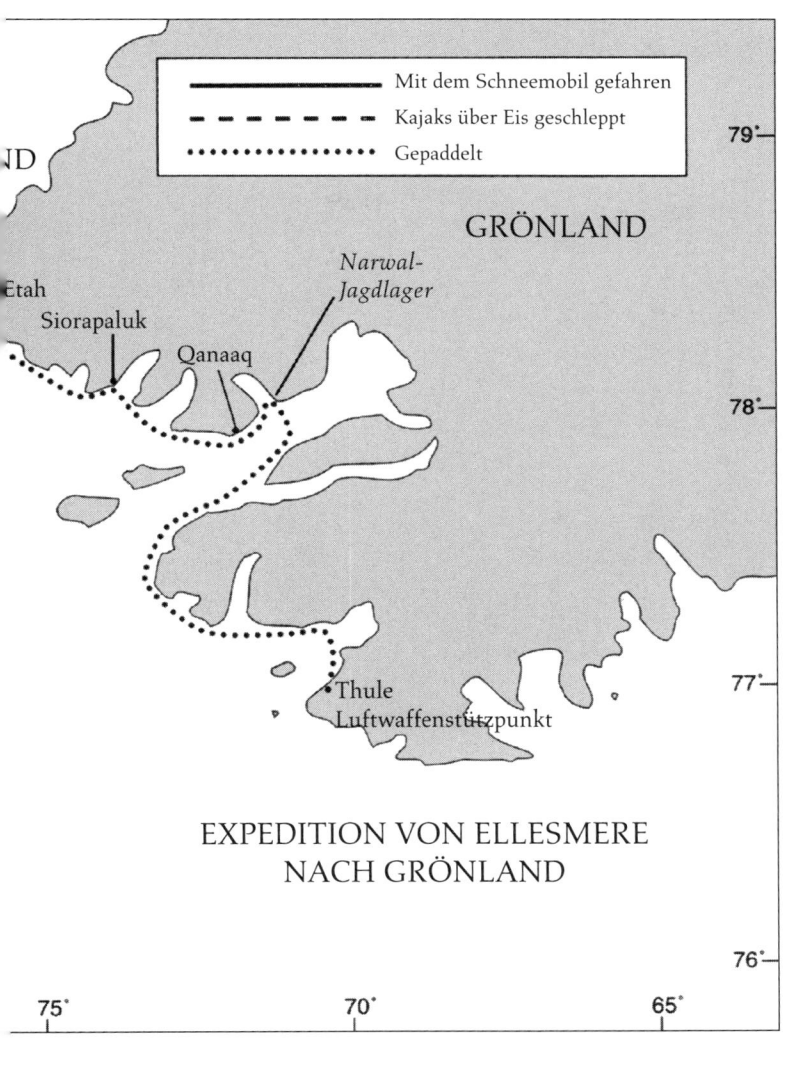

Legende:

─────── Mit dem Schneemobil gefahren

─ ─ ─ ─ Kajaks über Eis geschleppt

•••••••• Gepaddelt

79°

GRÖNLAND

Etah

Siorapaluk

Qanaaq

Narwal-Jagdlager

78°

77°

•Thule
Luftwaffenstützpunkt

EXPEDITION VON ELLESMERE
NACH GRÖNLAND

76°

75°   70°   65°

1

Ich fuhr zurück nach Southern Cross und pflockte die Hunde vor Chris' Hütte an. Wir gingen im Frühjahr zusammen Ski fahren und machten einen Ausflug in die Wüste, und der Zauber unserer Romanze kehrte zurück. Chris hatte einen Job bei einer Firma, die in Alaska nach Bodenschätzen suchte, und ich hatte vor, wieder auf einem Fischkutter zu arbeiten, also fuhren wir gemeinsam nach Norden. Während der langen Fahrt sagte mir Chris, dass sie gern ein geordneteres Leben hätte, ein Zuhause und Kinder. Ich war auf eine derartige Verpflichtung nicht vorbereitet. So kam es, dass wir nach der Ankunft in Anchorage Essen gingen, uns liebten und dann zum dritten Mal unsere Beziehung beendeten.

Ich lud die Hunde in den Truck und ging unser Gespräch in Gedanken noch einmal durch, als ich aus der Stadt hinausfuhr. »Ich will herumwandern. Du willst eine Familie. Wir sind der Ansicht, beides lässt sich nicht unter einen Hut bringen. Ich liebe dich, du liebst mich. Auf Wiedersehen und tschüs.«

Manchmal verstand ich die dahinter stehende Logik, aber manchmal ergab sie überhaupt keinen Sinn.

Ich fuhr nach Talkeetna und besuchte einen Freund in seinem Haus. Ich setzte mich, schenkte mir Kaffee ein, brach ein Stück von einer Zimtrolle ab und hörte mir den neuesten Klatsch an. Ich war unter Freunden, alles würde seine Ordnung haben. Ich verkaufte meine Hunde und fuhr zum Fischfang zur Bristolbai.

Nach der Fischfangsaison flogen Nathan, Noey und Reeva nach Norden, und wir zogen alle nach Seldovia, einem kleinen Ort an der Küste Alaskas, südlich von Anchorage. Seldovia ist durch mehrere Gletscher von sämtlichen Verkehrsstraßen abgeschnitten, was den Ort praktisch zu einer Art Insel macht. Ich kaufte mir ein kleines Motorboot und fing an, ein neues Lehrbuch zu schreiben. Die Kinder und ich erforschten die Bucht und machten Ausflüge in die Berge.

Eines Tages wollten wir nach Homer hinüberfahren, einer größeren Stadt auf der anderen Seite der Bucht. Meine Benzinpumpe versagte, und wir mussten in den Hafen rudern. Der Händler sagte mir, das Ersatzteil käme erst in einer Woche. Wir gingen in ein Restaurant, und die Kinder plapperten munter drauflos. Ich wollte kein Geld ausgeben, um mit dem Buschflugzeug nach Seldovia und zurück zu fliegen, ich wollte nicht heimrudern, und ich wollte nicht eine ganze Woche in Homer herumhängen. Ich wollte diesen ganzen blöden Streit vergessen und Chris besuchen. Wir hatten uns gestritten, getrennt, geliebt, gestritten und wieder getrennt. Nun wollte ich wieder bei ihr sein.

Ich beschloss, die Kinder allein nach Seldovia zurückfliegen zu lassen, selber aber im Landesinneren Chris aufzusuchen und sie zu bitten, mich zu heiraten. Dann konnte ich nach Homer zurückkehren, die neue Benzinpumpe einbauen und mit dem Boot nach Seldovia zurückfahren.

Chris arbeitete in einem entlegenen Camp südlich von Galena. Ich konnte von Homer per Linie nach Galena fliegen, musste von dort aus aber versuchen, per Anhalter ins Camp zu kommen. Ich schätzte meine Mitpassagiere ab, als wir in Anchorage ins Düsenflugzeug stiegen. Der Mann mit der Motorsäge im Handgepäck sah wie ein Trapper aus. Ich vermutete, dass der Mann, dessen Gepäck aus Pappkartons bestand, aus Galena stammte und heimflog. Frauen mit Kindern waren für mich wahrscheinlich keine große Hilfe. Aber was war mit dem glattrasierten Mann in fleckenlosen

Bluejeans und einem weißen Polohemd? Auf halber Strecke stand ich auf, ging durch den Mittelgang des Flugzeugs und tippte ihm auf die Schulter.

»Entschuldigung, arbeiten Sie für Anaconda Minerals?«

Er sah mich zurückhaltend an. »Ja, ich bin der Campmanager. Warum?«

»Ich bin der Freund von Chris Seashore, und ich habe mich gefragt, ob Sie mich wohl zum Lager mitnehmen würden.«

»Ich wusste gar nicht, dass Chris Seashore einen Freund hat.«

»Das weiß sie auch nicht, aber ich bin es.«

Der Mann zuckte mit den Achseln. »Klar, wenn Platz genug im Flugzeug ist, können Sie mitkommen.«

Nachdem der Jet in Galena gelandet war, bestiegen wir eine einmotorige Cessna und flogen nach Süden zu einer holprigen, ungeteerten Landebahn. Mein Wohltäter zeigte zu einem massiven Holzgebäude und sagte mir, dass dort drüben jemand wissen müsste, wo ich Chris finden könnte.

Ich stieg die Stufen hinauf und kam in einen geräumigen Raum voller Landkarten, Bohrkerne und Computer. Drei Menschen beugten sich über Tastaturen und Zeichenbretter, zwei weitere saßen auf Bürostühlen herum. Ein Mann sagte mir, Chris arbeite einige Kilometer vom Lager entfernt an einer entlegenen Bohrstelle, und ich könne es mir bequem machen und auf sie warten. Dann meinte einer der Bürostuhlsitzer beiläufig: »Ich bringe Sie da raus.«

Ich hatte keine Ahnung, was für ein Fahrzeug er fuhr, aber die Fahrt selbst wurde allmählich so interessant wie das Ziel, das ich mir gesetzt hatte. Wir gingen zu einem glänzenden Geländehubschrauber mit Düsenantrieb. Er deutete auf den vorderen Passagiersitz, und ich stieg ein. Ich befestigte den Sicherheitsgurt und setzte mir Kopfhörer samt Sprechfunkgerät auf. Der Pilot ließ die Maschine an, stieg einen guten Meter auf und testete, wie der Hubschrauber auf die Steuerung reagierte, ehe er abhob. Seine Stimme kam wie aus weiter Ferne aus dem Kopfhörer.

»Im Lager werden ein paar Jungs über Ihr Kommen nicht allzu erfreut sein.«

Ich drückte auf den Sprechknopf. »Das ist deren Problem.«

Wir überquerten ein paar Grate und einen Sumpf. Er flog einen weiten Bogen, um einen Elch nicht zu erschrecken, und stieg dann über einen hohen Hügel auf.

»Ich setze Sie hier ab. Chris arbeitet in nördlicher Richtung auf einer seismischen Linie. Wenn Sie aussteigen, schließen Sie die Tür gut und gehen Sie nach vorne weg. Ach ja, und machen Sie viel Lärm. All die Mädels, die an der seismischen Linie arbeiten, sind bewaffnet. Niemand erwartet Sie. Es wäre doch zu bescheuert, wenn jemand Sie für einen Bären hält und erschießt!«

»Danke für den Flug und die Warnung.«

Ich stieg aus, ging nach vorne weg und duckte mich, um dem Luftstrom auszuweichen, den er beim Abheben erzeugte. Ein schwacher Pfad führte zu der seismischen Linie, die wie ein gerader Schnitt quer durch die Landschaft führte. Ich sah niemanden, und mangels besserer Angaben wandte ich mich nach Osten. Als ich über eine niedere Hügelkuppe kam, sah ich, wie sich Chris über einige Instrumente beugte.

Ich missachtete die Warnung des Piloten und ging leise hinunter. Chris blickte endlich auf, als ich noch etwa einen Meter entfernt war.

»Jon!«

Sie stand auf und wir umarmten uns.

Ich flüsterte: »Ich habe diesen ganzen Bullshit satt, Chrissy. Lass uns einfach heiraten. Wir werden uns schon irgendwie zusammenraufen.«

Sie schmiegte sich an mich, und ich spürte, wie ihr Kopf an meiner Brust langsam nickte. »Okay.«

2

Diesen Herbst flogen Nathan und Noey nach Kalifornien, Chris, Reeva und ich fuhren in den Süden nach Montana. Es war das vierte Mal, dass ich die Strecke zwischen Montana und Alaska fuhr. Beim ersten Mal war ich allein gewesen, gehetzt und verärgert. Beim zweiten Mal fuhr ich mit Dave und 17 Hunden – unvorbereitet – zu einer gefährlichen Expedition. Die dritte Fahrt machte ich mit Chris, wobei wir unsere bevorstehende Trennung besprachen und planten. Diesmal waren wir eine Familie, die eine gemeinsame Zukunft plante.

Meine Fischfangsaison war erfolgreich gewesen, und Chris hatte ihren Lohn vom Sommer gespart, sodass wir gemeinsam genug Geld hatten, um ein Haus anzuzahlen. Wir redeten darüber, es zu einem modernen Energiesparhaus auszubauen, aber Chris wandte ein, dass wir das Projekt wahrscheinlich anfangen, zu einer Reihe von Expeditionen aufbrechen und uns zu einem Leben auf einer Baustelle zwischen Wärmedämmungsplatten und Steinplatten verdammen würden. Reeva war nur darauf aus, in irgendein Haus, das wir kauften, einzuziehen, Hauptsache, sie durfte ihr Zimmer rosa streichen.

Die Taiga flog an uns vorüber. Ich schlug vor, wir sollten wiederkommen, um eines Frühjahrs oder Sommers auf den hohen Gipfeln am Yukon Ski zu fahren. Chris schien vor Freude zu strahlen, als sie daran dachte, durch den hoch gelegenen Skizirkus ihre Spuren zu ziehen.

Ich hatte Elizabeth vor 17 Jahren, im Herbst 1967, geheiratet. 17 Jahre in einem Wirbelwind von Ehefrauen und Geliebten, dazwischen immer wieder Zeiten, in denen ich allein war. Und doch hatte ich in einem Augenblick, als ich im Restaurant in Homer saß und über die Logistik einer defekten Ölpumpe nachdachte, den Beschluss gefasst, Chris zu heiraten. Nun fühlte ich mich ihm verpflichtet.

Chris schlief auf dem Beifahrersitz, Reeva las ein Pferdebuch. Kies prasselte von unten gegen den Truck. Ich schmunzelte, ob all der Irrungen und Wirrungen.

Wir fuhren in die Südwestecke von Montana und kauften ein im Wald gelegenes Haus mit zwei Schlafzimmern. Ich traf in Missoula einen Bergsteiger namens Gray Thompson, und der brachte mir Expeditionsstrategie bei. Gray wusste, wie man ausruht und abwartet, wenn die Bedingungen ungünstig sind, und wie man sich im Notfall ins Zeug legt.

Im Sommer 1987 fuhren wir zum Auyuittuq-Park auf Baffin Island, stiegen mit schwerem Gepäck den Pass hinauf und bezwangen dort in 30 Stunden ununterbrochenen Kletterns eine Direktroute über eine Granitwand am Mount Freya. Als ich mich nach dem Aufstieg in die Sonne legte, dachte ich an die Mischung aus Frust und Begeisterung zurück, die ich in eben diesem Pass während der Hundeschlittenfahrt gehabt hatte. Dann erinnerte ich mich an den Entschluss, den ich gefasst hatte, als ich nördlich von Kap Hooper hinter dem Eisberg saß und Daves Gestalt immer kleiner werden sah. Ich hatte in der Arktis noch unerledigte Geschäfte.

3

Als Dave und ich bei Broughton Island auf Robbenjagd waren, fragte Moosa: »Wie kommt es, dass ihr Burschen so weit von zu Hause fortreist? Seid ihr wie Qitdlaq?«

Die anderen lachten, erklärten aber den Witz nicht.

Ich fragte Freunde in Broughton und setzte meine Befragungen auf der Heimreise in Iqaluit fort. Jeder kannte Bruchstücke der Geschichte von Qitdlaq, und so setzte ich allmählich die Geschichte aus den Einzelteilen zusammen. Sehr viel später recherchierte ich in Bibliotheken, aber erst, nachdem ich in Qitdlaqs Lagern gezeltet und meine Kajaks auf den Steinsäulen verstaut hatte, die von ihm und seinem Volk errichtet worden sind.*

Qitdlaq kam um 1800 in der Nähe des Cumberland-Sunds an der Südostküste von Baffin Island zur Welt. Er wurde ein mächtiger Schamane, ein *angakkuq*, den sein Volk fürchtete und dem es gehorchte.

Irgendwann zwischen 1830 und 1835 schlug Qitdlaq bei der Karibujagd einem Jagdgefährten den Schädel mit einem Stein ein. Ein Motiv für dieses Verbrechen ist nicht bekannt. Keiner der anderen Jäger redete nach der Rückkehr ins Lager über den Mord, aber ein anderer *angakkuq* sah ihn in einem Traum und befahl daraufhin mehreren Schlittenhunden, Qitdlaq anzugreifen.

Qitdlaq floh und zog mit einer kleinen Gruppe von Anhängern nach Norden. Sie ließen sich vorübergehend in der Nähe von Pond Inlet nieder, kämpften mit einem dort ansässigen Stamm, verloren die Schlacht und flohen erneut, diesmal an der Westküste von Baffin Island hinunter nach Süden.

Bis spätestens 1853 war Qitdlaq dann nördlich von Baffin auf Devon Island gezogen, wo er dem britischen Marinekommandeur Edward Inglefield begegnete. Die beiden Anführer trafen sich im Kartenraum des Schiffs, und Qitdlaq erkundigte sich, ob es nicht weiter nördlich auch noch Land gebe. Inglefield breitete eine Karte von Ellesmere Island und West-Grönland aus und erklärte ihm, dass Ellesmere unbewohnt sei, während an Grönlands Küste Inuit lebten. Qitdlaq sah, dass er leicht nach Grönland hinüberkäme,

---

* Obgleich sich die schriftlichen Berichte ähneln, sind keine zwei identisch. Um Abweichungen zu vermeiden, habe ich mich hauptsächlich auf eine Quelle gestützt. Als einzige Abweichung von dieser Quelle habe ich den Helden in Übereinkunft mit anderen Chroniken und zahlreichen mündlichen Berichten, die ich in Grönland gehört habe, Qitdlaq und nicht Qillaq genannt. Meine Quelle ist: Mary-Rousselliere, Guy, *Qitdlarssuaq: The Story of a Polar Migration*, in der Übersetzung von Alan Cooke, Wuerz Publishing, Winnipeg, Man, 1991.

wenn er der Ostküste von Ellesmere lange genug nach Norden folgen würde.

Qitdlaqs Gruppe blieb fünf Winter lang auf Devon Island. Im Allgemeinen ging es den Leuten gut, obwohl Qitdlaqs Feinde böse Geister schickten, um sie zu schikanieren. Einmal, als sich eine kleine Gruppe auf dem Weg über das Eis befand, sah Qitdlaq einen langhaarigen Riesen am Ufer. Er rief: »Du, Riese, bist nichts als Fischbein.« Qitdlaqs Zauber war stärker als der seiner Feinde, und der Riese verschwand. Als die Inuit die Sache überprüften, fanden sie nur den Kieferknochen eines Wals, mit dem noch etwas Fischbein verbunden war.

Von unsichtbaren *angakkuqs* gehetzt und mit Rastlosigkeit im Herzen, unternahm Qitdlaq häufig Geisterreisen in den Norden und erzählte seinem Volk von üppigen Jagdgründen, grünem Gras und freundlichen Jägern. Schließlich machte sich die ganze Gruppe von vierzig Männern, Frauen und Kindern auf den Weg nach Grönland, einzig von Qitdlaqs Visionen und der fünf Jahre alten Erinnerung an eine Karte in Inglefields Kartenraum geleitet. Sie brachen wahrscheinlich 1859 nach Frühlingsanfang auf, als die Sonne zurückkam, das Eis aber noch fest war.

In zehn *komatiks* führten sie ihre gesamte Habe mit sich: Pelze für den Winter, Zelte für den Sommer und Kajaks für die Jagd im eisfreien Wasser. Der größte *komatik* wurde von zwanzig Hunden gezogen, eine bewundernswerte Leistung im Umgang mit ihnen. Als das Eis im Juli aufbrach, machte der Stamm für den Sommer Halt. Einige Jäger gingen ins Landesinnere, um Karibus zu jagen, während andere mit ihren Kajaks losfuhren und Robben, Narwale und Walrosse harpunierten. Sie bauten Steiniglus* und isolierten

---

* Iglu nennt man jede kuppelförmige Winterunterkunft. Feste Iglus wurden aus Stein und Moos gebaut und mit Fellen abgedeckt. Zeitweilige Unterkünfte auf dem Eis wurden aus verfestigtem Schnee errichtet. Die Bautechnik und -terminologie variierte in unterschiedlichen Gegenden der Arktis.

sie mit Grasnarbe für ein Winterlager. Während der langen finsteren Zeit lebten sie beim Licht und in der Wärme ihrer Tranfunzeln. Bei Vollmond warteten die Jäger geduldig neben *aglus*, um Robben zu harpunieren. Im Frühling machten sie sich wieder auf den Weg.

Qitdlaqs Gruppe erreichte im folgenden Jahr den Smith-Sund und blickte über den Kanal in Richtung Grönland. Eine Warmwasserquelle sorgt im Smith-Sund für eine dauerhaft eisfreie »Oase«, die *polynya* genannt wird. Die Gruppe lenkte ihre Hundegespanne nach Norden zu gutem Eis und setzte auf das neue Land über. An Land fanden sie Karibus in Hülle und Fülle und jagten Walrosse, Narwale und Belugawale im Sund. Millionen von Vögeln schwärmten um die Klippen, und die Jäger fingen sie in Netzen und sammelten Eier ein. Sie fanden auch viele Steinhäuser, aber sie standen alle leer.

Im nächsten Frühjahr führte Qitdlaq seine Gruppe nach Süden, bis sie auf andere Menschen stießen. Die Polarinuit im Nordwesten Grönlands waren zu dieser Zeit die vielleicht am stärksten von der übrigen Menschheit isolierten Erdbewohner. Von Zentral-Grönland waren sie durch beständig schlechte Eisverhältnisse in der Melville Bay getrennt und von Baffin Island durch die beschwerliche Passage, die Qitdlaq mit seiner Gruppe soeben bezwungen hatte. Bevor diese Polarinuit 1818 von John Ross »entdeckt« wurden, hatten sie zwei- oder dreihundert Jahre lang keinen Kontakt mehr mit anderen Menschen gehabt.

Die Polarinuit hatten drei wichtige Technologien verloren, die in der gesamten restlichen Inuitwelt bekannt waren: den Bogen, das Kajak und den *kakivak* (eine gegabelte Fischharpune). Ohne den Bogen waren sie unfähig, Karibus zu jagen. Karibus sind nicht nur eine wichtige Nahrungsquelle, ihr Fell hat auch unter allen Fellen im Verhältnis zum Gewicht den besten Wärmeisolierungsfaktor. Daher hatten die Nordwestgrönländer keine warme, haltbare Winterkleidung. Ohne Kajaks konnten sie im Sommer keine Meeressäugetiere jagen, sodass sie oft mit leeren Vorratskammern dem

Winter entgegensahen. In der Arktis findet man in vielen Flüssen Saiblinge, und in den Seen wimmelt es nur so von Fischen, aber ohne *kakivaks* konnten die Inuit sie nicht fangen.

Diese Menschen kannten noch die Begriffe der verlorenen Technologien, da sie in ihren Legenden deren Konzept bewahrten. Doch die Anthropologen sind sich nicht sicher, warum und wie sie so überlebenswichtige Techniken vergessen konnten. Eine Theorie besagt, dass Holz im Nordwesten Grönlands so selten war, dass die Gegenstände verloren gingen, als die dafür benötigten Rohstoffe aufgebraucht waren. Aber *kakivaks* können auch aus Knochen gemacht werden, und in anderen Bereichen der Arktis fertigt man Bögen aus Karibugeweihen an. Außerdem sorgten bis Mitte des 19. Jahrhunderts zahlreiche Schiffswracks für ausreichend Holz. Nach der zweiten Theorie könnte der plötzliche Tod von ein oder zwei wichtigen Werkzeugmachern bei einer so kleinen Bevölkerungsgruppe zum Verlust des handwerklichen Könnens im ganzen Stamm geführt haben. Mehrere Anthropologen haben die Vermutung geäußert, der Kajakbau könnte vergessen worden sein, nachdem sich die Boote durch mehrere eisige oder windige Jahre hindurch als unpraktisch erwiesen hätten. Vielleicht wurden so eine Generation lang keine Kajaks mehr gebaut, und dann wusste plötzlich niemand mehr, wie man sie anfertigt.

Obwohl diese Erklärung für das Verschwinden des Kajaks genügen könnte, finde ich es schwer vorstellbar, dass in einer Gruppe von 100 Menschen nicht einer aus der Erinnerung einen Bogen hätte anfertigen können, selbst wenn die besten Bogenmacher gestorben waren.

Das Inuitleben wird von komplexen religiösen Tabus bestimmt, die sich von Region zu Region unterscheiden. Ich fragte mich, ob nicht Tabus für den Verlust der Jagdtechniken verantwortlich sein könnten. Ich schrieb Dr. Peter Schledermann vom Arctic Institute of North America und unterbreitete ihm meine Theorie. Er antwortete mir: »Ich glaube, dass die meisten dieser Menschen pragmatisch genug waren, um ein oder zwei Tabus aufzugeben, wenn sie bedeutet hätten, dass sie verhungern müssen.« Schledermann schloss seinen Brief: »Der Verlust dieser Technologien bleibt rätselhaft… wahrscheinlich war es ein Zusammenspiel mehrerer Umstände.«

Ohne ausreichende Jagdwaffen waren die Polarinuit verarmt. Im Winter und Frühling jagten sie Robben durch *aglus*. Gelegentlich kam ein Narwal, Belugawal oder Walross einer Eisscholle nahe genug, um sie ohne Boot harpunieren zu können. Im Sommer ziehen Millionen kleiner Vögel – Krabbentaucher – nach Nordwestgrönland. In riesigen Schwärmen umkreisen sie scheinbar endlos ihre Nester auf Felsvorsprüngen. Die Inuit verbargen sich in Felsspalten und holten die Vögel mit Netzen an langen Stielen aus der Luft. Ein guter Jäger konnte 500 Vögel pro Tag fangen, obwohl 500 Krabbentaucher kaum so viel Nahrung ergaben wie ein Karibu oder Narwal. Die Inuit sammelten auch die Eier von Krabbentauchern, Enten und Möwen.

Wegen der begrenzten Technologie und der Rauheit des Landes herrschte bei den Polarinuit häufig Hungersnot. 1855 schätzte der Arktisforscher Elisha Kane die gesamte Bevölkerung in Nordwestgrönland auf 140 Menschen. 1861, einige Jahre vor der Ankunft Qitdlaqs, war die Bevölkerung auf 100 Personen geschrumpft.

Qitdlaq und seine Gefolgsleute lehrten die Grönländer effizientere Jagdtechniken. Die Bevölkerung nahm zu, und es ist gut möglich, dass die Ankömmlinge die Polarinuit vor der Ausrottung bewahrten. (Bis 1988 war die Bevölkerung auf 650 Menschen angewachsen.)

Qitdlaq und ein anderer *angakkuq* namens Avatannguaq wurden gute Freunde, bis sie Streit bekamen und Qitdlaq mit seiner Gruppe in einen benachbarten Fjord zog. Tragischerweise verfolgte Avatannguaq die Neuankömmlinge mit bösen Zaubersprüchen. Im folgenden Winter griffen drei große Falken Qitdlaq an. Als sie näher kamen, sah er, dass ihre Klauen mit Menschenblut befleckt waren. Da Falken nie während der dunklen Jahreszeit auftauchten, wusste Qitdlaq, dass es von seinem Feind geschickte Geister waren. Er legte sich aufs Eis und verwandelte sich in eine Robbe. Als die Falken wegflogen, verwandelte sich Qitdlaq wieder in einen Menschen und konnte zurück ins Lager fliehen.

Qitdlaq war die meiste Zeit seines Lebens auf der Flucht. Er war weit herumgekommen und hatte im neuen Land Frieden gefunden, aber Avatannguaqs Attacken konnte er nicht einfach passiv hinnehmen. Widerstrebend beschloss Qitdlaq, seinen Rivalen zu töten, auch wenn diese Tat die Verbannung aus Grönland bedeuten würde. Als er sein Messer für das nächste Frühjahrstreffen schärfte, rief er: »Ich schärfe dieses Messer wie gewöhnlich, aber es wird den Mann einer Frau treffen, die sonst keine Familie hat. Nein! So etwas kann ich nicht tun!« Er lag mit sich selbst im Widerstreit und besiegelte dann sein Schicksal, indem er wieder mordete.

Bald danach beschloss Qitdlaq, zurück nach Baffin Island zu fliehen. Einige Leute zogen es vor, in ihrer neuen Heimat zu bleiben, aber die meisten überquerten mit ihm zusammen erneut den Smith-Sund. Im Verlauf des Frühjahrs wurde Qitdlaq krank und starb. Seine Leute zogen weiter nach Süden.

4

Qitdlaq war ein Mörder, ein Schamane, ein Anführer und ein Ausgestoßener, aber ich sah in ihm hauptsächlich den zwanghaften Wanderer. An jenem Tag auf dem Eis, als ich sah, wie Daves in Fell gekleidete Gestalt ins endlose Weiß entschwand, erkannte ich, dass ich vielleicht, wenn ich schon Qitdlaqs Wanderlust teilte, auch das gleiche Eis, die gleiche Küste und, ja, auch einige der gleichen Entbehrungen mit ihm teilen sollte.

Ich hätte auch eine andere Schlussfolgerung ziehen können, obgleich ich immer noch nicht verstand, weshalb Dave und ich die Hundeschlittenexpedition an einem schönen Wintertag schmachvoll abgebrochen hatten, obwohl es windstill war, die Sonne schien und wir genug Nahrung hatten, um die nächste Siedlung zu erreichen. Aber das Scheitern hatte schon früher begonnen. Ich hatte mich ohne ausreichende Vorbereitung auf die Expedition begeben: Ich konnte nicht übermäßig gut mit den Hunden umgehen, meine Hunde waren im Waldland trainiert worden, nicht auf Polareis, und ich war mit einem Partner unterwegs, den ich nicht mochte und dem ich nicht traute. Die Expeditionen zum Kap Hoorn und in die Nordwestpassage hatten auch unter schlechter Strategie und Durchführung gelitten. Ein vernünftig denkender Mensch würde einen Lebensstil überdenken, der so dramatisch und wiederholt gescheitert war.

Aber Logik stand im Widerspruch zu meinen Träumen. Vielleicht war ich mit meinen Expeditionen zufriedener, als ich mir eingestehen wollte. Gewiss war ich schlau genug für einen Erfolg und stark genug, um mit Jammern aufzuhören, selbst mir gegenüber. Konnte ich nicht einfach den ganzen Bullshit vergessen wie bei meiner Entscheidung, Chris zu heiraten? War es wirklich so einfach? Und so lohnend?

Ich beschloss, Qitdlaq über das Eis zu folgen.

Qitdlaq beging seinen ersten Mord in der Nähe von Pangnirtung und wanderte einige Jahrzehnte umher, ehe er Grönland erreichte. So weit konnte ich in einer Jahreszeit nicht reisen. Außerdem hatte ich aus früheren Fehlern gelernt, dass es zu frustrierend ist, sich ein unerreichbares Ziel zu setzen. Daher plante ich, nach Grise Fiord an der Südküste von Ellesmere Island zu fliegen und Qitdlaqs Migrationsroute entlang der Ostküste von Ellesmere Island und über den Smith-Sund nach Grönland zu folgen. Grönland ist in der Gegend des Smith-Sunds unbewohnt, daher musste ich noch nach Süden hinunter Richtung Zivilisation. Von Grise Fiord nach Siorapaluk, der ersten Ortschaft auf Grönland, sind es rund 600 Kilometer. Zum nächsten Flughafen, dem amerikanischen Luftwaffenstützpunkt Thule, sind es noch weitere 280 Kilometer.

All meine früheren Fahrten hatten mich durch entlegene Gegenden geführt, aber der Weg hatte immer Ortschaften und Militärposten berührt. Entlang der Ostküste von Ellesmere Island gab es keine Siedlungen. Die Crux bei dieser Expedition war, dass die schwierigste Strecke, die 37 Kilometer von der Insel hinüber nach Grönland, erst im späteren Teil der Fahrt erfolgte. Wenn der Smith-Sund mit Eis blockiert und unbezwingbar sein sollte, hätte ich wahrscheinlich nicht mehr genug Nahrung dabei, um es zurück nach Grise Fiord zu schaffen. Der Abbruch der Fahrt war keine mögliche Option.

Ich argumentierte, dass ich genug arktische Erfahrung gesammelt hatte, um eine Expedition kompetent zu planen und durchzuführen. Ich hoffte, dass ich es gelernt hatte, emotional damit klarzukommen. Natürlich nagten noch Zweifel an mir. Ich erinnerte mich an einen Satz von Stefansson:

Ich denke, es gibt nur wenige Männer, die sich einer Theorie so sicher sind, dass sie frei von jeglicher Nervosität sind, wenn es darum geht, ihr Leben darauf zu setzen, dass sie wirklich Bestand hat.*

Aber ich war zu aufgeregt, um meine Meinung zu ändern.

Chris sagte, dass sie gerne mitkommen würde. Ich war halb überrascht und erwartete halb, dass sie mitkäme. In Chris' Worten:

Als Jon sich 1982 entschlossen hatte, durch die Nordwestpassage zu rudern, war er überrascht, dass ich mitkommen wollte. Sechs Jahre nach unserer ersten Expedition sehnte ich mich nach dem magischen Licht der nördlichen Breiten, nach der Weite der arktischen Landschaft und nach der selbst auferlegten Verwerfung im Raum-Zeit-Kontinuum, die sich aus einer langen Reise ergab. Jon akzeptierte mich jetzt als

---

* Stefansson, *My Life with the Eskimo*, Macmillan, New York 1913, S. 164

gleichberechtigten Partner und vertraute meinen Fähigkei-
ten und meinem Urteilsvermögen. Außerdem verstand ich
Jon jetzt ein bisschen besser.

In einem durchschnittlichen Jahr bricht das Eis bei Grise Fiord
nicht vor Mitte August auf. Wenn wir bis dahin warteten, hätten
wir nicht genug Zeit, um die Reise vor Einbruch des Winters zu
vollenden. Daher planten wir, früh aufzubrechen und die Boote
über das Eis zu schleppen. Eine ähnliche Strategie war bei der
Nordwestpassage fehlgeschlagen, aber diesmal sprachen zwei Faktoren zu unseren Gunsten. Erstens gibt es entlang der Küste von
Ellesmere Island mehrere *polynyas*. Die *polynyas* garantierten,
dass wir eisfreie Regionen vorfinden würden, die uns von der
Mühsal des Schleppens entlasteten. Zweitens waren in den Acht-
zigerjahren leichte, strapazierfähige Plastikkajaks für Meeresfahr-
ten populär geworden. Wir dachten, dass diese Boote leichter über
das Eis gleiten würden als das plumpere Ruderboot.

Wir kauften zwei fünf Meter lange Meereskajaks, die etwa die
gleiche Größe hatten wie das Faltkajak, mit dem ich nach Kap Hoorn
aufgebrochen war. Bei gleicher Länge ist das Plastikboot aber strom-
linienförmiger und schneller. Außerdem ist das Hartplastik gegen
Abrieb unglaublich widerstandsfähig, während die flexible, gum-
mierte Haut eines Faltkajaks auf scharfen Felsen reißen oder bei
längerem Schleppen über Eis durchscheuern kann. Faltkajaks sind
in der Mitte offen, fast wie Kanus, und mit einem Spritzschutz aus
Stoff abgedeckt. Im Gegensatz dazu haben Plastikkajaks an Bug und
Heck wasserdichte Abteile und ein kleines Mittelcockpit. Man zieht
einen Neopren-Spritzschutz am Körper hoch und legt ihn über das
Cockpit, sodass ein wasserdichter Abschluss entsteht. Wenn man
kentert, kann man sich mit einem schnellen Paddelschlag wieder
aufrichten. Hätte ich bei meinem Schiffbruch am Kap Hoorn ein
Plastikkajak gehabt, wäre ich nicht wie eine Stoffpuppe aus dem
Cockpit geschleudert worden. Unsere Plastikkajaks hatten auch

Steuerruder, die man mit Fußpedalen bedienen konnte, um bei Wellen oder Strömungen einen geraden Kurs beizubehalten.

Wir flogen am 22. Juni, einen Tag nach der Sommersonnenwende, nach Grise Fiord. Das Flugzeug landete in einem Hagel von Rollsplit auf einer Kieslandebahn. Ein paar Pickup-Trucks versammelten sich, um Fracht zu übernehmen. Die meisten anderen Passagiere wurden von Verwandten mit dreirädrigen Geländefahrzeugen abgeholt. Die motorradgroßen Fahrzeuge ratterten und schepperten über die Landebahn und trugen ihre Passagiere mit sich entfernendem Lärmen davon.

Kleine Städte in Neuengland schmiegen sich ins Blattwerk, als wären sie dort mit den Steinen und Bäumen gewachsen, aber es gab kein Blattwerk, das Grise Fiord in die Landschaft eingebunden hätte. Mehrere Dutzend knallbunt angemalter, quadratischer Häuser und einige große metallene Gebäude ragten unpassend aus dem Kiesstrand und zwischen den Tundrablumen auf. Wir waren am Spätnachmittag gelandet, als die Sonne ihre Bahn von Ost nach West beendete und nach Norden auswich, um über der Ortschaft einen flachen Kreis an den Himmel zu schreiben. Grise Fiord liegt bei ungefähr 77 Grad nördlicher Breite. Unser Ausgangspunkt lag also fast 650 Kilometer weiter nördlich als der nördlichste Punkt, den wir bei der Nordwestpassagen-Fahrt berührt hatten. Wir würden bis zu unserer Heimfahrt keinen Sonnenuntergang erleben. Wir fuhren per Anhalter in die Ortschaft und trugen unsere Kajaks zum Strand hinunter. Ich ging auf die weiße, zugefrorene Bucht hinaus und kickte die Oberfläche, um unter mehreren Zentimetern matschigen Schnees solides Eis freizulegen. Das Licht verzerrte sich im durchscheinenden Eis, als strahlte es gleichzeitig durch beide Linsen eines Teleskops. Daher sah das Eis gleichzeitig waffeldünn und dicker als die Erde aus. Als ich darauf herumsprang, fühlte es sich an wie fester Boden.

Chris sprach leise, fast wie in einem Selbstgespräch: »Dann wollen wir mal nach Grönland paddeln.«

Ein Jäger aus dem Ort versicherte uns, im Osten gebe es ein *polynya*, und der Rand der Eisscholle, die Grenze zwischen Wasser und Eis, sei nur 40 Kilometer entfernt. Er deutete zu einer steinigen Steilküste, die durch eine Luftspiegelung ganz undeutlich aussah, und verkündete: »Dort – Wasser.«

Wir beluden die Boote mit genug Nahrung, Brennstoff und Kleidung für acht Wochen. Der größte Teil unserer Ladung bestand aus Kohlehydraten: Reis, Bulgurweizen* und Kuskus, aber wir hatten auch abgepackte Nüsse, Tütensuppen, Zucker und Milch dabei. Wir steckten zusätzlich warme Kleidung, einen Kocher und Spiritus, ein paar Bücher und ein Zelt hinein. Die wasserdichten Abteile waren nicht geräumig genug für alles, daher stopften wir Ausrüstung auch in die Cockpits, bis wir uns kaum noch in den verbleibenden Raum hineinquetschen konnten. Dann luden wir noch Zeltausrüstung in wasserdichte Säcke, die wir aufs Achterdeck banden. Ich schützte mein Gewehr mit einem wasserdichten Futteral, das ich auf das Vorderdeck band, wo ich es schnell erreichen konnte, falls ein Eisbär angreifen sollte.

Ein älterer Mann namens Pijimini setzte sich im RCMP-Büro zum Kaffee zu uns. Ich zeigte ihm auf der großen Wandkarte unsere Reiseroute. Pijimini nickte und ging zögernd wie ein Schüler, der versucht, sich an seine Hausaufgabe zu erinnern, zu der Wand. Er zeichnete mit seinem Zeigefinger eine präzise Linie von der Steilküste hinter Grise Fiord nach außen und sagte: »Eis bis hier.« Dann fuhr er mit seiner Handfläche über Tausende Quadratkilometer Polarmeer. »Hier – vielleicht Eis, vielleicht Wasser.«

Er fragte, ob er unsere Kajaks sehen könne, und wir gingen mit ihm zum Strand. Er untersuchte die Boote sorgfältig, schlug mit der Faust auf das Plastik, setzte sich ins Cockpit und dehnte unseren Neopren-Spritzschutz. Dann führte er uns zu einem traditionellen Inuit-Kajak. Die äußere Schicht war entfernt worden, sodass nur

---

* Auch als Thermo-Weizengrütze bekannt. (Anm. d. Übers.)

ein Gerippe aus sorgfältig geformten Stäben und Rippen zu sehen war, die mit gewachster Schnur zusammengebunden waren. Pijimini hatte aus einem einzigen Brett ein Paddel mit flachen Ruderblättern geschnitzt. Das Paddel war schwerer als unsere Paddel, aber es war gut ausbalanciert. Zwischen dem Griff und dem Blatt hatte er eine zarte Kurve eingeschnitzt, die fast wie eine auf dem Kopf stehende Welle aussah. Pijimini fuhr mit dem Finger über die Kurve.

»Weißt du wofür?«

»Ja. Das Wasser vom Paddel läuft an der Spitze ab, kommt nicht auf die Hand und läuft nicht in den Ärmel hinein.«

Pijimini strahlte und deutete auf mich. »Er verstehen.« Dann zeigte er zwischen sich und mir hin und her und sagte: »Gleich, gleich, Kajakmänner.« Er ignorierte Chris, die schweigend daneben stand.

Pijimini versicherte uns, dass wir Eisbären begegnen würden, aber als wir fragten, wie gefährlich sie seien, zuckte er nur mit den Achseln.

»Manchmal vielleicht ja, manchmal vielleicht nein.«

Er warnte uns jedoch vor Walrossen. Walrosse machen Jagd auf Kajakfahrer, zerfetzen ihre Boote und saugen ihnen dann die Eingeweide aus. Den Rest fressen sie nicht. Ich lächelte, als hätte Pijimini einen Witz erzählt, aber er starrte mich fest an, um mich durch seinen Blick zu überzeugen.

Der RCMP-Beamte mahnte: »In der Inuitsprache gibt es kein Wort für lügen. Wenn er Sie vor Walrossen gewarnt hat, sollten Sie ihm lieber glauben.«

5

Pijimini bestand darauf, uns mit dem Schneemobil zum offenen Wasser zu fahren. Nach einer Stunde Fahrt erreichten wir den Rand des Eises, luden unsere Kajaks vom *komatik* und stellten sie auf dem Eis ab. Ich dankte Pijimini. Er blickte über das Wasser und sagte schlicht: »Langer Weg nach Grönland.«

Er zog die Startleine seines Schneemobils, saß auf, während der Motor im Leerlauf lief und gab uns noch einen letzten Rat mit auf den Weg: »Du Kajak-Mann, weißt du. Wind, Wind – nicht paddeln –, in Zelt bleiben, Tee trinken.« Dann lächelte er und fuhr davon.

Das Geräusch seines Fahrzeugs verklang in der Ferne. Südwärts, jenseits des Eises schob sich ein halbes Dutzend Gletscher von Devon Island ins Meer. Nördlich, in Richtung Grönland, schlugen die graugrünen Meereswogen gegen das Eis. Wir zogen unseren Spritzschutz über, stiegen in die Cockpits und glitten dann wie Alligatoren vom Eis ins Wasser.

Das Boot fühlte sich überladen und topplastig an. Ich machte ein paar Ruderschläge und stoppte. Chris hielt neben mir. Nach all den Vorbereitungen, der Fahrt, den Flügen und dem Besuch in Grise Fiord waren wir allein. 20 Meter der Reise lagen hinter uns, blieben noch fast 900 Kilometer.

Ich hatte vergessen, wie es sich anfühlt, durch die Arktis zu reisen. Normale Beschreibungen von Schönheit reichen nicht aus, weil die Landschaft eintönig und nicht schön ist. Sie ist kein Bild, sondern ein Gefühl. Im Wald behält ein Mensch seinen Maßstab. Man ist größer als ein Pilz, aber kleiner als ein Baum. In der Arktis aber kann man sich größer als ein Gletscher fühlen und doch kleiner als eine Möwe, die über einen hinwegfliegt. Verliert man erst einmal den Maßstab, verliert man auch ein Gespür für Stärke oder Schwäche. Im einen Augenblick fühlte ich, dass mich die leere Weite erdrücken könnte, im nächsten Augenblick unternahm ich im Geist eine Reise zum Smith-Sund. Das Eis war glasklar. Chris und ich waren jetzt ein Team und stark. Wir brauchten die Rettung nicht, die nahezu unmöglich war. Ich folgte Qitdlaq, als er durch ein *aglu* hinabstieg, dann tanzten wir mit dem Walross am Meeresgrund.

»Alles in Ordnung, Chrissy?«

»Ich denke schon. Ich bin nervös.«

»Nimm dir einen Moment Zeit, das Boot zu spüren.«

Ein Kajakfahrer balanciert sein Boot mit den Schenkeln und Knien aus und weniger mit Schultern und Paddel. Auf diese Art und Weise wird das Kajak zu einer Art Verlängerung des Körpers, ähnlich einem Ski oder einem Ruderboot. Ich presste meine Schenkel gegen die Unterseite des Decks und ließ das Kajak sanft schaukeln, um den Gleichgewichtspunkt auszutesten. Dann hielt ich mein Paddel in die Luft, legte es mir ins Genick, presste es dagegen und machte Streckübungen.

Chris vollführte eine ähnliche Übung und nickte. »Lass uns über die Bucht paddeln und das Lager früh aufschlagen. Das alles auf einmal zu erfassen, ist einfach zu viel.«

Ich hatte am ersten Tag eigentlich schon weiter vorstoßen wollen. Die Endphase der Expeditionsplanung war hektisch und verwirrend gewesen: Ausrüstung herrichten, Verlegern und ihren irritierenden, letztminütigen Details aus dem Weg gehen. Nun musste ich meine geistige Haltung ändern, ruhig und wachsam werden und mir aus einem langsam vergehenden Tag Freude und Gefahr herausholen.

Wir überquerten die Bucht in einer Stunde, aber in der Gezeitenzone hatte sich Eis gesammelt und bildete eine knapp zwei Meter hohe Klippe, einen so genannten *Eisfuß*. Wir paddelten bis knapp einen Meter vor den Strand, konnten aber nicht an Land gehen. Es war Ebbe, also paddelten wir noch ein paar Stunden umher, bis uns die steigende Flut über das Eis hinaufhob. Wir schlugen das Zelt auf, machten einen Spaziergang und kochten unser Abendessen. Pijimini hatte uns etwas Karibu- und Robbenfleisch mitgegeben, daraus machten wir einen nahrhaften, fetten Eintopf.

Um 10 Uhr abends, unsere normale Schlafenszeit, krochen wir in unsere Schlafsäcke. Ich schaute zum Zeltdach hinauf und starrte Robbenfettflecken von der Hundeschlittenfahrt an. Wir hörten Schüsse, da Inuit aus Grise Fiord auf Enten und Robben Jagd machten. Da sie in einem Land lebten, in dem dreieinhalb Monate lang ununterbrochen die Sonne scheint und es ebenso lange ununterbrochen dunkel ist, kümmerten sie sich wenig um Uhren und Zeitpläne. Aber während der Nordwestpassage hatten wir am effizientesten funktioniert, wenn wir uns einen normalen Tagesablauf von 9 bis 17 Uhr vornahmen. Chris kuschelte sich an mich, und ich dachte über den gewaltigen Unterschied zwischen ihrer Wärme und der Distanziertheit nach, die Dave und mich getrennt hatte. Es lag nicht nur am Körperkontakt, sondern auch an dem Gefühl, dass wir zusammenarbeiten würden. Der scharfe Knall eines Robbenjäger-Gewehrs und der dumpfe Krach einer Schrotflinte waren die letzten von Menschen verursachten Geräusche, die wir hörten, als wir in den Schlaf sanken.

6

Am nächsten Tag türmte ein auflandiger Wind Eis auf den Strand und schleuderte kalte Gischt in die Luft. Ich meinte, wenn wir uns durch das ungünstige Eis kämpften und um die Landspitze herumpaddelten, wären wir dahinter geschützt und könnten an diesem Tag 15 bis 30 Kilometer weit paddeln. Chris wollte so früh auf der Fahrt keine Risiken eingehen und schlug vor, dass wir bessere Wetterbedingungen abwarten sollten. Ich dachte über meinen Schiffbruch in Chile und über unsere Diskussionen während der Nordwestpassage nach. Chris und ich konnten gegeneinander oder miteinander arbeiten, aber das Land würde die Expeditionsbedingungen diktieren. Ich hatte mich schon bei drei Expeditionen abgemüht – und versagt. Vielleicht würden wir diesmal durch Abwarten schneller vorankommen.

Wir machten einen Spaziergang und redeten über all die unerledigten Arbeiten, die wir zu Hause in den Wäldern Montanas zurückgelassen hatten. Wir hätten die Veranda streichen, den praktischen Teil für mein jüngstes Buch fertigstellen, die Batterie meines alten Pickup neu laden sollen. Aber wir hatten keines dieser Dinge erledigt. Nun waren sie ohne Bedeutung. Ein Schwarm schwarzweißer Seetaucher, auch Teisten genannt, hob unter Flügelschwirren ab.

Der Wind ließ am frühen Nachmittag nach, also brachen wir das Lager ab und fuhren los. Nach ein paar Stunden wurde der Wind stärker und drehte, bis er direkt ablandig wehte. Wir versuchten zu landen, aber es war wieder Ebbe und der Eisfuß versperrte den Weg. Der Wind wurde stärker und ich überlegte, dass ich notfalls im Cockpit aufstehen, die Oberkante des Eisfußes erreichen und mich hochziehen könnte. Aber selbst wenn mir das gelänge, könnte ich nie die beladenen Boote hochheben. Folglich beschlossen wir, in Ufernähe zu bleiben, das Eis als Windschutz zu benützen und weiterzufahren, entweder bis wieder die Flut kam oder bis wir einen Einlass fanden. Die nächste halbe Stunde nahm der Wind allmählich zu und unser Sorgenpegel wuchs mit ihm.

In den meisten Gegenden rüttelt der Wind an der Vegetation oder formt Wellen auf dem Wasser, sodass man ihn kommen sehen kann. Aber hier fiel die kalte Luft unsichtbar von nackten Berghängen herunter. Felsen schwanken nicht im Wind, und wir waren so nahe am Ufer, dass die Wasserfläche kein Anzeichen einer Luftbewegung zeigte. In einem Augenblick frischte der Wind voll in mein Gesicht auf, und ein paar Sekunden später traf er mich mit einer Bö, riss ein Ende meines Paddels über meinen Kopf hoch und drückte dabei das andere Ruderblatt ins Wasser unter das Kajak. Das Boot kippte und fuhr über das hinuntergedrückte Paddel. Zwischen dem Wind und dem Paddelschaft gefangen, bekam das Kajak bedenkliche Schräglage, sodass die Leeseite unter Wasser war. Ich stabilisierte das Boot mit einem Hüftruck, befreite das Paddel und hielt das Blatt tief, um mich gegen das Wasser zu stemmen. Ich schaute hinüber und sah, dass Chris die unerwartete Bö ebenfalls überlebt hatte. Aber der Sturm trieb uns aufs Meer hinaus. Der Wind riss die Kämme von den Wellen und blies das Wasser horizontal über die Oberfläche. Wasser schwappte über Deck und stieg uns bis zu den Achselhöhlen.

Als ich aufs Meer hinaustrieb, dachte ich, das Glück könnte mich verlassen haben. Ich stellte mir vor, allein auf einem stürmischen Ozean zu gleiten und nur noch die Erinnerung an ein zweites, außer Sichtweite treibendes Boot zu haben. Die Angst verdrängte jedes Gefühl einer Tragödie. Ich sah das Bild völlig abstrakt, da es mich nicht zu betreffen schien.

Als wir 500 Meter vom Ufer entfernt waren, ließ der Wind so weit nach, dass ich mein Paddel heben konnte, ohne umgeweht zu werden. Ich drehte das Boot Richtung Ufer und paddelte ein paar Meter, bevor mich eine weitere Bö wieder rückwärts trieb. Dann ließ der Wind erneut nach, und ich kämpfte mich voran. Chris war in der Nähe gewesen, fiel aber jetzt zurück. Ich hatte Angst, den Kopf zu wenden, weil die Bewegung mein Gleichgewicht verändern konnte. Also schrie ich in den Wind: »Chris, wo bist du?«

Ich hörte eine schwache Antwort. »Jon, ich verliere an Boden! Ich werde aufs Meer hinausgeblasen!«

Ich wendete mein Boot und rief: »Ich vertäue dich an mir!« Eine weitere Bö traf mich in voller Breitseite und fegte mich unkontrolliert fort. Ich stemmte mich in die Wellen, um nicht zu kentern, und trieb an ihr vorbei. Ich konnte keine Hand vom Paddel nehmen, um ihr eine Leine zuzuwerfen, außerdem hätte sie diese ohnehin nicht fangen und an ihrem Bug vertäuen können.

Wir waren nur ein paar Meter voneinander entfernt, aber das Wasser in der Luft ließ ihr Gesicht wie durch einen Weichzeichner geisterhaft und unberührbar wirken. Eine Haarsträhne war auf eine Wange geklebt und das Wasser lief ihr in Strömen über Stirn und Kinn. Obwohl ich in Bewegung war und sie fast im Wasser stillstand, kam es mir so vor, als fiele sie an mir vorbei. In meiner Fantasie streckte ich die Hand nach ihr aus, berührte ihren Parka, konnte ihn aber nicht fassen. Dann drehte mich der Wind um 90 Grad und ich verlor sie aus dem Blick.

Bis ich wieder alles unter Kontrolle hatte und meinen Bug zurück in den Wind drehen konnte, war ich fünfzig Meter weiter draußen auf dem Meer. Ich sah Chris' Rücken und Arme, wie sie sich abmühte, das Ufer zu erreichen. Wir kamen beide voran. Ich ruderte zu ihr hin.

»Ich glaube, die Flut steigt, und ich sehe da in der Bucht eine Spalte in der Eisklippe! Schaffst du das?«

»Vielleicht!«

Der Wind heulte durch den freien Raum zwischen uns. Wir paddelten beide mit Volldampf, aber ich wusste nicht, ob wir vorankamen oder rückwärts glitten.

»*Vielleicht* ist nicht gut genug!«

»Okay!«

Ich kämpfte mich voran und verlor sie wieder aus den Augen. Die vom Wind herangewehte Gischt fühlte sich im Gesicht an wie Hagelkörner. Meine Muskeln waren dem Versagen nahe, aber ich spürte, ich würde es schaffen. Dann dachte ich an Chris hinter mir. Hatte sie aufgegeben und wurde in diesem Augenblick aufs Meer hinausgetrieben? Sollte ich mich umsehen? Ich konnte wenden und wieder versuchen, ihr zu helfen, aber wir würden bei dem Versuch, eine Leine an ihrem Boot zu vertäuen, kentern. Sollte ich umkehren und ihr aufmunternd zureden und mir einreden, dass ich sie nicht im Stich ließe? Nein, ich musste mich retten. Außerdem hatte ich den ELT (Emergency Locator Transmitter – Notfall-Ortungssender) und konnte vom Land aus Rettung herbeirufen. Nein, vielleicht wäre es sicherer, gemeinsam abzutreiben und unsere Position genau aus der Mitte der Baffinbai zu funken. Nein, das war alles Unsinn. Sie hatte im Sturm in der Nordwestpassage durchgehalten und würde direkt hinter mir sein.

Ein Bach hatte eine Spalte ins Eis gefräst, die gerade groß genug für ein Kajak war. Ich erreichte sie, sprang heraus, zog mein Boot an Land und drehte mich Richtung Meer um. Chris war nur ein paar Meter weit weg und ich rief und winkte ihr mit den Armen.

Eine Bö zwang sie zurück und ließ dann wieder nach, sodass sie vorankam. Erneut kam eine Bö. Ich lief ins Wasser, packte ihren Bug und zerrte ihn auf den Strand. Sie saß einen Augenblick lang regungslos in ihrem Boot, dann half ich ihr heraus.

Wir kauerten in der Windstille hinter einem Felsen. Chris und ich waren acht Jahre lang Geliebte gewesen und seit vier Jahren verheiratet. Wir hatten all die schmerzlichen Trennungen und freudigen Versöhnungen durchlebt. Nun war sie mir nahe und trieb nicht hinter mir auf einer chaotischen See.

Wir fürchteten, dass der Wind unser Zelt zerfetzen würde, also trugen wir Steine zusammen, um einen Windschutz zu errichten. Ich arbeitete mit der gleichen energischen Hektik, die mich zum Ufer vorangetrieben hatte, aber dann wurde mir klar, dass ich nicht in Eile war. Obgleich ich vom Sprung ins Meer nass war, mit dem ich Chris' Boot zu fassen bekam, war ich nicht unterkühlt.

»Schau mal, Chris!«, rief ich in den Wind. »Wenn ich einen Stein hochhebe, störe ich damit keinen Wurm, keine Ameise, keinen Käfer, keine Schlange oder Eidechse. Hier draußen gibt es nichts, nicht einmal Käfer. Wir sind allein.« Sie kam herüber und streifte mich, als sie sich bückte. Das Gefühl der Distanz in den Kajaks verschwand in der Erinnerung.

Mehrere merkwürdige Steinhaufen waren über die kleine Küstenebene verstreut. Ich hob einen Stein von einem der Haufen auf, aber Chris berührte mich am Arm und bedeutete mir, ihn zurückzulegen. Der Haufen war zu ordentlich, um natürlichen Ursprungs zu sein. Wir traten ein paar Schritte zurück, schauten und erkannten dann, dass es eine alte Fuchsfalle war. Wir sahen uns weiter um und entdeckten zahlreiche Zeltringe, Steiniglus, Fuchsfallen und Vorratslager. Wir hatten bei einem von Qitdlaqs Lagern Halt gemacht.

Ich versuchte den kreischenden Wind, die nahezu leblose, von Gletschern an Land und dem Eis auf der See umgrenzte Landschaft zu vergessen, und stellte mir stattdessen einen kleinen Stamm vor, der vom Rest der Welt isoliert war. Ich sah Jäger, die jeden Tag auszogen, Teenager, die sich verliebten, junge Mütter mit kleinen Kindern. Wenn ich an die lange Reise dachte, die vor uns lag, fühlte ich mich ermutigt von der Erkenntnis, wieviel Stärke uns allen doch genetisch einprogrammiert ist.

7

Der Wind hielt die ganze Nacht über an, flaute aber am nächsten Morgen ab. Obgleich uns der Sturm vorsichtig machte, stiegen wir wieder in die Boote und fuhren nordwärts. Nachdem wir ein paar Stunden lang gepaddelt waren, erreichten wir das Ende des *polynya*. Eis erstreckte sich vom Ufer aus in Richtung Horizont. Ich tat, als sähe ich es nicht, und paddelte beständig weiter, bis mein Bug knirschend die feste Barriere rammte.

Chris ließ sich neben mich gleiten. »Nun, Pijimini hat gesagt ›Vielleicht Eis, vielleicht Wasser‹. Für mich sieht das nach ›Vielleicht Eis‹ aus.«

Ich nickte. »Jetzt können wir die Theorie testen. Werden diese Boote besser übers Eis gleiten als das Ruderboot?«

Besorgt schlängelten wir uns aus dem Cockpit heraus und stiegen aufs Eis. Ich band einen langen Nylonriemen am Bugring fest und zerrte das Kajak auf das Eis. Dann legte ich mir den Riemen um den Bauch und ging Richtung Norden. Das Kajak glitt ziemlich gut hinter mir her, aber es war langsamer als das Paddeln. Ich war frustriert, weil das Eis unser Vorankommen behinderte. Chris war erleichtert, weil das Eis sicher war. Sie schrieb in ihr Tagebuch:

Die stürmischen Winde des zweiten Tages erschütterten mein Vertrauen. Obwohl ich eine erfahrene Wildwasser-Kajakfahrerin bin, bin ich ein Neuling, was das Meer anbelangt. Das war der reinste Intensivkurs im Meeres-Kajakfahren, und die Lektion des zweiten Tages hätte fast genügt, den Kurs abzu-

brechen. Daher war es eine Erleichterung, die Boote aufs Eis
zu ziehen und in Sicherheit weiterzugehen. Das war eine gute
Möglichkeit, mich in dieser Umgebung wohl zu fühlen und
mir selbst zu vertrauen.

Obwohl das Polareis fast eben ist, hat es kleine Vertiefungen und
Rillen. Die Erhöhungen waren mit verdichtetem Schnee bedeckt,
während die Vertiefungen einige Zentimeter bis zu etwa einem
Meter unter Wasser standen. Wir trugen hüfthohe Stiefel und gingen absichtlich durch das Wasser, weil die Boote darauf schwammen oder fast schwammen und so leichter zu ziehen waren.

Das Wasser auf dem Eis war hellblau und hatte einen leichten
Stich ins Türkise, ganz so wie eine unberührte Lagune im tropischen
Meer. Als ich meinen Blick hob, sah ich einen fast völlig dunkel-
blauen Himmel und darunter eine dünne Linie blauen Eises. Chris
schien über den Himmel auf eine Leere am Ende der Welt zuzuge-
hen. Senkte ich den Blick, verschwand der Himmel. Ohne Horizont
– ohne Anfang und Ende – wirkte Chris wie das einzige Lebewesen
auf der Oberfläche einer endlosen, zugefrorenen Ebene. Eine Brise
ließ Nebel aus dem Wasser aufsteigen und wirbelte ihn wie Watte-
bäusche um ihre Stiefel herum. Der wolkenfarbene Nebel ließ ein
Bild von Chris entstehen, wie sie durch einen Inuithimmel ging.

Eine einsame Möwe schwebte auf der warmen Luft, die vom
warmen Strand aufstieg. Weitere Möwen nisteten auf entfernten
Klippen, wo sie auf den Nestern saßen und ihre Eier ausbrüteten.
Zwei Lummen schwammen in einer freien Eisrinne und tauchten
sporadisch ihre Schnäbel ein, um Futter zu suchen. In einiger Entfernung sonnte sich eine Robbe auf dem Eis. Wir schleppten die
Boote zum Rand einer Rinne, ruhten uns aus und machten eine
kleine Essenspause. Ich schaute ins Wasser und sah einige winzige
Einzeller mit krampfartigen Zuckungen vorbeischwimmen.

Man musste sich wundern, wie viele große Tiere in dieser Umgebung lebten. Über 99 Prozent des Meeres waren mit Eis bedeckt,

und das Land war größtenteils unfruchtbar. Am vorangegangenen Tag hatten Chris und ich ein Spiel gespielt, bei dem ich meine Augen schließen und nach Belieben losgehen sollte. Im Schnitt berührte mein Fuß bei sieben von acht Schritten keine Vegetation. Ich maß die Fläche, die jede Pflanze benötigte, und die Fläche meiner Schuhsohle, und stellte auf dieser Basis eine Schätzung an, die ergab, dass ein Prozent der Landoberfläche mit Vegetation bedeckt sein müsste. Doch war unbestreitbar, dass das Phytoplankton in den Rinnen und die Vegetation an Land die Tiere rings um uns ernährten. Es gab reichlich Lummen und Seerobben, und an manchen Stränden sahen wir die Spuren von Moschusochsen und Karibus.

Die Arktis ernährt nicht nur relativ wenige Organismen, sondern auch relativ wenige Arten. Ökologen haben in der Arktis auf 2500 Quadratkilometern 26 Vogelarten gefunden, 135 in einem vergleichbaren Gebiet in gemäßigten Klimazonen und 600 im tropischen Regenwald. Eine offensichtliche Erklärung dafür, dass sich in der Arktis weniger Arten entwickelten, ist, dass das Klima so rau ist. Andererseits entwickelten sich die Menschen in den Tropen, und deshalb definieren wir Rauheit in Relation zu unserer eigenen genetischen Herkunft. Für einen Eisbären ist das Klima am Amazonas rau. Ein anderes Argument besagt, dass in der Arktis so wenige Spezies leben, weil es sich dabei um ein junges Ökosystem handelt, das erst in jüngerer Zeit von den Gletschern des Pleistozän freigegeben wurde, sodass es noch zu keiner größeren Artenvielfalt kommen konnte. Niemand kennt die Antwort. Aber vergleicht man die Schönheit des Regenwalds mit dem Klang einer Orchestersinfonie, dann gleicht die Schönheit der Arktis einer einsamen Oboe.

8

Am frühen Nachmittag des vierten Tages näherten wir uns einer grünen, bewachsenen Ebene, die sich scharf von der steinigen Küste abhob. Chris schlug vor, dass wir früh lagern sollten, während ich, wie vorhersehbar, argumentierte, dass wir für 55 Tage Nahrung hatten und 800 Kilometer zurücklegen mussten, sodass wir jeden Tag im Schnitt 15 Kilometer schaffen mussten. Bis jetzt hatten wir knapp 40 Kilometer in vier Tagen bewältigt und lagen hinter dem Zeitplan zurück. Ich betonte, dass bei dieser Fahrt Ehrgeiz und Antrieb nicht die einzigen motivierenden Faktoren waren. Zwischen Grise Fiord und Siorapaluk konnten wir keinen Proviant fassen. Wir konnten jetzt oder sogar noch nächste Woche umkehren, aber irgendwann hätten wir die Mitte der Strecke erreicht, von wo aus die Rückkehr ebenso schwierig war wie die erfolgreiche Beendigung der Fahrt.

»Lass uns noch ein Stück weiterfahren und hinter dieser Landspitze lagern.«

Chris schüttelte den Kopf. »Schau dir die topographischen Linien auf der Karte an. Hinter der Landspitze fällt das Land steil zum Meer hin ab. Da könnte ein sehr unwirtlicher Felsenstrand sein. Ich verstehe etwas von Logistik, Jon, aber wir sind hier in der Arktis. Wenn du eine Wüste durchquerst, lagerst du an den Wasserlöchern, wenn du in der Arktis bist, entspannst du und sammelst Kraft, wenn dir das möglich ist, und verdoppelst anschließend, wenn erforderlich, deine Anstrengungen.«

Meine Berechnung war unwiderlegbar, ebenso wie Chris' logische Überlegungen. Wir mussten manchmal warten und ein andermal doppelt so rasch vorgehen. Wir konnten uns keine Katastrophe leisten. Wir hatten uns wegen solcher Fragen in der Nordwestpassage gestritten, aber wir hatten es gelernt, einander zu vertrauen.

Ich nickte. »Okay.«

Wir schlugen unser Lager auf und machten einen Spaziergang. Nach einigen hundert Metern fanden wir auf der Wiese die Ruinen von acht Steiniglus. Alle waren kuppelförmig und hatten als Eingang einen knapp zwei Meter langen Tunnel, sodass sie aussahen wie Schildkröten, die ihren Kopf herausstrecken. Im Inneren hatten sie etwa drei Meter Durchmesser. Zwei Beckenknochen eines Wals bildeten vor dem größten Iglu einen Bogen. Sie hatten das nun nicht mehr vorhandene Dach aus Karibufell gestützt.

Wahrscheinlich hatte Qitdlaqs Gruppe die Iglus gebaut. Chris hatte Recht gehabt. Das war eine Oase, und hier machten Reisende Rast. Ich hatte versucht, Inuit-Technologie anzunehmen; nun musste ich auch ihre Geisteshaltung annehmen.

Ich stellte mir vor, ich würde in einem Kajak aus Holz und Robbenhaut hinauspaddeln und einen Stock mit mir führen, an dessen Ende das Stück eines zugeschliffenen Narwalzahns befestigt war. Ich spürte die Aufregung und Angst, als ich mich einem Wal näherte, die wahnsinnige Wut des verletzten Giganten, die Kameradschaft meiner Freunde, als sie herbeischwärmten, um das Tier zu erlegen, und das nachfolgende Fest. Schließlich sah ich mich die lange Winternacht hindurch in dem Steinhaus liegen, und im flackernden Schein einer Tranfunzel zum Walbein-Dach hinaufschauen.

9

Zwei Tage später verschmolz stetiger Regen das Blau und Weiß zu einem universellen Grau. In den Kapuzen unserer Regenmäntel verloren, schleppten Chris und ich schweigend unsere Boote. Ich sah zu, wie sich meine Füße vorwärts bewegten, und vergaß, auf das Eis vor mir zu schauen, bis ich fast bei einer Wasserrinne angelangt war. Die meisten Rinnen bilden sich, wenn das Eis bricht, nicht wenn es schmilzt, daher bleibt das Eis bis zum Rand der Rinne dick. Die Rinne vor mir hatte sich aber an einer Stelle gebildet, wo ein Fluss ein Eisband geschmolzen hatte. Der Eisrand war gefährlich dünn. Ich trat einen Schritt zurück, aber das Eis brach und ich stolperte in das tragende Salzwasser. Ich machte einige Schwimmstöße durch das Wasser und schlitterte auf das gute Eis. Chris lief herbei, packte meine trockene Kleidung aus, während ich mich im eisigen Regen auszog. Als ich wieder angezogen war, gingen wir weiter.

Am nächsten Tag kam die Sonne durch. Ich breitete meine nasse Kleidung auf dem Boot aus und ging zurück in die himmlische Welt der weißen und eisblauen Farben. In der Nähe hatte ein Gletscher zahlreiche Eisberge ins Meer gespuckt, wo sie im Polareis festgefroren waren. Ich sah, wie sich die Eisberge zu einer Linie reihten und dann die Linie wieder auflösten, ganz so wie Telefonmasten ihre Position zu verändern scheinen, wenn man im Auto an ihnen vorbeifährt. Aber die Eisberge waren gespenstisch und erinnerten mich mehr an vorüberziehende Wolken als an Telefonmasten. Dann schien sich einer in die entgegengesetzte Richtung wie seine Nachbarn zu bewegen, noch dazu viel schneller.

Ich dachte: »Habe ich meinen Größenmaßstab verloren? Ist der Eisberg viel näher als ich dachte? Oder ist es etwas anderes, wie zum Beispiel … ein Eisbär!«

Ich rief: »Da draußen ist ein Bär! Nein zwei! Nein drei!«

Ich öffnete die Schließen an meinem Gewehrfutteral, aber die Bären waren noch einige hundert Meter entfernt, also ließ ich das Gewehr stecken und zog stattdessen das Fernglas heraus. Der größte Bär stellte sich auf die Hinterbeine und ließ die Vordertatzen auf der Brust baumeln, ganz so wie eine Stoffpuppe mit schlenkernden, angenähten Armen. Nachdem er gestarrt und gewittert hatte, ließ er sich auf alle Viere fallen, trabte hinter einen Eisberg, erschien auf der anderen Seite und stellte sich wieder auf, um uns zu beobachten.

Ich wusste, dass ich mich ängstigen sollte, aber die Szene vor mir war verspielt und freundlich. Durch das Fernglas sahen die Eisbären aus wie Pantomimen, die so taten, als würden sie einen neugierig ansehen, sich dann verängstigt ducken, um mit neuem Selbstbewusstsein wieder aufzutauchen. Ich gab Chris das Fernglas und sah den Bären zu, wie sie sich langsam entfernten, bis sich ihr Weiß mit dem größeren Weiß der Landschaft verband.

Am 2. Juli kamen wir in eine Gegend, in der das Eis in ein Gewirr von Eisschollen und Wasserrinnen zerborsten war. Viele der Schollen waren mehrere hundert Meter bis zu einem knappen Kilometer breit, während andere groß wie der Grundriss eines Hauses oder eines Zimmers waren. An manchen Stellen waren die Schollen so dicht zusammengedrängt, dass wir von einer zur nächsten springen oder gehen und dann die Boote hinterherziehen konnten.

Oft sah ich einen Spalt an und überlegte: »Ein Weitspringer bei der Olympiade könnte den Sprung problemlos machen. Ich könnte ihn in Shorts und Sportschuhen wahrscheinlich auch schaffen. Vielleicht könnte ich es sogar in dicker Kleidung und hüfthohen Stiefeln, aber hineinfallen wäre echt grauenhaft.«

Dann überbrückten wir den Zwischenraum mit einem Kajak und einer von uns ging übers Kajakdeck hinüber, während der andere das schwankende Boot im Gleichgewicht hielt. Manchmal paddelten wir einige hundert Meter durch eine Rinne, bis sie in einer Sackgasse endete oder zum Meer hin abbog. Um möglichst effizient voranzukommen, mussten wir bei den Kajaks schnell aus- und einsteigen können. Chris dachte, dass es zu viel Zeit koste, die Stiefel auszuziehen, sich ins Cockpit zu zwängen, die Ruderpedale einzurichten und den Spritzschutz anzulegen, nur um eine 25 Meter lange Rinne zu durchqueren. Versuchsweise setzte sie sich so ins Cockpit, dass ihr Körper V-förmig abgeknickt war und ihre Beine ohne angelegten Spritzschutz übers Deck baumelten.

Sie drehte ihr Boot um, damit sie mich anschauen konnte. »Es ist doof zum Paddeln, aber es funktioniert. Versuch es!«

Ich setzte mich hin, wie sie es vorgemacht hatte, und stieß im Wasser ab, aber ich fühlte mich nicht richtig im Gleichgewicht, wenn mein Hinterteil tiefer hing als die Füße, die schräg voneinander gespreizt an Deck lagen. Versuchsweise durchquerte ich die Rinne, legte mich mit der Breitseite ans Eis und stabilisierte das Boot mit dem Paddel. Dann versuchte ich, mein Gewicht über meine Füße abzurollen, um wieder auf dem Eis zu stehen, aber das Boot glitt zurück zur Mitte der Rinne, und ich wäre fast hineingefallen.

Chris lachte, und ich fauchte: »Versuch du's doch!«

Sie schätzte die Lage ein, rief »Rammgeschwindigkeit!« und

paddelte direkt auf eine kleine Vertiefung im Eis zu. Obwohl das Eis 1,50 bis 1,80 Meter dick war, ragte es nur etwa 15 Zentimeter aus dem Wasser heraus, und an manchen Stellen war das Eis so geschmolzen, dass es eine sanft abgeschrägte Rampe bildete. Chris traf das Eis mit einer solchen Wucht, dass ihr Boot halb aus dem Wasser glitt, dann erhob sie sich wie beiläufig und stand rittlings über ihrem Kajak.

»Wieso versuchst du es auf die harte Tour?«, fragte sie.

Es war ein heißer Tag, und Chris trug rot und blau gestreifte lange Unterwäsche, einen grünen Überzug und einen Hut mit breiter Krempe. Ich lachte und sagte ihr, dass sie albern aussehe.

Sie achtete nicht auf meinen Kommentar, kniete sich an den Rand der Rinne, packte meinen Bug, warnte mich »Festhalten!«, und zog mich aus dem Wasser.

Nach diesem Erfolg wurden wir kreativ beim Erfinden von Techniken, mit denen wir uns durch diese Collage aus Eis und Wasser bewegen konnten. An Stellen, wo das Eis dünn war, übten wir den »Entengang«, wobei wir mit dem Kajak zwischen den Beinen vorwärtswatschelten. Brach das Eis, fielen wir mit größerer Wahrscheinlichkeit ins Cockpit statt ins Wasser. Wenn ein schmaler Engpass zwei freie Rinnen verband, paddelten wir in »Rammgeschwindigkeit« auf das Eis, blieben in den Booten und schoben uns mit den Händen über die Brücke fast so wie gelähmte Bettler in Neu-Delhi auf ihren Rollbrettern.

Im Lauf des Tages erfanden wir amüsante Lösungen für jedes Hindernis und jubelten dem anderen zu, wenn der wieder einen neuen, cleveren Trick entdeckt hatte, auch wenn er uns nicht sehr viel weiterbrachte. Schwärme von Teisten umkreisten uns. Sie benützten ihre kleinen, roten Füße zur Luftsteuerung, um sich scharf über unseren Köpfen in die Kurve zu legen. An manchen Stellen waren kleine Schollen über andere geschoben worden, sodass sie aufgeschichtet lagen wie Sandsteinschichten in der Wüste von Utah. Entlang des Ufers hatte sich an einem kalbenden Gletscher die

Abbruchstelle zu einer Eisklippe geformt, die an eine Canyonwand erinnerte. Schwarze Sedimentstreifen durchzogen das Eis wie Basaltgänge die unteren Bereiche des Grand Canyon in Colorado.

Wir fanden einen Sandstrand, gingen frühzeitig an Land und wanderten einen Hügel hinauf zu einem geschützten Einschnitt in den Felsen. Hier hatten Vögel genistet, und grünes Gras wuchs auf der Guano-gedüngten Erde. Im Norden sahen wir offenes Meer. Die Fahrt hatte mit Besorgnis begonnen, gefolgt vom knappen Entrinnen aus einem Sturm. Aber wir hatten gerade einen Tag damit verbracht, auf einem halb zugefrorenen Ozean zu spielen, und da nun eisfreies Meer vor uns lag, konnten wir endlich schneller vorankommen.

10

Am nächsten Tag schwächten dünne Wolken das Sonnenlicht zu einem diffusen, weichen Grau ab, das von orangefarbenen Streifen durchzogen war. Wir fuhren bei ruhiger See los. Paddeln ist rhythmisch, entspannt, ruhig und, mit dem Schleppen verglichen, schnell, und unsere Boote erzeugten leichte Wellen, die davoneilten, bis sie auf Spiegelbilder verstreuter Eisberge trafen. Wir träumten davon, dass die ganze Strecke bis nach Grönland durch freies Wasser führen würde.

Am Nachmittag zog sich eine filigrane weiße Linie über den Horizont. Als wir näher kamen, entpuppte sie sich als einige weitere tausend Kubikkilometer Eis. Das Eis war fest mit dem Land verbunden und schrägte nordöstlich abwärts. Wir hatten vor der Fahrt Satellitenbilder studiert und wussten, dass sich in den Vorjahren der Rand der Eisplatte 30 Kilometer weit ins Meer hinaus erstreckte, parallel zur Küste verlief und sich dann in der Nähe des Smith-Sund, wo wir nach Grönland übersetzen wollten, zum Land zurückbog. Wenn wir das Land hinter uns ließen und auf dem Eis lagerten, könnten wir unser Ziel eine Woche eher erreichen, als wenn wir in Ufernähe weiter schleppten.

Die Idee war verführerisch, aber gefährlich. 1986 hatten zwei westdeutsche Abenteurer die gleiche Reise nach Grönland zu machen versucht. Sie stießen auf diesem Breitengrad auf Eis und folgten lieber dem Eisrand als der Küste. Sie kamen einige Tage lang angenehm voran, aber eines Nachts, als sie schliefen, brach der Wind eine große Scholle vom Plattenrand ab und trieb sie aufs Meer hinaus. Als sie erwachten, zelteten sie auf einer treibenden Eisscholle außer Sichtweite des Landes. Da sie um ihr Leben bangten, aktivierten sie ihren ELT. Das Signal wurde von einem Linienflugzeug empfangen und an die Rettungszentrale des Strategic Air Command (SAC) in Fort Collins, Colorado, weitergeleitet. Der SAC-Kommandant ließ vom Computer alle Flugpläne und Dateien der Küstenwache sichten und stellte so fest, dass keine Flugzeuge und Schiffe in der Gegend waren. Da eine Rettung im hohen Norden teuer ist, nahm der Offizier an, bei dem Signal handle es sich um eine Anomalie, folglich sei auch niemand in Gefahr. Die nächsten Tage hindurch wurde das Signal aber weiter empfangen; es bewegte sich langsam nach Süden.

Inzwischen war der Sturm in der Baffinbai stärker geworden, und Wellen schwappten über den Rand der Eisscholle. Die beiden Männer schafften ihre Habe zur Mitte, aber die Scholle brach in zwei Teile. Sie hasteten zur neuen Mitte und waren nun von weniger Eis umgeben. Dieser Vorgang wiederholte sich mehrere Male, bis ihre Scholle nur noch so klein war, dass die Wellen völlig über sie hinwegspülten. Eine große Welle riss ihre Kajaks aufs Meer hinaus, eine andere fegte ihr Zelt vom Eis. Nun drängten sie sich in ihrer Regenkleidung aneinander und hielten den wertvollen ELT fest.

Der Offizier in Fort Collins dachte, dass ein Flugzeug nach einem Absturz im Meer untergegangen wäre; für ein Schiff bewegte sich das Signal zu langsam. Nach ein paar Tagen wurde ihm das beständig empfangene Signal allmählich unheimlich, und er rief die RCMP in Grise Fiord an. Dort sagte jemand: »Ach ja, das sind wahrscheinlich diese Deutschen!«

Die nächstgelegene Hubschrauber-Basis an Land hatte nicht genug Treibstoff, um die gestrandeten Abenteurer erreichen zu können, aber zum Glück war ein Forschungsschiff mit einem Hubschrauber in der Nähe und barg die Männer.

Chris und ich arbeiteten schwer und waren ständig hungrig, aber abgesehen von dem einen Sturm war unser Leben friedlich verlaufen. Oft kamen wir uns vor wie in einem verlassenen Vergnügungspark mit sauberen weißen Gehwegen, verwinkelten Eisbergen, zerbrochenen Gletschern und mechanischen Bären. Der Park war unversehrt von menschlichem Unrat. Es gab keine Ölfässer, Plastik-Kaffeebecher oder weggeworfenen Schneemobilteile. Doch die entspannende Isolation erinnerte auch ständig an unsere Verletzlichkeit. Wir konnten es uns nicht leisten, Risiken einzugehen, daher zogen wir unsere Kajaks auf das Eis, legten unser Schleppgeschirr an und zogen sie weiter nach Norden.

Ich spielte in Gedanken Zahlenspiele. Wir marschierten auf einem Stück Eis dahin, das ungefähr 325 Kilometer lang war, 30 Kilometer breit und 1,80 Meter dick. Das ergab insgesamt etwa 18 Milliarden Kubikmeter Eis. Ein Atomkraftwerk müsste 200 Jahre lang ununterbrochen in Betrieb sein, um diese Menge Eis zu schmelzen. Die Sonne fühlte sich auf meinem Rücken warm an. Wir kamen Schritt um Schritt weiter nach Norden. Das Eis schmolz, Molekül um Molekül.

11

Am 4. Juli, dem 11. Tag der Reise, schrieb ich:

Heute schleppen wir schon den zweiten Tag nach dem herrlichen Tag, an dem wir paddeln konnten. Ich sehne mich wirk-

Mit dem Kajak nach Grönland

Chris an der Ostküste von Ellesmere. Es war eine mühselige Arbeit, die Kajaks durch den nassen Eismatsch zu ziehen.

Grönlandeisberge, wie sie die Titanic versenkten, haben oft eine Ausdehnung von mehreren Hektar und sind höher als der Mast eines Segelschiffs aus dem 19. Jahrhundert. (© Chris Seashore)

An der Ostküste von Ellesmere schleppe ich mein Kajak an einem Gletscher vorbei über festes Eis. (© Chris Seashore)

lich nach freiem Wasser, aber es war sonnig und windstill,
und am Nachmittag haben wir das erste Mal auf der Fahrt in
einem warmen Tundrateich gebadet. Das Schwimmen war
schön, aber die tobende Menge beim Picknick zum 4. Juli war
etwas zu viel. Chris kochte zur Feier des Tages einen Topf Reis
mit etwas verdünnter Instantsuppe als Würze. Und was gibt
es sonst Neues?

Das Leben verfiel in Expeditionsroutine: aufwachen, essen, Lager abbrechen, Kajak übers Eis schleppen, Lager aufschlagen, essen, schlafen. Die ganzen Bilder von zu Hause verschwammen, und ich hörte auf, über die leere Batterie oder die ungestrichene Veranda nachzudenken. Ich verträumte die Stunden halb in Trance:

Hm, wüsste gern, wo ich gerade in Gedanken war. 11 Uhr 15,
vermutlich war ich eine Weile geistig weggetreten.... Junge,
Junge, in 15 Minuten bekommen wir Nüsse. Vielleicht haben
wir bis dahin diese Landspitze erreicht.
Heute schimmert das Licht über dem Eis richtig.
Das da vorne sieht wie ein aglu aus. Da schmilzt ein großer
Teich aus, wo es sich leicht ziehen lässt, aber ich gehe lieber
links vorbei, damit ich nicht hineinfalle.
Mann, wenn ich in der 2. Klasse geistig so weggetreten wäre,
hätte die Lehrerin meine Eltern angerufen, und dann würden
alle zusammensitzen und ganz ernst werden und mir sagen,
ich müsste aufpassen, damit ich erwachsen werde und auf ein
gutes College komme.
Juhuu, die Schule ist aus und ich fahre mit dem Rad die Einfahrt hinunter.
Schau, Ma, ohne Hände!
Krach, Gezeter!
Nein, Ma, echt, wenn du noch leben würdest, könntest du
dann verstehen, was ich tue und warum ich es tue?

Wenn ich fest genug meditiere, kommst du vielleicht zu mir wie meine Freunde, die mich im Kajak in Chile besucht haben. Ach, ist ja lächerlich, ich kann nicht einfach meine tote Mutter herbeizitieren, wenn mir danach ist.

Es wäre ein besseres Ende gewesen, wenn du mich jetzt hättest sehen können. Du hast nur gesehen, wie ich aus der Chemie ausgestiegen bin und das erste Mal geschieden wurde. Losgelöst. Aber du hast nicht gesehen, wohin ich unterwegs war.

Tut mir Leid, Mom, ich wusste, dass du dir um mich Sorgen gemacht hast, als du gestorben bist. Ich konnte dir da keinen Trost spenden, weil ich selbst nicht gesehen habe, wohin ich unterwegs war. Ich wanderte mit nichts anderem als einem vagen Gefühl dahin, dem ich nachstrebte.

Noch fünf Minuten bis zur Pause und den Nüssen. Mann, bin ich hungrig.

Erst einmal musste ich alles, was ich von mir erwartete, das aber nicht ich war, abschütteln. Es hätte einfach sein sollen, hat aber so ewig lange gedauert. Dann habe ich nachgegraben und nach meinen stärksten Gefühlen geschürft. Meiner Intuition vertraut. Ich war oft verwirrt, weil die Intuition so geisterhaft ist. Manchmal habe ich nach dem falschen Gefühl gegriffen. Dann musste ich wieder loslassen und erneut zugreifen und zupacken. Jetzt weiß ich, dass ich hier draußen hingehöre. So einfach ist das.

Ich glaube nicht, dass wir es bis zu der Landspitze schaffen. Sie kommt keine Spur näher.

Ach, sieh mal an, Chris hat glattes Eis entdeckt und ist vor mir. Wie ist denn das passiert?

Zwei Tage später näherten wir uns der Makinson-Bucht, einem der großen Einschnitte in der Küste von Ellesmere. Wir hatten 220 Kilometer in 13 Tagen zurückgelegt, im Schnitt also 17 Kilometer pro

Tag. Wir waren unserem Zeitplan etwas voraus, aber ein stürmischer Tag und wir lägen wieder bei dem erforderlichen Durchschnitt von 15 Kilometern pro Tag.

Wir hatten bei unserer Nahrung nicht genug Fett eingeplant, und das Schleppen der Boote war harte Arbeit. Ich wachte jeden Morgen hungrig auf. Das Frühstück nahm den nagenden Hunger weg, aber nicht lange, und am Vormittag verteilten wir ein paar Nüsse. Ich kaute meine ganz langsam, damit sie vollständig verdaut wurden. Das Mittagessen war bescheiden, sodass bis zum Nachmittag der Hunger vom Magen zu den Muskeln wanderte, wo sich mein Körper langsam selbst auffraß, um die Energie zum Weitergehen zu haben.

Über uns flogen ständig Seemöwen. Sie nisteten auf Klippen entlang des Ufers. Eier gehörten traditionell zu den Grundnahrungsmitteln der Inuit, und wir beschlossen, welche für uns zu holen. Die meisten Felsen waren ohne Seil augenscheinlich nicht zu besteigen, aber eines Nachmittags sahen wir eine 15 Meter hohe Felsspitze, die einen gewundenen Spalt hatte. Oben nisteten 20 Möwen. Ich stieg eine Geröllhalde bis in den Schatten der höheren Klippe hinauf und erreichte so den Fuß der Felsspitze. Auf kleinen Vorsprüngen hatte sich feuchtes Moos festgesetzt. Ich testete versuchsweise einen Vorsprung, der ausgereicht hätte, um meinem Fuß Halt zu geben, aber meine riesigen Hüftstiefel verdrehten sich und rutschten ab. Mit einem Paar Kletterschuhe, die sich an den Fuß schmiegen, wäre der Aufstieg leicht gewesen, aber mit den Stiefeln ging ich ein Risiko ein. Ich öffnete meine Hand, schob meine Handfläche in den Felsspalt hinein und schloss meine Faust ganz fest. Meine Knöchel stießen gegen den Fels, sodass ich einen sicheren Halt hatte. Dann bog ich einen Fuß seitwärts und schob ihn in eine breite Öffnung. Der Gummi hielt, also schob ich mich höher und zog mich dabei mit der Hand an den Fels. Ich griff mit der anderen Hand nach oben, tastete die Spalte ab und fand ausreichend scharfe Handgriffe. Ich zwängte meinen anderen Fuß in die Spalte, verlagerte mein Gewicht auf ihn und ließ den Boden unter mir zurück. Da ich mir des Halts der Füße unsicher war, verließ ich mich auf die Handgriffe und schabte mir die Knöchel am Fels blutig. Die Möwen flogen auf, kreischten und kamen im Sturzflug herunter. Bilder schwieriger Kletterpartien zogen vor meinem geistigen Auge vorbei, und ich gewann eine nützliche Ruhe. 15 Meter sind zum Abstürzen zu viel, aber nach oben hin wurde der Felsen weniger steil und die Tritte waren selbst für die unförmigen Stiefel groß genug. Die Möwen wurden noch aufgeregter, als ich den Gipfel erreichte. In jeder Vertiefung des Felsens befand sich ein Nest mit ein bis drei Eiern. Ich sammelte ein Dutzend Eier und ließ in jedem Nest eines zurück, dann kletterte ich wieder auf ebenen Boden hinunter.

Seemöweneier sind beträchtlich größer als Hühnereier, und ich träumte den ganzen Nachmittag von riesigen Omeletts. Da wir aber weder eine Bratpfanne noch Öl dabei hatten, kochten wir sie. Das erste war nach dem Öffnen perfekt und hatte ein delikates, fast orangefarbenes Eigelb. Aber im zweiten war ein sauber zusammengerollter Möwenembryo. Chris wollte es wegwerfen, aber ich war zu hungrig, um Essen wegzuwerfen. Ich nahm einen Bissen. Der restliche eiartige Teil war hart und mild im Geschmack. Der Embryo war etwas knackig, und erste Federansätze blieben zwischen meinen Zähnen hängen, aber alles in allem betrachtet war es gar nicht so übel. Wir trafen eine Übereinkunft: Chris bekam alle Eier und ich alle Embryos. Es waren mehr Embryos als Eier, also hatte ich wohl den besseren Handel gemacht.

Wir waren ständig müde, und gekochte Möwenembryos mit Kuskus sind ein wenig trostlos, selbst wenn man hungrig ist. Doch unsere Entbehrungen waren klein, verglichen mit denen der Forscher, die vor uns gekommen waren.

Nach Qitdlaqs Tod zog sein Stamm weiter nach Süden und überwinterte beim Kap Faraday, nördlich der Makinson-Bucht. Die Jagd war nicht ergiebig, also beschlossen sie im nächsten Frühjahr, ein Jahr lang auszuruhen. Sie ließen ihre Kajaks an der Küste und gingen landeinwärts, um Karibus und Moschusochsen zu jagen. Der kleine Trupp kam zu einem breiten Tal und blickte auf grüne Tundra hinab. Nur Tiere waren keine da. Sie wandten sich nach Norden, erlegten in diesem Sommer aber nur einen Moschusochsen. Vor lauter Hunger aßen sie ihre Hunde auf und zogen sich dann zur Ostküste zurück. Als der Winter nahte, kamen sie zu einem großen See voller Fische. Diese ernährten sie mehrere Monate lang, doch da die Fische kein Fett hatten, gab es keinen Tran zum Heizen und für die Lampen. Während der Dunkelphase ging der Fang zurück und der Hunger wurde größer. Mehrere Menschen starben. Familien stritten miteinander, die Gruppe teilte sich in kleine Einzelcamps auf.

Eines Tages besuchten zwei Jäger, Maktaq und Minik, ihren Nachbarn Qumangapik und seine Familie. Die Besucher sahen überraschend wohlgenährt aus, und Qumangapik hegte den Verdacht, dass seine alten Freunde Nahrung horteten. Als er um den See herumging, um die Angelegenheit zu untersuchen, entdeckte er, dass Maktaq und Minik ihre Nachbarn aufgegessen hatten. Qumangapik rief die Überlebenden zusammen, griff die Kannibalen an und vertrieb sie. Im Kampf wurde ein Mann getötet, einer verletzt. 20 Menschen hatten Grönland verlassen, und nun waren nur noch fünf übrig: ein gesunder und ein verletzter Jäger, zwei Frauen und ein Kind.

Sie wickelten ihre verbliebene Habe in ein Bärenfell und schleiften sie hinter sich her, als sie zurück aufs Polareis flohen. Sie bauten einen Iglu, und Qumangapik zog aus, um Robben zu jagen, kam aber mit leeren Händen wieder heim. Dann hielt sie ein Schneesturm zwei Tage lang im Iglu fest. Die kleine Gruppe wartete in der Finsternis und kaute gelegentlich kleine Stückchen Bärenfell. Als der Sturm aufhörte, zog Qumangapik erneut aus. Mehrere Stunden später hörten die Menschen im dunklen Iglu Schritte im Schnee. Aus Angst, Maktaq und Minik wären ihnen gefolgt, kauerten sie sich im Iglu zusammen. Schließlich riefen sie: »Wer da?«

Qumangapik rief zurück: »Ich bin es. Ich habe es geschafft. Ich habe eine Robbe erlegt.«

Sie schnitten etwas Speck ab und zündeten zum ersten Mal in diesem Winter die Lampen an, die Licht und Wärme in den Iglu brachten. Dann aßen sie.

Die Jagd wurde besser, und im nächsten Frühjahr kehrten sie zu ihren Kajaks bei Kap Faraday zurück. Sie ruhten ein Jahr lang aus, um wieder Kräfte zu sammeln. Der Weg nach Baffin im Süden war weit, daher machten sich die fünf Überlebenden im nächsten Frühjahr auf den Weg nach Norden und überquerten auf dem Rückweg nach Grönland noch einmal den Smith-Sund.

12

Die Makinson-Bucht war an der Mündung 24 Kilometer breit und fest zugefroren. Wir konnten die Boote bequem in zwei Tagen darüber hinwegziehen und brauchten uns keine Gedanken zu machen, wenn wir auf dem Eis zelteten, weil der Schollenrand 30 Kilometer entfernt war. Selbst der schlimmstmögliche Sturm konnte nicht so viel Eis auf einmal aufbrechen.

Zahlreiche Robben sonnten sich auf dem Eis, sie sahen aus wie schwarze Flecken, die auf dem Weiß verstreut waren. Stets auf der Hut vor Raubtieren, schläft eine Robbe in Intervallen von zehn Sekunden bis vier Minuten, hebt dann den Kopf und überprüft den Horizont. Wenn sie eine Person sieht, die sich zu Fuß nähert, stürzt sie sich sogleich wieder in ihr Loch und verschwindet. Die Inuit behaupten, eine Robbe könnte sogar die schwarze Nase eines ansonsten getarnten Eisbären erkennen.

An diesem Abend errichteten wir unser Lager mitten in der schmalen Bucht, und am nächsten Morgen kündigten linsenförmige Wolken und eine anschwellende Brise einen Sturm an. Pijimini hatte uns geraten, an einem windigen Tag im Zelt zu bleiben und Tee zu trinken, aber er hatte dabei vorausgesetzt, dass unser Lager sicher wäre. Unsere Pflöcke drangen nicht sehr tief ins Eis ein, und wir befürchteten, ein starker Wind könnte unser Zelt über die Bucht rollen lassen wie eine Steppenhexe. Ich stellte mir vor, wie wir aus dem Zelt zu entkommen versuchten, während unsere Schlafsäcke, der Kocher, das Kochgeschirr und Säcke voller Nahrung durch die Luft wirbelten, ganz so, als wären wir und unsere Habe in der riesigen Trommel eines Wäschetrockners im Waschsalon. Da wir keine sichere Alternative hatten, brachen wir das Lager ab und schleppten die Boote zum jenseitigen Ufer, wo wir unseres Wissens nach Schutz finden würden. Innerhalb einiger Stunden sank die Temperatur auf den Gefrierpunkt, und die Böen wirbelten Wasser zu einem feinen Nebel auf, der auf unserer Kleidung und den Booten festfror. Ich zog meine Kapuze ganz eng um mein Gesicht zusammen.

Biologen berichten, dass Eisbären über eine Entfernung von Hunderten von Kilometern von Nahrung angelockt werden können. Niemand weiß, ob sie über diese Entfernung wittern können oder ob sie auf andere Zeichen achten, etwa auf den Flug der Zugvögel. Aber Bären kommen im weiten Umkreis zu einer Nahrungsquelle wie einem gestrandeten Wal oder einer ungewöhnlichen Ansammlung von Robben. Irgendein Phänomen dieser Art musste sich ereignet haben, da wir an diesem Tag sechs Bären sahen. Sie marschierten in regelmäßigen Abständen durch den Sturm: Erst kam ein Muttertier mit zwei kleinen Bären, dann ein einzelnes Männchen, dann ein weiteres Muttertier mit einem Jungbären. Zunächst erschreckte uns dieser Aufmarsch von Bären, und wir schauten ständig über unsere Schultern, um sicherzugehen, dass sich keiner von ihnen anschlich. Doch sie bewegten sich alle zielstrebig nach Osten.

Chris' linker Stiefel bekam einen Riss, einige Kilometer später ging auch der rechte kaputt. Da wir beständig durch Pfützen wateten, waren ihre Füße bald kalt und nass. Ich bedauerte sie, war aber insgeheim glücklich, dass meine Füße so viel größer waren als ihre, sodass ich nicht ritterlich sein musste und ihr nicht meine Stiefel im Tausch zu überlassen brauchte. Doch unsere Stiefel müssen auf eine bestimmte Anzahl von Schritten ausgelegt gewesen sein, denn eine Stunde später kroch eine eisige Feuchtigkeit durch die Fasern meiner Wollsocken. Das Wasser drang ein, wenn ich meinen Fuß hob, und flutschte wieder hinaus, wenn ich auftrat.

Chris war vor mir, daher legte ich mein Geschirr ab, lief vor zu ihr und sprang mit beiden Füßen in eine große Wasserpfütze. Wasser spritzte auf und fror an dem Eis fest, das sich schon auf ihrer Regenausrüstung befand. Sie lächelte, amüsierte sich aber nicht wirklich.

Als wir am Vortag das Land verlassen hatten, kam uns das gegenüberliegende Ufer der Makinson-Bucht vor wie eine verschwommene braune Kontur, die weiß gefleckt war. Heute, eineinhalb Tage später, blieb das Ufer immer noch unscharf, und unser Ziel schien keine Spur näher zu sein als vor 24 Stunden. Ich starrte in den Sturm, um ein Anzeichen für unser Vorankommen zu entdecken. Hatte ich diese Senke schon vor ein paar Stunden gesehen? Wann hatte sich der große, verschwommene weiße Fleck in zwei verschiedene Schneefelder aufgeteilt?

Wie viele Stürme ich auch durchlebe, ich werde mich nie daran gewöhnen können, wie mich der Wind umfängt und isoliert. Chris war neben mir. Unter den gegebenen Umständen waren wir zwar sicher genug, aber sie schien weit weg zu sein. Jenseits der Kapuze meines Regenmantels wirkte alles vage. Ich kam mir wie ein Schatten vor und fragte mich, wie ich wohl reagieren würde, wenn ich ohne meinen Körper vom eisigen Wind davongetragen würde.

Wenn man einen Berg besteigt, führt der Rückweg immer bergab. Hier sind alle Richtungen gleich, und jeder Kilometer, den wir vorankamen, entfernte uns einen weiteren von Grise Fiord. Wenn wir umkehren müssten, würden uns nicht die gleichen Stürme wie beim Hinweg erwarten, aber doch andere. Wie würde es sich anfühlen, wenn es keine Rückzugsmöglichkeit, keine Ortschaft Grise Fiord, keine Flugzeuge gäbe, die einen zurück nach

Montana bringen? Für die frühen europäischen Forscher war die Zivilisation unermesslich viel weiter entfernt als für uns, aber irgendwo da draußen existierte auch für sie eine angenehme Welt.

Die Inuit hatten keine Wahl; hier war ihr Zuhause. Ich stellte mir vor, wie solch eine Verletzlichkeit Menschen zusammenschweißt. Die Inuit teilten bei einer Hungersnot ihre letzten Bissen und tauschten im Frühjahr die Frauen. Wenn die Hungerzeit wiederkam, war eine Nachbarin deine Geliebte und ihr Mann war dein Jagdpartner, der im letzten Sommer dein Leben vor dem verletzten Walross gerettet hatte. Vielleicht war das Kind der beiden in Wirklichkeit das deine, aber sicher konntest du dir da nie sein. Unter diesen Bedingungen würden dein Familiensinn und deine Individualität der Gruppe untergeordnet werden. Aber bevor ich den Zusammenhalt allzu romantisch verklärte, erinnerte ich mich daran, dass Einsamkeit und Entbehrungen zwei der Männer in Qitdlaqs Stamm zum Kannibalismus getrieben hatten.

Gedankenverloren starrte ich auf meine Füße hinunter und bestimmte die Marschrichtung durch den Druck, den der Wind auf meine linke Wange ausübte. Dann blickte ich auf und konnte am anderen Ufer einzelne Felsen erkennen. Sie schlugen die Brücke zurück auf die Erde und vertrieben das Schwebegefühl der Isolation. Ich zwang mich, wieder nach unten zu schauen, und als ich das nächste Mal die Augen hob, sah ich blaue, violette und gelbe Flecken. Langsam, dann immer schneller verwandelten sich die Flecken in Tundrablumen. Wir waren nur noch 100 Meter vom Ufer und einem Lagerplatz entfernt.

An den meisten Orten findet man einen Schutz, der optimal für ein Lager ist. In gemäßigten Zonen kann man sich in einem dichten Gebüsch verstecken, in den Bergen gewöhnlich in eine Schneewehe eingraben oder in eine Gletscherspalte steigen. Wir aber landeten an einem Strand ohne eigenen Charakter. Die Gletscher hatten hier in neuerer Zeit die Senken mit Geröll gefüllt und überstehenden Fels abgehobelt und ins Meer geschoben. Ein paar Felsblöcke waren noch in der Gegend verstreut, aber der Wind wehte vom Eis her und erzeugte an den Hängen Luftwirbel, sodass selbst die größten Felsblöcke nur vorübergehend Schutz boten. Obwohl wir müde waren, bauten wir unter großen Mühen einen Felswall, um unser ausgefranstes Zelt und die ramponierten Zeltstangen zu schonen.

Der Sturm legte sich noch am selben Abend. Am nächsten Morgen schliefen wir länger und Chris ruhte ihre Füße aus, die Wasserblasen hatten und bluteten. Ich erforschte in der Zwischenzeit den Strand. Nach einem kurzen Fußmarsch beschloss ich, auf einen kleinen Felszacken hinaufzuklettern. Die Erfahrung beim Eiersammeln hatte mich daran erinnert, wie gut es sich anfühlt, im steilen Fels herumzusteigen, und ich empfand ein perverses Vergnügen daran, in hüfthohen Stiefeln zu klettern. Gut einen Meter vor dem Gipfel schaute ich nach oben, um die letzten Klimmzüge zu planen, als ich über mir ein großes weißes Tier hocken sah. »Komisch«, dachte ich, »ich wusste gar nicht, dass hier Bergziegen leben.« Ich schaute noch einmal hinauf und starrte in die neugierigen Augen eines Eisbären.

Ich kam mir vor wie Hans, der an der Bohnenranke zum Haus des Riesen in die Wolken hinaufklettert. Die Bärenpranke hatte einen Umfang von der Größe meines Kopfes, die Klauen waren so lang wie meine Finger. Die Inuit sagen, dass sich ein Bär immer auf den Hinterbeinen aufrichtet, ehe er einen Menschen angreift, und dass er dann mit der linken Pfote zuschlägt, wobei der Schlag vom Herzen her zu seiner weniger verletzlichen Seite geführt wird. Der Bär fängt mit einem Horizontalschwung an, sodass der Jäger einen Speerschaft vor dem Bären in den Schnee rammen kann, um dann unter seiner linken Achsel wegzutauchen. Wenn der Jäger schnell genug ist, verfehlt ihn der Bär und lässt sich zurück auf alle Viere sinken. Lässt sich der Bär aber nach vorne fallen, spießt er sich selbst auf dem Speer auf, und falls das Timing und die Speerposition perfekt sind, durchbohrt der Speer das Herz des Tieres.

Wenn Inuitjäger sich so in der Gewalt haben konnten, konnte auch ich ruhig bleiben. Ich begab mich abwärts außer Reichweite der Bärenpranken und stabilisierte mich, indem ich einen Fuß in einer Spalte verklemmte und den anderen auf eine scharfe Kante stellte. Der Bär kam langsam nach vorne und ließ seine Pranken über den Felsrand herunterhängen. Dann lugte er herunter und streckte dabei seinen langen Hals so weit, dass es aussah, als verjünge er sich kontinuierlich bis zu seiner kleinen schwarzen Nase, die wie der Sprengkopf an der Spitze einer Rakete aussah. Wir starrten einander ein paar Augenblicke lang an, dann drehte sich der Bär um und verschwand. Ich wartete, um zu sehen, ob der Bär auf meine Seite des Felsens herumkäme, aber er kam nicht. Nachdem ich ein paar Minuten lang den leeren Strand beobachtet hatte, kletterte ich hinunter und lief zurück, um zu sehen, ob Chris im Zelt in Sicherheit war.

13

Am nächsten Tag bandagierten wir Chris' Füße und marschierten weiter nach Kap Faraday. Qitdlaqs Truppe hatte sowohl auf dem Hinweg als auch auf dem Rückweg am Kap überwintert, und die Überlebenden hatten sich nach der schrecklichen Zeit in der Makinson-Bucht dorthin zurückgezogen. Das Eis war zu einem Gewirr von Rinnen und Schollen gesplittert, als hätte das felsige Kap wie ein riesiger Eisbrecher den zugefrorenen Ozean gerammt. Wir schleppten unter Mühen, sprangen über Rinnen und watschelpaddelten durch die Hindernisse, bis wir nur noch ein paar hundert Meter vom Ufer entfernt waren. Dann hielten wir an, um einen geeigneten Lagerplatz zu suchen.

Chris berührte mich am Arm. »Jon, da in den Felsen ist ein roter Fleck, links vom tiefer gelegenen Strand. Es sieht aus wie ein Stück Stoff.«

Ich schaute zu der Stelle, die sie mir zeigte. »Nein, ich glaube, es sind nur ein paar Blumen.«

Wir watschel-paddelten in Schlangenlinien weiter, und als die Rinne sich schloss, paddelten wir aufs Eis und stellten uns auf.

Chris griff zum Feldstecher, richtete ihn auf die Küste und gab ihn mir dann. »Es ist ein Mensch.«

Ich suchte den Strand ab, bis der rote Fleck ins Blickfeld kam. Ein Mann in einem roten Parka saß auf einem Felsen und blickte aufs Meer hinaus. Nach ein paar Augenblicken zog er einen Feldstecher aus der Tasche und starrte zu mir zurück. Ich winkte. Er winkte nicht zurück, sondern ging zum Strand und setzte sich geduldig auf einen Stein. Niemand sprach, als wir durch die letzte enge Rinne paddelten und leise knirschend auf den Sandstrand hinauffuhren.

Der Fremde, ein großer blonder Skandinavier, blieb stumm, ging aber auf uns zu, um uns zu begrüßen. Chris und ich kletterten aus unseren Cockpits, und wir standen in unseren nassen Stiefeln etwas unbeholfen da. Früher näherten sich zwei Fremde einander vorsichtig und achteten auf versteckte Waffen. Vielleicht gehörte Misstrauen noch immer zu unserem Instinkt, oder aber wir waren einfach schüchtern. Als wir so nahe waren, dass wir das Schweigen brechen mussten, sagte ich »Hi«. Der Mann sagte immer noch nichts, streckte mir aber die Hand entgegen, um die meine zu schütteln. Nachdem er mich berührt und sich so vergewissert hatte, dass ich real war, stellte er sich als Peter Schledermann vor, ein Archäologe, der in den Ruinen von Qitdlaqs Lager Grabungen machte. Er erklärte uns, dass er seine Arbeit abgeschlossen habe und gekommen sei, um sich in die Felsen zu setzen. Von der Weite und der Stille umfangen, habe er sich träumerisch in Qitdlaqs Welt und anschließend in Qitdlaqs Geisterwelt versetzt. Als er übers Eis schaute, bemerkte er zwei durch eine Luftspiegelung leicht verzerrte Gestalten. Er habe sich einige Augenblicke lang konzentriert, um die Realität von der Fantasie zu trennen. Dann habe er uns durch das Fernglas beobachtet und, obwohl er die Plastikboote und Ausrüstungsgegenstände des 20. Jahrhunderts erkannte, wieder davon geträumt, wir wären eine kleine Gruppe steinzeitlicher Wanderer.

Wir erklärten ihm unsere Fahrt, und Peter half uns, die Kajaks auf den Strand zu ziehen. Er bestand darauf, dass wir die Boote auf die alten Steinsäulen hievten, die errichtet worden waren, um die Kajaks aus Robbenfellen vom feuchten Boden und von den Hunden fernzuhalten. Die letzten Kajaks waren zwischen 1860 und 1865 von diesen Säulen heruntergehoben worden.

Nachdem er sich überzeugt hatte, dass unsere Boote in Sicherheit waren, lud uns Peter zum Abendessen in sein Lager ein. Er stellte uns seine Kollegin vor, Karen McCullough, eine athletische blonde Frau, deren Gesicht von vielen Jahren Arbeit unter der arktischen Sonne wettergegerbt war. Sie luden uns in ihr großes Steilwandzelt zu Cocktails und einer Vorspeise ein. Während wir uns unterhielten, schlich ich mich im Geist an die Nussschale an, die mitten auf dem Tisch stand, und fragte mich, wie viele Nüsse ich wohl mit einer Hand aufschaufeln konnte, ohne unhöflich zu erscheinen. Ich wog sorgfältig gute Erziehung gegen die im Überfluss vor mir stehenden Kalorien ab und nahm eine zweite Handvoll. Chris spielte das gleiche Spiel, und bald darauf war die Schüssel leer.

Wenn man im Norden Reisende begrüßt und mit ihnen gegessen hat, redet man immer darüber, wie die Zustände an Land sind. Das ist nicht nur beiläufiger Gesprächsstoff, sondern von höchster Wichtigkeit. Man geht davon aus, dass der andere sorgfältig seine Umwelt beobachtet hat und genau Bericht erstattet.

Peter sagte uns, dass Bären sein Lager belästigt hätten. Vor drei Tagen habe sich ein Bär gegen das Schlafzelt gelehnt, am Tag davor habe ein anderer die Nase ins Küchenzelt gesteckt. Diese Zwischenfälle hatten Peter und Karen erschreckt, sodass sie ihre Grabung aufgaben. Peter schloss: »Übermorgen kommt ein Hubschrauber, um uns abzuholen. Ein Glück, dass Sie so schnell hierher gekommen sind, sonst hätten Sie uns verpasst.«

Wir erkundigten uns nach dem Eis, und Peter sagte uns, der Pilot eines Forschungshubschraubers habe im Norden eisfreies Wasser gemeldet. Die Qual des Schleppens war fast vorüber.

Peter bemerkte, dass die Nüsse schnell verschwunden waren, und schlug vor, dass wir uns ans Kochen machen sollten. Es gab Kartoffeln, Dosenfleisch, Gemüse und Wein. Nach dem Essen stiegen wir auf eine Klippe oberhalb des Lagers und schauten auf die im Dunst liegenden Umrisse von Kap Combermere, wo wir vor acht Tagen gelagert hatten.

Peter sinnierte: »Früher waren hier die Menschen unterwegs, um Verwandte zu besuchen, einem Schamanen zu folgen oder einfach, um auf dem Land unterwegs zu sein. Fahrten wie die Ihre gehörten zum Alltag.«

»Wissen Sie«, antwortete ich, »manchmal, wenn wir da draußen unterwegs sind, komme ich mir vor, als seien wir tapfere Individuen auf einer großen Expedition. Aber Sie haben Recht, vielleicht machen Chris und ich nur eine Wanderung, und es ist gar keine große Sache.«

Ich dachte eine Weile darüber nach und fuhr dann fort: »Eigentlich bin ich am glücklichsten, wenn ich unser Ziel vergesse und das Gefühl habe, ich mache einen Spaziergang oder einen Paddelausflug mit Chris. Ich glaube, ich habe im Lauf der Jahre von ihr gelernt.«

Peter antwortete: »Mit dieser Einstellung werden Sie es wahrscheinlich bis nach Grönland schaffen.«

Der Ozean war ein geflecktes Muster aus Eis, Wasser auf dem Eis und freien Rinnen. Ich war erstaunt, dass es uns möglich gewesen war, darüber hinwegzukommen. Robben ruhten auf dem trockenen Schnee neben ihren *aglus*. Sie dösten und hoben periodisch ihren Kopf, um nach Raubtieren Ausschau zu halten.

Chris hatte die Fahrt durch die Nordwestpassage machen wollen, weil ihr »das Leuchten im Norden« so gefiel. Ich sah zu, wie sich die Landschaft von dunklem Blau, Braun und Weißabstufungen in weichere Schattierungen dieser Farben wandelte, als die Sonne nach Norden zog, um einen weiteren Kreislauf am Horizont zu beenden.

14

Beim Frühstück am nächsten Morgen zeigten uns Peter und Karen einen Fäustling, den sie bei ihrer Grabung entdeckt hatten. Sie waren ganz begeistert und erklärten, wieso ihn das Stickmuster mit Qitdlaqs Gruppe in Verbindung brachte. Chris und ich fragten, ob wir helfen könnten, nach weiteren Artefakten zu graben, aber Peter und Karen wollten die Grabungsstätte vor ihrer Abreise wieder in den Urzustand versetzen. Also halfen wir ihnen, den Tundraboden über der Grabungsstelle festzuklopfen. Als die Arbeit erledigt war, packten wir vier ein delikates Mittagessen ein und marschierten auf den Hügel oberhalb des Lagers.

Wir wanderten in der Sonne herum, naschten Schokolade und aßen frische Orangen. Von unserem Ausguck aus sahen wir Rinnen, die hinaus ins eisfreie Wasser führten. Unsere Schlepptage waren vorüber! In der Ferne, auf der anderen Seite der Baffinbai stellte eine dünne Linie die Küste Grönlands dar. Wir gingen zum Lager zurück, und Chris und ich badeten in einem Süßwasserteich. Die Felsen in der Umgebung hatten das andauernde Sonnenlicht gespeichert, und daher war das Wasser überraschend warm.

Als wir am nächsten Morgen aufbrechen wollten, kamen Peter und Karen mit zwei großen Taschen voller Essen zu unserem Lager herunter. Sie erzählten uns auch von einem geologischen Forschungslager 80 Kilometer küstenaufwärts bei Kap Herschel.

In den letzten 24 Tagen hatten wir die Boote 370 Kilometer weit geschleppt und waren 40 Kilometer gepaddelt. Aber diese Qual war vorüber. Obwohl unsere Fahrt erst knapp zur Hälfte vollendet war, hatten wir unseren Proviant aufgefüllt, kamen zum letzten und größten *polynya*, und es waren noch mehr Menschen auf unserem Weg, die uns helfen konnten.

Wir waren keine Konversation mehr gewöhnt. Als ich daher am Abend zu Bett ging, rasten all die Worte der letzten Tage noch einmal an mir vorbei, bis sich ein Satz deutlich wiederholte: »Fahrten wie die Ihre gehörten früher zum Alltag.«

Peter sah mich eher als einen Menschen, der herumzog, weil er das Reisen liebte, und dieses Bild gefiel mir mehr als das eines Mannes, der davon besessen war, bei Expeditionen Erfolg zu haben. Ich fragte mich wieder, warum es so lange gedauert hatte, bis ich diese einfache Lektion begriffen hatte. Chris war eine meiner Lehrerinnen gewesen. Ich streckte meine Hand aus dem Schlafsack und legte sie Chris um die Schulter. Sie raunzte im Schlaf und rutschte näher zu mir, bis ihr Rücken gegen meinen Bauch drückte. Dann schliefen wir beide ein.

15

Am nächsten Tag paddelten wir ostwärts durch eine Rinne zu eisfreiem Wasser. Die Luft war still und das Eis spiegelte sich so klar im glatten Wasser, dass ich mir vorkam, als wäre ich auf den Kopf gestellt worden. Kleine Eisschollen, aufragende Eisberge, Eissäulen, abgerundetes Eis und spitzes Eis erschienen in einem perfekten Doppelbild von Realität und Spiegelung. Ein Hubschrauber flog über uns hinweg und das Geräusch seiner Rotoren störte die Träumerei. Er landete im Lager, verstummte für ein paar Augenblicke und startete dann wieder. Diesmal flog er tief über unseren Köpfen vorbei, und wir winkten Peter und Karen zu, die in der Kanzel saßen und zu schnell unterwegs waren, um noch eine Bindung an die Umgebung zu haben.

Nach ein paar Stunden verstopfte Eis, das vom Schollenrand abgebrochen war, unsere Rinne. Wir schleppten die Boote über eine Eisplatte und watschel-paddelten zur nächsten. Ich zog mein Kajak wieder aufs Eis und half Chris mit dem ihren, dann skizzierte ich einen Weg für die nächsten hundert Meter. Die Platten waren klein und kippten leicht, und wir landeten nach dem Überspringen einiger Rinnen auf dünnem Eis. Wir konzentrierten uns beide auf die nächste Umgebung. Als ich schließlich aufblickte und die weitere Landschaft wahrnahm, sah ich in einigen hundert Metern Entfernung einen Eisbären, der direkt auf mich zulief.

Ich sagte mir: »Ich bin schon öfter Bären begegnet, aber jetzt wird es ernst! Bleib ruhig, schieß genau und schieß weiter, auch wenn du schon den Atem des Bären riechen kannst.«

Ich begann das wasserdichte Gewehrfutteral zu öffnen, das ich aufs Vorderdeck meines Kajaks gebunden hatte. Die Schnappverschlüsse, die zu Hause im Wohnzimmer so schnell zu öffnen waren, wirkten unförmig und langsam, während der Bär immer größer wurde. Der torpedogleiche Kopf ragte direkt zwischen den Schultern heraus, sodass auf seiner Brust nur ein kleines Ziel übrig blieb. Ich hatte wahrscheinlich nur die Zeit für einen Schuss, und der musste sitzen. Ich öffnete den zweiten Verschluss und griff nach den glatten, beruhigenden Kurven des hölzernen Gewehrkolbens. Als ich gerade das Gewehr aus dem Futteral ziehen wollte, hörte ich neben meinem rechten Ohr einen lauten Ausruf.

»Geh weg, Bär!«

Chris sauste an mir vorbei und lief schreiend und mit den Armen fuchtelnd direkt auf den Bären zu. Der Bär ruckte zurück auf seine Hinterpfoten, bog scharf rechts ab und lief über das zerbrochene Eis davon, wobei er flink über Rinnen und Eiskanten sprang. Ich blieb mit dem halb herausgezogenen Gewehr in einer Hand und Chris direkt vor mir regungslos neben dem Kajak knien.

Ich schob das Gewehr wieder ins Futteral und ließ die Verschlüsse einschnappen. Chris drehte sich um und kam zu mir herüber.

»Das war nett«, sagte ich. »Und wenn du den Bären nicht verscheucht hättest, wärest du genau in meiner Schusslinie gestanden.«

Sie antwortete, der Bär hätte uns nicht angreifen wollen. Er lief zwar direkt auf uns zu, aber bei früheren Begegnungen mit Bären hatten sich diese immer aufgestellt und uns studiert, ehe sie etwas unternahmen. Chris meinte, der Bär hätte ein anderes Ziel im

Auge gehabt und sich wie wir auf das zerstückelte Eis konzentriert. Deshalb hatte er uns nicht gesehen, obwohl er direkt auf uns zulief. Ihr Gegenangriff war nur ihre Methode, ihm unsere Existenz zu verdeutlichen und ihm zu sagen, er solle in eine andere Richtung laufen.

»Und wenn deine Theorie falsch war?«, fragte ich. »Du warst mir in der Schusslinie.«

»Ich habe mich nicht geirrt.«

Wir legten die letzten hundert Meter durch das gebrochene Eis bis zum Rand der Eisplatte zurück. Vor uns erstreckte sich eisfreies Wasser. Wir hatten den *polynya* im Smith-Sund erreicht. Und obwohl er seit einigen Jahrhunderten eisfrei gewesen ist, kam es mir vor, als wäre das Eis erst letzte Nacht geschmolzen, um den Sommer zu feiern, der endlich auch die Arktis überrollt hatte.

Chris setzte sich in ihr Kajak und zog den Spritzschutz fest wie eine echte Kajakfahrerin, nicht wie eine Watschel-Paddlerin. Sie lächelte, stieß sich ins Wasser und sagte: »Lass uns nach Grönland paddeln.«

Robben, die auf dem Eis so umsichtig sind, kamen ganz nah herangeschwommen und beäugten uns neugierig. Mehrere Walrosse grunzten steuerbord wie Schweine. Ich erinnerte mich an Pijiminis Warnung und wich ihnen weiträumig aus. Aber wenn eines schnell und unter Wasser unsichtbar angreifen würde, hätte ich nichts dagegen tun können.

16

Das Wetter blieb die nächsten vier Tage warm und sonnig. Wir paddelten in langer Unterwäsche und hatten unsere wasserdichten Jacken aufs Deck gebunden. Die Luft, die durch das dünne Material drang, war eine willkommene Abwechslung zum klammen Schweiß in unseren Sturmparkas. Bei einem Ferienausflug gehen die Menschen bei schönem Wetter langsam, um den Sonnenschein zu genießen, aber wir waren hier hart am Werk, um zur Smith-Sund-Überfahrt zu kommen, solange das Hochdruckgebiet anhielt. Wir paddelten jeden Tag, bis wir sehr müde wurden, und zwangen uns dann, noch ein paar Kilometer zuzulegen. Ich hatte mir diese Strategie am Beginn unserer Reise vorgenommen, aber da waren wir langsam unterwegs gewesen, um Kräfte zu sparen. Nun waren wir kurz vor der Überfahrt, und es war Zeit, uns ins Zeug zu legen und unsere Reserven einzusetzen.

Als wir an der engsten Stelle des Smith-Sunds ankamen, erschien Grönland 40 Kilometer östlich wie eine nebelhaft verschwommene blaue Linie. Die Überfahrt musste bis morgen oder übermorgen warten. Stattdessen wandten wir uns nach Westen in den Fjord, um das Geologenlager zu finden. Wir kamen neben einem Motorboot an den Strand und gingen den Hügel hinauf. Die Forschungsstation bestand aus zwei dauerhaften Metallgebäuden und einem geräumigen Zelt, das sicher an Betonverankerungen befestigt war. Es war Mittag und das Lager war verlassen, also kletterten wir auf einen Felsenhügel und nahmen in Augenschein, wo wir das Meer überqueren wollten.

Weit im Süden ist die Baffinbai 650 Kilometer breit, aber Grönland reckt sich nach Westen und Ellesmere nach Osten, sodass sich zwischen beiden eine Meerenge ergibt. Wie ich bereits zuvor erklärt habe, ist der Smith-Sund ein *polynya*, der auch während des bitterkalten arktischen Winters eisfrei bleibt. Hingegen bildet sich dann nördlich davon im Kane-Becken dickes Eis, und noch weiter im Norden ist das Polarmeer das ganze Jahr über zugefroren.

Wir hatten vorgehabt, an der Küste von Ellesmere ein paar Kilometer weiter nach Norden zum Kap Sabine zu fahren, weil von dort die Strecke nach Grönland sechs Kilometer kürzer ist. Außerdem fließt durch den Smith-Sund eine Strömung südwärts, und bei Kap Sabine würden wir ins obere Ende der Strömung einfahren. Wenn wir dort direkt nach Osten fahren würden, brächte uns die Kombination von Paddeln und Drift bequem und sicher ans Ziel. Wenn wir am Kap Herschel losfuhren, wo wir gerade waren, wären wir gezwungen, gegen die Strömung zu kreuzen, um Grönland zu erreichen. Unglücklicherweise hatte sich vor Kap Sabine dickes Eis verkeilt, weshalb wir gezwungen waren, die längere und anfälligere Route in Betracht zu ziehen.

Ob eine Überfahrt von 40 Kilometern lang oder kurz ist, ist Anschauungssache. Ein moderner Abenteurer, Ed Gillette, paddelte mit einem Meereskajak fast 5000 Kilometer über den Pazifik von Kalifornien nach Hawaii. Mit seiner Leistung verglichen, war unser Vorhaben eine Spazierfahrt. Wir waren hier jedoch in der Arktis, nicht im Südpazifik, und viele frühe Forscher waren im Smith-Sund und im Kane-Becken ums Leben gekommen.

Von all den gescheiterten Abenteurern in dieser Region war Tysons Fahrt auf der Eisscholle für mich die ernüchterndste. 1871 hatte Charles Hall geplant, nach Norden zu segeln, bis ihn das Eis aufhielt, um dann mit dem Hundeschlitten zum Nordpol weiterzufahren. Hall stach mit der *Polaris* in See, deren Mannschaft sich aus Amerikanern und Deutschen zusammensetzte. Sie machten an der Südküste von Baffin Island kurz Halt, um zwei Inuitpaare mitzunehmen, Joe und Hanna sowie Hans und seine Frau Mary. Joe und Hans wurden als Jäger und Hundebetreuer angestellt, von den Frauen erwartete man, dass sie kochten und die Lederkleidung in Schuss hielten. Die Inuitpaare, die damit rechneten, ein Jahr oder länger unterwegs zu sein, brachten ihre fünf Kinder mit.

Hall war bei vorhergehenden Expeditionen erfolgreich gewesen, die er im Alleingang unternommen hatte, aber er war ein schlechter Anführer. Innerhalb einer Woche nach Verlassen des Hafens weigerten sich die Expeditionswissenschaftler, Halls Anweisungen zu folgen. Der Kapitän stahl Proviant und Schnaps aus dem Lagerraum. Die deutsche Mannschaft drohte auszusteigen, als das Schiff in Grönland Halt machte, um Wasser und andere Vorräte aufzunehmen.

Trotz dieser Probleme segelte Hall verbissen durchs Eis und kam durch den Smith-Sund etwas weiter nach Norden, so weit wie vor ihm noch kein Schiff gekommen war. Am 10. September ging er für den Winter vor Anker, und einen Monat später fuhr er zusammen mit seinen Inuitbegleitern mit dem Schlitten weiter nach Norden. Sie kehrten zwei Wochen später zurück und waren zuversichtlich, dass sie den Nordpol im Frühjahr erreichen konnten. Aber dieser Traum wurde nie verwirklicht, denn Hall erkrankte plötzlich und starb.

Seinerzeit war Halls Tod rätselhaft, aber seine Symptome ließen vermuten, dass er an einer Arsenvergiftung gestorben war. Halls Leichnam wurde 1968 exhumiert, und eine Autopsie wies eine tödliche Arsenkonzentration nach. Heute sind sich die meisten Historiker einig, dass Hall von seiner Mannschaft vergiftet wurde, die anders als er dachte.

Während des langen Winters nach Halls Tod schwanden Disziplin und Moral. Im Juni unternahm einer der Offiziere, George Tyson, zusammen mit einem Begleiter einen halbherzigen Versuch, den Pol zu erreichen, kam aber unverrichteter Dinge zurück. Nachdem die *Polaris* zehn Monate im Eis festgelegen hatte, kam sie im August frei und fuhr nach Süden.

Drei Tage später rammte der betrunkene Kapitän mit dem Schiff das Packeis, wo es zwei Monate lang festsaß. Sie trieben langsam nach Süden und kamen Anfang Oktober in den Smith-Sund. Ein Sturm brach das Packeis auf und befreite das Schiff erneut. Aber Eis, das in Bewegung ist, kann gefährlicher sein als verbundenes Eis. Die vom Wind vorangetriebenen Eisschollen bohrten sich in das Schiff. Die *Polaris* bekam Schlagseite, und der Bordmechaniker meldete der Brücke, dass der Schiffsrumpf ein Loch habe. Der Kapitän, der befürchtete, das Schiff würde sinken, befahl der Mannschaft, Nahrung, Kleidung, Gewehre und Munition aufs Eis zu werfen, damit man sie für ein Winterlager retten könne. Tyson erkannte, dass die meisten Vorräte auf kleinen, schwankenden Schollen landeten, rasch unter den Schiffsrumpf gespült wurden und verloren gingen. Er scharte einen kleinen Trupp um sich und sprang damit auf das bewegte Eis. Gemeinsam beförderten sie Nahrung und Brennstoff auf eine größere Scholle in einiger Entfernung. Während sie damit beschäftigt waren, riss sich das Schiff los und verschwand im Sturm.

Drei Amerikaner, vier Deutsche, vier erwachsene Inuit und ihre fünf Kinder waren mit 850 Kilogramm Nahrung auf einer Eisscholle gestrandet. Von den 16 Menschen waren nur die beiden Inuitmänner Joe und Hans erfahrene Jäger. Tyson trug zerschlissene Robbenfellhosen, zwei dünne Wollhemden, eine Baumwolljacke und einen Pelzhut. Er hatte keinen Parka und keinen Schlafsack.

Am nächsten Tag sahen die Schiffbrüchigen das Schiff etwa 15 Kilometer nördlich aufrecht treiben. Tyson erfuhr viel später, dass der Bordingenieur Panik bekommen und der Schiffsrumpf gar kein Loch gehabt hatte. Der Befehl, das Schiff zu verlassen, war unnötig gewesen. Der Beobachtungsposten auf dem Schiff bemerkte die dunkle Masse Mensch auf dem Eis nicht, sodass das Schiff ohne sie zurück in die Zivilisation fuhr.

Tyson beobachtete, dass ihre Eisscholle nach Süden, mitten in die Baffinbai, driftete. Bei nur 53 Kilogramm Nahrung pro Person und kaum einer Aussicht, Land zu erreichen oder gerettet zu werden, ordnete er sogleich an, die Lebensmittel zu rationieren. Die Deutschen hingegen argumentierten, sie trieben südöstlich Richtung Grönland. Tyson war der dienstälteste Offizier, aber die Deutschen hatten alle Pistolen dabei und beschlagnahmten die Nahrung.

Sie aßen den Großteil der Vorräte im ersten Monat auf und kauerten dann im langen, dunklen Winter in Iglus, wo die Inuitjäger sie am Leben hielten. Die dunkle Zeit verging und der Frühling kehrte zurück, aber niemand sah Land. Die Scholle brach mehrere Male auseinander und sie flüchteten auf das jeweils größte Teilstück. In der Nacht zum 20. April schwappte eine gigantische Welle über die schrumpfende Scholle und spülte den größten Teil ihrer Habe ins Meer. Als sich der Sturm verzog, hatten sie kein Essen, kein Wasser und keinen Brennstoff mehr, um das salzverkrustete Eis zu schmelzen. Zwei Tage später erlegte Hans einen Eisbären und vier Tage danach drei Robben. Die Gruppe trank das Blut, aß das rohe Fleisch und kam wieder zu Kräften. Aber da wärmeres Wetter bevorstand und sie immer weiter nach Süden trieben, blieb ihnen nicht mehr viel Zeit, bis das Eis wegschmelzen würde. Am 30. April trat Tyson aus seinem Iglu und sah in nur fünfhundert Meter Entfernung einen Dampfer. Sofort weckte er die anderen. Sie winkten mit Stofffetzen und schossen in die Luft. Anfangs konnten weder die Retter noch die Geretteten glauben, was sie hörten. Die Schiffbrüchigen erfuhren, dass sie über 3000 Kilometer weit bis vor die Küste Labradors getrieben waren. Die Schiffsbesatzung erfuhr, dass die Schiffbrüchigen sieben Monate lang auf einer Eisscholle gelebt hatten, ohne dass es einen Toten gegeben hatte.

17

Chris und ich verbrachten auf dem Hügel einen Nachmittag mit Nichtstun. Ein paar Eisschollen brachen von dem Eisstau bei Kap Sabine los und trieben in den Kanal. Ich schätzte, dass sie einen Durchmesser von anderthalb bis drei Kilometer hatten, etwa die Größe der ursprünglichen Scholle Tysons. Das Eis schien sich kaum zu bewegen, aber ich wusste, dass Geschwindigkeit und Entfernung trügerisch waren. Ich fixierte die Position einer Scholle, machte im Schein der Nachmittagssonne ein Nickerchen, und als ich aufwachte, stellte ich fest, dass sich die Scholle beträchtlich bewegt hatte. Wir mussten nordostwärts rudern, um einen Kurs Richtung Osten beibehalten zu können. Wenn wir am Kap Alexander vorbeigetragen würden, säßen wir in der Tinte.

Chris bemerkte, dass vier Personen über die Tundra marschiert kamen. Wes Blake, der leitende Wissenschaftler, trug kein Hemd, war unrasiert und fröhlich. Ich stellte ihn mir sofort als Weihnachtsmann vor, der den Sommer vor der geschäftigen Weihnachtssaison hier am Nordpol mit Nichtstun verbrachte. Wir zogen uns zum Küchenzelt zurück, und er erklärte bei Tee und einer Vorspeise sein Forschungsprojekt.

Vor 18 000 Jahren war der größte Teil der nördlichen Hemisphäre von einer massiven Eisschicht bedeckt. Ein Kontinentalgletscher ist schwer genug, um einen Kontinent in die weiche, plastische Asthenosphäre zu drücken, die Teil des Erdmantels ist. Wenn das Eis schmilzt, taucht der Kontinent wieder auf, genauso wie ein Schiff, das höher im Wasser liegt, wenn es entladen worden ist. Aber ein Kontinent hebt sich nur langsam, weil die Asthenosphäre zwar plastisch, aber fest und nicht flüssig ist. Lässt also der Druck nach, korrigiert sich die Asthenosphäre erst in einem Zeitraum von einigen tausend Jahren.

Wes ging mit uns hinaus und zeigte uns eine Reihe von Terrassen zwischen unserem Lager und dem Meer. Jede Terrasse war einst einmal ein Strand auf Meereshöhe gewesen. Wes ging der Geschichte des Rückzugs der Gletscher nach, indem er das Alter und die Höhe der Terrassen studierte. Nach seiner Chronologie fing Ellesmere vor 9000 Jahren zu steigen an und steigt auch heute immer noch.

Wes betrieb auch die Wetterstation auf Kap Herschel. Als wir ihn nach den Wetterbedingungen für die Überfahrt fragten, antwortete er, dass wir in seinem Lager zwar willkommen wären, dass er uns aber raten würde, morgen aufzubrechen. Das gute Wetter, das gegenwärtig herrschte, könnte bald vorüber sein, und wenn sich der Eisstau im Norden löste, würde die Überfahrt gefährlich oder unmöglich werden.

Beim Frühstück am nächsten Morgen meinte einer der Feldassistenten, dass die Überfahrt wie ein Marathon sein müsse. Als ich ihn fragte, weshalb er diesen Vergleich machte, antwortete er, dass

344

Chris und ich unseren Kohlehydrat-Vorrat für dieses Ereignis auf-
zustocken schienen, genau so wie sich Marathonläufer mit Kohlehydraten versorgen. Ich vermutete, dass er auf die Menge Toast an-
spielte, die ich verdrückte. Also schmunzelte ich und antwortete:
»Reichen Sie mir bitte mal die Butter?«

Wes gab uns noch weiteren Proviant mit, unter anderem einen
kleinen Sack Schokoriegel, eine Dose Nüsse und einen eingedosten
Weihnachts-Früchtekuchen. Alle gingen mit uns an den Strand,
um zum Abschied zu winken. Als wir lospaddelten, stellte ich mir
vor, wie die Geologen mit der höher steigenden Insel langsam in
die Höhe stiegen.

18

Grönland war so weit entfernt, dass es schwierig war, sichtbare
Landmarken mit der Landkarte in Einklang zu bringen, aber wir
identifizierten eine dunkle Klippe, die von einer verschneiten
Senke geteilt war. Obgleich die Klippe etwa 300 Meter hoch war,
maß sie in der Höhe nur einen Fingerbreit, wenn ich ein Auge
schloss und sie über den ausgestreckten Arm anvisierte. Ich rechnete mir aus, dass wir bei gleichmäßiger Geschwindigkeit die Überfahrt in zwölf Stunden bewerkstelligen könnten. Jetzt war es neun
Uhr morgens.

Ich streckte meine Hand aus. Chris ergriff sie, und ich sagte:
»Lass uns nach Grönland paddeln.«

Wir hatten uns die letzten paar Tage schwer ins Zeug gelegt,
weshalb die Sehnen in meinem Ellbogen leicht entzündet waren.
Wir hätten einen Tag ausruhen sollen, doch wir konnten nicht
Wes' Warnung bezüglich des Wetters und des Eises ignorieren. Ich
dachte immer daran, in der Hüfte abzuknicken und lieber meine
Rücken- und Bauchmuskeln einzusetzen, anstatt die Ruder mit
den Armen durchs Wasser zu ziehen. Eine Brise warf von Nord-

osten her kleine Wellen auf. Sie waren nicht groß genug, dass wir uns ihretwegen Sorgen machen mussten, aber sie behinderten unsere Fahrt.

Um meine eigenen Befürchtungen zu beruhigen, die von Chris zu beschwichtigen und um die Zeit zu vertreiben, erfand ich eine Geschichte. Darin machten Schamanen aus dem Norden eine Geisterreise in den Süden und taten sich mit Medizinmännern aus dem Regenwald zusammen. Gemeinsam reisten sie in die Vergangenheit bis zu einer Zeit, als die Menschen noch mit den Tieren redeten. Die Narwale und Flusspferde tummelten sich gemeinsam mit ihren menschlichen Freunden in einem namenlosen urweltlichen Ozean.

Gegen elf Uhr begegneten wir größeren Eisplatten. Die erste war uns willkommen, denn wir paddelten auf sie hinauf, dehnten uns und machten eine kurze Pause. Wir teilten den ersten von Wes' Schokoriegeln. Während der nächsten Stunde kamen mehr und lästigere Schollen. Wenn möglich, fuhren wir immer einen Umweg in nördlicher Richtung, um unseren Abtrieb zu kompensieren, aber das Eis trieb vom Norden her, daher war es manchmal ratsamer, die kürzere Route um das Südende einer Scholle zu nehmen. Die Serpentinen, die wir rudern mussten, verlängerten unsere Wegstrecke, und ich addierte eine oder zwei Stunden zur geschätzten Fahrtzeit.

Gegen 13 Uhr stießen wir auf eine Eisscholle, bei der nicht ersichtlich war, wie man sie am besten umfuhr. Offensichtlich hatte sich der Eisstau beim Kap Sabine gelöst, und der Großteil des Packeises schwamm nun nach Süden. Ich dachte: »Hmm, auf dieser Scholle könnten wir es bis nach Labrador schaffen.« Aber ich machte darüber keine Witze mit Chris. Wir fuhren auf das Eis und begannen zu schleppen. Die hügelige, matschige Oberfläche behinderte unser Vorankommen. Ich hielt einen Augenblick lang an, sah nach Grönland hinüber und streckte den Arm mit einem zur Seite gereckten Finger aus. Zu meiner Bestürzung war die Felsenklippe mit der glatten weißen Senke immer noch nur einen Fingerbreit hoch. Ich drehte mich um und hatte fast Angst hinzuschauen, sah jedoch mit Erleichterung, dass die Küste von Ellesmere kleiner geworden war. Um meine Befürchtungen zu zerstreuen, zählte ich alle Faktoren zusammen, die zu unseren Gunsten sprachen. Die leichte Brise war abgeflaut, und weder die Wettervorhersage noch der Himmel kündigten einen Sturm an. Das Schleppen war zwar mühsam, entlastete aber meine lädierten Sehnen. Ich ersetzte die Befürchtungen mit Entschlossenheit. Wir würden es schaffen, eine andere Option gab es nicht.

Wir brauchten drei Stunden, um die Boote über die Platte zu schleppen, und nochmals anderthalb Stunden, um uns an ihrer Ostseite durch Rinnen und Eisstücke hindurchzuarbeiten. Von dort aus sahen wir Farbe und Strukturen an der Küste Grönlands, und die Klippe war bereits mehrere Finger hoch. Ich sagte zu Chris, dass das Eis für mich eine Barriere sei. Selbst wenn Sturm aufkäme, würden wir nicht nach Ellesmere zurückgeweht.

Sie antwortete mit einem glucksenden, bestätigenden Lachen und streckte ihre Hand aus, wie ich das zu Beginn der Überfahrt gemacht hatte. Ich packte sie und sie sagte: »Lass uns nach Grönland paddeln.«

Nach einer weiteren Stunde trafen wir auf eine Anhäufung von Eis, die zu dicht war, um hindurchzufahren, aber auch zu kleinteilig, um darüber zu gehen. Logischerweise hätten sich die kleinen Eisblöcke im Meer verteilen und auflösen sollen wie ein Tropfen Tinte in einem Glas Wasser. Aber die Strömung hatte sie abgerundet und zu einer dichten Gruppe zusammengetrieben. Ich packte das Heck von Chris' Boot und schob. Der Bug stieß zwei Eisbrocken auseinander, und sie bewegte sich gut einen Meter weit, während ich einen halben Meter zurücktrieb. Dann packte sie meinen Bug und zog mich vor, während sie zurückrutschte. Wir saßen fest und trieben unerbittlich nach Süden aufs offene Meer und in die Katastrophe. Wir hielten an, aßen etwas von Wes' Proviant, schluckten etwas Advil* und hackten wieder vergebens ins Eis. Wenn man in einem Kajak sitzt und die Augen kaum übers Wasser schauen, sieht man nur eine kurze Strecke voraus. Daher mussten wir auf Verdacht planen.

Da das Eis von Nord nach Süd unterwegs war, schlug Chris vor, wir sollten den Kurs zu der schwarzen Klippe aufgeben und nach Süden wenden. Die Kursänderung würde zwar die Wegstrecke verlängern und die Sicherheitsmarge verringern, könnte uns aber aus dem Eis befreien. Wir befolgten ihren Plan und kamen nach einer schrecklichen halben Stunde aus dem Eis in beruhigendes graugrünes Meer, auf dem nur einige vereinzelte Schollen zu sehen waren.

Tausende von Krabbentauchern schwammen auf der ruhigen See. Als wir näher kamen, stiegen die uns nächsten Vögel auf eine nahe Eisscholle. Sie verhielten sich wie Pinguine, und ihre schwarzen und weißen Markierungen waren denen ihrer Gegenstücke auf der Südhalbkugel erstaunlich ähnlich, nur dass sie viel kleiner waren. Sie marschierten nervös hin und her, als murmelten sie: »Ach, wenn ich so groß wäre wie ein Pinguin, müsste ich mir nicht so viele Sorgen machen.« Die kollektive Sorge überschritt eine Schwelle, und alle Vögel hoben gleichzeitig ab und verscheuchten so das Bild mit den Pinguinen. Aber sie waren zu neugierig, um einfach wegzufliegen. Daher kreisten sie mehrere Male über uns und flogen so tief, dass wir deutlich ihren Flügelschlag hören konnten. Chris gab ihnen den Namen »Kanarienpinguine«.

Wir trieben südlich von der schwarzen Klippe fort, und die Küste Grönlands fing an, sich nach Osten zu biegen. Aber wir hatten den stärksten Teil der Strömung durchquert und kamen nun rascher voran. Die Sonne vollendete ihren Weg nach Westen, drehte nach Norden ab und kündete so den arktischen Abend an.

---

* Advil ist ein in den USA sehr häufig verwendetes Allzweck-Schmerzmittel in verschiedenen Darreichungsformen. Hauptbestandteil ist das 1967 eingeführte Ibuprofen (Anm. d. Übers.).

Die Farben wurden weicher und die Temperatur sank um einige Grad. Mein Ellbogen fing wieder an zu schmerzen. Wir mussten einen Endspurt vorlegen, also verleibten wir uns noch einen Snack und Advil ein.

Nach 15 Stunden ununterbrochenen Ruderns und Schleppens erreichten wir um Mitternacht den Rand einer Eisscholle am Einlass zu einer schmalen Bucht. Ein hoher Hügel ragte über uns auf und ein Schneehase knabberte an Tundraried. Wir schleppten die Boote über die Eisplatte, schlüpften wieder ins Cockpit und blickten über die letzten hundert Meter ruhigen Wassers. Chris stieß ihr Boot vom Eis, ohne den Spritzschutz festzumachen. Dann blickte sie über die Schulter zurück und meinte: »Lass uns nach Grönland paddeln.«

19

Wir waren zu müde, um in Jubel auszubrechen, als wir den Strand erreichten. Keiner von uns beiden küsste den Boden, tanzte oder jubilierte. Chris ging ein Stück alleine, und ich gab ihr Freiraum, indem ich am Strand in die andere Richtung ging.

Grönland liegt unter einer gigantischen Eisplatte, die bis 2700 Meter dick ist und eine Fläche von über 1,8 Millionen Quadratkilometern bedeckt. Nur die Eisplatte, die über der Antarktis liegt, ist noch größer. Das Eis drückt die Mitte Grönlands unter den Meeresspiegel. Wenn jemand die Eishaube wegzaubern könnte, würde Meerwasser hineinlaufen, sodass eine Art riesiges Atoll entstünde, bei dem ein dünnes Felsenband ein Binnenmeer einschlösse. Dann würde sich über die nächsten tausend Jahre hinweg die Landmasse heben und das Wasser würde ablaufen wie vom Rücken eines auftauchenden Wals. Ich dachte, wir würden unter einer Mauer hoch aufragenden Eises lagern, aber der Küstenstrich war bemerkenswert grün und warm. Der Gletscher war weiter landeinwärts hinter einer Reihe von Hügeln verborgen. Obgleich ein Hausbesitzer in einem Vorort den Bewuchs für trostlos halten würde, bot eine Fülle von Gräsern und Ried eine willkommene Abwechslung zu den kahlen Felsen Ellesmeres. Eine Mücke landete auf meinem Handrücken, arbeitete sich durch die Haare und piekte ihren Rüssel in meine Haut. Ich blies sie an und sie flog davon. Es war die erste Mücke, die ich seit der Abfahrt in Montana sah.

Ich drehte mich um und ging zum Lagerplatz zurück. Chris hatte ebenfalls kehrt gemacht, und sie sah aus wie der letzte Mensch auf Erden, als sie auf mich zuging. Wir blieben bei den Booten stehen, umarmten uns, stellten dann das Zelt auf und richteten den Schlafplatz her. Wir waren noch vom Restadrenalin erregt und nach 15 Stunden harter Arbeit ausgetrocknet, also kochten wir im Abendlicht eine Tasse Tee. Ich schlürfte ihn schweigend und sah dem Eis zu, das durch die Meerenge trieb. Der Eisfluss verschlimmerte sich eindeutig. Wären wir sechs Stunden später aufgebrochen, hätten wir vermutlich ein Problem gehabt.

Chris fragte leise: »Hattest du heute Angst?«

Ich schaute ihr ins Gesicht. Wir waren nicht mehr jung. Chris hatte viele Tage in Sonne und Wind verbracht, und um ihre Augen waren Fältchen.

»Ja, ich hatte Angst.«

»Gut, ich wollt's nur wissen.«

Wir tranken den Tee aus, krochen in unsere Schlafsäcke und schmiegten uns aneinander wie zwei Raupen in ihren Kokons.

20

Den nächsten Tag über ruhten wir uns aus und erforschten den Strand. Unser Lagerplatz war mit leeren Patronenhülsen, Plastiktüten und verstreuter Essensverpackung übersät. Der Müll gab uns die Gewissheit, dass wir bald die nördlichsten Bewohner der Erde treffen würden, aber nach der unberührten Küste von Ellesmere war es ein trauriger Anblick.

Am nächsten Tag packten wir unsere Ausrüstung wieder ein und paddelten nach Süden. Wir fühlten uns unverletzlich, so als wäre unsere Expedition bereits beendet, obwohl noch 360 Kilometer der 900-Kilometer-Fahrt vor uns lagen.

Als Nächstes interessierten wir uns für ein verlassenes Dorf namens Etah. Wir paddelten in den Fjord, wo im Hintergrund ein Ausläufer des Grönlandeises zu sehen war. Nach kurzer Suche fanden wir die Ruinen mehrerer Steiniglus.

Hier lebten bis 1955 Inuit. Dann zogen sie nach Süden in von der Regierung errichtete Häuser mit Zentralheizung. Ich bin 1945 geboren; wenn ich ein Polarinuit wäre, würde ich mich noch daran erinnern können, einmal in einem Steiniglu auf einem Grashügel unterhalb des Inlandgletschers gewohnt zu haben. Als Baby wäre ich bei Frühjahrsausflügen auf dem Hundeschlitten mit zu Verwandten in Siorapaluk oder Qanaaq gefahren. Als Junge hätte ich am Strand gespielt und die Männer nachgeahmt, die von ihren Kajaks aus Narwale und Walrosse jagten.

Etah war für Forscher, die Ende des 19. und Anfang des 20. Jahrhunderts zum Nordpol unterwegs waren, der nördlichste Punkt einer menschlichen Ansiedlung. Robert Peary, bekannt als Commander Peary, war vielleicht der berühmteste dieser Männer. Peary war eines meiner Kindheitsidole, weil mir mein Vater erzählt hatte, dass er als erster Mensch den Nordpol mit einem Hundeschlittengespann erreicht hatte. Bei einer Pfadfinderwanderung erzählte uns einmal ein Fähnleinführer davon, wie Peary die Füße erfroren waren. Als ihn seine Gefährten fragten, weshalb er trotz der bitteren Kälte weitergegangen sei, antwortete er: »Es ist keine Zeit, unterwegs Kranke zu verhätscheln. Außerdem sind ein paar Zehen kein zu hoher Preis, um den Pol zu erreichen.«

Die meisten von den Jungs dachten, der Fähnleinführer sei ein Trottel, weil er uns mit einer so blöden Geschichte antrieb, die wahrscheinlich sowieso nicht stimmte, aber ich dachte später noch lange darüber nach.

Für Peary waren Expeditionen ein Mittel, Ruhm, Geld und gesellschaftliches Ansehen zu erringen. Als er 24 Jahre alt war, schrieb er: »Ich würde mir gerne einen Namen machen, der ein Sesam-öffne-dich zu Kreisen der Kultur und gehobenen Gesellschaft sein könnte.«

1895, fünfzehn Jahre später, schrieb er seiner Frau: »Der Winter war für mich ein Alptraum ... der kalte, feuchte, frostbedeckte Raum hat mich ans Grab denken lassen.«

Weshalb hielt er durch? In seinen eigenen Worten: »Wenn ich *hier* nicht gewinne, fallen all diese Dinge (Ruhm und Reichtum) weg. Der Erfolg ist es, der ihr Vorhandensein bewirkt.«*

Der Nordpol ist eine astronomische Beobachtung, die auf sich bewegendes Eis projiziert wird. Wenn man dort heute eine Fahne aufstellt, ist sie morgen woanders. Die Inuit konnten nie verstehen, weshalb der weiße Mann solche Strapazen auf sich nahm, um den Pol zu erreichen. Sie vermuteten, dass er eine wirtschaftliche Bedeutung haben müsste, und da Eisen das wertvollste Gebrauchsgut war, das sie kannten, nannten sie ihn »den Nagel«. Aber in Europa und Nordamerika warteten die Menschen genauso begierig auf Nachrichten von ihren Lieblingsforschern, wie der moderne Sportfan die Vorberichte, den Spielbericht und die Kommentare nach dem Spiel verfolgt.

Peary trat als Bauingenieur in die Marine ein und wurde nach Nicaragua entsandt, um Vermessungen für einen geplanten Kanal zwischen Atlantik und Pazifik zu machen. Nach seiner Rückkehr ließ er sich von der Marine beurlauben und organisierte mit Geld, das er sich von seiner Mutter geliehen hatte, eine Expedition, um die Eisdecke Grönlands zu überqueren. Während der nächsten 23

* Alle drei Zitate stammen aus: Berton, Pierre, *The Arctic Grail*, Viking-Penguin, New York 1988, Seiten 513, 518, 558.

Jahre ging er auf sechs Expeditionen und verbrachte fast 14 Jahre im Norden. Die ersten drei Fahrten beschäftigten sich mit der Erforschung des Grönland-Eises. Seine letzten drei Expeditionen waren unerbittlich auf den Nordpol gerichtet.

Obwohl Peary sein Lebensziel erreichte, Ruhm und Anerkennung zu finden, scheiterten paradoxerweise fünf seiner Expeditionen, und das Ergebnis der letzten bleibt fraglich. Wie konnte er so viele Menschen getäuscht haben? Vielleicht ist eine Antwort, dass er trotz wiederholten Scheiterns ein großer Forscher war. Peary lebte bei den Inuit und fuhr im Hundeschlitten Tausende von Kilometern über das Eis. Er zog sich an wie die Ureinwohner, jagte sein eigenes Essen, ließ sich stoisch die Zehen abfrieren, wenn es hart auf hart kam, und erforschte neue Landstriche.

Letzten Endes ist es egal, ob Peary es zum Pol geschafft hat oder nicht, schließlich war der Pol ja doch nur der Nagel. Worauf es ankam, war, dass er der Welt seine Leidenschaft vermittelte. Und die Welt glaubte ihm, dass er den Pol erreicht hatte.

Bei seiner letzten Fahrt fuhr Peary 1908 in New York los und landete am 12. August in Etah, wo er 69 Inuit, 246 Hunde, 70 Tonnen Walfleisch und den Speck von 50 Walrossen an Bord nahm. Kapitän Robert Bartlett schrieb: »Ich werde nie den grauenhaften Lärm, den atemberaubenden Gestank und das schreckliche Durcheinander vergessen, das an Bord herrschte.« Die Offiziere feierten die Abfahrt mit Dosenpfirsichen, aber »der Geruch ringsum war so stark, dass sich die Pfirsiche auf der Zunge einfach nur glitschig und kalt anfühlten und nicht den geringsten Fruchtgeschmack hatten«.* Sie segelten zur nordöstlichen Spitze von Ellesmere und ließen das Schiff für den Winter festfrieren. Am 28. Februar 1909 machten sie sich schließlich auf den Weg über das Eis zum Pol.

Vorausmannschaften hackten mit Pickeln einen Weg durch die Presseiskanten. Versorgungsmannschaften beförderten Walfleisch

* Berton, Pierre, *The Arctic Grail*, a. a. O., S. 572

und Walrossspeck als Nahrung für die Hunde nach Norden. Peary hinkte auf seinen zehenlosen Füßen hinterher und sparte seine Kräfte für den Endspurt auf. Die Expedition schaffte im ersten Monat im Schnitt 16 Kilometer pro Tag und erreichte am 1. April 87 Grad 47 Minuten nördlicher Breite (der Pol liegt bei 90 Grad). Sie waren noch 240 Kilometer vom Pol entfernt, aber die Vorräte wurden knapp und das Eis fing in der wiederkehrenden Sonne zu tauen an.

Kapitän Bartlett war einer der beiden Männer der Gruppe, der ein Schiff navigieren konnte. Als militärischer Befehlshaber der Expedition gab Peary ihm den Befehl, zum Schiff zurückzukehren. Peary schickte ihn nach Süden und setzte die Fahrt mit vier Inuit und seinem Burschen, Matthew Henson, fort. Laut Pearys Bericht stießen sie plötzlich auf glattes Eis, konnten auf 50 Kilometer pro Tag beschleunigen und erreichten nach fünf Tagen den Pol. Niemand konnte seine Deutung der Gestirne bestätigen oder widerlegen. Henson schrieb später, dass sie langsam vorankamen und sich Passagen durch zackige Presseiskanten hacken mussten.

Nach Pearys Rückkehr behaupteten Kritiker, er habe das Erreichen des Pols vorgetäuscht, doch nach ausgiebiger Debatte im amerikanischen Kongress wurde seine Behauptung als wahr akzeptiert und er wurde zum Konteradmiral befördert. Peary kehrte nie wieder in den Norden zurück. Einige moderne Historiker glauben, dass Peary den Nordpol erreicht hat, während andere dies bestreiten.

Chris und ich saßen auf einem grasbewachsenen Hügel in Etah und aßen zu Mittag. Wir konnten es uns leisten, nichts zu tun, weil Peter und Wes unsere Nahrungsvorräte aufgefüllt hatten, wir die gefährliche Überfahrt geschafft hatten und es nur noch 150 Kilometer bis Siorapaluk waren. Ich legte mich auf den Rücken und schloss die Augen.

Chris fragte: »Wo meinst du, sollten wir als Nächstes hinfahren, Jon?«

Ich setzte mich auf. »Was meinst du? Siorapaluk.«

»Nein, Dummkopf, bei der nächsten Expedition. Du scheinst doch immer schon die nächste Fahrt im Kopf zu haben.«

»Ach, ich weiß nicht, Chrissy. Ich glaube, ich habe mich die ganze Zeit auf diese Fahrt konzentriert. Im Augenblick habe ich gerade an Peary gedacht.«

Peary hatte 14 Jahre lang unter Menschen gelebt, die seine Vorstellung von Erfolg nie verstanden. Er lebte mit einer Inuitfrau zusammen und hatte ein Kind mit ihr. Saßen sie je auf einem Hügel und redeten über ihre Leidenschaften? Konnte seine Geliebte, die Mutter seines Kindes, je sein Streben nach Ruhm verstehen? Haben sie je gemeinsam von Kindern, Blumen, Einsamkeit, Schnee, Hundeschlitten oder Kajaks geträumt? Ich weiß es nicht, ich weiß nur, dass der Ruhm, den er sich ersehnte und den er erreichte, an eine niemals wankende Leidenschaft für sein Ziel gebunden war. Und seine Botschaft machte einen gewaltigen Eindruck auf die zivilisierte Welt. 45 Jahre nachdem Peary im Triumphzug in New York angekommen war, marschierte ich in meiner Pfadfinderuniform einen heißen Tag lang und dachte nicht an glorreichen Sonnenschein, sondern an meinen Vorsatz, kein Schwächling zu sein, selbst wenn der Fähnleinführer mir die erfrorenen Zehen amputieren musste.

Als ich jetzt mitten während meiner eigenen Expedition auf einem Hügel saß, auf dem auch Peary gesessen hatte, reihten sich all die Geschichten und die Kindheitsträume zu einer Chronik aneinander. Ich war, wie Peary, wiederholt gescheitert. Endlich würde ich, wie Peary, Erfolg haben. Aber wie konnte er den Norden hinter sich lassen und Schreibtischoffizier und Salonlöwe werden? Offensichtlich saß er nicht eines Tages auf dem Eis und erkannte, dass ihn das Herumwandern glücklich machte. Vielleicht war für ihn das Abenteuer nichts anderes als ein Mittel zum Erfolg. Aber das konnte ich nicht ganz glauben. Ich verstand den Mann nicht.

Ich war nicht gesprächig, also stand Chris auf und ging weg. Sie fand einen Bärenschädel, schlich sich an mich an und ließ den erbleichten Kiefer zuschnappen. Ich heuchelte Angst und krümmte mich in Fötushaltung zusammen. Sie verlor das Interesse an dem Spiel und ging spazieren.

Sie fragte sich, wo wir als Nächstes hinfahren würden. Ich war mir nicht sicher: Sibirien, Südpazifik, Zentralasien? Wir hatten viel Zeit, über Zukunftspläne zu reden. Ich schloss die Augen und sank in einen tiefen Nachmittagsschlaf.

21

Nachdem wir wieder drei Tage lang gepaddelt waren, stiegen Chris und ich auf einen Hügel und schauten über einen Fjord auf grüne, blaue und rote Rechtecke. Wir zogen es vor, noch eine Nacht zu zelten, ehe wir Siorapaluk besuchten, unsere erste Ortschaft auf Grönland. Der Gletscher am oberen Ende des Fjords spaltete sich mit einem donnernden Krachen, das zwischen den Bergwänden widerhallte. Einige Stunden später kam ein Eisberg von mehreren Hektar Fläche ins Blickfeld getrieben. Die leichte Dünung der Baffinbai rieb das Eis aneinander und erzeugte dadurch ein niederfrequentes Brummen, das dem Geräusch einer entfernt liegenden Autobahn ähnelte. Ich fragte mich, warum das Knirschen des Eises beruhigend wirkte, das Geräusch vorbeifahrender Lastwagen aber störend. Lag es an einem Unterschied der Frequenz oder der Wahrnehmung?

Am nächsten Morgen paddelten wir durch das noch vorhandene Eis über den Fjord hinüber. Jemand am Strand sah uns, als wir noch einige hundert Meter entfernt waren. Die Gestalt starrte, winkte, verschwand in einem Haus und kam verdreifacht wieder heraus. Zwei von den drei liefen in benachbarte Häuser, und jeder kam mit weiteren Menschen heraus, die ihrerseits ihre Freunde holten, sodass es aussah wie eine in zwei Richtungen laufende Kettenreaktion. Als wir näherkamen, hörten wir Stimmengewirr, aber sonst keine Geräusche. Es waren keine Autos da, keine Trucks, keine Bulldozer, Rasenmäher, Motorsägen oder Motorboote. Nur 60 Leute, die sich am Strand unterhielten.

Als Chris und ich nur noch einen guten Meter vom Ufer entfernt waren, lief ein Junge ins Wasser, packte Chris' Kajak und zog es an Land. Drei Buben sprangen aus der Menge und packten das meine. Dann wurden wir von so vielen Menschen umringt, dass es uns schwerfiel, aus dem Cockpit zu klettern. Jeder redete gleichzeitig, und obwohl wir ihre Sprache nicht beherrschen, hörten wir doch ein Wort, das immer wieder aufgeregt in der Menge ertönte: »*kajaks, kajaks, kajaks*«, ausgesprochen mit einer Betonung auf dem J und dem zweiten K. Dutzende von Händen wurden uns zum Gruß entgegengestreckt, und wir mussten jede Hand schütteln, bevor sie zurückgezogen wurden. Schließlich hieß uns eine Stimme auf Englisch willkommen.

»Von wo kommen Sie?«

Der Mann hatte ein schmaleres, orientalischeres Gesicht als die Übrigen, aber in der Aufregung fiel mir der Unterschied kaum auf.

Wir sagten »Grise Fiord«, und die Menge verstand. Die Leute nickten.

»Wie viele Tage haben Sie gebraucht?«

Ich antwortete: »Dreiunddreißig! Wir sind sehr langsam.« Er übersetzte es der Menge.

Ein anderer Mann trat vor, packte Chris bei der Hand, lächelte freundlich und verkündete auf Englisch mit starkem Akzent: »Kajakfrau!« Dann sagte er etwas in ihrer Sprache, und der Englisch sprechende Mann übersetzte: »Nein, mit dem Kajak ist das schnell.«

Der Übersetzer lud uns zu Tee, getrocknetem Narwal und Brötchen ein. Er war ein japanischer Auswanderer namens Ihuo, der auf einer Expedition nach Grönland gekommen und dort geblieben war. Er lebte nun schon seit 15 Jahren hier im Norden als Jäger. Ich fragte ihn, ob er je daran denke, in die Heimat nach Tokio zurückzukehren. Er antwortete, dass er die ersten zwei, drei Jahre einsam gewesen sei, jetzt jedoch eine Familie habe und kein Zuhause in Japan, zu dem er zurückkehren könne. Er verdiente sich seinen Lebensunterhalt mit Jagen, Fischen und Fallenstellen, und hatte sich seit eineinhalb Jahrzehnten nicht mehr um Uhren oder Termine Gedanken gemacht. Er meinte, er könne in einer Industriegesellschaft nicht lange einer Arbeit nachgehen. Dann befragte uns Ihuo nach den Tieren, die wir gesehen hatten, und nach dem Zustand des Eises im Norden. Als wir fertig waren, zeigte er uns einen angenehmen Lagerplatz, der nahe beim Ort war, aber ein wenig Privatsphäre bot. Mehrere Hundegespanne waren an den Berghängen angepflockt. Die Hunde erwachten aus ihrer Sommermattheit, sahen uns neugierig an, bellten und wedelten mit dem Schwanz.

Höfliche fünf Minuten nachdem wir unser Zelt aufgestellt hatten kam der Mann, der Chris »Kajakfrau« genannt hatte, über die Tundra spaziert und hockte sich in der Nähe unseres Zelts auf eine weich bemooste Stelle.

»Henson«, sagte er und streckte seine Hand aus. Der Name sagte mir nichts, obwohl er das hätte tun sollen. Seine Wangenknochen waren weicher als die der meisten Inuit, seine Nase und seine Lippen größer und seine Hautfarbe dunkler.

»Jon.«

»Chris.«

»Heute«, und er deutete nach Norden, »zwei Kajak. Kajakmann«, dabei legte er seinen Arm um meine Schulter, »Kajakfrau.« Und er lachte.

Dann winkte er, wir sollten ihm folgen. Er zeigte uns ein Kajak, das auf zwei 200-Liter-Ölfässern aufgebockt war. Ich dachte an die Steinsäulen bei Kap Faraday und erkannte, dass sich nur das Material geändert hatte, nicht aber die zugrunde liegende Idee. Die Fässer hielten das Boot von der feuchten Erde und von den vielen Schlittenhundwelpen fern, die im Ort frei herumliefen.

Das Kajak war aus einem Holzrahmen gebaut, der von einer Haut aus Baumwoll-Leinwand bedeckt und zusammengehalten wurde. Es war viel kleiner als unsere Boote und hatte einen glatten Bug und einen fast rechtwinkligen Steg zwischen Deck und Rumpf.

Er bedeutete mir, ich solle das Kajak nehmen und damit zum Strand gehen. Das Kajak wog etwa 15 Kilogramm. Nach dem Schleppen unserer schwer beladenen Plastikkajaks war es eine echte Freude, das Kajak zu tragen. Als wir zum Wasser kamen, bat er in Zeichensprache darum, in Chris' Boot fahren zu dürfen. Chris nickte. Wir schleppten das Boot ins Wasser, und sie reichte ihm ihr Paddel. Er quetschte sich ins Cockpit, und wir zeigten ihm, wie man das Steuerruder bedient. Er paddelte mit schnellem, zielstrebigem Ruderschlag aufs Meer hinaus.

Mehrere Menschen, darunter auch Ihuo, kamen zum Strand, um zuzusehen. Henson kam zurück und redete mit Ihuo, der übersetzte: »Ihre Boote sind sehr langsam. Es muss schwere Arbeit sein, damit zu fahren. Die Kajakfrau ist stark.«

Dann verzichtete er auf eine Übersetzung und wandte sich direkt an Chris: »Kajakfrau, komm!« Er führte sie zu seinem Boot und deutete aufs Wasser hinaus.

Ihuo warnte Chris, sie solle nur auf den hölzernen Rahmen steigen, weil sie sonst ein Loch in den Leinwandbezug machen würde. Sie stieg anmutig ein, packte Hensons Paddel und fuhr in tiefes Wasser hinaus. Niemand sagte ein Wort, dann begannen plötzlich alle gleichzeitig zu reden. Ihuo sagte mir, dass nach Inuittradition Frauen ihre Männer bei Jagdausflügen begleiteten, nicht aber bei der Jagd selbst. Da Kajaks hauptsächlich für die Jagd benutzt wurden, nicht aber für lange Fahrten, fuhren Frauen nie in Kajaks. In der alten Zeit hätte ein Jäger sein Kajak zerstört, wenn es eine Frau angefasst hätte, weil ihre Berührung dem Jäger Unglück oder den Tod brachte.

Ich sah mich um und erwartete in den Gesichtern der Menschen Anspannung zu sehen, erblickte aber nur Freundschaft. Henson stand abseits und war stolz darauf, der Mann zu sein, der das Tabu gebrochen hatte und einem geschätzten Gast Ehre zuteil werden ließ.

In Chris' Worten:

Ich fühlte mich geehrt, als Henson mich die Kajakfrau nannte und mich bat, sein Kajak zu erproben. In der alten Zeit war es für Frauen tabu, Jagdgeräte auch nur anzufassen. Ich studierte sein Gesicht ganz genau, um sicher zu sein, dass er keine Scherze machte, und ich sah, dass eine kleine Menschenmenge an den Strand gekommen war. Von den Gesichtern konnte ich ablesen, dass das Angebot eine Ehre war und kein Scherz. Ich zog fast feierlich meine Stiefel aus und stieg ein. Das Paddel war ein 1 Meter 80 langes, sieben Zentimeter breites, etwas mehr als einen Zentimeter dickes Brett. Es war gerade, abgesehen von den Abtropfkerben, die auf beiden Enden eingeschnitten waren. Das Boot war aus Holzstegen, Weidenzweigen und bemalter Leinwand gefertigt. Das scheinbar primitive und nicht sehr stabile Kajak schaukelte bedenklich, als ich meine Hüften verlagerte. Ich spürte zwanzig Augenpaare, die mich genau beobachteten. Ich wollte nicht kentern und riskieren, dass die Ortschaft jahrelang schlechten Jagderfolg hätte. Nachdem ich tief durchgeatmet hatte, um zu entspannen, fand ich den Gleichgewichtspunkt. Es war ein Gefühl, als säße ich im Vergleich zu meinem plumpen, größeren, schwer beladenen Boot plötzlich in einem Sportflitzer. Als ich die Enden des Brettpaddels ins Wasser eintauchte, bewegte ich mich rasch durch die Bucht. Hensons Kajak war eine schnelle, stromlinienförmige Jagdmaschine. Abgesehen von dem leisen Platschen, wenn ich das Paddel ins Wasser tauchte, bewegte ich mich nahezu geräuschlos über das Meer. Ich stellte mir vor, ich jagte still eine Beute, kehrte dann aber zögernd zum Strand zurück.

Als Chris zurückkam, half ihr ein alter Mann mit Eisbärfellhose, abgetragenen Robbenfell-*kamiks*, einer dicken Brille und einem Hörgerät mit breitem Lächeln und stummem Nicken aus dem Boot. Ihuo sagte mir, der alte Mann sei Hensons Schwiegervater. Er sei 89 und ein großer Jäger gewesen, der einst mit Peary unterwegs war.

Die Menge verlief sich, und Henson lud uns zu sich nach Hause ein. Wie die Häuser in der kanadischen Arktis war auch dieses nach dem Vorbild eines Vorort-Reihenhauses gestaltet, es gab sogar den ledrigen Gummibaum aus dem Amazonas-Regenwald. Hensons Frau bereitete geschäftig Essen und Kaffee, Kinder liefen umher und Schlittenhundwelpen wuselten zwischen den Füßen herum. Der alte Mann trat ein und machte es sich in der Hocke bequem. Henson brachte ein großes Album und schlug es auf, um uns einen Ausschnitt aus dem *Boston Globe* zu zeigen. Bevor ich die Schlagzeile las, deutete er auf sein Bild innerhalb eines Gruppenporträts.

»Ich, Henson«, verkündete er stolz. Dann deutete er auf alle anderen Personen im Gruppenbild und betonte: »Henson, Henson, Henson.«

Jetzt verstand ich! Wie konnte ich nur so dumm sein!

Matthew Henson kam 1866 als Sohn eines schwarzen Landpächters in einer kleinen Stadt in Maryland zur Welt. Seine Eltern starben, als er jung war, und mit 13 Jahren bekam er auf einem Schiff Arbeit als Kabinensteward. 1888 nahm Peary Henson zu seiner Vermessertätigkeit nach Nicaragua mit. Die beiden zollten sich gegenseitig Respekt. Peary kommentierte, sein Assistent habe »Intelligenz, Treue, sowie überdurchschnittlichen Mut und Ausdauer«. Henson schrieb seinerseits: »Mit dem Instinkt meiner Rasse erkannte ich in ihm (Peary) die Qualitäten, die mich willens machten, mich in seinen Dienst zu begeben.«[*]

---

[*] Counter, S. Allen, *North Pole Legacy: Black, White, and Eskimo*, University of Massachusetts Press, Amherst 1991, S. 52

Henson begleitete Peary auf fünf seiner sechs arktischen Expeditionen. Er erlernte die Inuitsprache (während Peary das nicht tat) und diente als Übersetzer. Beim ersten Versuch, den Nordpol zu erreichen, ging Henson voraus, um den Weg freizumachen und mit einem Pickel Passagen durch Presseiskanten zu hacken, während sich Peary ausruhte. Dann unternahmen Peary und Henson das letzte Teilstück gemeinsam.

Aber Henson war schwarz, folglich erhielt er nur halb so viel Lohn wie die Weißen. Vor dem letzten Marsch zum Pol erinnerte Peary seinen Diener: »Du bist lange genug in meinem Dienst, um mir in kleinen Dingen Respekt zu erweisen … Ich habe ein Recht zu erwarten, dass du mich immer mit ›Sir‹ anredest … Du wirst aufmerken, wenn ich mit dir rede, und mir bezeigen, dass du meine Anweisungen gehört hast, indem du ›Ja, Sir‹ oder ›In Ordnung, Sir‹ sagst.«[*]

Beim letzten Marsch zum Nordpol bereitete Henson wieder den Weg vor, während Peary im Schlitten fuhr. Folglich erreichte Henson als Erster den Nordpol (sofern die beiden tatsächlich zum Pol gelangten). Peary war darüber so wütend, dass er sich während der ganzen Heimfahrt weigerte, mit Henson zu reden, und er verabschiedete sich auch nicht von ihm, als sie sich in New York trennten. Die National Geographic Society verlieh Peary eine Medaille dafür, dass er den Pol erreicht hatte, und eine weitere Robert Bartlett auf Platz zwei für das Erreichen von 87 Grad nördlicher Breite. Henson und die Inuitführer wurden übergangen.

Nach ihrer Rückkehr wurde Peary reich. Henson konnte keine Arbeit finden. Nach drei Jahren schrieb Henson an Peary, dass er Arbeit als »Chauffeur oder Bote oder auf einem anderen Posten, für den ich geeignet bin«, benötige. Ein Jahr später machte Peary seinen Einfluss geltend, um seinem alten Gefährten eine Anstel-

[*] Counter, S. Allen, *North Pole Legacy: Black, White, and Eskimo*, University of Massachusetts Press, Amherst 1991, S. 52

lung als Bote im Bundeszollamt in New York zu verschaffen, wo Henson blieb, bis er in Pension ging.

Henson hatte eine Inuitfrau, die ihm einen Sohn gebar, Anaukaq. Anaukaqs Sohn, Talilanguak, war unser Gastgeber. 1987 war er nach Boston zu einer Wiedersehensfeier geflogen, bei der sich die Inuit-Nachfahren und die amerikanische Nachkommenschaft der Familien Peary und Henson trafen.

Talilanguaq servierte uns Kaffee, Brot, Butter und dänischen Käse. Das Brot schmeckte fast feierlich, es war der Geschmack der Zivilisation. Als wir fertig waren, machten die Kinder einen Platz am Küchenboden frei, legten Zeitungspapier auf das Linoleum und gingen hinaus, um einen großen roten Plastikbottich zu holen. Darin befand sich *kiviaq*, ein Gericht, von dem ich gehört, das ich aber noch nie gesehen oder gekostet hatte.

Zum Rezept für *kiviaq* gehören eine Robbe und 250 bis 500 Krabbentaucher. Ich habe ja schon erklärt, dass Krabbentaucher mit langstieligen Netzen gefangen werden, wenn sie über ihre Nester in Felsspalten hinwegfliegen. Um *kiviaq* zubereiten zu können, muss der Jäger jeden Vogel töten, ohne seine Haut zu ritzen. Das wird bewerkstelligt, indem man dem Vogel den Daumen in die Brust bohrt und sein Herz von seinem Platz drückt. Schnabel, Federn und Innereien bleiben intakt. Der andere Hauptbestandteil ist ein frisches Robbenfell, in dem die Hälfte des Unterhautfettgewebes verbleibt. Die Vögel werden in das Robbenfell gestopft, das dann zugenäht wird, damit es wie eine lebende Robbe aussieht. Dieses Paket wird in ein flaches Grab gelegt, das von unten vom Permafrost gekühlt und von oben von der Sonne erwärmt wird. Im Verlauf einiger Wochen bis Monate zersetzt sich das Fett der Robbe und tropft langsam auf die fermentierenden Vögel. Wenn sich beides mischt und grün wird, ist das *kiviaq* fertig.

Talilanguaqs Vater hatte wenig Interesse an Brot und Käse gezeigt, aber er kam aus seiner Ecke, als das *kiviaq* hereingetragen wurde. Er schlitzte die Naht auf, die das Robbenfell zusammenhielt, nahm einen Krabbentaucher heraus und bot ihn mir an. Einige Tröpfchen ranzigen Fetts tropften durch seine Finger und glänzten an den Enden seiner Knöchel.

Ich versuche, die Sitten anderer Menschen zu achten, und ich habe auch einen ziemlich robusten Magen, aber ich befürchtete, ich könnte mich über das Festmahl erbrechen, wenn ich noch näher käme. Ich wagte nicht einmal, meinen Mund aufzumachen, um nein zu sagen. Also lächelte ich nur und schüttelte meinen Kopf.

Talilanguaq verstand und bedeutete seiner Frau, uns noch mehr Brot und Butter zu bringen. Dann setzte er sich mit seinem Schwiegervater und den anderen Gästen zum Essen nieder. Die rohen, fermentierten Krabbentaucher waren so weich, dass die Essenden Federn, Fleisch und Innereien mit einem zufriedenen, schmatzenden Geräusch von den Knochen saugten. Bald häuften sich Knochen, Schnäbel und Füße auf dem Boden. Als jeder satt war, verstaute Talilanguaq das restliche *kiviaq* im Freien und wischte das Linoleum mit Küchenpapier sauber.

Am nächsten Morgen kam Ihuo vorbei, um uns zu fragen, ob wir eine Narwaljagd sehen wollten. In Grönland werden Narwale und Robben noch vom Kajak aus gejagt. Die Harpune ist dabei an einer Boje aus Robbenfell befestigt, damit das verletzte Tier nicht untergeht und wiedergefunden werden kann. Die Inuit benützen das Gewehr erst dann zum Abschuss, wenn die Beute gesichert ist. Dieses System vermindert die Möglichkeit, dass ein verletztes Tier entkommt und andernorts stirbt. Im Gegensatz dazu schießen die Inuit in Kanada Meeressäugetiere mit großkalibrigen Gewehren von Motorbooten aus. Sie erbeuten nur 40 Prozent der erlegten Narwale. Ihuo erklärte, die Narwale hätten sich 80 Kilometer weiter östlich versammelt, und wir sollten uns beeilen, weil die Jagdsaison schon fortgeschritten sei.

Wir gingen zum Laden, um Proviant zu kaufen, aber das jährliche Versorgungsschiff war noch nicht angekommen und die Regale waren fast leer. Wir kauften ein paar Schachteln Schiffszwieback und machten uns fahrbereit. Ich dachte, ich würde mich mit Schiffszwieback auskennen, weil ich Lotsenzwieback gegessen hatte, als ich auf den Fischerbooten in Alaska arbeitete, aber der Zwieback in Alaska war zivilisiert, weich und brüchig gewesen wie ein gesalzener Cracker, nur ohne das Salz. Der Schiffszwieback aus Grönland war so fest, dass ich erst eine Ecke im Mund aufweichen musste, ehe ich abbeißen konnte. Chris zerrieb ihre Ration zwischen zwei Steinen, um sich keine Zähne auszubeißen.

Schiffszwieback hat Kohlehydrate, aber wenig lebenswichtige Vitamine. *Kiviaq* ist eine vollwertige Mahlzeit. Hunderte von Forschern starben oder wurden durch Skorbut zu Krüppeln, weil sie versuchten, mit Hilfe von Schiffszwieback und gepökeltem Fleisch zu überleben, statt sich an die Nahrung der Einheimischen zu gewöhnen.

22

Wir paddelten zwei ereignislose Tage lang nach Qanaaq, der größten Ortschaft im Nordwesten Grönlands. Wieder versammelte sich eine Menschenmenge, um uns zu begrüßen. Ein älterer Mann zeigte mit den Händen die Form eines Zelts. Wir nickten, und er führte uns zu einer flachen Terrasse, die für unser Zelt groß genug war.

Talilanguaq hatte uns einige Worte des regionalen Dialekts beigebracht, sodass wir unsere Wasserflaschen hochhalten und »*Inuk?*« fragen konnten. Der Mann nickte und führte uns zu einem öffentlichen Wasserhahn. Ich füllte die Flasche und fragte: »Tee?« Er ging mit uns zum Zelt zurück, wir machten den Kocher an und teilten unseren Tee mit ihm.

In der Bucht drehte sich platschend ein Eisberg um, wobei krachend Eis absprang. Aber heute übertönten zum ersten Mal auf unserer Fahrt der Stromgenerator des Ortes und Lastwagen, die am Strand ein Schiff entluden, die Geräusche der See und ihres Eises.

Vom ersten Müll, als wir in Grönland an Land gingen, über die Ruhe Siorapaluks hin zu diesem Lärm näherten wir uns der Zivilisation.

Wir ruhten uns in Qanaaq mehrere Tage lang aus. Chris und ich wollten eine Narwaljagd sehen, und man sagte uns, eine Jagdgruppe lagere zwei Tages-Paddelfahrten östlich von der Stadt.

Als wir das Jagdlager erreichten, begrüßten uns vier Männer und zwei Frauen und boten uns zuerst Tee, dann Kaffee an. Ein seit einer Woche toter Narwal lag ausgestreckt auf der Tundra. Er war gut fünf Meter lang, so lang wie mein Kajak. Ein ausgewachsenes Narwalmännchen wiegt etwa eineinhalb Tonnen, doppelt so viel wie ein Elch, aber beträchtlich weniger als ein Elefant. Die Jäger hatten ihn aufgeschlitzt, die Innereien entfernt und sich etwas Fleisch abgeschnitten. Ein paar Fliegen summten um das tote Tier herum.

Unsere Gastgeber bedeuteten uns mit ihren Messern, wir sollten essen. Also hockten wir uns auf die Tundra und schnitten uns Stücke des dunklen, öligen, luftgetrockneten Fleisches ab. Ein Mann tupfte mir mit der Klinge seines Messers auf den Ellbogen. Dann schnitt er sich einen Würfel rohen Speck ab und machte mir Zeichen, ich solle das auch tun und das Fett zusammen mit dem Fleisch essen.

Nach der Mahlzeit gingen wir zum Strand hinunter, wo die Männer unsere Boote, den Spritzschutz und die Paddel inspizierten. Dann machte jeder reihum eine Probefahrt. Chris versuchte die Frauen zu überreden, es auch zu versuchen, aber sie kicherten und weigerten sich. Ich sah mir die Kajaks der Männer an, und einer reichte mir seine Harpune. Der Holzschaft war etwa 1,20 Meter lang. An der Spitze des Schafts war ein Stück ausgehöhlten Narwalzahns mit Seehundsehnen festgezurrt. Dann war noch eine zugeschliffene Stahlspitze ans Elfenbein gebunden. Die Harpune hatte keinen Widerhaken, aber wenn die Waffe in ein Tier eindrang, drehten sich das Elfenbein und die Speerspitze in ihrer Halterung senkrecht zum Schaft nach außen. Dieser Doppeldreh verhakte die Harpune so lange, bis der Jäger das Tier erlegte und die Harpune herausschnitt. Die Jäger warfen die Harpune mit Hilfe eines *atlatl*, den Clovis-Jäger* um 10 000 vor Christus entwickelt hatten. Eine Robbenlederschnur verband die Harpune mit der Robbenfellboje.

Die Harpune in meiner Hand war fast mit jenen identisch, die benützt wurden, als europäische Forscher in den Norden kamen. Der wesentlichste Unterschied waren die modernen Spitzen aus vergütetem Stahl. In der alten Zeit machte man sie aus Stücken von Eisenmeteoriten, die einige hundert Kilometer weiter südlich auf der Eisschicht Grönlands gelandet waren. Andere Männer verwendeten Kombinationen moderner Materialien. Ein Jäger ersetzte das Elfenbeinteil durch einen abgeschnittenen Schraubenzieher, der billiger und stabiler war. Ein anderer verwendete eine gelbe Polypropylenschnur anstelle der Robbenlederschnur, und ein dritter zeigte mir stolz ein altes Stück einer fünf Millimeter dicken Perlonschnur, die er von irgendeiner Expedition ergattert hatte.

Die Leute machten Nickerchen, verrichteten kleine Arbeiten, tranken Tee oder Kaffee und aßen. Niemand war formell beauftragt, Ausschau zu halten, aber irgendjemand suchte immer das Wasser nach Anzeichen von Narwalen ab. Ich saß bei einem älteren Mann auf der Klippe. Er sagte »Narwal« und zeigte zu einer welligen Schwimmbewegung. Dann deutete er zum oberen Ende des Fjords. Er tat, als würde er Essen in den Mund stecken, sagte »Kabeljau« und fuhr sich dann mit der Hand über den Bauch. Die Narwale tauchten also am oberen Ende des Fjords nach Kabeljau in die Tiefe. Er packte meinen Arm, zog meinen Ärmel zurück, um meine Uhr zu sehen. Sie zeigte elf Uhr. Er zeigte mit dem Finger auf zwölf Uhr, wiederholte noch einmal das Wort »Narwal« und deutete auf das Wasser direkt unter uns.

---

* Eiszeitliche Mammut- und Bisonjäger, die der Clovis-Kultur zugerechnet werden. Sie ist nach dem Ort Clovis in New Mexico benannt, wo man erste Spuren dieser Kultur fand (Anm. d. Übers.).

Um 12 Uhr 09 rief der Beobachtungsposten aufgeregt, und alle Jäger liefen zu ihren Booten. Ich nahm mein Fernglas und entdeckte drei blassbraun gefleckte Punkte, die sich durchs Wasser bewegten. Das war alles – kein Stoßzahn, keine majestätische Rückenflosse, kein gebogener Schwanz, dessen Silhouette sich von der Mittagssonne abhebt.

Wikinger auf Forschungsreise meinten, ein schwimmender Narwal sehe wie eine Wasserleiche aus, daher nannten sie ihn »Leichenwal« (*nar* + *hvalr*). Aber dann änderte sich das Bild. Ein nordischer Seemann erlegte einen Narwal und brachte den drei Meter langen, spiralförmigen Elfenbeinstoßzahn mit in die Heimat nach Skandinavien. Ein Händler kaufte ihn, brachte ihn nach Süden und verkaufte ihn an einen Edelmann, der ihn sogleich als das Horn eines Einhorns erkannte. Mittelalterliche Manuskripte behaupteten, das Horn eines Einhorns sei eine mächtige Medizin. Infolgedessen wurden Narwalzähne mit dem Zwanzigfachen ihres Gewichts in Gold aufgewogen.

Vier Jäger paddelten mit ihren Kajaks, um den Narwalen den vorherberechneten Weg abzuschneiden. Aber die Tiere tauchten und die Männer kehrten mit leeren Händen ans Ufer zurück. Bald darauf schwamm ein einzelner Narwal vorbei, und diesmal machte sich nur ein Mann an die Verfolgung. Er näherte sich vorsichtig, bis er nur noch einige Meter von seiner Beute entfernt war. Dann legte er sorgfältig sein Paddel an Deck ab und griff zu seiner Harpune.

Ich sah zwei widersprüchliche romantische Bilder vor mir. Erst dachte ich: »Hier, im Jahr 1988, im Zeitalter der lasergesteuerten Raketen, ist ein einsamer Jäger in einem fünfzehn Kilogramm schweren Boot aus mit Schnur zusammengebundenen Stöcken, überzogen mit einem Stoff, der nicht haltbarer ist als eine Bluejeans. Dieser Mann hält einen langen Stock; daran ist ein abgesägter Schraubenzieher und an diesem wiederum eine Stahlspitze befestigt. Mit diesem Teil, das mit einem Hebel geschleudert wurde, der vor Pfeil und Bogen erfunden wurde, beabsichtigt er, einen Wal zu erlegen.« Ich wollte draußen bei ihm sein, zurückversetzt zum urzeitlichen edlen Wilden.

Ich sah aber auch die Narwale verspielt durch die Wellen gleiten, frei und lebendig inmitten von Gletschern, Bergen, Ozean und Himmel. Meine Tochter Reeva hatte das Bild eines Einhorns an der Wand. Es hatte sich in einem Meer von Blumen trotzig aufgebäumt, das Bilder von Picknicks und Liebe evozierte. Chris' Ehering ist ein silberner Narwal, der endlos um ihren Finger herumschwimmt. Ich wollte nicht all diese schönen Bilder auf wahnsinniges Zappeln in blutroter See reduziert sehen. Ich dachte: »Wir leben nicht mehr vor hundert Jahren, wir leben heute, und müssen die wilden Tiere, die es noch gibt, bewahren.«

Der Mann hob seine Harpune, während sein Boot geräuschlos dahinglitt. Sein Arm zitterte vor Erregung und beruhigte sich dann mit der kühlen Beherrschung des erfahrenen Jägers. Aber bevor er werfen konnte, gab der Wal einen Laut von sich und entkam.

23

Die Narwale kamen nicht zurück, und zwei Tage später luden die Jäger ihre Kajaks in Motorboote und fuhren in die Stadt zurück. Allein gelassen, beschlossen wir, zum Luftwaffenstützpunkt Thule und nach Hause zu fahren. Wir hatten noch die lange Überfahrt der Inglefieldbai und die Fahrt entlang der Küste zum Stützpunkt vor uns. In der Mitte der Bucht sahen wir drei Narwale. Wir paddelten langsam auf sie zu. Sie schwammen in einer Klappbewegung, tauchten abwechselnd gut einen Meter ins Wasser ein und kamen dann zum Atmen wieder herauf. Das Wasser lief von ihrer Haut ab und hinterließ kleine Tropfen, die Regenbogen über ihre braunen Flecken tanzen ließen. Die Luftlöcher öffneten und schlossen sich wie der Rüssel eines Elefanten, der nach Erdnüssen greift. Wir hörten deutlich ihren Atem, laut und sehr säugetierartig.

Ein vierter Wal tauchte auf. Ich machte einen Ruderschlag und trat mit dem Fuß fest aufs Ruder. Der Wal glitt unter das Wasser und tauchte dann so nahe auf, dass wir fast zusammengestoßen wären. Plötzlich waren wir von Narwalen umringt, die sich in Gruppen zu dritt und zu acht tummelten. Wir legten unsere Paddel quer über den Spritzschutz. Der Ozean war ruhig, abgesehen von einer niederfrequenten, ruhigen Dünung, die gegen die Unterseite der nahen Eisberge schlug. Gelegentlich brachen Teile von ihnen ab und stürzten ins Meer.

Die Narwale besuchten uns eine halbe Stunde lang, ehe sie Laut gaben und verschwanden. Wir paddelten ans Ufer und lehnten uns an sonnengewärmte Felsen.

In alten Zeiten, als die Welt noch neu war, redeten die ersten Menschen mit den Tieren und tanzten mit dem Walross am Meeresgrund. Das Walross mochte die Menschen und bot ihnen immer zu essen an. Niemand musste je Hunger leiden. Diese Zeiten sind vorbei, aber selbst heute gibt es noch das Band zwischen Tier und Mensch. Ein Jäger ist zu unwissend, unfähig und langsam, um ein Tier zu töten. Gelegentlich tun den Tieren ihre armen, schwachen, menschlichen Vettern Leid und sie opfern sich absichtlich selbst.

An diesem Tag hatten die Narwale beschlossen, nicht erlegt zu werden. Statt dessen brachten sie uns den Zauber, den zu finden wir so weit gereist waren.

24

Drei Tage später kamen wir in Thule an. Eine Wache saß am Ende eines Piers, und wir paddelten über die offene Bucht auf ihn zu. Es war unglaublich, dass er uns nicht sah.

Ich rief zu ihm hinauf: »Hallo!«

Keine Antwort.

»Hallo, da oben! Wir sind Jon Turk und Chris Seashore, die sieg-

reichen Arktisforscher, die von einer erfolgreichen Expedition zurückkehren.«

Keine Antwort. Er hatte uns immer noch nicht gesehen und
mich auch nicht rufen gehört.

Chris schlug vor, wir sollten zu einem grauen Kriegsschiff rudern, das am Pier vertäut war. Der Beobachtungsposten achtern
würde uns sicher sehen. Wir paddelten in den Schatten des Schiffsrumpfs und machten ein Foto. Dann rief ich hinauf: »He, Mann,
lebt da oben jemand?«

Keine Antwort, also fuhren wir weiter zum Strand.

Schließlich entdeckte uns der Posten am Bug. »He, Sie da, Sie da.
Wer sind Sie? Was machen Sie hier?«

Chris flüsterte: »Mach jetzt keine blöden Witze.«

Ich stellte mich und Chris vor, und der Posten sagte uns, wir sollten ans Ufer paddeln.

»Sind Ihre Papiere in Ordnung? Haben Sie eine Genehmigung
der Air Force, den Stützpunkt zu betreten? Hatten Sie eine Genehmigung der dänischen Regierung, über Kanada nach Grönland zu
kommen? Hat jemand an Ihrem Einreisehafen den Pass abgestem-
pelt?«

»Nun, ja und nein. Ja, wir haben eine Genehmigung der US Air
Force. Nein, niemand hat am Einreisehafen den Pass abgestem-
pelt.«

»Ziehen Sie Ihre Boote an Land und steigen Sie aus. Ich rufe den
wachhabenden Offizier.«

Wir taten, wie man uns geheißen hatte, und der Posten rief zwei
weitere Wachen herbei, die auf uns aufpassen sollten. Geometrische Reihen von Gebäuden erstreckten sich landeinwärts, und Mi-
litärfahrzeuge rasten auf den Kieswegen hin und her. Auf der Pier
stand neben einem Feuermelder wie verloren ein Getränkeauto-
mat. Niemand fragte uns nach unserer Fahrt, dem Land, seinen
Tieren oder dem Eis. Aber ein junger Soldat, nicht älter als meine
Kinder, bot mir eine Cola-Dose an.

Ich öffnete die Dose am Ziehverschluss und reichte sie Chris.

»Wo haben Sie die Cola her?«, fragte ich.

»Ach, aus dem Automaten da drüben.«

Ich nickte. »Schon klar. Aber wie ist die Cola in den Automaten gekommen? Hier in Grönland, meine ich.«

»Ach so, sie wird per Schiff gebracht, aber Cola ist uns ausgegangen, da haben sie eine ganze Flugzeugladung davon in einem C-140-Transporter gebracht. In einer C-140 kann man eine hübsche Menge Limonade fliegen.«

Wir saßen neben 29 Millionen Kubikkilometern Eis, Flüsse flossen von dort ins Meer, und die Air Force flog Wasser aus New Jersey ein. Chris gab mir die Dose, und ich nahm einen Schluck. Es schmeckte süß und schäumte.

Der wachhabende Offizier ließ über Funk melden, dass er in 15 Minuten käme. Die Wachen verloren das Interesse an uns, zogen sich ein paar Schritte zurück und unterhielten sich.

Chris sagte leise: »Was meinst du, Jon?«

»Ach … sie werden uns schikanieren und dann mit einem der Frachtflugzeuge, die Limonade transportieren, in die Staaten schicken. Vielleicht fliegen sie uns auch nach Kopenhagen. New Jersey, Kopenhagen – völlig egal. Die Expedition war zu Ende, als uns der Posten nach den Papieren fragte, anstatt nach Information über das Land.«

Chris lehnte sich an mich. Ich begrüßte den vertrauten Körperkontakt. Ich versetzte mich zurück zu den Narwalen im Inglefield-Fjord und versuchte mir vorzustellen, wie sie in die Tiefe, in eine Welt hohen Wasserdrucks, hinabtauchten. Ich hielt in der Dunkelheit Ausschau nach Kabeljau, sah aber nur eine Walrossfamilie. Mama spielte auf der Geige, Papa schlug ein Tamburin, und die Kleinen hüpften auf ihren Hinterfüßen umher, winkten mit ihren Stoßzähnen und tanzten über den Meeresgrund.

Epilog

Der Herr sei gepriesen und die heilige Gottesmutter Maria,
die uns geleitet, geführt und geduldet haben,
dass wir vorankommen, ohne unsere Seelen
der Arglist des Teufels zu überliefern,
der uns zu vernichten trachtete.

Pedro Sarmiento in:
Richard Hough, The Blind Horn's Hate

1

Zwanzig Jahre waren vergangen, seit ich aus der Bar im Stil der Zeit um 1890 gewankt war und beschlossen hatte, Kap Hoorn zu umschiffen. Chris knetete Biscotti-Teig, ich lauschte der Musik und sah zum Fenster unseres Hauses in den Wäldern Montanas hinaus. Draußen knabberten ein Reh und sein Kitz im frischen Novemberschnee an einem Gebüsch herum.

Das Telefon läutete. Es war Eric Rice von The North Face. Er fragte mich, ob ich eine neue Ausrüstung in kalter, nasser Umgebung testen wolle. Ich sagte, ich würde über eine Expedition nachdenken, hängte den Hörer ein und wandte mich zu Chris um.

»Ich glaube, ich fahre noch einmal zum Kap Hoorn.«

Sie blickte vom Mehl und den Eidottern auf. »Ach, wirklich?«

2

Am 14. Dezember 1996 paddelten Mike Latendresse und ich in der südlichsten Bucht der Isla Herschal an Land und gingen im Regen zu der verlassenen, aus Holz gebauten chilenischen Militärstation. Die Fenster waren herausgeweht und die Tür war aus den Angeln gerissen worden, aber Dach, Wände und Boden waren in Ordnung. Ein verrostetes 200-Liter-Ölfass lag im Hinterzimmer auf der Seite, und Mike rollte es in die alte Küche.

Wir machten aus dem Ölfass eine Art Holzofen und setzten ein improvisiertes Abzugsrohr auf. Ich ging nach draußen und sammelte feuchten Zunder von der Unterseite eines Gebüsches. Mike goss ein wenig von unserem wertvollen Dieselöl über das Reisig und zündete ein Streichholz an. Ein Teil des Rauchs fand das Abzugsrohr, aber der größte Teil quoll durch Ritzen und Rostlöcher heraus und hüllte den Raum ein. Der Rauch hing in der Luft, wanderte in finstere Ecken und verzog sich dann langsam durch die offenen Fenster. Ein Windstoß trieb die Hälfte des Rauchs wieder ins Haus. Ich legte noch mehr nasses Holz auf, das zögerlich brannte.

Mike nahm seinen Sturmparka ab, wand überschüssiges Wasser aus seiner feuchten Unterwäsche und stellte sich dicht vor den Ofen. Ich tat es ihm gleich. So standen wir nebeneinander, atmeten die schlechte Luft und sagten nicht viel.

Als unsere Kleidung getrocknet war und wir nicht mehr zitterten, schlug ich vor: »Ziehen wir was anderes an, steigen auf den Hügel und schauen uns um.«

Es war schwer, über den schlammigen Boden zu gehen, und der Wind peitschte uns ständig Regen ins Gesicht. Verlassene Bunker und Unterstände zierten den Hang. Chile und Argentinien hatten sich um diese Inseln gestritten, und die Bunker wurden gebaut, als die Möglichkeit eines Krieges bestand. Wir gingen auf den Grat hinauf und folgten ihm dann bis zum Gipfel. Der Wind blies so kräftig, dass ich fast hintüber gefallen wäre, aber ich lehnte mich in den Sturm und erlangte mein Gleichgewicht. Die Meerenge unter uns war eine chaotische Mixtur aus Wind und Wellen. Hinter der Meerenge stieg die Tundra auf der Isla Hornos zu einer hohen Klippe an: Cabos de Hornos, Kap Hoorn, die südlichste Spitze der westlichen Hemisphäre.

Mike und ich waren seit über einem Monat in unseren Kajaks unterwegs. Wir waren ungefähr der Route gefolgt, die ich vor 17 Jahren allein entlanggepaddelt war. Viele Aspekte der Fahrt waren ähnlich: Die Fjorde und Meerengen hatten sich nicht verändert, wir froren, waren nass und die meiste Zeit hungrig. Aber auf dieser Fahrt waren wir zu zweit, hatten Erfahrung und paddelten in leicht steuerbaren Booten. Wir spielten in den großen Wellen und segelten zum Vergnügen, wenn Vernunft und Vorsicht uns davon abrieten. Entbehrungen wurden durch Spaß aufgewogen, und ich füllte meine Tagebücher mit Beschreibungen der Schönheit ringsum, nicht mit Geschichten von Einsamkeit und Leid. Wir erlitten in der Brandung vor dem Punta Guanaco keinen Schiffbruch. Stattdessen lagerten wir in der Nähe der Stelle, wo ich einst gestrandet war, machten die gefährliche Überfahrt in der Stille vor dem Morgengrauen und fuhren weiter nach Süden zum Kap-Hoorn-Archipel. Nun war Kap Hoorn in Sichtweite.

Wir waren ihm nahe, aber nur nahe. Für uns unsichtbar, krachten die Wellen der Drake-Passage gegen die Küste. Es wäre Selbstmord, heute hinzupaddeln. Wir mussten abwarten.

Am Morgen des 16. Dezember begrüßte mich Mike mit einem fröhlichen, »Happy Birthday, Herr Einundfünfzigjähriger«, und hielt mir einen kostbaren Schokoriegel hin, den er sich heimlich von der Ration des Vortages aufgespart hatte.

Ich bedankte mich und teilte ihn mit ihm. »Es geht doch nichts über einen Schokoriegel, bevor die Sonne über der Rahnock steht.«

Ich hatte gehofft, Kap Hoorn an meinem Geburtstag zu umfahren, aber der Wind tobte. Ich hasste das rauchige Feuer und beschloss, kein Holz mehr nachzulegen. Wenn Mike die schwache Wärme haben wollte, sollte er sich damit herumärgern. Er kam schweigend zum selben Schluss, und daher ging das Feuer aus. Als sich der Rauch so weit verzogen hatte, dass meine Augen nicht mehr trieften, kroch ich in meinen Schlafsack und las eines unserer drei Bücher zum zweiten Mal.

Am Nachmittag stabilisierte sich das Barometer und der Wind ließ nach. Gegen ein Uhr früh wachte ich von einem merkwürdigen Geräusch auf. Nein, es war kein Geräusch; es war das Fehlen jeglichen Geräusches! Ich schloss die Augen, warf mich hin und her, konnte aber nicht schlafen. Wir waren 15 Kilometer nördlich von Kap Hoorn und es war absolut windstill. Ich weckte Mike.

»Es ist Zeit, es zu tun.«

Wir packten im grauen Zwielicht vor dem Morgengrauen und stachen um 3 Uhr 30 in See. Wir paddelten nach Süden durch die Meerenge und folgten dann der Nordküste der Isla Hornos nach Westen, wo wir auf schwache Dünung und Gegenwind trafen. Nach etwa acht Kilometern bogen wir um die Spitze und fuhren nach Süden.

Südlich von Kap Hoorn umgürtet Meer die Erdkugel. Von fast beständigem Westwind vor sich hergetrieben, haben Wellen hier keinen Anfang und kein Ende, sondern nur einen endlosen Weg, der in geologisch früher Zeit begann – nachdem die Kontinente auseinander gedriftet waren und sich der Atlantik gebildet hatte. Heute waren die alten Riesen nicht mehr so wild wie junge Wellen, die im Aufruhr eines arktischen Sturms geboren werden. Aber sie hatten Reife und Gewalt.

Ein Kajak, ja sogar ein riesiger Supertanker, ist wie ein Judomeister, der mit der Bewegung des Gegners abrollt, die meiste Energie aber ins Leere gehen lässt. Eine Insel ist etwas anderes. Die flache Küste nimmt den Wellen den Boden, bis sich oben die Wellenkämme aufbäumen, toben, vor Wut schäumen und brechen, dass die Gischt nur so in die Luft fliegt. Am Westrand der Kap-Hoorn-Insel standen Felszinnen, die trotzig die Stelle markierten, wo einst eine Klippe gewesen war, ehe sie unter dem beständigen Angriff der Wellen zu Sand zerrieben wurde. Die Brecher schlugen ins tiefe Wasser zurück und erzeugten eine Querdünung, die das Kajak ruckartig hob, seitlich schob, achtern durchrüttelte oder am Bug wackelte.

In den 17 Jahren seit meiner ersten Expedition zum Kap Hoorn war ich einige tausend Kilometer in der Arktis herumgepaddelt und in ungezählten Wildwasserflüssen gewesen. Mein Körper hatte gelernt, ein Kajak zu beherrschen, wie er Ski fahren gelernt hatte, die Bewegung zu spüren, direkt darauf zu reagieren, ohne lange darüber nachzudenken. So tanzten meine Hüften mit der Dünung und Querdünung, während meine Schultern nach Süden paddelten, hin zur letzten Landspitze, die ins Meer hinausragte.

Mit der nahenden Morgendämmerung wurde der Himmel allmählich heller. Mein Körper arbeitete automatisch, was mir Raum gab, den meine Gedanken füllen konnten. Nach Grönland waren mir sechs Expeditionen gelungen: zwei Kletterpartien auf Baffin Island, die Besteigung eines bislang unbestiegenen Gipfels an der Grenze von Tibet und China, Kajakfahrten in Sibirien und im Südpazifik sowie eine Durchquerung der Mongolei auf einem Mountainbike. Chris nahm an allen außer den Baffin-Kletterpartien teil.

Die Kinder waren gewachsen. Nathan und seine Frau hatten ein einjähriges Kind, mein erstes Enkelkind, und Nathan entwarf Internet-Webseiten. Reeva war ebenfalls verheiratet und besuchte die tierärztliche Fakultät der Cornell-Universität. Sie war die Mutter meines zweiten Enkelkinds. Noey, die Jüngste, studierte Physik in Santa Barbara.

Mein früheres Scheitern bei Kap Hoorn, in der Nordwestpassage und auf Baffin Island verschwand in der Frühgeschichte, wurde aber nicht vergessen. Das Scheitern waren meine 40 Jahre in der Wüste, um die alte Haut abzuwerfen und eine neue wachsen zu lassen.

Wir erreichten die Südwestspitze und wandten uns nach Osten. Kap Hoorn kam ins Blickfeld. Vor 300 Millionen Jahren, 70 Millionen Jahre vor dem Erscheinen der Dinosaurier, war die gesamte Landmasse der Erde zu einem riesigen Superkontinent verschmolzen. Südamerika, Afrika und die Antarktis lagen eng beisammen. Dann rissen unterirdische Kräfte den Superkontinent auseinander und trennten Südamerika von der Antarktis. Die bewegten tektonischen Platten schoben sich gegeneinander, formten den Fels und erzeugten Erdbeben und Vulkanausbrüche. Kap Hoorn entstand durch Trennung und wiederholte Kollisionen. Jetzt steht es allein als knapp 400 Meter hohe Klippe, die letzte Felsspitze, bevor sich das Land dem Antarktischen Ozean ergibt.

Die Wellen trieben uns jetzt von hinten an, schoben uns rasch vorwärts und luden uns ein, mit ihnen ein Wettrennen um die Welt zu machen. Als ich auf der Vorderseite einer Welle abwärts beschleunigte, spürte ich einen Luftzug im Gesicht, der nicht vom Ostwind kam, sondern mein Fahrtwind beim Surfen auf der riesigen Sturzwelle war. Wir fuhren weiter ostwärts, bis ich mir vorstellte, nun wären wir noch genau einen Paddelschlag davon entfernt, uns genau südlich von Kap Hoorn zu befinden. Ich hielt an. In meiner Fantasie sah ich Drake in einem weißen Seidenhemd mit Puffärmeln und Kniehosen, wie er auf den Steinen lag, an den Knöcheln von einem treuen Matrosen gehalten, und wie die Galionsfigur eines Schiffs über die Klippe hinausgriff. Dann machte ich feierlich einen Paddelschlag. Ich hatte Kap Hoorn umrundet und eine Reise beendet, die ich vor einem Drittel meines Lebens begonnen hatte.

Regentropfen formten kleine kreisförmige Wellenringe, die auf der großen Dünung mitschwangen und sich dann auflösten. Regenbogen wurden dunkler und verschwanden hinter Mikes Kopf. Die Frühmorgensonne lugte zwischen grauen Wolkenstreifen hervor, spielte hinter den Wolken Verstecken und stieg dann hoch genug, um Kap Hoorn in orangefarbenes Leuchten zu tauchen. Mike sah in seinem vertrauten roten Boot, seinem roten Anzug und blauen Hut unbedeutend aus, wie er so auftauchte und wieder verschwand, mit einem doppelten Regenbogen im Hintergrund.

Auf einer hohen Dünung aufsteigend, bemerkte ich Wellen, die sich auf einer Unterwasserklippe brachen.

Mike fragte: »Sollen wir zwischen der Klippe und der Küste durchfahren? Wir haben eine Lücke von vierhundert Metern, um durchzupaddeln.«

Ich dachte an all meine Wildwasser-Kajakfahrten, bei denen ich in schäumendem Wasser nur Zentimeter an spitzen Felsen vorbeigefahren war. 400 Meter sind breiter als ein Fluss wie der Salmon oder der Colorado. Gewiss kämen wir mit dem Kajak durch eine Öffnung, die so breit war wie ein ganzer Fluss. Aber die Flut ging zurück. In meiner Fantasie sah ich eine unsichtbare Klippe, die die Unterseite einer Welle lange genug festhielt, um sie zu verlangsamen, während ihre Oberseite weiterraste und in das dahinter entstehende Loch stürzte. Ich spürte ein Kajak, mein Kajak, und mich, auf der Vorderseite eines Brechers einen Überschlag machen.

Ich wollte gerade etwas sagen, als Mike schrie: »Das ist mir hier zu unheimlich. Hier draußen hat man nicht genug Kontrolle.«

Wir paddelten außen um die Öffnung herum und bogen dann in eine Bucht am Ostende der Insel ein. Im ruhigen Wasser stabilisierte sich mein Kajak. Mir war kalt, und ich wollte rasch den Strand erreichen. Dennoch hielt ich beim Paddeln inne und blickte über meine Schulter zurück. Die riesigen Wellen waren schon aus der Wirklichkeit in die Erinnerung versunken.

Ich stellte mir vor, wie sich eine neue Gehirnwindung formte, um die Empfindungen dieses Morgens zu speichern. Ionen schossen durch Neuronen und vernetzten die neue Windung mit anderen, sodass ich für den Rest meines Lebens, immer wenn jemand Worte wie Welle, Kajak oder Kap Hoorn erwähnte, spüren konnte, wie ich auf einer der riesigen Wellen mit zischendem Schiffsrumpf hinunterglitt. Dann könnte ich spüren, wie mich die nächste Welle hob und ungestört auf ihrer endlosen Reise um die Welt weiterzog.

Ich begann, die letzten hundert Meter zum Strand zu paddeln. Um mit der Erinnerung zu experimentieren, sprach ich still vor mich hin die Worte »großes Abenteuer«. Bilder von Kajaks, Ruderbooten, Hundeschlitten, Biwakplätzen, Wellen und Stürmen ergossen sich aus ihren Gehirnwindungen und drängelten sich in einem wilden Wettlauf darum, dass ich mich zuerst an sie erinnerte. Einige der Bilder waren erschreckend, andere waren voller Müdigkeit, während viele in hellen Sonnenschein und jugendlichen Überschwang getaucht waren. Sie gehörten alle mir. Ich würde kein Einziges davon hergeben.

Mike kam als Erster ans Ufer, sprang aus seinem Boot und lief ins Wasser, um meinen Bug zu packen und mich auf den Strand zu ziehen. Ich stand etwas unbeholfen da, machte einen Schritt und rutschte auf dem Seegras aus. Mike streckte den Arm aus, um mich zu stützen.

Danksagung

Danken möchte ich allen Menschen, die mir unterwegs Tee und Kekse angeboten haben, und meinen Expeditionspartnern Chris Seashore, Dave Adams, Mike Latendresse. Meinem Vater, Amos Turk. Er hat 40 Jahre lang geduldig meine Manuskripte redigiert, angefangen mit den Buchbesprechungen für Miss Maroneys vierte Klasse. Zu guter Letzt danke ich meinem Agenten, Richard Parks, und meiner Verlegerin, Megan Newman, weil sie an mich geglaubt haben.